高等医学院校医药学专业化学教材

U0805752

物理化学

（供药学类专业用）

主　编　崔黎丽　刘毅敏
副主编　刘　坤　王巧峰

科学出版社
北　京

内 容 简 介

本书是三所军医大学及几所高等医药院校联合编写的药学专业系列教材之一。全书共九章，包括热力学第一定律、热力学第二定律、化学平衡、相平衡、电化学、化学动力学、表面现象、胶体分散系、大分子化合物，以及附录和参考文献。各章含内容提要、章节内容、思考题和习题。全书采用以国际单位制(SI)为基础的"中华人民共和国法定计量单位"和国家标准(GB 3100～3102－93)所规定的符号。

本书力求编写成一本系统而又简明、通俗而又严谨的物理化学教材，为学生后续课程的学习打下基础；注重启发思维，充分激发学生的创新意识和探索精神，为学生知识、素质、能力协调发展创造条件。

本书可作为高等医药院校和综合性大学药学、药物制剂、临床药学、医学检验及预防医学等专业的物理化学课程教材，也可作为相关专业的学生或教师的参考书。

图书在版编目(CIP)数据

物理化学/崔黎丽，刘毅敏主编. —北京：科学出版社，2011.9
供药学类专业用
ISBN 978－7－03－032214－2

Ⅰ. ①物… Ⅱ. ①崔… ②刘… Ⅲ. ①物理化学-高等学校-教材 Ⅳ. ①O64

中国版本图书馆 CIP 数据核字(2011)第 175935 号

责任编辑：谭宏宇　郭建宇 / 责任校对：刘珊珊
责任印制：刘　学 / 封面设计：殷　靓

科学出版社 出版
北京东黄城根北街 16 号
邮政编码：100717
http://www.sciencep.com
南京展望文化发展有限公司排版
广东虎彩云印刷有限公司印刷
科学出版社发行　各地新华书店经销

*

2011 年 9 月第　一　版　开本：787×1092　1/16
2021 年 2 月第六次印刷　印张：22
字数：497 000

定价：65.00 元

《物理化学》编写委员会

主　编　崔黎丽　刘毅敏

副主编　刘　坤　王巧峰

编　者　（以姓氏笔画为序）

马豫峰　（南方医科大学）

王巧峰　（第四军医大学）

刘　坤　（青岛大学医学院）

刘毅敏　（第三军医大学）

林德昌　（第二军医大学）

周春琼　（南方医科大学）

赵先英　（第三军医大学）

崔黎丽　（第二军医大学）

程远征　（潍坊医学院）

前　言

物理化学是高等医药院校药学专业的一门重要基础课，它为后续课程的学习建立必要的理论与实验基础。目前，物理化学教材已有许多版本，我们在借鉴国内外优秀教材的基础上，结合我们多年的教学经验，力求编写一本系统而又简明、通俗而又严谨、便于学生学习和教师教学的物理化学教材。

本教材的编写指导思想是：坚持三基（基础理论、基本知识、基本技能）和体现五性（思想性、科学性、先进性、启发性、实用性）；从基础、能力和综合应用三个层次上搭建物理化学教学内容框架体系；条理清晰，知识点明确，便于学生学习和教师教学；将物理化学的基本理论和基本知识与药学实际紧密联系；反映学科前沿和发展趋势；注重创新能力和实践能力的培养，突出知识、素质、能力协调发展。

本教材在结构体系和内容选编方面主要有以下特点：

(1) 核心提示。全书采用核心提示的形式，即在每章开始就提纲挈领地写出各章内容提要，既可使读者一目了然知道本章的主要内容，又便于复习和记忆。

(2) 案例教学。在不改变现有教学体制和知识体系的情况下，教材中增加案例。每章编写了1～2个与本章相关的案例，以信息式和问题式案例形式，介绍相关内容在药学、医学、军事或科研、生产实际中的应用。案例描述后，根据案例提出相关问题，并应用理论知识对案例进行分析和总结，这样既启发学生思维、激发学习兴趣，又培养了他们的创新意识和创新能力。

(3) 学用结合。突出药学专业特色。在内容、例题、习题的选编上注重与药学、生命科学的联系和结合，为后续课程的学习和今后的发展打好基础；注重知识的理解和理论联系实际。每章最后除提供习题之外，还配置了若干思考题，以引导学生深入思考、掌握重要知识点。

(4) 适用性强。本教材不仅适用于药学专业，也适用于药物制剂、临床药学、医学检验和预防医学等专业。在课堂教学时，各院校可根据培养目标和整个课程体系，对教材内容进行取舍。

(5) 资源共享。本书为学生提供了丰富的数字化学习资源。依托第二军医大学化学基础课程信息化教学平台，建设了便于自学、教学资源积累、共建共享和管理的《物理化学》数字课程。该教学系统包括了数字化课程资源、章节资源和知识点资源三个层面，系统的教学资源可动态、海量积累，可供本书使用院校的师生共建共享。

此外，为了解决 $c_B/c^{\ominus}$、$m_B/m^{\ominus}$ 在热力学及相关系统中表达过于繁琐的现实问题，在吸取相关教材的使用经验后，首次在物理化学教材中引入了相对浓度的概念，分别用 c_r 及 m_r 表示。

本教材的整个修编过程得到科学出版社和参编院校的大力支持与帮助，在此致以诚挚的谢意！

由于编者水平有限，书中难免有不当之处，敬请读者批评指正。

编　者

2011 年 6 月

目　　录

绪　论

0.1　物理化学的基本研究内容

物理化学是用物理学原理和方法来研究化学变化的学科，是化学的理论基础。自然界中的变化主要包括两个方面，即物理变化和化学变化，而两者之间又是相辅相成，密不可分的。几乎所有的化学变化中都伴随有物理变化的发生。例如化学反应过程中出现的热、电、光、声等物理现象。另一方面，物质的微观物理运动状态又决定了物质的性质与化学反应的能力。因此，融合了自然科学中两门基础学科的物理化学学科必然成为自然科学中的一个轴心。

物理化学主要探讨和解决下面几方面的问题：

1）化学反应方向和限度问题。在指定的条件下一个化学反应能否自动进行，向什么方向进行，进行到什么程度为止，反应进行时能量变化有多少，外界条件对反应的方向和限度有什么影响等。这些问题的研究，属于物理化学的一个分支，叫做化学热力学。

2）化学反应的速率和机理问题。一个化学反应的速率有多快，外界条件对反应的速率有何影响，一个复杂反应有哪些具体步骤(反应机理)，属于物理化学的另一个分支，叫做化学动力学。

3）物质的性质与其结构之间的关系问题。了解化学体系的微观结构，研究原子在空间结合成分子的规律。由于物质的性质本质上是由物质的内部结构所决定的，深入了解物质的内部结构，不仅可以理解化学变化的内因，而且可以预见在适当的外因作用下，物质的结构将发生什么样的变化。这属于物理化学的又一个分支，叫做物质结构，主要包括结构化学和量子化学两大内容。

本书主要介绍 1)和 2)两个分支的基本原理和知识，以及由这些内容延伸和应用形成的其他分支内容，如电化学、表面现象、胶体分散系和大分子溶液。

0.2　物理化学的建立和发展

物理化学一词最早由俄国化学家和物理学家罗蒙诺索夫(Lomonosov)在 18 世纪提出，当时，他还为学生讲授他自己编著的《物理化学教程》。但是，在此后很长的一段时间内，物理化学并没有形成为一门真正的学科。

19 世纪中期，大规模的工业生产推动着工业革命，由此推动着自然科学的各个学科迅猛发展，化学已积累了大量经验材料还需要进一步总结归纳，使其由经验科学上升为理论科学，在此历史条件下，应运产生了物理化学这一重要学科。一般认为，物理化学作为一门学科的正式形成的标志是 1887 年德国化学家奥斯特瓦尔德(Ostwald)出版了经典式的标准教科书，并和荷兰化学家范特霍夫(Van't Hoff)创办了专业刊物——《物理化学杂志》开始的。在该杂志的创刊号上，还摘要发表了瑞典化学家阿伦尼乌斯(Arrhenius)的“电离学说”。物理化学的形成，使化学科学面貌焕然一新，并支撑着整个化学殿堂。

作为自然科学中的一个分支，物理化学除了遵循一般的科学方法之外，还因其研究对象的特殊性具有其特殊的研究方法，如热力学方法、统计力学方法和量子力学方法。本课程主要应用热力学方法。热力学方法是以大量质点构成的系统为研究对象，以热力学的两大经验定律(热力学第一和第二定律)为出发点，通过严密的逻辑推理，建立一些宏观性质的热力学关系，用以判断化学变化的方向和限度。

在物理化学发展过程中，逐步形成了若干分支学科：结构化学、化学热力学、化学动力学、胶体与界面化学、催化化学、电化学、生物物理化学及理论和计算化学等。随着物理科学发展的总趋势偏重于微观的和理论的研究，20 世纪的物理化学取得了不少里程碑式的成就，如化学键本质、分子间相互作用、分子结构的测定、表面形态与结构的精细观察等。进入 21 世纪，随着学科交叉、渗透与融合不断深入，物理化学的研究对象将不断扩展，研究内容将不断扩充，研究手段将不断进步。人们将更加注重从电子-原子-分子水平探究物质的变化及其动力学，光谱学、界面化学和理论化学将成为物理化学的主要框架，并为化学、信息通讯、生命科学、纳米技术及能源和材料等重大科学技术领域提供研究的有效方法、手段和坚实的理论基础。

0.3 物理化学的作用和意义

物理化学的形成和发展离不开其他基础科学的发展，同时其他学科的发展也需要物理化学的支撑。例如，作为 21 世纪物理化学主要框架之一的光谱学，需要大量使用各种谱学仪器；光物理和光化学、激光化学、表面科学、新材料的研究等既是物理学家也是化学家感兴趣的课题；而作为生物学前沿学科的分子生物学，更是需要借助物理化学家对基本的化学过程细节的了解及生物大分子结构的基础研究。另外，物理化学在分子水平上进行的结构化学、量子化学、催化和胶体化学的基础研究，为了解药物作用机理、合成具有特异结构的功能大分子、控制产物手性使药物更具疗效提供了有力手段。物理化学中的分子结构理论、化学反应途径的动力学规律、物质代谢过程中能量转换规律，以及肌肉运动、组织发育、生长过程中化学能和机械能的转化规律等，都正在或已被应用到对生命有决定意义的蛋白质和核酸的作用的各种研究中。电化学原理则有助于了解生物呼吸链的电子转移过程及生物膜电势。表面与胶体化学知识可用于研究生物膜的性质和结构，以及生物体内物质、能量和信息的传递。

随着现代科学技术的发展，药剂学进入了以现代科学技术和理论为指导，对它的理论、工艺技术及应用进行系统研究的阶段，其中物理化学原理与实验方法起到了主导作用。例如，药物合成及生产过程中工艺路线的选择、生产条件的设置、反应速率及反应机理的确定，药物稳定性研究，药物的体内代谢（药物在体内的吸收、分布、代谢、排泄及药代动力学）的研究需要化学热力学和动力学的理论与方法。尤其是进入 21 世纪，随着新型给药系统和新型控释技术的纵深研究，如缓控释、靶向、定时、定速等智能化给药传递技术方法，要求在分子水平上与理论上阐明各类药物制剂的特点、制备原理与形成机制，指导新剂型的创制，这更离不开物理化学理论的指导。此外，天然药物有效成分的分离提取涉及有关蒸馏、萃取、吸附、乳化等方面的原理与方法，需要应用溶液、表面现象及胶体化学知识。可以说，物理化学已经渗透到药学的各个领域，为药学后续课程及专业需要奠定了坚实的理论与实验基础。

物理化学的重要意义不仅在于它的理论和技术渗透到自然科学的众多领域中，还在于它与国计民生密切相关。工业部门在寻找新工艺、新材料用以弥补资源日渐短缺，并应用于减少消耗和防治污染，其中很多核心的课题都是物理化学的研究范畴。目前严重威胁人类生活和健康的环境与生态问题的治理，以及新的生产方式、生活方式的形成，也离不开物理化学的协力攻关。随着世界经济由工业经济跨入知识经济时代，物理化学将为国民经济提供越来越多的新技术，对人类的生活和健康及生态平衡产生越来越多的积极作用与影响。

0.4　物理化学的学习方法

物理化学是药学专业一门理论性很强的基础课程，掌握该学科的基本内容和基本规律，并通过本课程的学习培养理论思维能力和获取知识的能力，对自己整体知识体系的积累和综合能力的培养，以及今后学习其他课程和工作实践都有重要意义。

学习物理化学，要养成课前预习，听课时紧跟老师的思路并做好笔记，及课后复习的习惯。愿意学习的还可以根据自己的兴趣多涉猎一些参考书，同时通过网络了解最新的研究进展和相关信息。

物理化学包含有化学的基本知识以及很多的数理知识，理论抽象、逻辑性强、系统严密、结论可靠。学习时着重掌握基本概念、基本假设和基本原理，准确理解其含义和数学表达式，并从概念或公式的提出、论证、应用和展开等方面进行总结，从原理的相关性、内在联系入手进行对比，从客观实际进行思考和推理。这样，就能做到主次分明，条理清晰，化玄虚为生动，变被动学习为主动学习。

物理化学中公式比较多，学习时切忌死记硬背，关键是要掌握这些公式的来龙去脉及使用条件，并通过思考题和习题演算学会准确灵活地运用这些公式。另外，要养成自己动手推导公式的习惯，它不仅有助于准确记忆公式和正确理解使用条件，而且对培养逻辑推理的思维能力也十分有益。

物理化学因课程的特点，有它独特的学习方法，只要掌握了正确的学习方法，一切问题便能迎刃而解。

第1章 热力学第一定律

内容提要 本章内容包括热力学概论、热力学基本概念和术语、热力学第一定律、可逆过程、焓和热容、热力学第一定律在系统状态变化和化学变化中的应用及化学反应热效应的计算。

先介绍热力学概论和热力学基本概念，由能量守恒原理提出热力学第一定律，通过体积功与过程的关系，引出可逆过程这个重要的热力学概念；为计算热效应介绍了焓和热容这两个热力学函数；重点阐述了热力学第一定律的应用（系统状态变化和化学变化）及化学反应热效应的计算。

案例 1-1

热力学独特的研究方法和思路，使其在生物医药学研究领域占有重要的地位，并得到了广泛的应用。近年来用热力学参数来表征蛋白质变性机理就备受青睐，用来表征蛋白质变性的热力学参数包括热容、变性吉布斯能、变性焓和变性熵等。例如，蛋白质在没有变性剂存在时折叠态和伸展态吉布斯能的差值 ΔG_{H_2O} 可用于衡量蛋白质对变性剂的稳定性。ΔG_{H_2O} 值越大，表明其越稳定，如核糖核酸酶的伸展平衡态在等电点附近 ΔG_{H_2O} 达到最大值。热容 ΔC_p 可以表征蛋白质变性过程中的两态模型。蛋白质在伸展过程中，C_p 是一个特别大的正值。利用蛋白质的变性焓可以判断其是否为两态变性。目前，将光谱技术和量热技术结合，对蛋白质的变性研究在深度和广度上都有很大的拓展，并形成了很多理论阐述。

1.1 热力学概论

1.1.1 热力学研究的基本内容

热力学（thermodynamics）是研究自然界一切能量（如热能、电能、化学能、表面能等）之间相互转化的规律的一门科学。它的主要基础是热力学第一定律、热力学第二定律，以及热力学第三定律。其中,热力学第一定律和第二定律是热力学中的最基本定律。

将热力学的基本原理应用于化学反应及与化学有关的物理现象的研究所形成的分支学科为**化学热力学**(chemical thermodynamics)。它的主要内容是利用热力学第一定律计算变化过程的能量转换问题;利用热力学第二定律研究变化过程的方向和限度问题;利用热力学第三定律解决物质熵值的计算,为化学平衡计算奠定了基础。

化学热力学的基本定律和原理在许多方面有重大的指导意义。如工业生产中能量衡算与合理利用问题、新工艺路线的设计、新化学试剂和新材料的开发研究、反应条件的确定和产品的分离等都离不开化学热力学的理论和数据。

化学热力学在新型药物及新剂型的研制和生产中也都起到十分重要的作用。例如,药物生产中温度和压力的控制,各种制剂剂型的研制,有关溶剂的合理选择,分馏与结晶方法的确定,以及药物消毒、灭菌等都涉及热力学的重要应用。同时,发现更多潜在的药物靶点和创新药物,研究药物与其受体的亲和作用规律、药物合成的可能性及最高产率的确定,药物制剂的制备、稳定性和科学的储存方法,以及药物有效成分的提取和分离等,都需要应用化学热力学的基本理论和方法。

1.1.2 热力学的方法和局限性

热力学采用严格的数理逻辑推理法,在热力学基本定律的基础上,推导出适用于特定条件的相关结论。然而,热力学以大量微观粒子所构成的宏观系统为研究对象,对系统的微观性质无法解答,所得结论不适用于个别微粒的个体行为;热力学只考虑系统始态和终态及过程进行的外界条件,不关注微观粒子的结构和反应过程中的细节;热力学不涉及时间概念,无法指出过程进行的速率问题。

热力学基本定律是人类长期经验的总结,有着坚实的实验基础,具有高度的普遍性和可靠性。虽然热力学方法有上述局限性,但它仍是一种很有用的理论工具,被广泛应用于生产实践和科学研究中。

1.2 热力学基本概念和术语

1.2.1 系统与环境

热力学中,将所研究的那部分物质和空间称为**系统(system)**。系统之外与系统密切相关的物质和空间称为**环境(surroundings)**。系统和环境之间通过实际存在的或假想的界面得以分开。根据系统与环境之间的能量传递和物质交换的不同,热力学系统可分为三类:

1) 敞开系统(open system)　系统与环境之间既有能量的交换,又有物质的交换。

2) 封闭系统(closed system)　系统与环境之间只有能量的交换,而无物质的交换。

3) 孤立系统(isolated system)　系统与环境之间既无能量的交换,也无物质的交换。

例如,置于不加盖的玻璃杯中的热水即为敞开系统。因为不仅水分子会逸散到空气中去，同时由于温度差，系统和环境之间还有热交换。但玻璃杯加上盖子，则形成封闭系统。若将玻璃杯换成真空保温杯，且保温性能良好，则系统和环境间的热交换可忽略，形成孤立系统。

在解决热力学实际问题时，系统的选择没有定规，以处理问题的科学、方便、简捷为准则。自然界中没有绝对的孤立系统。热力学中常将系统和环境加在一起作为孤立系统处理。

1.2.2 系统的性质

系统的性质（亦称热力学变量）指表征系统状态的各种宏观物理量，如温度、压力、体积、密度、热力学能、熵等。根据系统性质与系统中物质数量的关系，系统的性质可分为两类：

1）广度性质（extensive properties）　这类性质的数值大小与系统中物质的量成正比，具有加和性。例如，体积、质量、物质的量、热容及热力学能、熵等均为广度性质。

2）强度性质（intensive properties）　这类性质的数值与系统中物质的量无关，不具有加和性。例如，压力、温度、密度、黏度和表面张力等均为强度性质。

注意，通常两个广度性质之比成为系统的强度性质。例如，摩尔体积是体积和物质的量之比，密度是质量与体积之比。而广度性质与强度性质的乘积仍为广度性质，如体积是物质的量与摩尔体积的乘积。

1.2.3 热力学平衡态

在不受外界影响的条件下，系统的各种宏观性质不随时间而变化，则系统所处的状态称为**热力学平衡态（thermodynamic equilibrium state）**。热力学平衡态应同时包括下列平衡：

1）力平衡　在不考虑重力场的影响下，系统各部分之间及系统与环境之间，没有不平衡的力存在。宏观上看，边界不发生相对移动，系统各部分的压力都相等。

2）热平衡　在没有绝热界面存在的情况下，系统内各部分及系统与环境的温度都相等。

3）相平衡　当物质在各相之间的分布达到平衡时，各相的组成和数量不随时间而改变。

4）化学平衡　当系统中化学反应达到平衡时，系统的组成和数量不随时间而变。

1.2.4 状态和状态函数

系统的状态是系统所有物理性质和化学性质的综合表现。系统状态确定时，系统的所有性质都具有唯一确定的值；反之，当系统的所有性质都确定时，系统就处于确定的状态。当系统的任一性质发生变化时，系统的状态也随之发生变化。通常系统变化前的状态称为始态，变化后的状态称为终态。

同一系统的各种性质之间存在联系，一般只需要确定其中几个可独立变化的性质，则系统的状态也随之确定。如一定量的单组分理想气体，通常只需确定温度和压力两个性质，就可确定其状态。

由系统状态所确定的各种热力学性质，称为系统的**状态函数**（**state function**）。如温度、压力、体积、密度等都是状态函数。状态函数的特点是：

1）状态函数与状态保持单值函数关系。系统的状态一定，状态函数就有确定的数值。

2）状态函数的改变值只与系统的始态和终态有关，而与变化的途径无关。因此，无论系统曾经历何种变化，只要恢复原态，则状态函数必定恢复原值。如始终态相同的循环过程，任意状态函数的变化必定为零。

3）状态函数的微小变化，在数学上是一全微分。例如，某状态函数 Z 是 x 和 y 的函数，即 $Z=f(x, y)$。当 x 和 y 发生一微小变化后，Z 的微小变化可用全微分表示，即

$$\mathrm{d}Z=\left(\frac{\partial Z}{\partial T}\right)_p\mathrm{d}T+\left(\frac{\partial Z}{\partial p}\right)_T\mathrm{d}p$$

由状态函数特性可知，若系统从始态出发，经历一系列变化后回到原来的始态，则状态函数 Z 的改变值一定为零，在数学上可用 $\mathrm{d}Z$ 的环积分表示，即 $\oint\mathrm{d}Z=0$。凡是状态函数，必然符合上述状态函数的特征；反之，若系统的某个性质符合上述特征，则该性质一定是状态函数。

描述状态函数间定量关系的数学式称为状态方程，如理想气体状态方程：$pV=nRT$。

1.2.5　过程和途径

系统由始态至终态的任何变化称为**过程**（**process**），实现某一过程的具体步骤称为**途径**（path）。

系统的变化过程分为简单状态变化过程、相变化过程和化学变化过程三大类。简单状态变化过程细述如下：

1）等温过程（isothermal process）　在环境温度恒定下，系统始态和终态的温度相同，并且等于环境温度的过程，即 $T_{系}=T_{环}=$常数。

2）等压过程（isobaric process）　在环境压力恒定下，系统始态和终态压力相同，并且等于环境压力的过程，即 $p_{系}=p_{环}=$常数。须注意的是，当系统状态改变时，环境压力恒定，即 $p_{环}=$常数，该过程为反抗恒外压过程。

3）等容过程（isochoric process）　系统的体积保持不变的过程。如理想气体同时改变 T 和 p，可保证 V 不变；再如密闭刚性容器中发生的化学反应等。

4）绝热过程（adiabatic process）　系统与环境之间没有热传递的过程。如气体的绝热膨胀、绝热压缩、绝热容器的相变化及化学变化等。

5）循环过程（cyclic process）　系统从某一状态出发，经一系列变化，又恢复到原来状态的过程。系统在循环过程中，始态和终态相同，其状态函数的改变量为零。

系统中物质在不同相间的迁移过程称为相变化；系统中的物质发生化学变化的过程称为化学变化过程。

1.2.6 热和功

1. 热和功

非孤立系统的状态发生变化时，总是与环境间有能量的交换。能量交换的形式有两种，即**热**(**heat**)和**功**(**work**)。

1) 热　在热力学中，系统与环境之间由于存在温度差而产生的能量交换称为热，用符号 Q 表示。若系统吸热，Q 取正值，即 $Q>0$；若系统放热，Q 取负值，即 $Q<0$。热的单位为焦耳(J)。热与系统内部大量分子的无规则热运动有关，分子无规则热运动的强度越大，即分子的平均动能越大，系统的温度就越高。当两个温度不同的物体相接触时，可通过分子的碰撞而交换能量。

2) 功　热力学中，除热以外，在系统与环境之间产生的其他一切形式的能量交换称为功，用符号 W 表示。若系统对环境做功，W 取负值，即 $W<0$；若环境对系统做功，W 取正值，即 $W>0$。功的单位为焦耳(J)。

虽然热和功都是被交换的能量，但是从微观角度看，两者存在不同之处。热是大量质点以无序运动的方式传递能量，而功是大量质点以有序运动的方式传递能量。

此外，热和功总是与系统发生的具体过程相联系，它们不是系统本身的属性，不是状态函数，不存在全微分性质，它们的微小变化分别采用 δQ 和 δW 表示。

2. 体积功的计算

功(W)有多种形式，如机械功、体积功、电功、表面功等。热力学中经常接触到的是体积功，用符号 W_e表示。除体积功之外的所有其他功称为非体积功，用符号 W'表示。因此，$W=W_e+W'$。如果没有特殊说明，一般所说的做功，指的都是做体积功，所以体积功 W_e可直接写为 W。

(1) 体积功的定义

系统在外压作用下，体积变化时系统与环境之间传递的功称为体积功。现以气体的压缩或膨胀来推导体积功的计算通式。

如图 1-1 所示，将一定量的气体置于横截面积为 A 的气缸中，忽略活塞的重量、活塞与缸壁之间的摩擦力。设 p_i为缸内气体的压力，p_e为施加于活塞上的外压。若 $p_i>p_e$，气体膨胀，如图 1-1(a)；若 $p_i<p_e$，则气体被压缩，如图 1-1(b)。

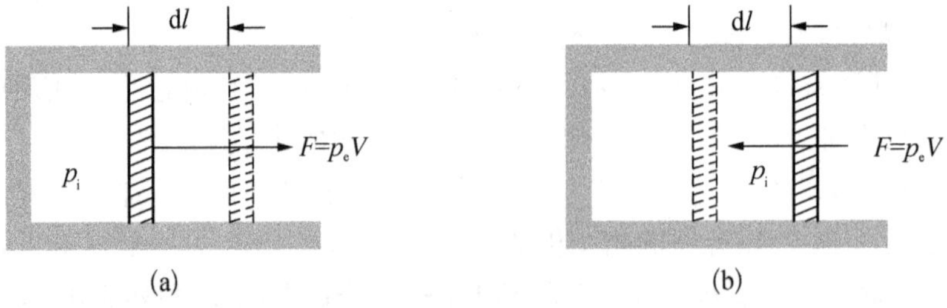

图 1-1　体积功示意图

设活塞向右(或向左)移动了 dl 的距离，则系统对环境所做的膨胀功(或压缩功)为

$$\delta W = -F_e\mathrm{d}l = -\left(\frac{F_e}{A}\right)\mathrm{d}(Al) = -p_e\mathrm{d}V \tag{1-1}$$

需要指出的是，不论系统是膨胀还是被压缩，体积功均用$-p_e\mathrm{d}V$来计算，式中p_e为外压力。由上式可见，当$\mathrm{d}V>0$，气体膨胀，系统对环境做功，$W<0$；当$\mathrm{d}V<0$，气体被压缩，环境对系统做功，$W>0$。

(2) 不同过程的体积功

1) 等容过程　　由于$\mathrm{d}V=0$，则有

$$W = -\int_{V_1}^{V_2} p_e\mathrm{d}V = 0$$

2) 自由膨胀过程　　也称向真空膨胀过程，即$p_e=0$的气体膨胀过程，则

$$W = -\int_{V_1}^{V_2} p_e\mathrm{d}V = 0$$

3) 恒外压变化过程　　由于外压p_e为常数，则

$$W = -\int_{V_1}^{V_2} p_e\mathrm{d}V = -p_e\int_{V_1}^{V_2}\mathrm{d}V = -p_e(V_2 - V_1)$$

4) 热力学可逆变化过程　　由于$p_e = p_i \pm \mathrm{d}p \approx p_i$，则有

$$W = -\int_{V_1}^{V_2} p_e\mathrm{d}V = -\int_{V_1}^{V_2}(p_i \pm \mathrm{d}p)\mathrm{d}V \approx -\int_{V_1}^{V_2} p_i\mathrm{d}V$$

1.3　热力学第一定律

1.3.1　热力学能

热力学能(thermodynamic energy)是组成系统的所有质点的能量的总和。它包括分子的平动能、转动能、振动能、分子间势能、电子运动能、化学键能、分子间作用能、原子核能等。随着人们对微观世界认识的不断深入，还会不断有新的运动形式被发现。因此，热力学能的绝对值无法确定。热力学能用U表示，单位为J。

在确定状态下，系统中各质点维持一定的运动形式，热力学能的值也唯一确定；若系统状态发生变化，则质点的运动形式发生变化，热力学能也随之改变。因此，热力学能是系统的状态函数，其改变值只取决于系统的始态和终态，而与变化途径无关。热力学能属于系统的广度性质，其值的大小与系统中所含物质的量有关，具有加和性。

对于均相定组成的封闭系统，其热力学能可表示为温度T和体积V的函数，即$U=f(T, V)$。其全微分为

$$\mathrm{d}U = \left(\frac{\partial U}{\partial T}\right)_V\mathrm{d}T + \left(\frac{\partial U}{\partial V}\right)_T\mathrm{d}V$$

若把 U 表示为温度和压力的函数，则其相应的全微分为

$$dU = \left(\frac{\partial U}{\partial T}\right)_p dT + \left(\frac{\partial U}{\partial p}\right)_T dp$$

1.3.2 热力学第一定律

1. 热力学第一定律的文字表述

物理学家焦耳(Joule)经过多次实验，证实了能量在转化过程中保持总量不变，并建立了热功当量的转化关系，即 1 卡(cal)＝4.184 J，为能量守恒原理提供了科学依据。

热力学第一定律就是能量守恒定律，其表述形式很多，常见的有："不供给能量而连续不断对外做功的第一类永动机是永远不可能造成的。""自然界的一切物质都具有能量，能量有多种不同的形式，它可以从一种形式转化为另一种形式，但是能量的总值不变。"

热力学第一定律是人类长期实践经验的总结，是具有普遍意义的自然规律之一，其结论的可靠性是不容置疑的，至今没有发现任何自然界的变化违反这一定律。

2. 热力学第一定律的数学表达式

封闭系统状态发生变化时，系统热力学能的改变值 ΔU 等于系统和环境之间传递的功和热的总和，其表达式为

$$\Delta U = U_2 - U_1 = Q + W \tag{1-2}$$

式中，U_2、U_1 分别为系统终态和始态的热力学能。如果系统发生微小变化，则

$$dU = \delta Q + \delta W \tag{1-3}$$

式(1-2)和式(1-3)是封闭系统的热力学第一定律的数学表达式，它表明了热力学能、热和功相互转化时的定量关系。

由式(1-2)可得出如下结论：

(1) 封闭系统的循环过程，$\Delta U = 0$，所以 $Q = -W$，说明封闭系统循环过程中所吸收的热等于系统对环境所做的功。

(2) 孤立系统的热力学能为常数，因其 $Q = 0$，$W = 0$，则 ΔU 也必定等于零。

例 1-1 1 mol 液态水在 373.15 K 和外压恒定为 100 kPa 时完全蒸发成水蒸气，试求此过程的 ΔU。已知 373.15 K 和 100 kPa 时，液态水和水蒸气的密度分别为 958.8 kg·m^{-3}和 0.586 3 kg·m^{-3}，此过程水的蒸发热为 40.63 kJ·mol^{-1}。

解： 上述变化过程为恒外压膨胀过程，则

$$W = -\int_{V_1}^{V_2} p_e dV = -p_e(V_2 - V_1)$$

$$= -100 \times 18.02 \times 10^{-3} \times \left(\frac{1}{0.5863} - \frac{1}{958.8}\right)$$

$$= -3.07 \text{ kJ}$$

$$Q = 40.63\ \text{kJ}$$
$$\Delta U = Q + W = 40.63 - 3.07 = 37.56\ \text{kJ}$$

1.4　可逆过程

可逆过程是热力学的一种极其重要的变化方式，下面通过理想气体的等温膨胀过程对其加以说明。

将一充有气体的及带有无重量和无摩擦活塞的气缸置于温度为 T K 的大热源中，如图 1－2 所示。设气体的起始压力为 p_1、体积为 V_1，且气体可视为理想气体。现使气体在不同情况下自体积 V_1 等温膨胀至 V_2。由于功是过程函数，若等温膨胀的方式不同，系统所做的功也将不同。现分别计算如下。

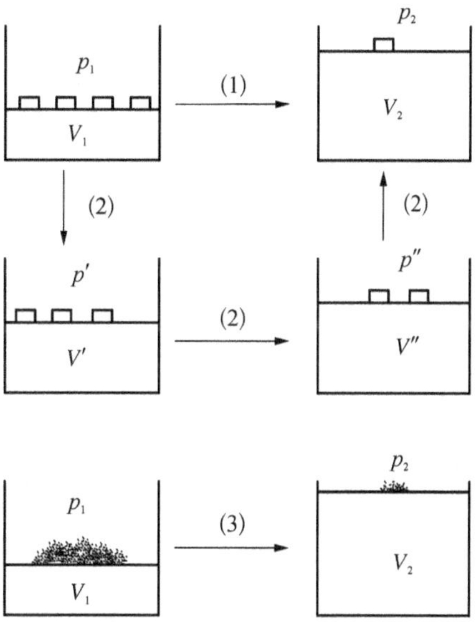

图 1－2　气体膨胀过程示意图

(1) 自由膨胀

由于 $p_e=0$，则 $W_1=0$。

(2) 一次恒外压膨胀

若对抗恒外压 $p_e=p_2$，通过一次膨胀使气体体积从 V_1 变至 V_2，变化过程如图 1－2 中的途径(1)，这时过程所做的功为

$$W_2 = -p_2(V_2 - V_1)$$

图 1－3(a)中阴影部分的面积为 W_2 的绝对值。

(3) 多次恒外压膨胀

多次恒外压膨胀指系统先对抗某一较大的恒外压膨胀至某一体积，再对抗较小的恒外压膨胀，直至对抗等于终态压力的恒外压膨胀至终态。如图 1－2 中途径(2)所示，系统分三次膨胀，压力由 p 先降至 p'，然后由 p' 降至 p''，最后降至 p_2，相应的系统体积变化则为从 V_1 到 V'，再从 V' 到 V''，最后从 V'' 到 V_2。三次反抗恒外压膨胀所做的体积功为

$$W_3 = -p'(V' - V_1) - p''(V'' - V') - p_2(V_2 - V'')$$

图 1－3(b)中阴影部分的面积为三次膨胀所做功 W_3 的绝对值。显然，$|W_3| > |W_2| > W_1$。上述三个过程中，以多次恒外压膨胀时，系统反抗的外压最大。因此，可以预见，若在相同始态和终态之间分步越多，系统反抗的外压越大，系统对环境所做的功将越多。

(4) 准静态膨胀过程

设想活塞上放着一堆极细的砂子，在整个膨胀过程中，每次取下一粒细砂，使得外压 p_e 始终比气缸内的压力 p_i 小一个无限小的差值 dp，这时气体将以极其缓慢的方式膨胀，

每次膨胀的体积为 dV。这样,经历了无数个无限小的膨胀过程后,系统的体积达到 V_2。由于 $p_e = p_i - dp \approx p_i$,整个过程系统所做的功为

$$W_4 \approx -\int_{V_1}^{V_2} p_i dV$$

在上述膨胀过程中,系统压力与外压始终相差一无限小的数值,因此系统在任一时刻的状态只与平衡态存在一无限小的偏离,可近似看做为平衡态。这种无限缓慢、由一系列无限接近于平衡的状态所构成的过程称为**准静态过程(quasi-static process)**。

若气缸中的气体为理想气体,则 W_4 可计算为

$$W_4 = -\int_{V_1}^{V_2} p_i dV = -\int_{V_1}^{V_2} \frac{nRT}{V} dV = -nRT\ln\frac{V_2}{V_1} \tag{1-4}$$

W_4 的绝对值相当于图 1-3(c)中阴影部分的面积,显然,$|W_4| > |W_3| > |W_2| > W_1$,即等温膨胀的准静态过程中,系统对环境所做的功最大。

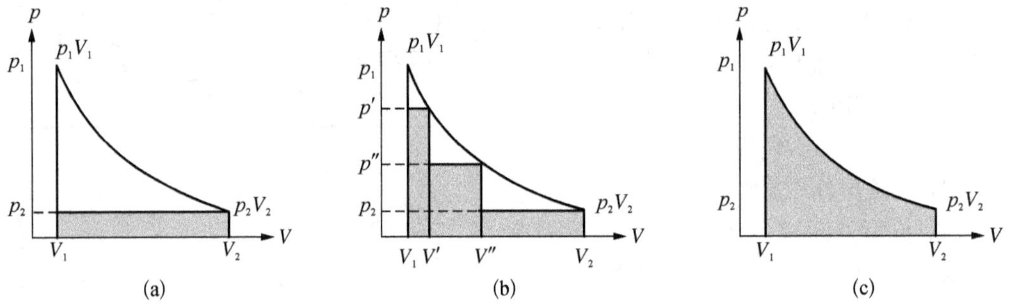

图 1-3 各种膨胀过程的体积功

如果采取与图 1-3 中(a)、(b)和(c)过程相反的步骤,将膨胀后的气体压缩到初始的状态,变化过程及环境对系统所做的功如图 1-4 所示。由于压缩过程的不同,环境对系统所做的功也不同,而且压缩时分步越多,环境对系统所做的功越少。在准静态压缩过程中,环境对系统所做的功最小。

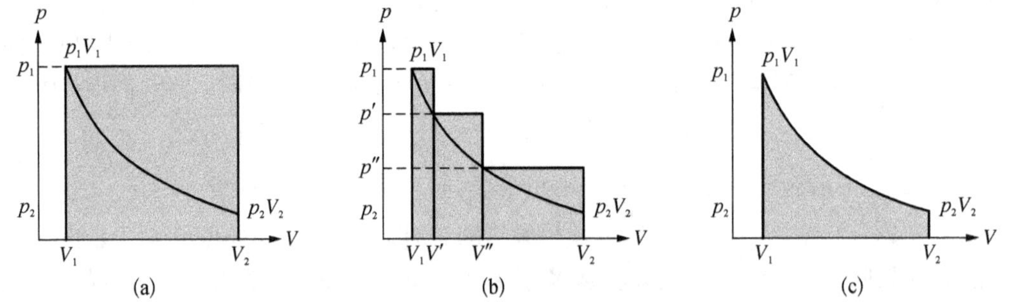

图 1-4 各种压缩过程的体积功

比较图 1-3(c)和图 1-4(c),可以发现,系统经准静态膨胀到达终态后,再经准静态压缩回到始态,系统对环境所做的功和环境对系统所做的功数值相等,符号相反。即系统

恢复到原状的同时，环境也恢复了原状，而不留下任何痕迹，则该过程就称为**可逆过程(reversible process)**。

例如，某系统经过程Ⅰ由状态1变为状态2之后，再经另一过程Ⅱ使系统由状态2回复至状态1，系统和环境没有留下任何变化，则原过程Ⅰ就是热力学可逆过程。

反过来，系统经一过程之后，无论用何种方法均不能使系统和环境同时复原，则该过程称为**不可逆过程(irreversible process)**，如上述(1)、(2)和(3)三种等温膨胀方式即属于不可逆过程。

综合上述讨论，可以总结出可逆过程的三个特征：

1）可逆过程是由一系列连续的无限接近平衡的状态构成，整个过程进行的速度无限缓慢，需无限长时间完成。

2）在可逆过程中，系统对环境做最大功，环境对系统做最小功。

3）可逆过程的逆过程可使系统和环境同时恢复原状。

可逆过程只是一种从实际过程中抽提出来的极限的理想过程，真正意义上的热力学可逆过程是不存在的，实际过程只能无限地趋近于它。虽然如此，研究热力学可逆过程却有着重大的理论意义和实际意义，因为可逆过程的效率最高。通过比较实际过程和可逆过程，可以为提高实际过程的效率找到动力。此外，有些重要的热力学函数的改变量也只有通过可逆过程才能进行计算，比如系统变化过程中的熵变、吉布斯能和亥姆霍兹能的变化。

例1-2　373.15 K时，1 mol理想气体从0.025 m^3经下述四个等温过程膨胀至0.1 m^3：(1) 可逆膨胀；(2) 自由膨胀；(3) 外压恒定为终态压力下膨胀；(4) 等温下先以外压恒定为0.05 m^3的压力膨胀至0.05 m^3，再以外压恒定为终态压力下膨胀至0.1 m^3。求诸过程系统所做的体积功。

解：(1) 等温可逆膨胀，则

$$W=-nRT\ln\frac{V_2}{V_1}=-1\times 8.314\times 373.15\times\ln\frac{0.1}{0.025}=-4\,301\ \text{J}$$

(2) 真空膨胀，$W=0$。

(3) 一步恒外压膨胀，则

$$W=-p_e(V_2-V_1)=-\frac{nRT_2}{V_2}(V_2-V_1)$$

$$=-\frac{1\times 8.314\times 373.15}{0.1}\times(0.1-0.025)=-2\,327\ \text{J}$$

(4) 分两步恒外压膨胀，则

$$W=W_1+W_2=-p_{e,1}(V_2-V_1)-p_{e,2}(V_3-V_2)$$

$$=-p_2(V_2-V_1)-p_3(V_3-V_2)=-\frac{nRT}{V_2}(V_2-V_1)-\frac{nRT}{V_3}(V_3-V_2)$$

$$=-\frac{1\times 8.314\times 373.15}{0.05}\times(0.05-0.025)-\frac{1\times 8.314\times 373.15}{0.1}\times(0.1-0.05)$$
$$=-3\,102\ \text{J}$$

1.5 焓和热容

1.5.1 等容热

前已述及，封闭系统，在等容且不做非体积功的过程中，其体积功 $W=0$。此时，热力学第一定律可表示为

$$\Delta U = Q_V \tag{1-5}$$

式中，Q_V为等容过程的热效应，简称等容热。

对于系统的微小变化，式(1 - 5)可表示为

$$\mathrm{d}U = \delta Q_V \tag{1-6}$$

式(1 - 5)和式(1 - 6)表明，非体积功为零的等容过程中，封闭系统所吸收的热全部用于系统热力学能的增加。

1.5.2 等压热和焓

封闭系统只做体积功的等压过程，体积功为 $W=-p_e(V_2-V_1)$，则由式(1 - 2)，可得

$$\Delta U = U_2 - U_1 = Q_p - p_e(V_2 - V_1) = Q_p - p_2V_2 + p_1V_1$$

$$Q_p = (U_2 + p_2V_2) - (U_1 + p_1V_1) \tag{1-7}$$

式中，Q_p为等压热。由于U、p 和 V 均为状态函数，则它们的组合$(U+pV)$亦是一状态函数。于是，定义

$$H = U + pV \tag{1-8}$$

H 在热力学上称为**焓(enthalpy)**。将式(1 - 8)代入式(1 - 7)中，得

$$Q_p = H_2 - H_1 = \Delta H \tag{1-9}$$

对于微小的变化过程，则有

$$\mathrm{d}H = \delta Q_p \tag{1-10}$$

焓是状态函数，属于广度性质，与热力学能具有相同的量纲，其绝对值无法确定。

值得说明的是，并非只做体积功的等压过程中才有焓变值，只是在此条件下 $\Delta H=Q_p$。只要状态发生变化，焓变随之产生。在特定条件下 $\Delta U=Q_V$ 和 $\Delta H=Q_p$ 两式的出现，

给我们获得热力学函数的变化值 ΔU 和 ΔH 带来了方便，只要测出 Q_V 和 Q_p 的值，就可以得到等容和等压过程的热力学能变化值和焓变。

1.5.3　热容

封闭系统在无相变、无化学变化及非体积功为零的条件下，温度改变 1 K 所需的热称为该系统的**热容(heat capacity)**。其定义式为

$$C = \frac{\delta Q}{\mathrm{d}T} \tag{1-11}$$

热容的单位为 $\mathrm{J \cdot K^{-1}}$。热容属于广度性质，其数值与系统所含物质的量有关。1 mol 物质的热容称为摩尔热容，用 C_{m} 来表示。摩尔热容属于强度性质。

封闭系统等容过程的热容称为等容热容，定义式为

$$C_V = \frac{\delta Q_V}{\mathrm{d}T} \tag{1-12}$$

封闭系统等压过程的热容称为等压热容，定义式为

$$C_p = \frac{\delta Q_p}{\mathrm{d}T} \tag{1-13}$$

等容和等压条件下的摩尔热容分别称为摩尔等容热容和摩尔等压热容，用 $C_{V,\mathrm{m}}$ 和 $C_{p,\mathrm{m}}$ 表示。

若系统只做膨胀功，由式(1-6)和式(1-10)可知，$\mathrm{d}U = \delta Q_V$、$\mathrm{d}H = \delta Q_p$，分别代入式(1-12)和式(1-13)中，则

$$C_V = \left(\frac{\partial U}{\partial T}\right)_V \tag{1-14}$$

$$C_p = \left(\frac{\partial H}{\partial T}\right)_p \tag{1-15}$$

由上述两式均进一步变换可得到

$$\Delta U = Q_V = \int_{T_1}^{T_2} C_V \mathrm{d}T \tag{1-16}$$

$$\Delta H = Q_p = \int_{T_1}^{T_2} C_p \mathrm{d}T \tag{1-17}$$

利用式(1-16)和式(1-17)可以计算无化学变化和相变化且非体积功为零的封闭系统的热力学能和焓的变化值。

物质的热容是温度的函数，常用经验公式表示，即

$$C_{p,\mathrm{m}} = a + bT + cT^2 \tag{1-18}$$

$$C_{p,\mathrm{m}} = a + bT + c'/T^2 \tag{1-19}$$

式中，a、b、c、c'为经验常数。常见物质的摩尔等压热容参见附录或其他参考书及手册。

相同温度下，同一物质的 C_p 与 C_V 在数值上往往不同，对于任意没有相变化和化学变化且只做体积功的封闭系统，C_p 和 C_V 的关系为

$$C_p - C_V = \left(\frac{\partial H}{\partial T}\right)_p - \left(\frac{\partial U}{\partial T}\right)_V$$

$$= \left[\frac{\partial(U+pV)}{\partial T}\right]_p - \left(\frac{\partial U}{\partial T}\right)_V$$

$$= \left(\frac{\partial U}{\partial T}\right)_p + p\left(\frac{\partial V}{\partial T}\right)_p - \left(\frac{\partial U}{\partial T}\right)_V$$

若封闭系统的热力学能 $U = f(T, V)$，则

$$\mathrm{d}U = \left(\frac{\partial U}{\partial T}\right)_V \mathrm{d}T + \left(\frac{\partial U}{\partial V}\right)_T \mathrm{d}V$$

等压下，上式两边除以 $\mathrm{d}T$，得

$$\left(\frac{\partial U}{\partial T}\right)_p = \left(\frac{\partial U}{\partial T}\right)_V + \left(\frac{\partial U}{\partial V}\right)_T \left(\frac{\partial V}{\partial T}\right)_p$$

将其代入 C_p 和 C_V 的关系式中，经整理后得

$$C_p - C_V = \left(\frac{\partial V}{\partial T}\right)_p \left[\left(\frac{\partial U}{\partial V}\right)_T + p\right] \tag{1-20}$$

式(1-20)适用于任何均匀的系统。对于固体或液体系统，因为体积随温度变化很小，$\left(\frac{\partial V}{\partial T}\right)_p$ 近似为零，故 $C_p \approx C_V$。

例 1-3 在 100 kPa 下，2 mol 323.15 K 的水变成 423.15 K 的水蒸气，计算此过程所吸收的热。已知水和水蒸气的平均摩尔等压热容分别为 75.31 J·K^{-1}·mol^{-1} 和 33.47 J·K^{-1}·mol^{-1}，水在 373.15 K、100 kPa 下，由液态水变成水蒸气的气化热为 40.67 kJ·mol^{-1}。

解： 323.15 K 的水变成 423.15 K 的水蒸气，其变化过程由三部分组成：

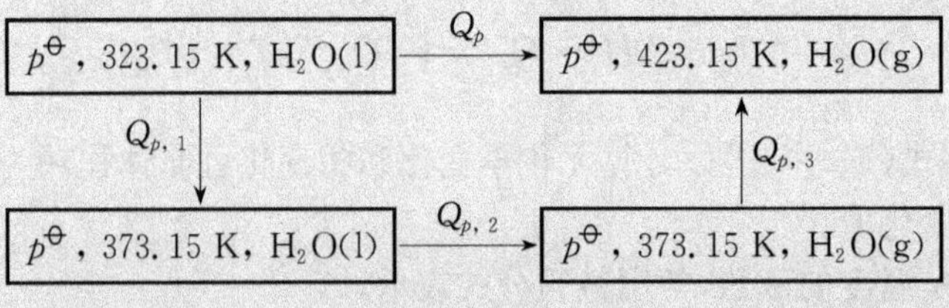

整个过程是非体积功为零的等压过程，则

$$Q_{p,1} = nC_{p,\mathrm{m}}(T_2 - T_1) = 2 \times 75.31 \times (373.15 - 323.15) = 7\,531\ \mathrm{J}$$

$$Q_{p,2} = n\Delta H_{气化} = 2 \times 40.67 = 81.34\ \text{kJ}$$

$$Q_{p,3} = nC_{p,\text{m}}(T_2 - T_1) = 2 \times 33.47 \times (423.15 - 373.15) = 3\ 347\ \text{J}$$

那么整个过程所吸收的热为

$$Q_p = Q_{p,1} + Q_{p,2} + Q_{p,3} = 7\ 531 + 81\ 340 + 3\ 347 = 92\ 218\ \text{J}$$

1.6 热力学第一定律在系统状态变化中的应用

1.6.1 理想气体的热力学能和焓

1843 年，焦耳为了研究气体的热力学能与体积（或压力）的关系，做了如下实验（所用装置见图 1-5 所示）：将带活塞的连通器置于有绝热壁的水浴中，A 和 B 的体积相同。开始时，A 容器中充入一定压力和温度的气体，B 容器抽成真空。然后打开旋塞，气体自由膨胀，最后达到平衡。观察过程变化前后温度计的读数，发现水浴温度不变，即 $\Delta T=0$，说明在此过程中系统与环境之间没有热量的交换，$Q=0$；由于自由膨胀，$W=0$，根据热力学第一定律可得 $\Delta U=0$。由此得出结论，气体向真空膨胀时，体积增大，但温度不变，热力学能也保持不变。

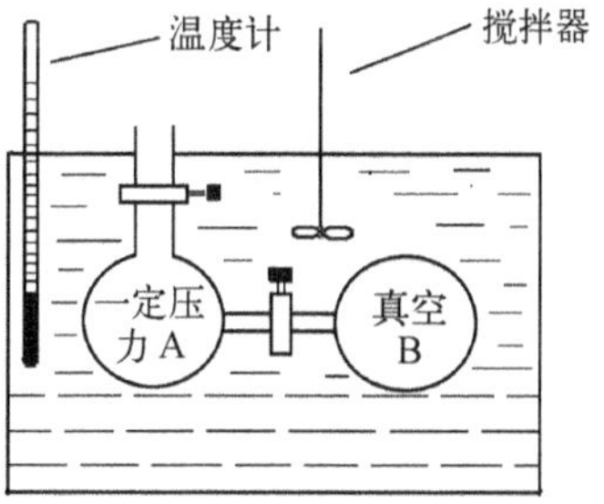

图 1-5 Joule 实验示意图

严格来说，该结论只适用于理想气体，因为理想气体分子间无相互作用力。若用实际气体进行实验，温度会发生微小的变化。

对单组分均相系统，状态函数热力学能的全微分可表示为

$$\text{d}U = \left(\frac{\partial U}{\partial T}\right)_V \text{d}T + \left(\frac{\partial U}{\partial V}\right)_T \text{d}V$$

根据焦耳实验结果，气体自由膨胀过程 $\text{d}T=0$、$\text{d}U=0$，从而可得

$$\left(\frac{\partial U}{\partial V}\right)_T \text{d}V = 0$$

由于膨胀过程 $\text{d}V \neq 0$，则有

$$\left(\frac{\partial U}{\partial V}\right)_T = 0 \tag{1-21}$$

同理可以证得

$$\left(\frac{\partial U}{\partial p}\right)_T = 0 \tag{1-22}$$

以上两式说明，理想气体的热力学能只是温度的函数，与体积或压力无关。即

$$U = f(T) \tag{1-23}$$

因为 $H = U + pV$，对理想气体来说，热力学能只是温度的函数，而等温条件下 $pV = nRT$，所以

$$H = f(T) + nRT = f'(T) \tag{1-24}$$

即理想气体的焓也仅是温度的函数，与体积和压力无关。又因为 $C_V = \left(\frac{\partial U}{\partial T}\right)_V$，$C_p = \left(\frac{\partial H}{\partial T}\right)_p$，在无相变和无化学变化的过程中，理想气体的任何单纯状态变化过程中的 ΔU 和 ΔH 可分别用式(1-25)和式(1-26)直接计算，而无需关注其是否等容或等压，即

$$\Delta U = \int_{T_1}^{T_2} C_V \mathrm{d}T = nC_{V,\mathrm{m}}(T_2 - T_1) \tag{1-25}$$

$$\Delta H = \int_{T_1}^{T_2} C_p \mathrm{d}T = nC_{p,\mathrm{m}}(T_2 - T_1) \tag{1-26}$$

1.6.2 理想气体的 $C_{p,\mathrm{m}}$ 与 $C_{V,\mathrm{m}}$ 的关系

由式(1-20)知

$$C_p - C_V = \left(\frac{\partial V}{\partial T}\right)_p \left[\left(\frac{\partial U}{\partial V}\right)_T + p\right]$$

对理想气体来说，有 $\left(\frac{\partial U}{\partial V}\right)_T = 0$，$\left(\frac{\partial V}{\partial T}\right)_p = \frac{nR}{p}$，代入式(1-20)，得

$$C_p - C_V = nR \tag{1-27}$$

或

$$C_{p,\mathrm{m}} - C_{V,\mathrm{m}} = R \tag{1-28}$$

根据气体分子运动论，可以证明常温下，理想气体的单原子分子有 $C_{V,\mathrm{m}} = 1.5R$，$C_{p,\mathrm{m}} = 2.5R$；双原子分子有 $C_{V,\mathrm{m}} = 2.5R$，$C_{p,\mathrm{m}} = 3.5R$；多原子分子(非线型)有 $C_{V,\mathrm{m}} = 3R$，$C_{p,\mathrm{m}} = 4R$。所以，常温下，理想气体的 $C_{V,\mathrm{m}}$ 和 $C_{p,\mathrm{m}}$ 均可视为常数。

例 1-4 1 mol 单原子理想气体，始态压力为 200 kPa，体积为 11.2 L，经过 pT 为常数的可逆膨胀过程至终态压力 100 kPa，求：(1) 终态的体积与温度；(2) 系统的 ΔU 和 ΔH；(3) 该过程系统所做的功。

解：(1) 利用理想气体状态方程计算终态的体积和温度，则

$$T_1 = \frac{p_1 V_1}{nR} = \frac{200 \times 11.2}{1 \times 8.314} = 269.43\ \mathrm{K}$$

$$T_2 = \frac{p_1 T_1}{p_2} = \frac{200 \times 269.43}{100} = 538.86\ \text{K}$$

$$V_2 = \frac{nRT_2}{p_2} = \frac{1 \times 8.314 \times 538.86}{100} = 44.8\ \text{L}$$

(2) 单原子理想气体 $C_{V,\text{m}} = 1.5R$，$C_{p,\text{m}} = 2.5R$。因此，

$$\Delta U = nC_{V,\text{m}}(T_2 - T_1) = 1 \times 1.5 \times 8.314 \times (538.86 - 269.43) = -3\,360.1\ \text{J}$$

$$\Delta H = nC_{p,\text{m}}(T_2 - T_1) = 1 \times 2.5 \times 8.314 \times (538.86 - 269.43) = -5\,600.1\ \text{J}$$

(3) 假设 $pT = B$，则

$$p = \frac{B}{T},\ V = \frac{RT}{p},\ \text{d}V = \frac{2RT}{B}\text{d}T$$

$$W = -\int_{V_1}^{V_2} p_\text{i}\text{d}V = -\int_{T_1}^{T_2} \frac{B}{T} \cdot \frac{2RT}{B}\text{d}T = -\int_{T_1}^{T_2} 2R\text{d}T$$

$$= -2R(T_2 - T_1) = -2 \times 8.314 \times (538.86 - 269.43) = -4\,480.1\ \text{J}$$

1.6.3 理想气体绝热过程

在绝热过程中，系统与环境之间没有热交换，即 $Q = 0$，$\text{d}U = \delta W$。对只做体积功的过程，有

$$p_\text{e}\text{d}V = -\text{d}U$$

因为 $\text{d}U = C_V\text{d}T$，所以当理想气体绝热膨胀时，有

$$p_\text{e}\text{d}V = -\text{d}U = -C_V\text{d}T \tag{1-29}$$

上式表明，理想气体绝热膨胀过程将导致系统热力学能的降低，即系统温度要下降。绝热压缩过程中，热力学能增加，系统温度则升高。

1. 绝热可逆过程

当理想气体绝热可逆膨胀时，$p_\text{e} = p_i = nRT/V$，将其代入式(1-29)，得

$$-p_\text{i}\text{d}V = -\frac{nRT}{V}\text{d}V = -\frac{(C_p - C_V)T}{V}\text{d}V = C_V\text{d}T$$

积分上式得

$$-\int_{V_1}^{V_2} \frac{C_p - C_V}{V}\text{d}V = \int_{T_1}^{T_2} \frac{C_V}{T}\text{d}T$$

$$-(C_p - C_V)\ln\frac{V_2}{V_1} = C_V\ln\frac{T_2}{T_1}$$

两边同除以 C_V，令 $C_p/C_V = C_{p,\text{m}}/C_{V,\text{m}} = \gamma$，并称之为理想气体的热容比，则

$$(\gamma-1)\ln\frac{V_2}{V_1}=\ln\frac{T_1}{T_2}$$

于是得到

$$T_1V_1^{\gamma-1}=T_2V_2^{\gamma-1} \tag{1-30}$$

或

$$TV^{\gamma-1}=K \tag{1-31}$$

式中，K 为常数。若将 $T=\dfrac{pV}{nR}$ 代入上式，得

$$pV^{\gamma}=K' \tag{1-32}$$

式中，K'为常数。同理，将 $V=\dfrac{nRT}{p}$ 代入式(1-32)，得

$$p^{1-\gamma}T^{\gamma}=K'' \tag{1-33}$$

式中，K''为常数。式(1-31)、式(1-32)和式(1-33)均称为理想气体绝热可逆过程方程式。应用条件为：封闭系统，$W'=0$ 的理想气体绝热可逆的 pVT 变化过程。

2. 绝热过程体积功的计算

绝热过程中，$\mathrm{d}U=\delta W$，系统和环境间交换的功可计算为

$$W=\int_{T_1}^{T_2}C_V\mathrm{d}T$$

若温度范围不太大，C_V可视为常数，则

$$W=C_V(T_2-T_1) \tag{1-34}$$

对于理想气体，由 $C_p-C_V=nR$ 及 $\gamma=C_p/C_V$，可以得到

$$C_V=\frac{nR}{\gamma-1}$$

代入式(1-34)，则有

$$W=\frac{nR(T_2-T_1)}{\gamma-1}=\frac{p_2V_2-p_1V_1}{\gamma-1} \tag{1-35}$$

式(1-34)和式(1-35)的导出过程均未涉及过程可逆与否，故适用于理想气体的任意绝热过程体积功的计算。

例 1-5　2 mol 单原子理想气体从 298.15 K、1 000 kPa 绝热膨胀至 100 kPa，试计算下列三个过程的 Q、W、ΔH 和 ΔU。(1) $p_e=p_i$；(2) $p_e=100$ kPa；(3) $p_e=0$。

解： 三个过程均为绝热过程，则 $Q=0$，$W=\Delta U$。对单原子理想气体，则

$$C_{p,\mathrm{m}}=\frac{5}{2}R,\ C_{V,\mathrm{m}}=\frac{3}{2}R,\ \gamma=\frac{C_{p,\mathrm{m}}}{C_{V,\mathrm{m}}}=\frac{5}{3}=1.67$$

(1) $p_e = p_i$，说明此过程为绝热可逆膨胀，根据理想气体的绝热可逆过程方程求 T_2。则

$$T_1^{\gamma} p_1^{1-\gamma} = T_2^{\gamma} p_2^{1-\gamma}$$

$$298.15^{1.67}\ 1\,000^{1-1.67} = T_2^{1.67}\ 100^{1-1.67}$$

$$T_2 = 118.37\ \text{K}$$

$$W = \Delta U = nC_{V,m}(T_2 - T_1) = 2 \times 1.5 \times 8.314 \times (118.37 - 298.15) = -4\,484\ \text{J}$$

$$\Delta H = nC_{p,m}(T_2 - T_1) = 2 \times 2.5 \times 8.314 \times (118.37 - 298.15) = -7\,473\ \text{J}$$

(2) $p_e = 100\ \text{kPa}$，此变化过程为反抗恒外压的绝热不可逆过程，则

$$W = \Delta U = nC_{V,m}(T_2 - T_1)$$

$$W = -p_e(V_2 - V_1) = -p_2(V_2 - V_1)$$

由理想气体状态方程，可得

$$V_1 = \frac{nRT_1}{p_1} \quad V_2 = \frac{nRT_2}{p_2}$$

则

$$nC_{V,m}(T_2 - T_1) = -p_2\left(\frac{nRT_2}{p_2} - \frac{nRT_1}{p_1}\right)$$

$$2 \times 1.5 \times 8.314(T_2 - 298.15) = -2 \times 8.314 T_2 + \frac{100}{1\,000} \times 2 \times 8.314 \times 298.15$$

$$T_2 = 190.82\ \text{K}$$

$$W = \Delta U = nC_{V,m}(T_2 - T_1) = 2 \times 1.5 \times 8.314 \times (190.82 - 298.15) = -2\,677\ \text{J}$$

$$\Delta H = nC_{p,m}(T_2 - T_1) = 2 \times 2.5 \times 8.314 \times (190.82 - 298.15) = -4\,462\ \text{J}$$

(3) $p_e = 0$，此过程为理想气体的绝热自由膨胀过程，$Q = W = 0$，$\Delta U = Q + W = 0$，则 $T_1 = T_2$，$\Delta H = 0$。

3. 绝热可逆过程与等温可逆过程的比较

等温可逆过程和绝热可逆过程可用 p-V 图上相应的曲线表示，如图 1-6 所示。AB 线为理想气体等温可逆过程曲线，AC 线为绝热可逆过程曲线。显然 AC 线斜率的绝对值大于 AB 线斜率的绝对值，即从相同始态出发，膨胀至相同的终态体积，绝热可逆过程压力的降低幅度更大。对此，可以用下面的方程式加以说明。

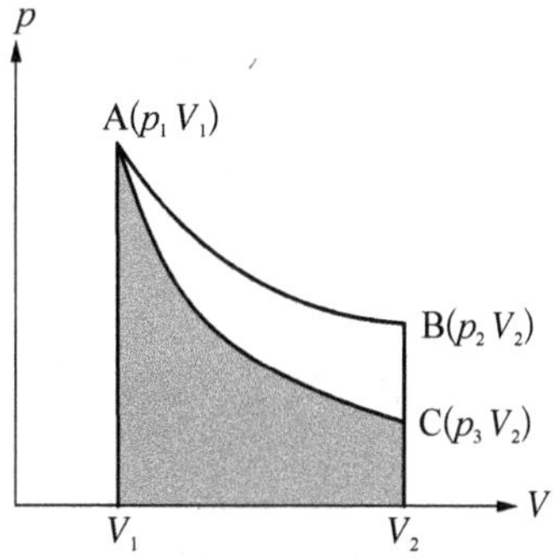

图 1-6　绝热可逆过程和等温可逆过程膨胀功的比较

对于绝热可逆过程，$pV^{\gamma} = K'$，则有

$$\left(\frac{\partial p}{\partial V}\right)_S = -\gamma\frac{K'}{V^{\gamma+1}} = -\gamma\frac{pV^{\gamma}}{V^{\gamma+1}} = -\gamma\frac{p}{V}$$

对等温可逆过程，$pV = nRT$，故有

$$\left(\frac{\partial p}{\partial V}\right)_T = \frac{nRT}{V^2} = -\frac{pV}{V^2} = -\frac{p}{V}$$

因为 $\gamma > 1$，所以绝热可逆过程 $p-V$ 曲线的斜率的绝对值较大。此外，在等温膨胀过程中，只有体积增大一个因素导致压力降低。在绝热可逆膨胀过程中，一方面，随着体积的增大，p 要减小；另一方面，随着气体温度的降低，p 也要减小，所以两过程终态的体积相同时，绝热可逆膨胀过程中，压力降低的幅度更大些。

1.6.4 相变化过程

1. 相变和相变热

相是系统中物理性质和化学性质完全均一的部分。如封闭系统中纯水与其蒸气共存时，液态水为一相，水蒸气为另一相。系统中物质在不同相间的迁移过程称为相变化，简称相变。在两相平衡温度和压力下的相变为可逆相变，否则为不可逆相变。相变化过程中吸收或放出的热，称为相变热。

对于等温等压、只做膨胀功的相变过程，相变热即为过程的焓变，可表示为

$$Q_p = \Delta_\alpha^\beta H \tag{1-36}$$

式中 $\Delta_\alpha^\beta H$ 为物质在 α 和 β 相间迁移的相变热。

2. 相变化过程的体积功

若系统在等温等压条件下，由 α 相变到 β 相，则过程的体积功为

$$W = -p_e\Delta V = -p_e(V_\beta - V_\alpha) \tag{1-37}$$

若 β 相为气相，α 相为凝聚相(液相或固相)，因为 $V_\beta \gg V_\alpha$，所以有

$$W = -p_e V_\beta \tag{1-38}$$

若气相可视为理想气体，则有

$$W = -p_e V_\beta = -nRT \tag{1-39}$$

3. 相变化过程的 ΔU

根据热力学第一定律，当 $W' = 0$ 时，等温等压下由 α 相变到 β 相过程的 ΔU 为

$$\Delta U = Q + W = Q - p_e(V_\beta - V_\alpha) \tag{1-40}$$

若 β 相为气相，α 相为凝聚相(液相或固相)，$V_\beta \gg V_\alpha$，则有

$$\Delta U = \Delta H - p_e V_\beta \tag{1-41}$$

若气相可视为理想气体，则

$$\Delta U = \Delta H - nRT \tag{1-42}$$

例 1-6　试求下列各过程的 Q、W、ΔU 和 ΔH，并比较计算结果，能得出什么结论？已知水气化的正常相变热为 2 259 $J \cdot g^{-1}$，且气体为理想气体。

(1) 将 1 mol 水在 373.15 K、$p^{\ominus} = 100$ kPa 下蒸发。

(2) 始态与(1)相同，当外界压力恒定为 $p^{\ominus}/2$ 时，将水蒸发，然后再将此水蒸气等温可逆压缩为 373.15 K、$p^{\ominus}$ 的水蒸气。

(3) 将 1 mol H_2O 在 373.15 K、$p^{\ominus}$ 下突然装入同温下的真空箱中，水蒸气立即充满整个容器(设水全部气化)，测得其压力为 $p^{\ominus}$。

解：(1) 该过程为非体积功为零的等温等压的可逆相变过程，因此有

$$\Delta H = Q_p = Q_1 = 1 \times 18 \times 2\ 259 = 40.66\ \text{kJ}$$

$$W_1 = -p_e(V_g - V_l) \approx -p_e V_g = -nRT = -1 \times 8.314 \times 373.15 = -3.10\ \text{kJ}$$

$$\Delta U_1 = Q_1 + W_1 = 40.66 - 3.10 = 37.56\ \text{kJ}$$

(2) 该过程可分两步进行计算：先反抗恒外压 $p^{\ominus}/2$ 将水气化为 373.15 K、$p^{\ominus}/2$ 的水蒸气，然后再等温可逆压缩至终态 373.15 K、$p^{\ominus}$ 的水蒸气。则有

$$W_2 = -p_e(V_g - V_l) - nRT\ln\frac{V_2}{V_1}$$

因 $V_g \gg V_l$，所以

$$W_2 = -p_e V_g - nRT\ln\frac{V_2}{V_1} = -\frac{p^{\ominus}}{2} \cdot \frac{nRT}{p^{\ominus}/2} - nRT\ln\frac{p^{\ominus}/2}{p^{\ominus}}$$
$$= -nRT + nRT\ln 2 = (0.693 - 1) \times 1 \times 8.314 \times 373.15 = -0.95\ \text{kJ}$$

由于始态和终态与(1)相同，所以有

$$\Delta U_2 = \Delta U_1 = 37.56\ \text{kJ}$$
$$\Delta H_2 = \Delta H_1 = 40.66\ \text{kJ}$$

由热力学第一定律，得

$$Q_2 = \Delta U_2 - W_2 = 37.56 + 0.95 = 38.51\ \text{kJ}$$

(3) 向真空气化过程，$W_3 = 0$，其始态和终态与(1)相同，所以有

$$Q_3 = \Delta U_3 = \Delta U_1 = 37.56\ \text{kJ}$$
$$\Delta H_3 = \Delta H_1 = 40.66\ \text{kJ}$$

由计算结果说明：当两个过程的始态和终态相同时，状态函数的改变量与过程无关。比较计算结果，$Q_1 > Q_2 > Q_3$，$|W_1| > |W_2| > |W_3|$，说明热和功都与过程有关。其中在可逆过程中系统从环境吸收的热量最多，对环境做的功也最大。偏离可逆过程越远，则热和功值就越小。

1.7 热力学第一定律在化学变化中的应用

化学反应常伴有吸热或放热现象，当产物的温度与反应物的温度相同时，系统所吸收或放出的热量，称为化学反应的热效应，简称反应热。测定化学反应热效应并研究其规律的科学称为**热化学(thermochemistry)**。大量热化学数据的测定为化学热力学奠定了基础，它们的研究广泛应用于燃料及工业上合理地控制化学反应方面，同时热力学数据也用于计算平衡常数和其他热化学量。

1.7.1 反应进度

任一化学反应的计量方程式为

$$a\mathrm{A}+d\mathrm{D}\longrightarrow e\mathrm{E}+f\mathrm{F}$$

其通式可表示为

$$\sum_{\mathrm{B}}\nu_{\mathrm{B}}\mathrm{B}=0$$

式中，B为反应系统中的任意物质，ν_{B}为反应物或产物的化学计量数，对反应物ν_{B}取负值，对产物ν_{B}取正值。则t时刻反应进行的程度可用**反应进度(extent of reaction)**ξ来表示，其定义式为

$$\xi=\frac{\Delta n_{\mathrm{B}}}{\nu_{\mathrm{B}}}=\frac{n_{\mathrm{B}}-n_{\mathrm{B},0}}{\nu_{\mathrm{B}}} \tag{1-43}$$

或

$$\mathrm{d}\xi=\frac{\mathrm{d}n_{\mathrm{B}}}{\nu_{\mathrm{B}}} \tag{1-44}$$

式中，n_{B}和$n_{\mathrm{B},0}$分别为$t=t$和$t=0$时物质B的物质的量。ξ的单位为mol。因此，上述计量方程式的反应进度可表示为

$$\xi=\frac{n_{\mathrm{A}}-n_{\mathrm{A},0}}{-a}=\frac{n_{\mathrm{D}}-n_{\mathrm{D},0}}{-d}=\frac{n_{\mathrm{E}}-n_{\mathrm{E},0}}{e}=\frac{n_{\mathrm{F}}-n_{\mathrm{F},0}}{f}$$

或

$$\mathrm{d}\xi=\frac{\mathrm{d}n_{\mathrm{A}}}{-a}=\frac{\mathrm{d}n_{\mathrm{D}}}{-d}=\frac{\mathrm{d}n_{\mathrm{E}}}{e}=\frac{\mathrm{d}n_{\mathrm{F}}}{f}$$

反应进度与反应方程的写法有关，但对同一反应方程式，用任一反应物或产物所表示的反应进度都是相等的。当$\Delta n_{\mathrm{B}}=\nu_{\mathrm{B}}$时，$\xi=1\,\mathrm{mol}$，表示化学反应按计量方程式的系数比例进行了一个单位的反应。

1.7.2　等压热效应 Q_p 与等容热效应 Q_V

化学反应热效应分为等容热效应 Q_V 和等压热效应 Q_p，分别对应于等容和等压化学反应，且存在下述关系，即

$$Q_V = \Delta_r U$$
$$Q_p = \Delta_r H$$

由于焓和热力学能都是广度性质，其大小与物质的量有关。因此，化学反应的焓变和热力学能与反应进度有关。当反应按照化学计量方程式作为一个基本单位完成了 1 mol 反应 ($\xi = 1$) 时所产生的焓变和热力学能的变化分别称为反应的摩尔焓变 $\Delta_r H_m$ 和反应的摩尔热力学能变化 $\Delta_r U_m$。

在热化学中，热的符号规定与热力学第一定律相同，系统吸热，热效应为正；系统放热，热效应为负。

化学反应的热效应可由实验测定，但通常测出的是等容热效应，而化学反应大多是在等压下进行的，因此需要知道 Q_p 和 Q_V 之间的关系，以便进行换算。

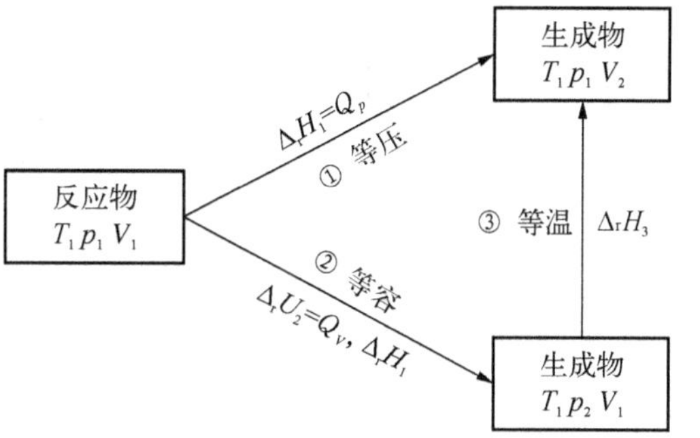

图 1-7　不同途径状态函数的变化

设某等温化学反应分别在等压和等容条件下进行，相应的反应热效应可通过不同途径状态函数的变化求得，如图 1-7 所示。

等容反应②和等压反应①的产物虽然相同，但产物的状态不同，等温过程③可将两种终态衔接起来。因为焓 H 是状态函数，由图中可以看出

$$\Delta_r H_1 = \Delta_r H_2 + \Delta_r H_3 = \Delta_r U_2 + \Delta(pV) + \Delta_r H_3$$

对于反应物和生成物只有液体或固体的反应系统，反应前后的体积变化很小，因此 $\Delta(pV)$ 可忽略不计。若反应系统中有气体参与，只需考虑气态物质的 pV 之差。假设气体可视为理想气体，则

$$\Delta(pV) = p_2 V_1 - p_1 V_1 = n_p RT_1 - n_r RT_1 = RT_1 \Delta n$$

式中，n_p、n_r 分别为生成物和反应物中气体的摩尔数；Δn 为生成物与反应物的气体的物质的量之差。对于理想气体，焓仅是温度的函数，所以等温过程③的 $\Delta H_3 = 0$。对于产物中的固态与液态物质，在压力变化不太大时，$\Delta H_3 \ll \Delta_r H_2$，$\Delta H_3$ 可忽略不计。因此

$$\Delta_r H_1 = \Delta_r U_2 + RT\Delta n$$

即

$$Q_p = Q_V + RT\Delta n \tag{1-45}$$

1.7.3　热效应的测量

直接测量热效应的仪器称为量热计，如图 1-8 所示是氧弹量热计。测定时，在氧弹

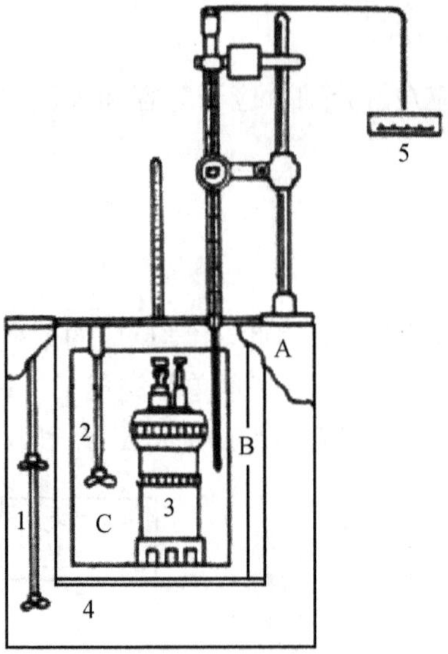

图 1-8 氧弹量热计示意图

A. 外筒；B. 绝热空气层；C. 内筒；1. 外筒搅动器；2. 内筒搅拌器；3. 氧弹；4. 垫脚；5. 温差测量仪

内放入样品，充入氧气，而后浸入一加有已知量水的绝热容器(内筒)中，整个绝热容器置于一温度恒定的水浴(外筒)中。点火使样品完全燃烧，放出的热量被周围的水吸收，通过温度传感器检测量热计内筒中的温度，便可根据水的量和量热计的热容，计算出被测试样品的反应热效应。

1.7.4 热化学方程式

将化学反应中的物质变化和热效应同时表示出来的方程式称为热化学方程式。书写时应注意以下问题：

1) 标明各物质的物态和浓度(活度)。通常用小写的 g、l 和 s 分别表示气态、液态和固态。固态物质若有多种晶型，须注明晶型，如 C(石墨)、C(金刚石)；溶液中的反应要注明溶液的浓度(活度)。如果在大量水存在的无限稀释溶液中进行，则浓度用 aq 表示。

2) 用 $\Delta_r H_m$ 和 $\Delta_r U_m$ 表示反应的摩尔等压或等容热效应，并在 $\Delta_r H_m$ 或 $\Delta_r U_m$ 后注明反应温度和压力。若不注明压力，则表示反应在 $p = p^\ominus$ 下进行，右上角的"$\ominus$"表示标准态 100 kPa。如 $\Delta_r H_m^\ominus(298.15\ \text{K})$ 表示参加反应各物质都处于标准态，反应温度为 298.15 K 时，反应进度为 1 mol 时的等压热效应。一般不注明温度即表示反应在 298.15 K 下进行。

例如，在 298.15 K 和 $p^\ominus$ 下，当反应进度为 1 mol 时，下列反应的热化学方程式为

(1) $2HI(g) = H_2(g) + I_2(s) \quad \Delta_r H_m^\ominus = -53.0\ \text{kJ} \cdot \text{mol}^{-1}$

(2) $H_2(g) + I_2(s) = 2HI(g) \quad \Delta_r H_m^\ominus = 53.0\ \text{kJ} \cdot \text{mol}^{-1}$

(3) $H_2(g) + I_2(g) = 2HI(g) \quad \Delta_r H_m^\ominus = -9.441\ \text{kJ} \cdot \text{mol}^{-1}$

1.7.5 赫斯定律

1840 年，赫斯(Hess)根据大量的实验结果，提出了计算反应热效应的 Hess 定律：任一化学反应的热效应只与反应过程的始态和终态有关，与反应途径无关。即一个化学反应可以分几步完成，其反应热效应与一步完成的相同。

用热力学第一定律可以很好地解释和理解赫斯定律。因为等容反应的 $\Delta_r U = Q_V$，等压反应的 $\Delta_r H = Q_p$，而热力学能 U 和焓 H 都是状态函数，$\Delta_r H$ 和 $\Delta_r U$ 由过程的始态和终态决定，与过程的具体途径无关。所以，任一化学反应，不论其反应途径如何，只要始态和终态相同，则反应热效应必然相同，与反应的途径无关。

赫斯定律的提出，使热化学方程式可以像普通代数方程式一样进行运算，根据已知的反应热效应可求得未知的热效应。尤其是可以得到那些难于测准或无法用实验测量的化学反应的热效应。

例 1-7 已知下列反应在 298.15 K 时的热效应为

(1) $Na(s)+0.5Cl_2(g) \longrightarrow NaCl(s)$ $\Delta_r H_{m,1}=-411\ kJ\cdot mol^{-1}$

(2) $H_2(g)+S(s)+2O_2(g) \longrightarrow H_2SO_4(l)$ $\Delta_r H_{m,2}=-811.3\ kJ\cdot mol^{-1}$

(3) $2Na(s)+S(s)+2O_2(g) \longrightarrow Na_2SO_4(s)$ $\Delta_r H_{m,3}=-1\ 383\ kJ\cdot mol^{-1}$

(4) $0.5H_2(g)+0.5Cl_2(g) \longrightarrow HCl(g)$ $\Delta_r H_{m,4}=-92.3\ kJ\cdot mol^{-1}$

求 298.15 K 时，反应(5) $2NaCl(s)+H_2SO_4(l) \longrightarrow Na_2SO_4(s)+2HCl(g)$ 的 $\Delta_r H_m$ 和 $\Delta_r U_m$。

解：根据赫斯定律，待求反应式与题中所给反应式的关系为：(5) = 2×(4)+(3)−2×(1)−(2)，则其反应热效应 $\Delta_r H_m$ 为

$$\Delta_r H_{m,5} = 2\Delta_r H_{m,4}+\Delta_r H_{m,3}-2\Delta_r H_{m,1}-\Delta_r H_{m,2}$$

$$= 2\times(-92.3)+(-1\ 383)-2\times(-411)-(-811.3) = 65.7\ kJ\cdot mol^{-1}$$

由公式 $\Delta_r H = \Delta_r U + RT\Delta n$ 计算 $\Delta_r U_m$，得

$$\Delta_r U_m = \Delta_r H_m - RT\Delta n = 65\ 700 - 2\times 8.314\times 298 = 60.74\ kJ\cdot mol^{-1}$$

1.8 化学反应热效应的计算

1.8.1 生成焓

由于焓的绝对值无法测定，等温等压下化学反应的热效应也无法直接通过生成物焓的总和减去反应物焓的总和来求得。为了解决反应热效应的计算问题，人们规定：在标准压力和指定温度下，最稳定的单质的摩尔焓为零。而由最稳定单质生成 1 mol 标准态化合物的焓变称为该化合物在此温度下的**标准摩尔生成焓**(standard molar enthalpy of formation)，用 $\Delta_f H_m^{\ominus}$ 表示。

固体和液体的标准态为指定温度 T 时，标准压力 $p^{\ominus}$ 下的纯固体和纯液体，气体物质的标准态为指定温度 T 时，标准压力 $p^{\ominus}$ 下具理想气体性质的纯气体。

规定中的最稳定单质指在标准压力及反应温度下最稳定形态的物质。例如，C 的最稳定单质为石墨而非金刚石，Br_2 的最稳定单质为液态而非气态。

例如，298.15 K，标准压力下，有下列反应

$$H_2(g)+\frac{1}{2}O_2(g) \longrightarrow H_2O(l) \qquad \Delta_r H_m^{\ominus}=-285.8\ kJ\cdot mol^{-1}$$

$$C(石墨)+O_2(g) \longrightarrow CO_2(g) \qquad \Delta_r H_m^{\ominus}=-393.5\ kJ\cdot mol^{-1}$$

上述两个反应都是从稳定单质生成 1 mol 化合物的反应，故反应的热效应就是化合物的摩尔生成焓。因此，298.15 K 时，$H_2O(l)$ 的标准摩尔生成焓为 $\Delta_f H_m^{\ominus}=-285.8\ kJ\cdot mol^{-1}$，$CO_2(g)$ 的标准摩尔生成焓为 $\Delta_f H_m^{\ominus}=-393.5\ kJ\cdot mol^{-1}$。

各种物质在298.15 K时的标准摩尔生成焓数据可从附录或相关参考书及数据手册上查到。利用物质的标准摩尔生成焓可以计算标准状态下反应的热效应。例如，要计算某化学反应的热效应，可根据生成焓的定义，将反应设计为

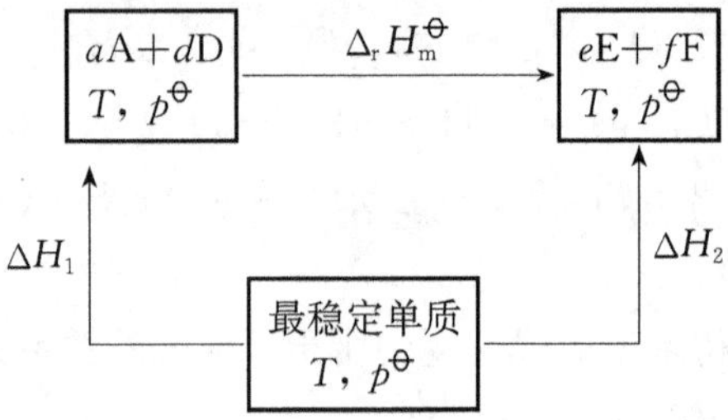

由焓是状态函数或赫斯定律可以得到

$$\Delta_r H_m^{\ominus} = \Delta H_2 - \Delta H_1 \tag{1-46}$$

而

$$\Delta H_1 = a\Delta_f H_{m,A}^{\ominus} + d\Delta_f H_{m,D}^{\ominus} = \sum_B (r_B \Delta_f H_{m,B}^{\ominus})_{反应物}$$

$$\Delta H_2 = e\Delta_f H_{m,E}^{\ominus} + f\Delta_f H_{m,F}^{\ominus} = \sum_B (p_B \Delta_f H_{m,B}^{\ominus})_{产物}$$

代入式(1-46)，得

$$\Delta_r H_m^{\ominus} = \sum_B (p_B \Delta_f H_{m,B}^{\ominus})_{产物} - \sum_B (r_B \Delta_f H_{m,B}^{\ominus})_{反应物} = \sum_B \nu_B \Delta_f H_{m,B}^{\ominus} \tag{1-47}$$

式中，p_B和r_B分别表示在反应式中产物和反应物的化学计量系数，均取正值；ν_B的符号规定与前述一致。这样，利用产物的标准摩尔生成焓的总和减去反应物的标准摩尔生成焓的总和，可计算任一反应的标准摩尔焓变(等压反应热效应)。

例1-8 利用生成焓的数据，计算甘氨酸氧化代谢成尿素、CO_2及H_2O的热效应。

解：甘氨酸氧化代谢反应式为

$$2NH_2CH_2COOH(s) + 3O_2(g) \longrightarrow H_2NCONH_2(s) + 3CO_2(g) + 3H_2O(l)$$

$$\Delta_f H_m^{\ominus}(kJ \cdot mol^{-1}) \quad -537.23 \quad 0 \quad -333.0 \quad -393.5 \quad -285.8$$

利用公式(1-47)计算得出：

$$\begin{aligned}\Delta_r H_m^{\ominus} &= \sum_B (p_B \Delta_f H_m^{\ominus})_{产物} - \sum_B (r_B \Delta_f H_m^{\ominus})_{反应物} \\ &= \Delta_f H_m^{\ominus}(H_2NCONH_2, s) + 3\Delta_f H_m^{\ominus}(CO_2, g) + 3\Delta_f H_m^{\ominus}(H_2O, l) - \\ &\quad 2\Delta_f H_m^{\ominus}(NH_2CH_2COOH, s) - 3\Delta_f H_m^{\ominus}(O_2, g) \\ &= -333.0 + 3\times(-393.5) + 3\times(-285.8) - 2\times(-537.23) - 0 \\ &= -1\,296.4\ kJ \cdot mol^{-1}\end{aligned}$$

1.8.2　燃烧焓

许多有机化合物很难由稳定单质直接合成，例如乙醇、蔗糖等。但是，绝大多数有机化合物都容易燃烧。因此，可将反应系统安排在一密闭绝热的氧弹量热计中，使化合物完全燃烧，测量放出的热量，可确定反应的热效应，并称为燃烧焓。若在标准压力 $p^{\ominus}$ 和指定温度 T 下，使 1 mol 物质发生完全燃烧，则该过程的热效应称为该物质的**标准摩尔燃烧焓(standard molar enthalpy of combustion)**，用 $\Delta_C H_m^{\ominus}$ 表示。

完全燃烧的含义是使被燃烧物质中的元素变成最稳定的单质或氧化物。如 C 变为 $CO_2(g)$，H 变为 $H_2O(l)$，N 变为 $N_2(g)$，S 变为 $SO_2(g)$，Cl 变为 HCl(aq)。根据上述定义，这些完全燃烧的产物的标准燃烧焓为零。一些有机化合物在 298.15 K 时的标准摩尔燃烧焓见附录 III 或在相关参考书及数据手册上可查得。

用标准摩尔燃烧焓计算化学反应的热效应，可根据燃烧焓的定义，将反应设计为

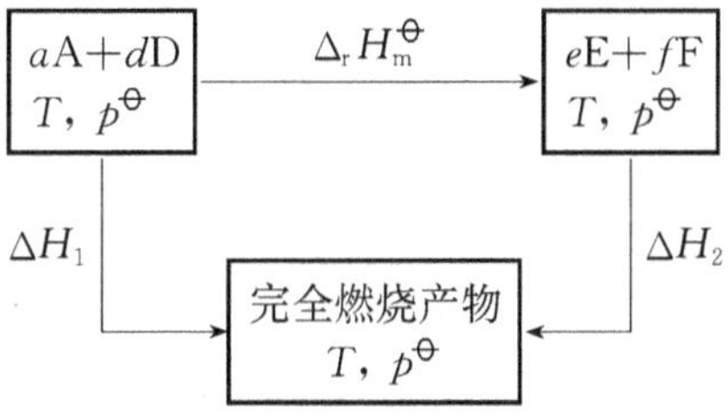

由焓的状态函数特点或赫斯定律可以得到

$$\Delta_r H_m^{\ominus} = \Delta H_1 - \Delta H_2 \tag{1-48}$$

而

$$\Delta H_1 = a\Delta_C H_{m,A}^{\ominus} + d\Delta_C H_{m,D}^{\ominus} = \sum_B (r_B \Delta_C H_{m,B}^{\ominus})_{反应物}$$

$$\Delta H_2 = e\Delta_C H_{m,E}^{\ominus} + f\Delta_C H_{m,F}^{\ominus} = \sum_B (p_B \Delta_C H_{m,B}^{\ominus})_{产物}$$

代入式(1-48)，得

$$\Delta_r H_m^{\ominus} = \sum_B (r_B \Delta_C H_{m,B}^{\ominus})_{反应物} - \sum_B (p_B \Delta_C H_{m,B}^{\ominus})_{产物} = -\sum_B \nu_B \Delta_C H_{m,B}^{\ominus} \tag{1-49}$$

由此可见，任一反应的热效应等于反应物的标准摩尔燃烧焓总和减去产物的标准摩尔燃烧焓总和。

例 1-9　已知 298.15 K 时，丙烯腈、C(石墨)和 $H_2(g)$的标准摩尔燃烧焓 $\Delta_C H_m^{\ominus}$ 分别为 $-2\,044\ kJ \cdot mol^{-1}$、$-393.5\ kJ \cdot mol^{-1}$ 和 $-285.9\ kJ \cdot mol^{-1}$，及 HCN(g)和 $C_2H_2(g)$的生成焓 $\Delta_f H_m^{\ominus}$ 分别为 $135.1\ kJ \cdot mol^{-1}$ 和 $226.7\ kJ \cdot mol^{-1}$。求 $HCN(g) + C_2H_2(g) \longrightarrow CH_2 = CHCN(g)$ 的反应热效应。

解：要计算上述反应式的热效应，需先用式(1-49)计算丙烯腈的生成焓。生成反应为

$$3C(石墨) + 1.5H_2(g) + 0.5N_2(g) \longrightarrow CH_2 = CHCN(g)$$

由燃烧焓计算丙烯腈的生成焓，则

$$\begin{aligned}\Delta_r H_m^\ominus &= \sum_B (r_B \Delta_C H_m^\ominus)_{反应物} - \sum_B (p_B \Delta_C H_m^\ominus)_{产物} \\ &= 3\Delta_C H_m^\ominus(石墨) + 1.5\Delta_C H_m^\ominus(H_2, g) + 0.5\Delta_C H_m^\ominus(N_2, g) - \\ &\quad \Delta_C H_m^\ominus(CH_2 = CHCN, g) \\ &= 3 \times (-393.5) + 1.5 \times (-285.9) + 0 - (-2\ 044) \\ &= 434.65\ kJ \cdot mol^{-1}\end{aligned}$$

于是，题中所求反应 $HCN(g) + C_2H_2(g) \longrightarrow CH_2 = CHCN(g)$ 的热效应可由各物质的生成焓计算得到，即

$$\begin{aligned}\Delta_r H_m^\ominus &= \sum_B (p_B \Delta_f H_m^\ominus)_{产物} - \sum_B (r_B \Delta_f H_m^\ominus)_{反应物} \\ &= \Delta_f H_m^\ominus(CH_2 = CHCN, g) - \Delta_f H_m^\ominus(HCN, g) - \Delta_f H_m^\ominus(C_2H_2, g) \\ &= 434.6 - 135.1 - 226.7 = 72.85\ kJ \cdot mol^{-1}\end{aligned}$$

化学反应的热效应的计算对于药物稳定性的研究意义重大，因药物在放置或储存的过程中会发生氧化、水解、分解等化学反应而产生热效应。同时反应热效应的知识已广泛用于营养学中，蛋白质、脂肪、淀粉和糖等营养物质的“热值”（即 1 g 食物在体内完全氧化所能产生的热量）在营养学的研究中具有重要的意义，如蛋白质代谢释放热量的平均热值为 $-18.41\ kJ \cdot g^{-1}$。

案例 1-2

人体是一个复杂的开放系统，通过消化系统和呼吸系统与外界交换物质，吸收所需的营养物和氧气，排出废物和 CO_2。这一过程适用于人体的热力学第一定律：$\Delta U = Q + W + U_m$，U_m 为由物质或食物带入的能量。热化学的方法已广泛应用于营养学中，食物的多样性及其营养成分必须考虑其在体内代谢的热效应，对各种食物能量的评价，可以根据体外测定或计算所获得的热值为指标。这些能量一部分储存于体内和在生产劳动、体育锻炼时必须做的机械功，另一部分直接转化为热以维持人的正常体温。用于体内做功的部分能量最后也都转化成热散发到体外，它们主要由血液循环带到身体表面，由皮肤通过辐射或传导向外散发，另外通过水分的蒸发也可以散热。虽然外界气温温度变化大，人体活动又十分复杂，但机体通过完善调节可使体温保持在一个相当窄的区间不变。

问题：

(1) 一个人静坐在暖室内(298.15 K)，吃 0.5 lb(1 lb=0.453 592 kg)乳酪(约为 4 000 kJ 的能量)。假设能量一点也没有储存在体内，为了维持他原来的体温，需出多少汗?

(2) 查阅各种营养物质(蛋白质、脂肪、淀粉和糖等)的热值，思考对于身体比较肥胖的人，应选择吃什么样的食物?

1.8.3　溶解热和稀释热

1. 摩尔积分溶解热

物质在溶解过程中，往往有热效应，它是破坏晶体的晶格能、电离能和溶剂化热的总和。

在等温等压且体积功为零的条件下，n_B摩尔的溶质溶解于一定量的溶剂中形成一定浓度的溶液，若整个过程的焓变为 $\Delta_{sol}H$，则该溶质形成该浓度溶液的**摩尔积分溶解热(integral molar heat of solution)**定义为

$$\Delta_{sol}H_m = \Delta_{sol}H/n_B \tag{1-50}$$

即为 1 mol 的溶质形成该浓度溶液的溶解热。许多物质不同浓度摩尔积分溶解热可查手册获得。显然，它的大小与溶质、溶剂的种类，与温度、压力及所形成溶液的浓度有关。

2. 摩尔微分溶解热

在一定浓度的溶液中，维持 T、p 恒定，再加入 dn_B摩尔的溶质 B，产生了 $dH = \delta Q_p$ 的热，则溶质 B 在该浓度的**摩尔微分溶解热(differential molar heat of solution)**定义为

$$\Delta_{dsol}H_m = \left(\frac{\partial(\Delta H)}{\partial n_B}\right)_{T,\,p,\,n_A} = \left(\frac{\delta Q_p}{\partial n_B}\right)_{T,\,p,\,n_A} \tag{1-51}$$

式(1-51)中的下标 n_A表示溶剂的物质的量保持恒定。

由于加入的 B 的量 dn_B很少，溶液的浓度可视为不变，所以摩尔微分溶解热可理解为在无限多的一定浓度的溶液中再加入 1 mol 的溶质所产生的焓变。

3. 摩尔积分稀释热

在等温等压的条件下，将一定量的溶剂加到一定浓度的溶液中，使稀释成另一浓度的溶液，此过程的热效应称为**积分稀释热(integral heat of dilution)**，记为 $\Delta_{dil}H$。若上述溶液所含溶质的物质的量为 n_B，则摩尔积分稀释热定义为

$$\Delta_{dil}H_m = \Delta_{dil}H/n_B \tag{1-52}$$

显然，从积分溶解热可以求得积分稀释热。例如，从浓度 1 到浓度 2 的摩尔积分稀释热为

$$\Delta_{idil}H_m = \Delta_{isol}H_m(\text{浓度 }2) - \Delta_{isol}H_m(\text{浓度 }1) \tag{1-53}$$

即摩尔积分稀释热为稀释后与稀释前的摩尔积分溶解热之差。

4. 摩尔微分稀释热

在一定浓度的溶液中，在等温等压条件下，加入 dn_A 的溶剂引起 $dH = \delta Q$ 的热效应，则摩尔微分稀释热定义为

$$\Delta_{ddil}H_m = \left(\frac{\partial(\Delta H)}{\partial n_A}\right)_{T,\,p,\,n_B} = \left(\frac{\delta Q_p}{\partial n_A}\right)_{T,\,p,\,n_B} \tag{1-54}$$

由于加入的溶剂的量 dn_A 很少，溶液的浓度可视为不变，所以摩尔微分稀释热可理解为在无限多的一定浓度的溶液中再加入 1 mol 的溶剂所产生的热效应。

1.8.4 反应热与温度的关系

大多数化学反应并非在常温下进行，如合成氨反应在 773.15 K，二氧化硫的转化反应在 723.15 K 等，而一般从热力学手册查得的是温度为 298.15 K 的数据。因此，要将常温下反应的热效应数据转化为其他温度下的热效应，必须要弄清反应热效应与温度的关系。

在等压条件下，若已知下列化学反应在 T_1 时的反应热效应 $\Delta_r H_m(T_1)$，则该反应在 T_2 时的反应热效应 $\Delta_r H_m(T_2)$ 可用下面的方法求得

$$\begin{array}{ccc} aA + dD & \xrightarrow{T_2,\ \Delta_r H_m(T_2)} & eE + fF \\ \downarrow \Delta H_1 & & \uparrow \Delta H_2 \\ aA + dD & \xrightarrow{T_1,\ \Delta_r H_m(T_1)} & eE + fF \end{array}$$

若反应物或产物在 T_1 变到 T_2 时不发生相变化，则

$$\Delta H_1 = \int_{T_2}^{T_1} (aC_{p,\,m,\,A} + dC_{p,\,m,\,D})dT = \int_{T_2}^{T_1} \sum (C_p)_{反应物} dT$$

$$\Delta H_2 = \int_{T_1}^{T_2} (eC_{p,\,m,\,E} + fC_{p,\,m,\,F})dT = \int_{T_1}^{T_{21}} \sum (C_p)_{产物} dT$$

因 H 是状态函数，所以

$$\begin{aligned} \Delta_r H_m(T_2) &= \Delta H_1 + \Delta_r H_m(T_1) + \Delta H_2 \\ &= \Delta_r H_m(T_1) + \int_{T_1}^{T_2} \left[\sum (C_p)_{产物} - \sum (C_p)_{反应物}\right] dT \\ &= \Delta_r H_m(T_1) + \int_{T_1}^{T_2} \Delta C_p dT \end{aligned} \tag{1-55}$$

式中，ΔC_p 为产物等压热容总和与反应物等压热容总和之差。即

$$\Delta C_p = eC_{p,\,m,\,E} + fC_{p,\,m,\,F} - (aC_{p,\,m,\,A} + dC_{p,\,m,\,D}) = \sum_B \nu_B C_{p,\,m,\,B}$$

根据热容的定义也可直接导出式(1-55)。已知 $\left(\frac{\partial H}{\partial T}\right)_p = C_p$，则

$$\left[\frac{\partial(\Delta H)}{\partial T}\right]_p = \Delta C_p \tag{1-56}$$

式(1-55)和式(1-56)均称为基尔霍夫(Kirchhoff)定律。

显然，反应热效应随温度的变化是由于反应物与产物的热容不同所致。若 $\Delta C_p > 0$，则当温度升高时，反应热将增大；若 $\Delta C_p < 0$，则当温度升高时，反应热将减小；若 $\Delta C_p = 0$，则反应热不随温度而变。

在运用基尔霍夫定律时，需注意温度的变化范围。若温度变化范围不大，可忽略 C_p 随温度的变化，将 ΔC_p 看作常数，对式(1-55)在 T_1 到 T_2 范围内定积分，可得

$$\Delta_r H_m(T_2) = \Delta_r H_m(T_1) + \Delta C_p(T_2 - T_1) \tag{1-57}$$

此时各物质的 C_p 为 $T_1 \sim T_2$ 温度范围内的平均等压热容。

例 1-10 葡萄糖在细胞呼吸中的氧化作用如下列反应

$$C_6H_{12}O_6(s) + 6O_2(g) \longrightarrow 6H_2O(l) + 6CO_2(g)$$

已知在 298.15 K 时，$O_2(g)$、$CO_2(g)$、$H_2O(l)$、$C_6H_{12}O_6(s)$的 $C_{p,m}$分别为 29.36 J·K^{-1}·mol^{-1}、37.13 J·K^{-1}·mol^{-1}、75.30 J·K^{-1}·mol^{-1}、218.9 J·K^{-1}·mol^{-1}，该反应的 $\Delta_r H_m^\ominus$(298.15 K)=−2 801.71 kJ·mol^{-1}。假设各物质的 $C_{p,m}$在 298.15～310.15 K 温度范围内不变，求在生理温度 310.15 K 时该反应的热效应。

解：先求 ΔC_p，则

$$\Delta C_p = \sum_B \nu_B C_{p,m,B} = (6\times 75.30 + 6\times 37.13) - (218.9 + 6\times 29.36)$$
$$= 279.52\ \text{J}\cdot\text{K}^{-1}\cdot\text{mol}^{-1}$$

$$\Delta_r H_m^\ominus(310.15\ \text{K}) = \Delta_r H_m^\ominus(298.15\ \text{K}) + \int_{298.15}^{310.15} \Delta C_p \mathrm{d}T$$
$$= -2\,801\,710 + 279.52\times(310.15 - 298.15)$$
$$= -2\,798.36\ \text{kJ}\cdot\text{mol}^{-1}$$

实际上反应物和产物的等压热容与温度有关，此时应将热容与温度的关系代入式(1-55)中进行积分。若热容与温度的关系式为

$$C_{p,m} = a + bT + cT^2$$

则

$$\Delta C_{p,m} = \Delta a + \Delta bT + \Delta cT^2 \tag{1-58}$$

式中

$$\Delta a = \sum_B \nu_B a(B)$$
$$\Delta b = \sum_B \nu_B b(B)$$
$$\Delta c = \sum_B \nu_B c(B)$$

将式(1-58)代入式(1-55)积分可得

$$\Delta_r H_m(T_2) = \Delta_r H_m(T_1) + \Delta a(T_2 - T_1) + \frac{1}{2}\Delta b(T_2^2 - T_1^2) + \frac{1}{3}\Delta c(T_2^3 - T_1^3) \quad (1-59)$$

若在 $T_1 \sim T_2$ 范围内，反应物或产物有相变化，由于 $C_{p,m}$ 与 T 的关系是不连续的，因而必须在相变化前后进行分段积分，并加上相变潜热。

案例 1-3

生物体中存在着复杂的反应系统，为了维持机体的生命，生物体在能量代谢中，除一部分能量用于合成三磷酸腺苷(ATP)外，其余的以热的形式散发出来。由于生物物质在体内浓度很低，所以热效应也很小，如 8 mL 兔子的球蛋白溶液，与 8 mL 人血清蛋白抗原反应，测得放热为 1.21×10^{-3} J，相当于温度仅升高 10^{-5}℃，通常的绝热式量热计无法测量。微量热学的发展，利用多对热电偶测定反应后系统与环境间的温差，然后将热电偶所读出的功率 Φ (μW)对时间 t(h)作图，称为热谱，根据图解积分法可算出过程的热量。如肌肉收缩和舒张、酶与底物的作用、抗体与抗原间的反应、微生物代谢过程等的热效应，从图谱的形状可提供新陈代谢的一些信息；T-淋巴细胞在非生长状态下的代谢热，发现活细胞释放的能量与细胞的功能密切相关；药物对癌细胞产热谱图的影响，表明细胞生长热谱图能反映细胞新陈代谢的情况，为药物筛选提供一定的依据。

图 1-9 是生物活性系统对四种鱼肝线粒体代谢热的测定得到的典型热谱。

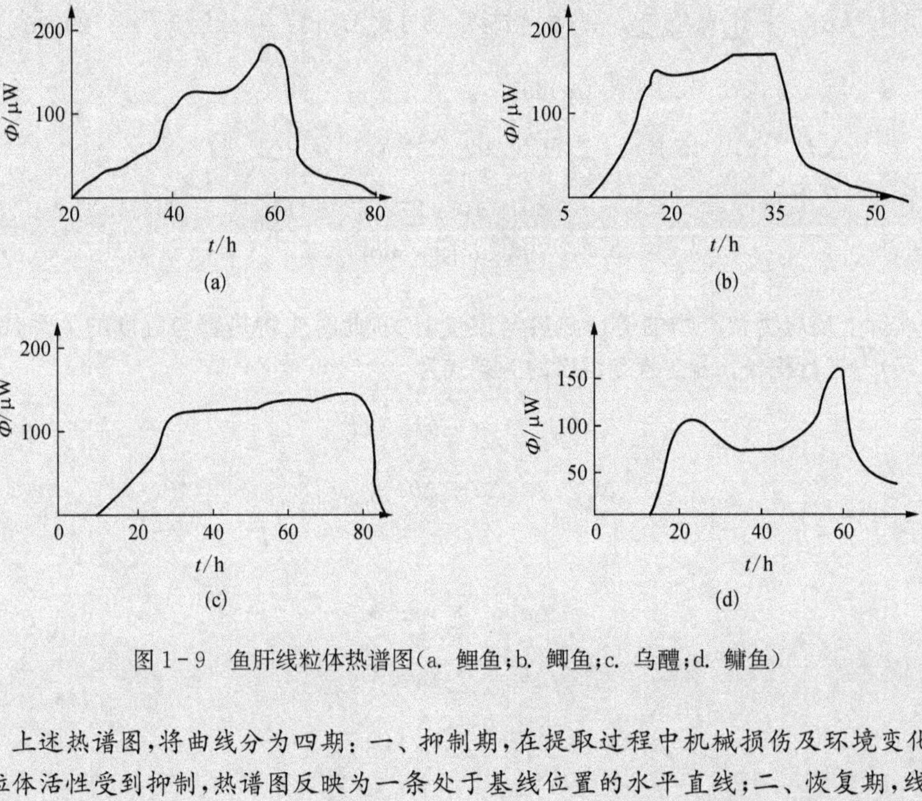

图 1-9 鱼肝线粒体热谱图(a. 鲤鱼；b. 鲫鱼；c. 乌醴；d. 鳙鱼)

上述热谱图，将曲线分为四期：一、抑制期，在提取过程中机械损伤及环境变化使线粒体活性受到抑制，热谱图反映为一条处于基线位置的水平直线；二、恢复期，线粒体的活性逐步恢复，产热增加，热谱图上表现为指数上升曲线；三、稳定期，活性上升到一定程度达到离体状态的最佳状态，产热多而稳定，曲线上下波动不大；四、衰竭期，线粒体逐渐死亡，产热下降，曲线下降。

问题：

(1) 结合热力学和生物化学知识分析四种鱼在不同时期的产热情况，说出哪种鱼存活时间最长。

(2) 查阅资料，列举药物对癌细胞产热谱图影响的例子。这些热谱图对药物筛选提供了什么样的参考价值？

（周春琼）

思 考 题

1. 绝热箱中装有水，水中绕有电阻丝，由蓄电池供给电流。设电流在放电时无热效应，通电后电阻丝和水的温度都有上升。如果以水为系统，以电池和电阻丝为环境，系统变化过程中 Q、W、ΔU 为正、为负还是为零？如果以水和电阻丝为系统，以电池为环境，情况又如何？

2. $H = U + pV$，则 $\Delta H = \Delta U + \Delta(pV)$，式中 $\Delta(pV)$是否表示系统所做的体积功？如果不是，$\Delta(pV)$等于什么？

3. 在 373.15 K 和标准压力下，1 mol 水等温蒸发为水蒸气（假设水蒸气为理想气体），此过程系统的温度不变，由于理想气体的内能和焓仅是温度的函数，所以 $\Delta U = \Delta H = 0$，又由于系统变化过程为等压过程，所以 $Q_p = \Delta H = 0$。这些结论是否正确？为什么？

4. 一个绝热圆筒上有理想绝热活塞，其中有理想气体，内壁绕有电阻丝。当通电时气体就慢慢膨胀，因为是等压变化，$Q_p = \Delta H > 0$；又因为是绝热系统，所以 $Q_p = \Delta H = 0$。如何解释这两个相互矛盾的结论？

5. 一个绝热良好的房间，门窗紧闭，室内装有外电源带动的电冰箱，将电冰箱的门打开时会感到一股凉气袭人；若冰箱开门运行，室内温度会逐渐降低，对吗？为什么？

习 题

1. 在 288.15 K 及 100 kPa 下，将 100 g Zn 放入过量的稀盐酸中，试计算产生的氢气逸出大气时所做的体积功。

2. 在 298.15 K 时，2 mol He 的体积为 15 L，在等温下，此气体(1) 反抗外压为10^5 Pa 时，膨胀到体积为 50 L；(2) 可逆膨胀到体积为 50 L。试计算此两种膨胀过程的功。

3. 试指出下列哪些是可逆过程。

(1) 在室温和大气压力(100 kPa)下,水蒸发为同温同压的水蒸气

(2) 在 373.15 K 和大气压力(100 kPa)下,水蒸发为同温同压的水蒸气

(3) 摩擦生热

(4) 用干电池使灯泡发光

(5) 水在冰点时凝结成同温同压的冰

(6) 在等温等压下将氮气与氧气混合

4. 已知 $H_2(g)$的 $C_{p,\mathrm{m}}=(29.07-0.836\times10^{-3}T+2.01\times10^{-3}T^2)\mathrm{J\cdot K^{-1}\cdot mol^{-1}}$,现将 1 mol 的 $H_2(g)$从 300 K 升至 1 000 K,试求:

(1) 等压升温吸收的热 ΔH

(2) 等容升温吸收的热 ΔU

5. 在 273.15 K 和 500 kPa 条件下,2 L 的双原子理想气体系统以下述两个过程等温膨胀至压力为 100 kPa,求 Q、W、ΔU 和 ΔH。

(1) 可逆膨胀

(2) 对抗恒外压 100 kPa 膨胀

6. 某理想气体的 $C_{V,\mathrm{m}}=20.92\ \mathrm{J\cdot K^{-1}\cdot mol^{-1}}$,现将 1 mol 的该理想气体于 300.15 K、100 kPa 时受某恒外压等温压缩至平衡态,再将此平衡态等容升温至 370.15 K,此时压力为 1 000 kPa,求整个过程的 Q、W、ΔU 和 ΔH。

7. 1 摩尔单原子分子理想气体,在 273.15 K、1.0×10^5 Pa 时发生一变化过程,体积增大一倍,Q=1 674 J,ΔH=2 092 J。

(1) 计算终态的温度、压力和此过程的 W、ΔU

(2) 若该气体经等温和等容两步可逆过程到达上述终态,试计算 Q、W、ΔU 和 ΔH

8. 在温度为 273.15 K 下,1 mol 氩气从体积为 22.40 L 膨胀至 50.00 L,试求下列两种过程的 Q、W、ΔU、ΔH。已知氩气的等压摩尔热容 $C_{p,\mathrm{m}}=20.79\ \mathrm{J\cdot mol^{-1}\cdot K^{-1}}$(氩气视为理想气体)。(1) 等温可逆过程;(2) 绝热可逆过程。

9. 氦气从 273.15 K、5.0×10^5 Pa、10 L 的始态,(1) 经一绝热可逆过程膨胀至 10^5 Pa,试计算终态的温度 T_2及此过程的 Q、W、ΔU 和 ΔH;(2) 经一绝热不可逆过程,在恒定外压 10^5 Pa 下快速膨胀到气体压力为 10^5 Pa,试计算 T_2、Q、W、ΔU 和 ΔH。

10. 今有 10 L O_2从 2.0×10^5 Pa 经绝热可逆膨胀到 30 L,试计算此过程的 Q、W、ΔU 和 ΔH。(假设 O_2可视为理想气体)

11. 1 mol N_2,始态压力为 200 kPa,体积为 11.2 L,经 TV 为一常数的可逆过程膨胀至 22.4 L,计算系统所做的功及 ΔU 和 ΔH。

12. 分别判断下列各过程中的 Q、W、ΔU 和 ΔH 为正、负还是为零。

(1) 理想气体自由膨胀

(2) 理想气体等温可逆膨胀

(3) 理想气体绝热、反抗恒外压膨胀

(4) 水蒸气通过蒸汽机对外做出一定量的功之后恢复原态,以水蒸气为体系

(5) 水(100 kPa, 273.15 K)→冰(100 kPa, 273.15 K)

(6) 在充满氧的定容绝热反应器中，石墨剧烈燃烧，以反应器及其中所有物质为体系

13. 证明：$C_p - C_V = -\left(\frac{\partial p}{\partial T}\right)_V\left[\left(\frac{\partial H}{\partial p}\right)_T - V\right]$。

14. 葡萄糖发酵反应如下：$C_6H_{12}O_6(s) \longrightarrow 2C_2H_5OH(l) + 2CO_2(g)$，已知葡萄糖在100 kPa、298.15 K下产生−67.8 kJ的等压反应热，试求该反应的热力学能变化 ΔU 为多少？

15. 298.15 K时，将0.126 5 g蔗糖放在弹式量热计中燃烧，反应完成后温度升高1.743℃。若用电热丝加热该系统，在电压为5.0 V，电流强度为0.50 A的情况下加热12分15秒，温度升高1.538℃。试计算：(1) 量热计的总热容是多少？(2) 蔗糖的燃烧热是多少？(3) 试从蔗糖的燃烧热及其他有关数据计算蔗糖的标准生成焓。

16. 试求下列反应在298.15 K、100 kPa时的等压热效应。

(1) $2H_2S(g) + SO_2(g) = 2H_2O(l) + 3S$(斜方)　$Q_V = -223.8$ kJ

(2) $2C$(石墨)$ + O_2(g) = 2CO(g)$　$Q_V = -231.3$ kJ

(3) $H_2(g) + Cl_2(g) = 2HCl(g)$　$Q_V = -184$ kJ

17. 已知下述反应298.15 K时的热效应：

(1) $C_6H_5COOH(l) + 7.5O_2(g) = 7CO_2(g) + 3H_2O(l)$　$\Delta_r H_{m,1} = -3\ 230\ kJ \cdot mol^{-1}$

(2) $C(s) + O_2(g) = CO_2(g)$　$\Delta_r H_{m,2} = -394\ kJ \cdot mol^{-1}$

(3) $H_2(g) + 0.5O_2(g) = H_2O(l)$　$\Delta_r H_{m,3} = -286\ kJ \cdot mol^{-1}$

求 $C_6H_5COOH(l)$ 的标准生成热 $\Delta_f H_m^{\ominus}$。

18. 已知 $CO_2(g)$、$CH_3COOH(l)$ 和 $H_2O(g)$ 在298.15 K时的标准摩尔生成焓分别为−393.5 $kJ \cdot mol^{-1}$、−487.02 $kJ \cdot mol^{-1}$ 和−241.8 $kJ \cdot mol^{-1}$，反应 $CH_4(g) + 2O_2(g) \longrightarrow CO_2(g) + 2H_2O(g)$ 的 $\Delta_r H_m = -806.3\ kJ \cdot mol^{-1}$，水在373.15 K时的气化热为39.33 $kJ \cdot mol^{-1}$；$CH_3COOH(l)$、$CO(g)$、$H_2O(g)$、$CH_4(g)$ 和 $H_2O(l)$ 的 $C_{p,m}$ 值分别为62.8 $J \cdot K^{-1} \cdot mol^{-1}$、29.14 $J \cdot K^{-1} \cdot mol^{-1}$、33.58 $J \cdot K^{-1} \cdot mol^{-1}$、35.71 $J \cdot K^{-1} \cdot mol^{-1}$ 和75.31 $J \cdot K^{-1} \cdot mol^{-1}$。利用上述数据，计算：

(1) $H_2O(l)$ 在298.15 K时的 $\Delta_f H$

(2) 反应 $CH_3COOH(l) \longrightarrow CH_4(g) + CO_2(g)$ 在298.15 K时的 $\Delta_r H_m^{\ominus}$

(3) 反应 $CH_3COOH(gl) \longrightarrow CH_4(g) + CO_2(g)$ 的 $\Delta_r H_m^{\ominus} = 0$ 时的温度。假设该反应在298.15 K时的 $\Delta_r H_m = -16.7\ kJ \cdot mol^{-1}$

19. 在298.15 K时 $H_2O(l)$ 的标准摩尔生成焓为−285.8 $kJ \cdot mol^{-1}$，已知在298.15 K至373.15 K的温度范围内 $H_2(g)$、$O_2(g)$ 及 $H_2O(l)$ 的 $C_{p,m}$ 分别为28.83 $J \cdot K^{-1} \cdot mol^{-1}$、29.16 $J \cdot K^{-1} \cdot mol^{-1}$ 及75.31 $J \cdot K^{-1} \cdot mol^{-1}$。求373.15 K时 $H_2O(l)$ 的标准生成焓。

第 2 章　热力学第二定律

内容提要　本章内容包括热力学第二定律的经典表述、熵函数及熵变的计算、熵的物理意义、热力学第三定律、亥姆霍兹能和吉布斯能、过程方向和限度的判据、吉布斯能的计算、偏摩尔量和化学势。

介绍了热力学第二定律的几种经典表述形式；由卡诺循环引出了用于判断过程方向和限度的熵函数，由热力学第一定律和第二定律又引进了用于判断等温等容和等温等压下过程进行的方向和限度的亥姆霍兹能和吉布斯能。重点讲述了熵、吉布斯能在不同状态下变化的计算，并由此判断过程方向和限度。最后，介绍了多组分系统的两个物理量偏摩尔量和化学势，并对非平衡态热力学作了简单介绍。

热力学第一定律指出了各种能量可相互转化且具有相应的当量关系，但不能指出变化的方向和进行的限度。按照热力学第一定律，如果两温度不同的物体发生热接触时，能量交换的结果必定是一物体失去的能量等于另一物体得到的能量，至于能量交换时热量是由高温物体传递到低温物体，还是由低温物体传递到高温物体，热力学第一定律却无法指出。再比如，在一定温度下，反应 $H_2+\frac{1}{2}O_2\longrightarrow H_2O$，系统的热力学能变化为 ΔU。若反应逆向进行，$H_2O\longrightarrow H_2+\frac{1}{2}O_2$，则系统的热力学能变化应为 $-\Delta U$。但是，在指定条件下，究竟哪个反应可以进行，进行到什么程度，热力学第一定律都无法解答。而变化过程的方向和限度的阐述与研究，是热力学第二定律所要解决的中心问题。

2.1　热力学第二定律的经典表述

2.1.1　自发过程及特征

经验告诉我们，自然界中发生的一切过程都是有方向性的。例如，水总是自发地从高处流向低处，直至两处水位高度相等为止；热量总是从高温物体传入低温物体，直至两物体的温度均一为止；气体总是自发地从高压处流向低压处，直至压力相等为止。我们从来没有发现气体会自动地由低压向高压扩散。这种无需借助外力，可以自发进行的过程，称为**自发过程(spontaneous process)**。

自发过程都具有变化方向的单一性和限度，在达到平衡态后，它的逆过程不会自动发生。因此，自发过程的共同特征是一去不复返。

自发过程的发生不仅不需要外界做功，而且配上合适的装置，在进行过程中还可以对外做功。但是随着过程的进行，其做功的能力逐渐减小，直至丧失做功能力。

自发过程的逆过程也称非自发过程，虽然它不会自动发生，但不意味着它们不可能发生。借助于外力是可以使一个自发过程逆向进行的。例如，气体向真空膨胀后，再经等温压缩过程，可以使气体恢复原状，但是环境对气体做了功，气体向环境放出了热。所以，尽管系统恢复了原状，环境却损失了功，而得到热。若要使环境也恢复原状，除非在不引起其他变化的条件下，热能够完全转变为功。但事实证明，在不引起任何其他变化的情况下，热不可能完全转化为功。因此，一切自发过程都是不可逆的，因为功和热的转化是不可逆的。

2.1.2　热力学第二定律的经典表述

为了寻找判断自发过程能否进行的判据，人们进行了长期的探索，逐步形成了热力学第二定律。由于自发过程种类繁多，所以热力学第二定律就有多种表述形式，但是各类表述都是等价的。这里列举两种比较著名的表述形式。克劳修斯(Clausius)表述：不可能把热从低温物体传到高温物体，而不引起其他变化；开尔文(Kelvin)表述：不可能从单一热源取出热使之完全变为功，而不发生其他变化。

克劳修斯和开尔文的表述实际上是等效的，都阐明了自发过程的不可逆性。克劳修斯的说法反映了热传导的不可逆性，开尔文的说法反映了功转化为热的不可逆性。但是要注意，两者的前提都是不引起其他变化。

热力学第二定律否定了自发过程成为可逆过程的可能性。因此，热力学第二定律的另一种实质性的表述形式是：一切自发过程(实际过程)都是不可逆的。开尔文表述也可表达为：第二类永动机是不可能造成的。第二类永动机工作的结果只是将单一热源的热量取出，使之全部转化为功。从热力学第一定律来看，它并不违反能量守恒定律，但实际上是不存在的。倘若第二类永动机能够造成，那么就可以无限制地把一个物体的能量以热的形式取出，使其变为功而无其他变化。假如把这种机器装在海轮上，它可以不断地从海洋取热转变为功，使海轮航行，而无需使用其他燃料和动力。海洋中蕴藏着巨大的能量，如果这种机器能够造成，就可以解决当今社会日益紧迫的能源问题。但是，它违背热力学第二定律，永远也造不成，我们只能望洋兴叹。

2.2　熵函数及热力学第二定律的熵表达

2.2.1　卡诺循环和卡诺定理

1. 热机效率

将热能转变为机械能的装置称为**热机(heat engine)**。如蒸汽机、内燃机、喷气发动机

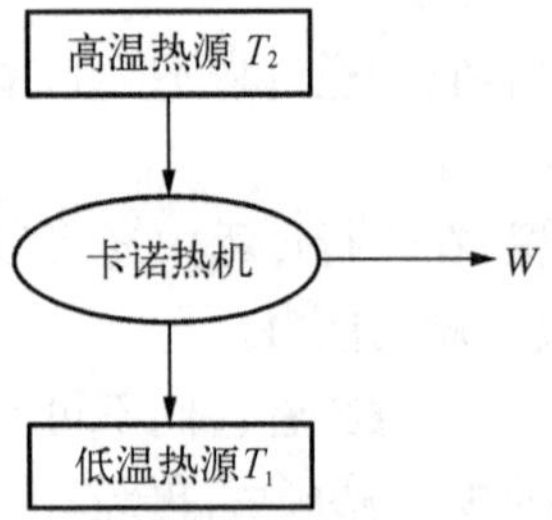

图 2-1 热机的热功转换示意图

等。热机的工作过程是：通过工作物质（如汽缸中的气体）从高温热源 T_2 吸热 Q_2，对环境做功 $-W$，然后向低温热源放热 Q_1 而复原，如此循环往复，不断将热能转化为功，如图 2-1 所示。

热机效率(efficiency of heat engine) η 为转化为功的那部分能量与热机从高温热源吸收的热量之比。其定义式为

$$\eta = \frac{-W}{Q_2} = \frac{Q_2 + Q_1}{Q_2} \tag{2-1}$$

由于 Q_2 为热机从高温热源吸收的热，故 $Q_2 > 0$；而 Q_1 为向低温热源放出的热，故 $Q_1 < 0$。这样，$Q_2 + Q_1 < Q_2$，热机效率 $\eta < 1$。一般蒸汽机的效率约为 8%，汽油机的效率约 25%，柴油机的效率约 37%，最高的液体燃料火箭其效率也只有约 48%。

2. 卡诺循环

蒸汽机的发明，为人们找到了热转化为功（机械能）的方法。但是其热功转化的低效率，却一直困扰着科学家们。为了提高热机的效率，人们一直在做积极的努力。1824 年，法国工程师卡诺(Carnot)设计了一个以理想气体为工作物质，在两热源之间工作的理想热机，称为卡诺热机。卡诺热机的可逆循环称为**卡诺循环(Carnot cycle)**，如图 2-2 所示。

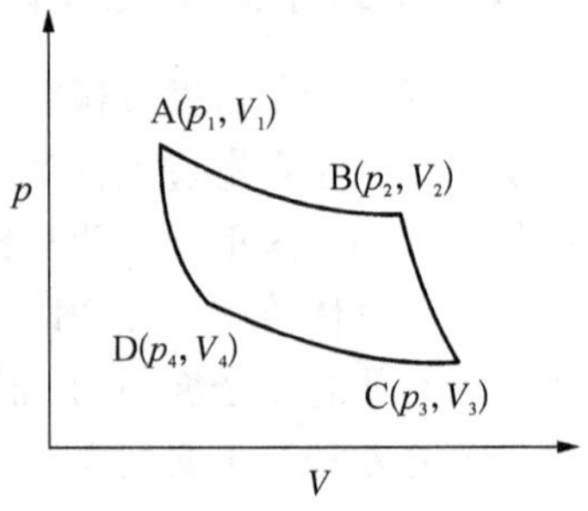

图 2-2 卡诺循环

卡诺循环由两个相互交错的等温可逆过程和绝热可逆过程组成。下面以一摩尔理想气体为工作物质，讨论卡诺循环的热功转化效率。

1) 等温可逆膨胀　　由 $p_1V_1T_2$ 膨胀到 $p_2V_2T_2$(A→B)。由于 $\Delta T = 0$，$\Delta U_1 = 0$，故系统与高温热源(T_2)接触，吸收的热 Q_2 等于所做的功 W_1。即

$$Q_2 = -W_1 = \int_{V_1}^{V_2} p\mathrm{d}V = -RT_2 \ln \frac{V_1}{V_2}$$

2) 绝热可逆膨胀　　由 $p_2V_2T_2$ 膨胀到 $p_3V_3T_1$(B→C)。由于过程绝热，$Q = 0$，所以系统对外做功要消耗自身的热力学能，使得温度由 T_2 降到 T_1。即

$$W_2 = \Delta U_2 = C_{v,\mathrm{m}}(T_1 - T_2)$$

3) 等温可逆压缩　　由 $p_3V_3T_1$ 压缩到 $p_4V_4T_1$(C→D)。因为 $\Delta T = 0$，$\Delta U_3 = 0$，系统与低温热源(T_1)接触，系统接受环境所做的功 W_3，同时放出 Q_1 的热。即

$$Q_1 = -W_3 = \int_{V_3}^{V_4} p\mathrm{d}V = -RT \ln \frac{V_3}{V_4}$$

4) 绝热可逆压缩　　由 $p_4V_4T_1$ 压缩到 $p_1V_1T_2$(D→A)。由于绝热，$Q = 0$，所以环境对系统做功增加了系统的热力学能，使得温度由 T_1 升高到 T_2。即

$$W_4 = \Delta U_4 = C_{v,\mathrm{m}}(T_2 - T_1)$$

整个循环过程中，系统对环境所做的功 W 的绝对值等于四边形 ABCD 的面积。循环一周后回到原来的状态，所以 $\Delta U = 0$。卡诺循环所作的总功应等于系统的总热，即

$$-W = Q_1 + Q_2 \tag{2-2}$$

$$\begin{aligned} W &= -(Q_1 + Q_2) \\ &= RT_2 \ln \frac{V_1}{V_2} + RT_1 \ln \frac{V_3}{V_4} \end{aligned} \tag{2-3}$$

因为过程(2)和(4)是绝热可逆过程，由理想气体的绝热可逆过程方程，可以得到

$$T_2 V_2^{\gamma-1} = T_1 V_3^{\gamma-1}$$
$$T_2 V_1^{\gamma-1} = T_1 V_4^{\gamma-1}$$

两式相除得到

$$\frac{V_2}{V_1} = \frac{V_3}{V_4}$$

代入式(2-3)，得

$$W = RT_2 \ln \frac{V_1}{V_2} + RT_1 \ln \frac{V_3}{V_4} = R(T_2 - T_1) \ln \frac{V_1}{V_2}$$

由式(2-1)可知，卡诺热机的效率为

$$\begin{aligned} \eta &= \frac{-W}{Q_2} = \frac{-R(T_2 - T_1)\ln \dfrac{V_1}{V_2}}{-RT_2 \ln \dfrac{V_1}{V_2}} \\ &= \frac{T_2 - T_1}{T_2} = 1 - \frac{T_1}{T_2} \end{aligned} \tag{2-4}$$

由式(2-4)可以看出，卡诺热机效率与工作物质无关，只与两个热源的温度有关。两热源的温差越大，则卡诺循环的效率越高。当 $T_1 \to 0$，或 $T_2 \to \infty$ 时，$\eta \to 1$，但这是不现实的。因此，热机效率不可能等于 1。

若可逆的卡诺热机倒开，即循 ADCBA 路径循环，就变成制冷机。设环境对系统做功 W，系统自低温热源 T_1 吸取热量 Q_1'，传递给高温热源 T_2 的热为 Q_2'，则相互之间的关系为

$$\beta = \frac{Q_1'}{W} = \frac{T_1}{T_2 - T_1} \tag{2-5}$$

式中，β 为冷冻系数，相当于每施一个单位的功于制冷机从低温热源中所吸取热量的单位数。

3. 卡诺定理

由于卡诺热机是以理想气体为工作物质的可逆热机，循环的每一步都可逆，因此系统对环境所做的功最大，热机效率最高。然而，实际热机的工作物质不是理想气体，其循环

也不是卡诺循环。那么,实际热机的效率问题该如何解决呢? 由可逆热机的效率提出的卡诺定理,解决了这一问题。卡诺定理可表述为:

1) 在两个固定热源之间工作的任意热机,卡诺热机的效率 η_r 最大,即

$$\eta_r \geqslant \eta \tag{2-6}$$

2) 卡诺热机的效率只与两热源的温度有关,而与工作物质无关。

卡诺定律的提出虽然在热力学第二定律建立之前,但要证明这个定理,还是需要用到热力学第二定律。

设在给定的高温热源和低温热源之间,有一部可逆热机 r 和一部任意热机 i,它们的效率分别为 η_r 和 η_i,即

$$\eta_r = \frac{W}{Q_2} \quad \eta_i = \frac{W'}{Q'_2}$$

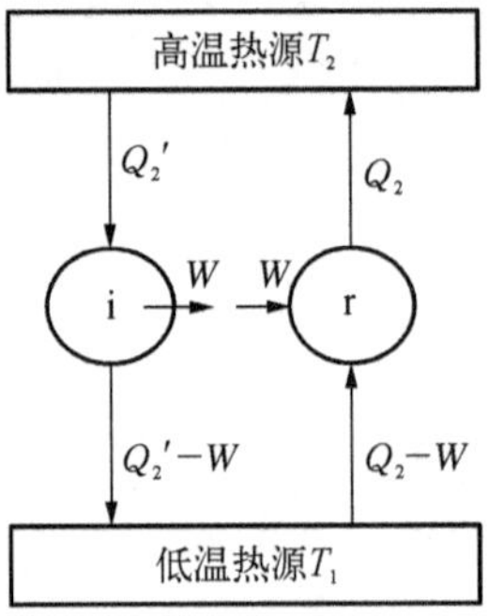

图 2-3　卡诺定理的证明

设 $\eta_r < \eta_i$,调整两热机做功相等,则有 $Q_2 > Q'_2$。现若以任意热机带动可逆热机,使其作逆循环,所需的功由任意热机供给,如图 2-3 所示。

则可逆热机从低温热源吸热为 $(Q_2 - W)$,向高温热源放热 Q_2。任意热机带动可逆热机循环一周,两机中的工作物质均恢复原态,除热源有热量交换外,无其他变化。

高温热源的净得热为

$$Q_2 - Q'_2 > 0$$

低温热源的净失热为

$$(Q_2 - W) - (Q'_2 - W) = Q_2 - Q'_2 > 0$$

这样,两热机联合工作的总结果是热从低温热源传到高温热源而没有发生其他的变化。这违反热力学第二定律的克劳修斯表述,所以最初的假设 $\eta_r < \eta_i$ 不能成立。因此有式(2-6),即任何热机的效率不可能比卡诺热机的效率高。这就证明了卡诺定理第一条正确。

用同样方法可证明卡诺定理第二条内容。

卡诺定理具有非常重大的意义。它不仅确定了热机工作的最大效率,而且由于热功交换的不可逆性,它在公式中引入了不等号。在此基础上,可以建立熵这一状态函数,用作过程方向和限度的判据。由卡诺定理出发还可以推出一些有用的热力学关系式。

2.2.2 熵的引出

已知卡诺热机的效率 $\eta_r = \dfrac{Q_2 + Q_1}{Q_2} = \dfrac{T_2 - T_1}{T_2}$,变化后可得

$$\frac{Q_1}{T_1} + \frac{Q_2}{T_2} = 0 \tag{2-7}$$

式(2-7)的意义是，卡诺循环过程的热温商之和为零。对于任意的可逆循环，该结论同样成立。关于这一点，可证明如下。

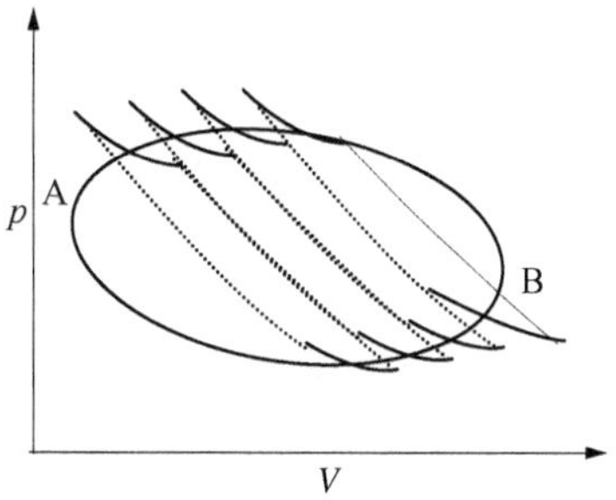

图2-4 一连串卡诺循环组成的任意可逆循环

图2-4中封闭曲线代表的任意可逆循环过程，可以用若干彼此排列极为接近的绝热线和等温线，将其分割成许多小的卡诺循环。图中虚线对上一个循环来说是绝热可逆压缩线，而对下一个循环来说是绝热可逆膨胀线，两者重叠，彼此抵消，故实际不存在。因此，这些小卡诺循环的总效果就是图中的封闭折线。如果每个小卡诺循环都取得极其微小，封闭的折线就与封闭曲线完全重合。因此，任何一个可逆循环都可以用一连串极小的卡诺循环来代替。对于每个小的卡诺循环有 $\frac{(\delta Q_1)_r}{T_1}+\frac{(\delta Q_2)_r}{T_2}=0$，对于无限多个小的卡诺循环应有

$$\frac{(\delta Q_1)_r}{T_1}+\frac{(\delta Q_2)_r}{T_2}+\frac{(\delta Q_3)_r}{T_3}+\frac{(\delta Q_4)_r}{T_4}+\cdots=0$$

式中，δQ_r 表示任意无限小可逆过程的热交换量；T 是热源的温度。上式可简化为

$$\sum\frac{(\delta Q_i)_r}{T_i}=0 \tag{2-8}$$

式(2-8)为循环过程无限多个微小热温商的求和，故可用环积分表示，即

$$\oint\frac{(\delta Q_i)_r}{T_i}=0 \tag{2-9}$$

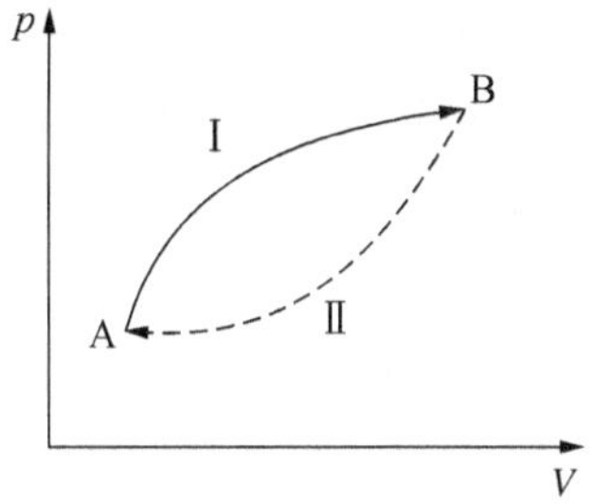

图2-5 可逆循环过程

如果某任意可逆循环由可逆过程I和II构成，如图2-5所示。则式(2-9)可表示成两项积分的加和，即

$$\oint\frac{\delta Q_r}{T}=\int_A^B\left(\frac{\delta Q_r}{T}\right)_I+\int_B^A\left(\frac{\delta Q_r}{T}\right)_{II}=0$$

移项后得

$$\int_A^B\left(\frac{\delta Q_r}{T}\right)_I=-\int_B^A\left(\frac{\delta Q_r}{T}\right)_{II}=\int_A^B\left(\frac{\delta Q_r}{T}\right)_{II}$$

上式表明，从A到B，沿途径I和II的积分相等。说明 $\frac{\delta Q_r}{T}$ 的值只取决于系统的始态和终态，而与经过的途径无关。显然，它具有状态函数的特点。

克劳修斯据此定义了一个热力学状态函数称为**熵(entropy)**，用符号 S 表示。当系统状态由A变到B时，熵的变化为

$$\Delta S=S_B-S_A=\int_A^B\frac{\delta Q_r}{T} \tag{2-10}$$

若 A、B 两个平衡态非常接近，则可写成微分形式，即

$$dS = \frac{\delta Q_r}{T} \tag{2-11}$$

式(2－10)和(2－11)可作为熵的定义式，但式中 Q_r 表明两式只能用于可逆过程。熵的单位是 $J \cdot K^{-1}$。熵是系统的广度性质，具有加和性。

2.2.3 热力学第二定律数学表达式

由卡诺定理可以知道，不可逆循环构成的热机，其效率 η_i 小于卡诺循环，即

$$\eta_i = 1 + \frac{Q_1}{Q_2} < \frac{T_2 - T_1}{T_2}$$

变换后可得

$$\frac{Q_1}{T_1} + \frac{Q_2}{T_2} < 0$$

将此式推广到任意不可逆循环，设系统在循环过程中与 n 个热源接触，吸取的热量分别为 Q_1、Q_2、…，Q_n，则上式变为

$$\sum_{i=1}^{n}\left(\frac{\delta Q_i}{T_i}\right)_i < 0 \tag{2-12}$$

这表明，任意一个不可逆循环的热温商的代数和小于零。

设现有一不可逆循环，如图 2－6 所示。

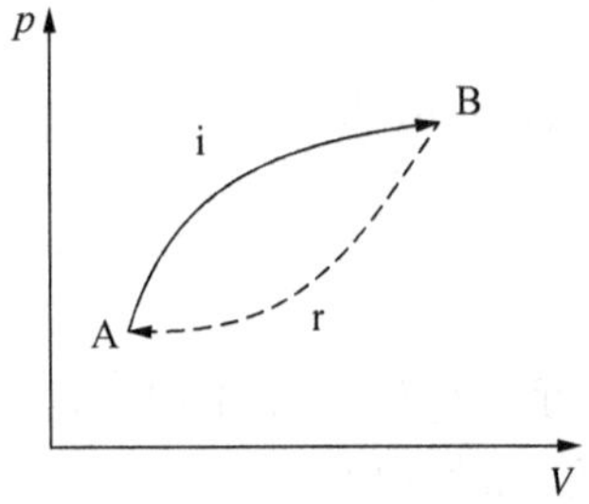

图 2－6　不可逆循环过程

系统从状态 A 经不可逆过程 i 到状态 B，然后再从状态 B 经可逆过程 r 返回状态 A。由于 A→B 过程不可逆，故整个循环是一个不可逆过程。由式(2－12)得

$$\left(\sum_A^B \frac{\delta Q}{T}\right)_i + \left(\sum_B^A \frac{\delta Q}{T}\right)_r < 0$$

根据熵的定义，可得

$$\left(\sum_B^A \frac{\delta Q}{T}\right)_r = -\left(\sum_A^B \frac{\delta Q}{T}\right)_r = -\Delta S$$

所以

$$\left(\sum_A^B \frac{\delta Q}{T}\right)_i - \Delta S < 0$$

即

$$\Delta S > \left(\sum_A^B \frac{\delta Q}{T}\right)_i \tag{2-13}$$

对于一无限小的不可逆过程，式(2-13)可表示为

$$dS > \frac{\delta Q}{T} \tag{2-14}$$

式(2-13)表明，系统从状态 A 经不可逆过程到状态 B，过程中热温商的总和不等于系统的熵变。因此，实际过程的熵变不能用该过程的热温商计算，只能通过设计可逆过程来实现。

将式(2-10)和式(2-13)合并，可得

$$\Delta S \geqslant \sum_{A}^{B} \frac{\delta Q}{T} \tag{2-15}$$

式(2-15)称为克劳修斯不等式，可用于判断过程的可逆与否。式中等号代表可逆过程，不等号代表不可逆过程。

式(2-15)用微分式可表示为

$$dS \geqslant \frac{\delta Q}{T} \tag{2-16}$$

式(2-15)和式(2-16)均为热力学第二定律的数学表达式。

2.2.4　熵增原理

由克劳修斯不等式可以看到，绝热系统的熵值永远不会减少。因为绝热，$\delta Q = 0$。式(2-16)可表示为

$$dS_{绝热} \geqslant 0 \tag{2-17}$$

所以在绝热系统中，若过程可逆，系统的熵值不变；若过程不可逆，系统的熵值增加。系统不可能发生熵值减小的过程，这就是**熵增加原理(principle of entropy increasing)**。

对于孤立系统，系统与环境之间没有功和热的交换，同样存在 $\delta Q = 0$，所以熵增加原理也必然适用于孤立系统，即

$$\Delta S_{孤立} \geqslant 0 \tag{2-18}$$

由于孤立系统排除了环境对系统的任何干扰，整个系统处于“不去管它，任其自然”的状态。在这种情况下，如果系统发生不可逆变化，则必定是自发的。因此，可以用式(2-18)来判断自发变化的方向。由于系统与环境通常都有相互作用，实际过程中，总是将系统与环境一起考虑，作为孤立系统。则有

$$\Delta S_{孤立} = \Delta S_{系统} + \Delta S_{环境} \geqslant 0 \tag{2-19}$$

这样，孤立系统的熵值变化可以作为过程方向和限度的判断依据，简称熵判据。在孤立系统中，一切自发变化都将引起熵的增大。当熵值达到最大时，系统达到相对平衡，这就是过程进行的最大限度。

2.2.5 熵的物理意义

熵的本质是对系统无序程度(混乱度)的一种度量。一切自发过程都将引起熵的增大,就是向着系统无序或混乱程度增大的方向进行。例如,气体由高压向低压的自发扩散是体积增大的过程,也是分子运动的有序性减小、混乱度增加的过程,因此熵值增加。

热是分子混乱运动的一种表现。分子互撞的结果是使混乱程度增加,直到混乱度达到最大。功与有方向的运动相联系,是有秩序的运动。功转变为热的过程是分子由有序状态自发地变为无序状态的过程,是向混乱度增加的方向进行的,所以功热转换具有不可逆性。功可以完全转化为热,但是热不能完全转化为功。

因此,熵就是系统混乱度的量度,这就是熵的物理意义。一切自发过程都是向混乱度增加的方向进行,这也就是热力学第二定律所阐述的不可逆过程的本质。

因为熵函数与系统的混乱度有关,可以推测,对于物质的量一定的系统,高温物体的熵值将大于低温物体的熵值。从微观上考虑,当物质温度升高,分子热运动加强,分子的有序性减小,混乱度增加,所以熵值增加;而物质从固态到液态再到气态,分子有序性减小,分子运动的混乱度增加,因此熵值增加。

案例 2-1

个体的生命过程存在发育、分化、成长的阶段,生物机体内部总是维持着高度的结构有序,体内的各种生化反应都定时、定位、定量地发生,受到严格的控制。

熵是物质的一种属性,可将物质区分为高熵和低熵物质。生命的基本特征是新陈代谢,从熵的角度看新陈代谢实际上是生命体吸取低熵、排出高熵物质的过程。生命体摄取的多糖、蛋白质是严格有序的低熵物质,而其排泄物(二氧化碳、尿、汗等)却是相对无序,这样就引进了负熵流。总熵变为零时,生命体将维持一个稳定、成熟的状态;总熵变大于零则意味着疾病、衰老。疾病可以看做是生命体短期和局部的熵增加,从而引起正常生理功能的失调和无序,治疗则是通过各种外部力量(药物、手术、饮食、保健等)干预机体,促进吸纳低熵、排出高熵。

为了维持这种有序系统就要不断消耗能量,在一定条件下还可能出现新的临界点,向着更加复杂更加高级的方向演化。生命正是遵循这样的规律向前进化的。

问题:

生命过程与熵增原理是一致的吗?

2.3 熵变的计算

孤立系统的熵变可作为过程方向和限度的判据,因此熵变的计算非常重要,同时也需要一定的技巧。一般孤立系统是由系统和环境构成的,计算时需对两部分进行具体考虑。

就系统的熵变而言，由于熵是状态函数，当系统的始终态一定时，熵变值与途径无关。不论过程是否可逆，只要始终态确定，总是可以设计一个或多个可逆过程来计算实际过程的熵变。系统熵变的基本计算公式为

$$\Delta S = \int_A^B \frac{\delta Q_r}{T} \tag{2-20}$$

环境的熵变必须根据实际过程进行时系统与环境之间交换的热的多少来计算。通常将环境看成热容量很大的热源，系统发生变化时，环境吸热或放热过程当做是以可逆方式进行的，温度和压力总是不变。因此，环境熵变的基本计算公式为

$$\Delta S_{环境} = \frac{Q_{环境}}{T_{环境}} = -\frac{Q_{系统}}{T_{环境}} \tag{2-21}$$

本节主要讨论理想气体的简单状态变化过程、纯物质相变过程的熵变计算。

2.3.1　简单状态变化过程的熵变

1. 等温过程中的熵变

根据式(2-20)，等温过程的系统熵变可计算为

$$\Delta S = \frac{Q_r}{T}$$

对于理想气体等温过程，$\Delta U = 0$，$Q_r = -W_{max} = nRT\ln\frac{V_2}{V_1}$，则有

$$\Delta S = \frac{Q_r}{T} = \frac{-W_{max}}{T} = nR\ln\frac{V_2}{V_1} \tag{2-22}$$

例 2-1　(1) 在 298.15 K 时，将 1 mol O_2 从 100 kPa 等温可逆压缩到 6×100 kPa，求 $\Delta S_{系统}$ 和 $\Delta S_{孤立}$。(2) 若自始至终用 6×100 kPa 的外压等温压缩到终态，求 $\Delta S_{系统}$ 和 $\Delta S_{孤立}$。

解：(1) 视 O_2 为理想气体，在等温变化时，$\Delta U=0$，则

$$Q_r = -W = nRT\ln\frac{V_2}{V_1} = nRT\ln\frac{p_1}{p_2}$$

$$= 1\times 8.314\times 298.15\times\ln\frac{1}{6} = -4\,441\ \text{J}$$

$$\Delta S_{系统} = \frac{Q_r}{T} = \frac{-4\,441}{298.15} = -14.90\ \text{J}\cdot\text{K}^{-1}$$

$$\Delta S_{环境} = -\frac{Q_{系统}}{T_{环}} = \frac{4\,441}{298.15} = 14.90\ \text{J}\cdot\text{K}^{-1}$$

$$\Delta S_{孤立} = \Delta S_{系统} + \Delta S_{环境} = 0$$

(2) 由于始态和终态与(1)相同,则 $\Delta U = 0$, $\Delta S_{系统} = -14.90\ \mathrm{J \cdot K^{-1}}$。

$$Q = -W = p\Delta V = p\left(\frac{nRT}{p_2} - \frac{nRT}{p_1}\right)$$
$$= 6 \times 100 \times 8.314 \times 298.15 \times \left(\frac{1}{6 \times 100} - \frac{1}{100}\right)$$
$$= -12.40\ \mathrm{kJ}$$
$$\Delta S_{环境} = -\frac{Q_{系统}}{T_{环}} = \frac{12\ 400}{298.15} = 41.59\ \mathrm{J \cdot K^{-1}}$$

2. 理想气体等温等压混合过程的熵变

在等温等压下,将隔开两种理想气体的隔板抽去,使两者发生等温等压混合。这一过程可以看做是两种气体分别由始态体积膨胀至终态体积,然后设计可逆过程可计算体系的熵变。理想气体的混合过程见图 2-7。

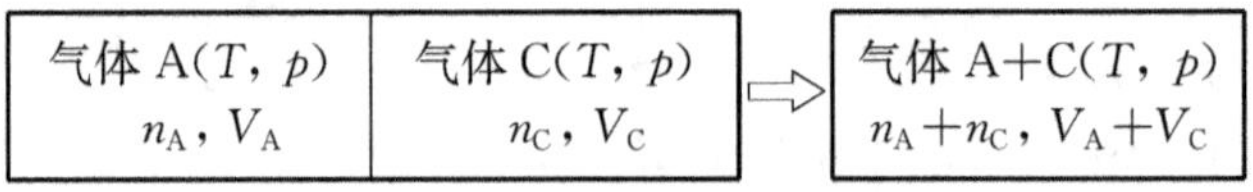

图 2-7 理想气体的混合

$$\Delta S_{mix} = \Delta S_A + \Delta S_C = n_A R\ln\frac{V_A + V_C}{V_A} + n_C R\ln\frac{V_A + V_C}{V_C}$$
$$= -n_A R\ln x_A - n_C R\ln x_C \tag{2-23}$$

式中,x_A和 x_C为气体 A 和 C 的摩尔分数。由于 $x_i < 0$,所以 ΔS_{mix} 必然大于零。混合时,气体没有对环境做功,也没有吸收热量,即环境的状态不发生变化,故 $\Delta S_{环境} = 0$。这样,理想气体混合过程的总熵变为

$$\Delta S_{孤立} = \Delta S_{mix} + \Delta S_{环境} = \Delta S_{mix} > 0$$

所以,理想气体的等温等压混合过程是一个可以自发进行的不可逆过程。

若为多种理想气体的混合,混合熵变的计算为

$$\Delta S_{mix} = -n_B R\ln x_B$$

3. 变温过程中熵变的计算

(1) 等容、等压的变温过程

变温过程可以通过设计一系列微小的可逆加热过程,使系统由始态到达终态。对于等压变温过程,$\delta Q_r = C_p \mathrm{d}T$。所以,系统熵变的计算为

$$\Delta S = \int_{T_1}^{T_2} C_p \frac{\mathrm{d}T}{T} = nC_{p,\mathrm{m}}\ln\frac{T_2}{T_1} \tag{2-24}$$

对于等容过程,$\delta Q_r = C_V \mathrm{d}T$。系统熵变的计算为

$$\Delta S=\int_{T_1}^{T_2} C_v \frac{\mathrm{d}T}{T}=nC_{v,\mathrm{m}}\ln\frac{T_2}{T_1} \tag{2-25}$$

例 2-2 1 mol $H_2O(l)$于 101.325 kPa，自 298.15 K 升温至 323.15 K。已知 $C_{p,\mathrm{m}}=75.40\ \mathrm{J\cdot K^{-1}\cdot mol^{-1}}$，若环境温度为 373.15 K，求 $\Delta S_{系统}$和 $\Delta S_{孤立}$。

解： $\Delta S_{系统}=nC_{p,\mathrm{m}}\ln\frac{T_2}{T_1}=1\times75.40\times\ln\frac{323.15}{298.15}=6.07\ \mathrm{J\cdot K^{-1}}$

$$\Delta S_{环境}=-\frac{Q}{T_{环}}=\frac{-nC_{p,\mathrm{m}}(T_2-T_1)}{T_{环}}$$

$$=\frac{-1\times75.40\times25}{373.15}=-5.05\ \mathrm{J\cdot K^{-1}}$$

$$\Delta S_{孤立}=\Delta S_{系统}+\Delta S_{环境}=6.07-5.05=1.02\ \mathrm{J\cdot K^{-1}}>0$$

这是一自发不可逆过程。

(2) 理想气体 pVT 均变化的变温过程

理想气体从状态 $A(p_1V_1T_1)$变到状态 $B(p_2V_2T_2)$的熵变，如图 2-8 所示，可以设计不同的可逆途径进行计算，所得结果相同。

途径 I：$A\xrightarrow{\Delta S_1(等温)}C\xrightarrow{\Delta S_2(等容)}B$

$$\Delta S=\Delta S_1+\Delta S_2=nR\ln\frac{V_2}{V_1}+\int_{T_1}^{T_2} C_v\frac{\mathrm{d}T}{T} \tag{2-26}$$

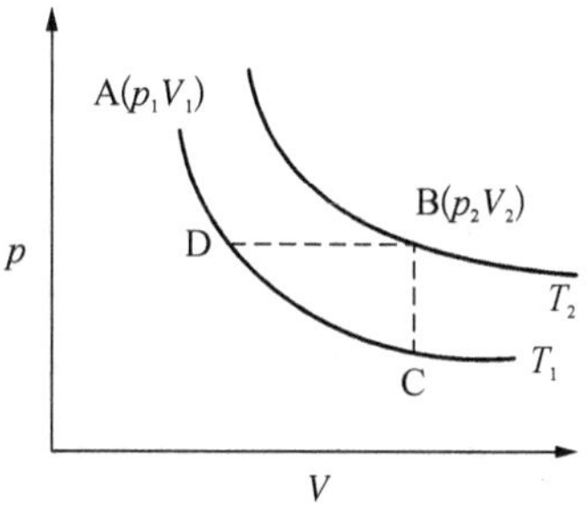

图 2-8 由不同可逆过程计算熵值

途径 II：$A\xrightarrow{\Delta S'_1(等温)}D\xrightarrow{\Delta S'_2(等压)}B$

$$\Delta S=\Delta S'_1+\Delta S'_2=nR\ln\frac{p_1}{p_2}+\int_{T_1}^{T_2} C_p\frac{\mathrm{d}T}{T} \tag{2-27}$$

可以证明，式(2-26)和式(2-27)是等同的(证明过程略)。

例 2-3 有一绝热容器，分别盛有不同温度下的氧气和氮气，中间用导热隔板隔开，右边体积为左边体积的 2 倍，已知气体的 $C_{V,\mathrm{m}}=28.03\ \mathrm{J\cdot mol^{-1}}$，求(1) 不抽隔板达平衡后的 ΔS；(2) 抽掉隔板达平衡后的 ΔS。

1 mol O_2 280.15 K	2 mol N_2 300.15 K

解：(1) 不抽隔板，两种气体经等容变温达到热平衡，容器左右两边温度相等，设为 T。

$$n_{O_2}C_{V,\mathrm{m}}(T-T_{O_2})=n_{N_2}C_{V,\mathrm{m}}(T_{N_2}-T)$$

$$1\times(T-280.15)=2\times(300.15-T)$$

$$T=293.48\ \mathrm{K}$$

$$\Delta S=n_{O_2}C_{V,\mathrm{m}}\ln\frac{T}{T_{O_2}}+n_{N_2}C_{V,\mathrm{m}}\ln\frac{T}{T_{N_2}}$$

$$=1\times28.03\times\ln\frac{293.48}{280.15}+2\times28.03\times\ln\frac{293.48}{300.15}$$

$$=-0.04\ \mathrm{J\cdot K^{-1}}$$

(2) 抽掉隔板后，理想气体经历了先等容后等温的过程达到平衡。等容过程的熵变(1)中已算得，$\Delta S_1=-0.04\ \mathrm{J\cdot K^{-1}}$，等温混合熵变为

$$\Delta S_2=n_{O_2}R\ln\frac{3V}{V}+n_{N_2}R\ln\frac{3V}{2V}$$

$$=1\times8.314\times\ln3+2\times8.314\times\ln\frac{3}{2}$$

$$=15.88\ \mathrm{J\cdot K^{-1}}$$

$$\Delta S=\Delta S_1+\Delta S_2=15.84\ \mathrm{J\cdot K^{-1}}$$

例 2-4 273.15 K、100 kPa 下，2 mol 5 L 的单原子理想气体，经绝热膨胀至 10 kPa，$p_{外}=10\ \mathrm{kPa}$，计算过程的熵变。

解：此过程为一不可逆过程。

由于是绝热过程，则 $Q=0$，$\Delta U=W$。因此

$$nC_{V,\mathrm{m}}(T_2-T_1)=-p_{外}(V_2-V_1)$$

$$n\frac{3}{2}R(T_2-T_1)=-p_{外}\,nR\left(\frac{T_2}{p_2}-\frac{T_1}{p_1}\right)$$

$$\frac{3}{2}\times(T_2-273.15)=-10\times\left(\frac{T_2}{10}-\frac{273.15}{100}\right)$$

$$T_2=174.7\ \mathrm{K}$$

从而可得 $V_2=\dfrac{nRT_2}{p_2}=\dfrac{2\times8.314\times174.7}{10\times10^3}=0.2905\ \mathrm{m^3}$

$$\Delta S=nC_{V,\mathrm{m}}\ln\frac{T_2}{T_1}+nR\ln\frac{V_2}{V_1}$$

$$=2\times\frac{3}{2}\times8.314\times\ln\frac{174.7}{273.15}+2\times8.314\times\ln\frac{0.2905}{5\times10^{-3}}$$

$$=56.43\ \mathrm{J\cdot K^{-1}}$$

2.3.2 相变过程的熵变计算

对于等温等压的可逆相变，系统的熵变为

$$\Delta S = \frac{Q_r}{T} = \frac{\Delta H_{相变}}{T}$$

若是不可逆相变，可以设计一条包括可逆相变在内的可逆途径，用该可逆过程的热温商可计算系统的熵变。

例 2-5　18 g 冰在 273.15 K 熔化成水，熔化热为 6 006.97 $J \cdot mol^{-1}$，求 $\Delta S_{系统}$ 和 $\Delta S_{孤立}$。

解：
$$\Delta S_{系统} = \frac{\Delta H}{T} = \frac{6\,006.97}{273.15} = 21.99\ J \cdot K^{-1}$$

$$\Delta S_{环境} = -\frac{Q}{T_{环境}} = \frac{-6\,006.97}{273.15} = -21.99\ J \cdot K^{-1}$$

所以，$\Delta S_{孤立} = \Delta S_{系统} + \Delta S_{环境} = 0$

这是一个可逆平衡过程。

例 2-6　268.15 K 时，1 mol 液态苯凝固，放热 9 872 J，求苯凝固过程中的 ΔS。已知苯的熔点为 278.65 K，熔化热为 9 916 $J \cdot mol^{-1}$，液体苯和固体苯的平均摩尔恒压热容分别为 126.8 $J \cdot K^{-1} \cdot mol^{-1}$ 和 122.6 $J \cdot K^{-1} \cdot mol^{-1}$。

解：过冷液体的凝固过程是不可逆过程，需要设计一个可逆过程来计算熵变。

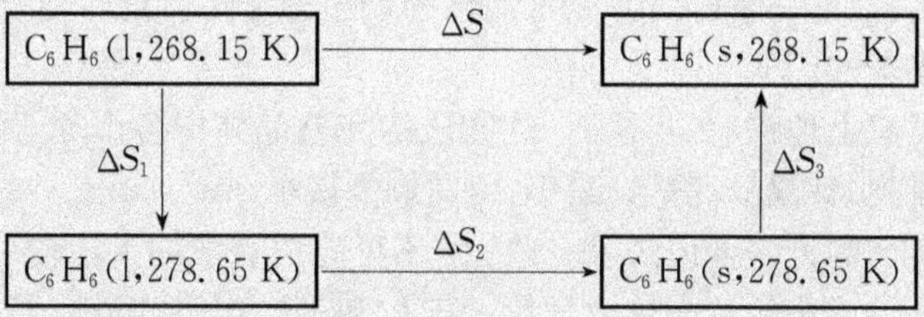

$$\Delta S = \Delta S_1 + \Delta S_2 + \Delta S_3 = \int_{268.2}^{278.7} C_{p,m,l} \frac{dT}{T} + \frac{\Delta H_{凝固热}}{T_{凝固点}} + \int_{278.7}^{268.2} C_{p,m,s} \frac{dT}{T}$$

$$= 126.8 \times \ln \frac{278.65}{268.15} + \left(\frac{-9\,916}{278.65}\right) + 122.6 \times \ln \frac{268.15}{278.65}$$

$$= 4.87 - 35.59 - 4.71 = -35.43\ J \cdot K^{-1}$$

为了计算环境熵变，可令苯与 268.15 K 的大储热器接触。在 268.15 K 苯凝固时，所放出的热量全部由储热器吸收。由于储热器很大，其温度不变，吸热过程是可逆的。所以

$$\Delta S_{环境} = \frac{-\Delta H_{268.15}}{268.15} = \frac{9\,872}{268.15} = 36.81\ J \cdot K^{-1}$$

$$\Delta S_{孤立} = \Delta S_{系统} + \Delta S_{环境} = -35.42 + 36.81 = 1.39\ J \cdot K^{-1}$$

2.4 热力学第三定律

上一节介绍了各种过程的熵变计算，但是这些方法不能简单地应用到化学反应的熵变计算中，因为通常的化学反应都是在不可逆条件下进行的。如果能知道每一种物质的熵值，就能够通过产物的熵的总值减去反应物熵的总值的方法计算出化学反应的熵变。但是，熵的绝对值始终无法测出。热力学第三定律的提出及由此引入的规定熵，解决了化学反应熵变的计算问题。

2.4.1 热力学第三定律的各种表述

处于气、液、固三态的同一种物质，以固态的熵值最小。当固态物质的温度继续下降时，系统的熵值也会继续下降。普朗克(Planck)在 1912 年假定 0 K 时，任何纯物质凝聚态的熵值等于零，即

$$\lim_{T\to 0} S = 0 \tag{2-28}$$

路易斯(Lewis)和吉布森(Gibson)在 1920 年指出，式(2-28)的假定只适用于完整的晶体。所谓完整晶体即晶体中的原子或分子只有一种排列方式(例如 NO 可以有 NO 和 ON 两种排列形式，所以不能认为是完整晶体，N_2O 和 CO 也是如此)。因此，热力学第三定律就可以表述为：在 0 K 时，任何完整晶体的熵值等于零。这个定律是科学家根据一系列低温实验提出来的。

从熵的物理意义上理解，在 0 K 时，纯物质的完整晶体中各个原子都处于最低能级，处于完全有序的排列，其混乱度达到最小，因此熵值最小。

热力学第三定律的另一种说法可表述为：不可能用有限的手法使一物体冷却到热力学温度的零度。这一说法虽然与热力学第一定律和第二定律的说法形式相同，但是它并不阻止人们通过有限手法尽可能地使物体温度趋近 0 K。

2.4.2 规定熵的计算

根据热力学第二定律，等压下物质由 0 K 变化至 T K 时的熵变为

$$\Delta S = S(T\ \mathrm{K}) - S(0\ \mathrm{K}) = \int_0^T \frac{C_p \mathrm{d}T}{T}$$

由于 $S_0 = 0$，所以

$$S_T = \int_0^T \frac{C_p \mathrm{d}T}{T} = \int_0^T C_p \mathrm{dln}\, T \tag{2-29}$$

若有足够的低温热容和其他量热数据，则物质在 T K 时的熵值便可求得。注意，这种熵值是相对于 0 K 而言的，并非物质的绝对熵值，因此称其为规定熵。

测定物质在不同温度的恒压热容数据，以 C_p/T 为纵坐标，T 为横坐标，进行图解积

分。如图 2-9 所示，曲线下的阴影部分面积即为该物质在 T K 下的标准熵。

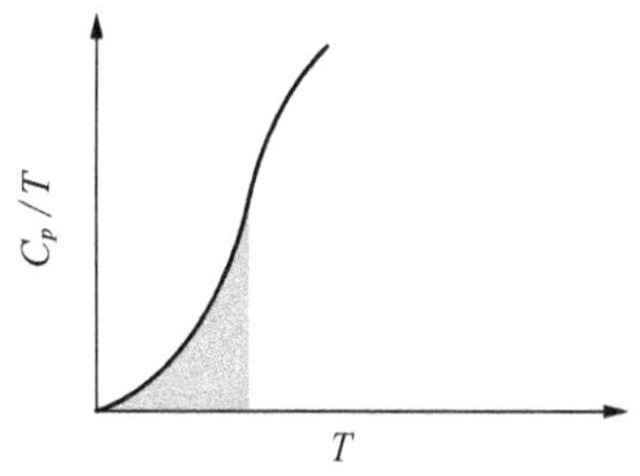

图 2-9　图解法求熵值

需指出的是，若在 0→T K 之间有相变化时，需分段计算，考虑相变过程的熵变。在接近于 0 K 时，C_p 值很难测定，可用德拜公式进行估算，即

$$C_p = \alpha T^3$$

式中，α 为物质的特征常数。

例如，设某物质从 0 K(固态)到 T K(气态)，中间经过一系列相变过程：

$$\underset{0\ \mathrm{K}}{\text{固体}} \xrightarrow{\Delta S_1} \underset{T_\mathrm{f}}{\text{固体}} \xrightarrow{\Delta S_2} \underset{T_\mathrm{f}}{\text{液体}} \xrightarrow{\Delta S_3} \underset{T_\mathrm{b}}{\text{液体}} \xrightarrow{\Delta S_4} \underset{T_\mathrm{b}}{\text{气体}} \xrightarrow{\Delta S_5} \underset{T}{\text{气体}}$$

则该物质在 T K 时的规定熵为

$$\begin{aligned} S(T) &= \Delta S_1 + \Delta S_2 + \Delta S_3 + \Delta S_4 + \Delta S_5 \\ &= \int_0^{T_\mathrm{f}} C_{p,\mathrm{s}} \frac{\mathrm{d}T}{T} + \frac{\Delta H_\mathrm{f}}{T_\mathrm{f}} + \int_{T_\mathrm{f}}^{T_\mathrm{b}} C_{p,\mathrm{l}} \frac{\mathrm{d}T}{T} + \frac{\Delta H_\mathrm{v}}{T_\mathrm{b}} + \int_{T_\mathrm{b}}^{T} C_{p,\mathrm{g}} \frac{\mathrm{d}T}{T} \end{aligned}$$

1 mol 物质处于温度 T 时在标准状态下($p^\ominus$)的规定熵称为该物质在该温度下的标准摩尔熵(standard molar entropy)，用 $S^\ominus_{\mathrm{m,B}}$ 表示，本书在附录中列出了一些物质处于标准压力 $p^\ominus$ 和 298.15 K 状态下的标准摩尔熵。

2.4.3　化学反应的熵变

一个化学反应的熵变可以通过查表找出反应物和产物的标准熵后，用下面的公式计算得到，即

$$\Delta_\mathrm{r} S^\ominus_\mathrm{m} = \sum \nu_\mathrm{B} S^\ominus_{\mathrm{m,B}} \tag{2-30}$$

其中，$S^\ominus_{\mathrm{m,B}}$ 为物质的标准摩尔熵；ν_B 为化学计量式中 B 物质的计量系数。

例 2-7　在 298.15 K 及 $p^\ominus$ 条件下，求反应 $2H_2(g) + O_2(g) \longrightarrow 2H_2O(g)$ 的熵变。

解：查热力学数据表得：$S^\ominus_\mathrm{m}(H_2, g) = 130.59\ \mathrm{J \cdot K^{-1} \cdot mol^{-1}}$，$S^\ominus_\mathrm{m}(O_2, g) = 205.1\ \mathrm{J \cdot K^{-1} \cdot mol^{-1}}$，$S^\ominus_\mathrm{m}(H_2O, g) = 188.72\ \mathrm{J \cdot K^{-1} \cdot mol^{-1}}$，所以

$$\begin{aligned} \Delta S^\ominus &= 2S^\ominus_\mathrm{m}(H_2O, g) - 2S^\ominus_\mathrm{m}(H_2, g) - S^\ominus_\mathrm{m}(O_2, g) \\ &= 2 \times 188.72 - 2 \times 130.59 - 205.1 = -88.84\ \mathrm{J \cdot K^{-1} \cdot mol^{-1}} \end{aligned}$$

案例 2-2　绝对零度与低温技术的进展

1837 年，马格努斯和勒尼奥精确测出了气体定压膨胀系数，由此推出最低温度为 −273.15℃，即绝对零度。绝对零度提出后，许多科学家便致力于此，开始了向绝对零度的冲刺。

英国科学家法拉第首先液化了氯气，获得-78℃的低温。到了1845年，科学家几乎液化了所有气体，但O_2、N_2、He、CO、NO等气体却难以液化（称为“永久气体”）。德国科学家林德等人经过努力，采取压缩-绝热膨胀和抽除液面蒸气法制得了液态氧和氮。绝热膨胀效应由英国物理学家焦耳和汤姆逊发现，称焦耳-汤姆逊效应。荷兰物理学家翁内斯采用五级串联抽除液面蒸气制得大量液氢，用液氢和液态空气预冷，然后按焦耳-汤姆逊效应膨胀，使它进一步冷却至4.2 K，这时氦气变成了液体，时间是1908年。至此人们攻克了所有“永久气体”难以液化的堡垒，向低温世界迈进了一步。当翁内斯获得液氦以后，曾进一步用减压降温的方法努力使液氦固化，没有获得成功。但通过这种方法，他已经达到了1.04 K的低温，真正逼近了绝对零度。翁内斯也由此被人们称为“绝对零度”先生。

1997年诺贝尔物理奖授给了斯坦福大学的朱棣文、巴黎的柯亨·塔诺基和美国NIST的菲利浦斯，以表彰他们在发展中性原子的激光冷却术方面的贡献。最简单的激光冷却过程是：通过调谐激光的波长，使得只有在特定方向运动速度最快的原子可以吸收迎面飞来的光子，从而使原子在此方向的运动减慢。原子最终还要将光子重新发射出来，但是方向却是随机的。激光轰击的净效应是减慢原子运动。这种“光学黏胶”可延缓几百万原子的运动，从而使其等效温度降到几百万分之几的绝对温度，即10^{-8} K。如果在上述实验中加上磁场就可以俘获原子，并使温度进一步降低到接近绝对零度，甚至达到10^{-9} K。

2.5 亥姆霍兹能和吉布斯能

用熵增加原理可以判断孤立系统中过程进行的方向和限度。但是对于实际过程，用熵这一热力学方向和限度的判据很不方便，因为实际过程不仅很少在真正的孤立系统中进行。而且它们大多是不可逆过程，不能直接按不可逆过程计算熵变，必须人为地设计一个或多个可逆过程来计算。同时，还必须计算环境的熵变，将环境熵变和系统熵变结合在一起，作为孤立系统的熵变，这样既不方便又不切合实际。

实践表明，大多数化学反应是在等温等压或等温等容条件下进行的，若能够像由热力学能引出焓一样，由熵函数引出新的热力学函数，仅利用系统的这些热力学函数的变化值就能判断等温等压或等温等容条件下的过程的方向和限度，而不必考虑环境的影响，将对实际问题的解决带来很大的方便。因此，亥姆霍兹(Helmholtz)和吉布斯(Gibbs)又分别定义了两个状态函数——亥姆霍兹能和吉布斯能。

2.5.1 亥姆霍兹能

设系统在恒温下发生一变化，且变化过程中自环境吸收了δQ的热量。由热力学第二

定律的熵增加原理，可知

$$dS - \frac{\delta Q}{T_{环境}} \geqslant 0$$

对于无非体积功的等容过程，由热力学第一定律可以得出，$dU = \delta Q$，代入上式，可得

$$-dU + T_{环境} dS \geqslant 0 \tag{2-31}$$

又因为等温，$T_{环境} = T_{始态} = T_{终态}$，则可以得出

$$-dU + TdS \geqslant 0$$

上式又可写成

$$-(U_2 - U_1) + T(S_2 - S_1) \geqslant 0 \tag{2-32}$$

定义

$$F \equiv U - TS \tag{2-33}$$

F 称为**亥姆霍兹能(Helmholtz energy)**。因为式中 U、T、S 均为状态函数，所以 F 也是状态函数。在等温等容条件下，由式(2-32)可得

$$-\Delta F_{T,V} \geqslant 0 \tag{2-34}$$

或

$$\Delta F_{T,V} \leqslant 0 \tag{2-35}$$

式(2-34)和式(2-35)表明，在等温等容系统中，若发生一可逆过程，系统的亥姆霍兹能不发生变化；若发生一不可逆过程，则系统的亥姆霍兹能将减少。

总结起来可表示为

$$\Delta F_{T,V} \begin{cases} <0 & \text{能自发进行的过程} \\ =0 & \text{可逆过程} \\ >0 & \text{不能自发进行的过程} \end{cases}$$

2.5.2　吉布斯能

若过程在等温等压下发生，则根据热力学第一定律，$dU = \delta Q - pdV$，热力学第二定律可表示为

$$-\delta Q + T_{环境} dS = -(dU + pdV) + T_{环境} dS \geqslant 0$$

根据焓的定义：$H = U + pV$，等压下，$dH = dU + pdV$，代入上式得

$$-dH + T_{环境} dS \geqslant 0$$

上式也可写成

$$-(H_2 - H_1) + T(S_2 - S_1) \geqslant 0 \tag{2-36}$$

定义

$$G \equiv H - TS \tag{2-37}$$

H 称为**吉布斯能(Gibbs energy)**。因为式中 H、T、S 均为状态函数,所以 G 也是状态函数。在等温等压条件下,由式(2-36)可得

$$-\Delta G_{T,\,p} \geqslant 0 \tag{2-38}$$

或

$$\Delta G_{T,\,p} \leqslant 0 \tag{2-39}$$

上式表明,系统无非体积功时,等温等压过程只能向吉布斯能减少的方向进行,这就是**吉布斯能减小原理(principle of minimization of Helmholtz energy)**。当吉布斯能减小到不能再减小时,就是过程所能达到的限度。总结起来,可以表示为

$$\Delta G_{T,\,p}\begin{cases} <0 & \text{能自发进行的过程} \\ =0 & \text{可逆过程} \\ >0 & \text{不能自发进行的过程} \end{cases}$$

上述讨论表明,可以用系统的热力学性质作为过程方向性和限度的判据,而无需考虑环境问题,这就是亥姆霍兹能和吉布斯能的重要性所在。但是由于大多数化学反应都是在等温等压条件下进行,因此,从使用的角度看,吉布斯能比亥姆霍兹能更重要。

2.5.3 亥姆霍兹能和吉布斯能与功的关系

上面在系统只做体积功、等温等容或等温等压条件下,分别引出了亥姆霍兹能和吉布斯能,并且可用这两个热力学状态函数判断特定条件下过程的方向和限度。但是,根据两者的定义,它们适用于任何过程。

封闭系统的热力学第一定律可表示为 $dU = \delta Q + \delta W$,此处的 W 表示过程所做的一切形式的功,包括体积功($p\mathrm{d}V$)和非体积功($\delta W'$)。因此,熵增加原理可表示为

$$-\mathrm{d}U - p\mathrm{d}V + T_{\text{环境}}\mathrm{d}S \geqslant -\delta W' \tag{2-40}$$

若为等温过程,又根据 F 的定义,上式变为

$$-\mathrm{d}F \geqslant p\mathrm{d}V - \delta W' = -\delta W \tag{2-41}$$

式(2-41)中,等号表示可逆过程,大于号表示不可逆过程。此式的意义是,在等温过程中,一个封闭系统所做的最大功等于其亥姆霍兹能的减小。

如果过程在等温等容条件下进行,则

$$-\mathrm{d}F \geqslant -\delta W' \tag{2-42}$$

这说明,在等温等容条件下,系统亥姆霍兹能的减少,等于可逆过程所做的最大有用功。

如果过程在等温等容且只做体积功的条件下进行,则

$$-\mathrm{d}F_{T,\,V,\,W'=0} \geqslant 0 \quad \text{或} \quad \mathrm{d}F_{T,\,V,\,W'=0} \leqslant 0$$

同理,由式(2-40),结合吉布斯能定义,可得

$$-\mathrm{d}G \geqslant -\delta W' \quad 或 \quad \mathrm{d}G_{T,p} \leqslant \delta W' \tag{2-43}$$

式(2-43)表示,在等温等压条件下,封闭系统吉布斯能的减少等于可逆过程所作的非体积功。若为不可逆过程,系统吉布斯能的减少大于所作的非体积功。

在等温等压且只做体积功的条件下,上式变为

$$-(\mathrm{d}G)_{T,p,W'=0} \geqslant 0 \quad 或 \quad (\mathrm{d}G)_{T,p,W'=0} \leqslant 0$$

需要注意的是,亥姆霍兹能和吉布斯能均为系统的状态函数,其变量 ΔF 或 ΔG 的值只取决于系统的始态和终态,与变化的途径无关(即与可逆与否无关)。但是,只有在等温可逆过程中,系统亥姆霍兹能的减少才等于所做的最大功,在等温等压的过程中系统的吉布斯能的减少才等于过程所做的最大有用功,而非可逆过程中所做的功不能用来度量亥姆霍兹能或吉布斯能的变化。

2.5.4　过程方向和限度的判据

由热力学第一定律和第二定律得出了五个重要的热力学函数,包括 U、H、S、F 和 G。其中,热力学能 U 和熵 S 是最基本的,用处较大的是吉布斯能 G。在这五个热力学函数中,熵具有特殊地位,热力学中用以判断自发变化的方向和限度的一些不等式就是从讨论熵函数开始的,从而推出了亥姆霍兹能和吉布斯能的不等式。这样,就可以在更常见的条件下判断自发变化的方向和限度,其中吉布斯能 G 作为判据又用得最多。

判断自发过程进行的方向和限度是热力学第二定律的核心。表 2-1 归纳总结了热力学中三个方向和限度的判据。

表 2-1　自发过程方向和限度的判据

判据名称	适用系统	过程性质	自发过程的方向	数学表达式
熵 S	孤立系统	任何过程	熵增加	$\mathrm{d}S_{U,V} \geqslant 0$
亥姆霍兹能 F	封闭系统	等温等容且非体积功为零	亥姆霍兹能减小	$\mathrm{d}F_{T,V,W'=0} \leqslant 0$
吉布斯能 G	封闭系统	等温等压且非体积功为零	吉布斯能减小	$\mathrm{d}G_{T,p,W'=0} \leqslant 0$

需要注意的是,用熵来判别时必须是孤立系统,除了考虑系统自身的熵变外,还要考虑环境的熵变。如果用亥姆霍兹能和吉布斯能来判别,则只需要考虑系统自身的性质。

2.6　ΔG 的计算

吉布斯能变化 ΔG 是等温等压条件下,自发过程方向和限度的判据。所以,在化学变化、相变化和电化学中有重要应用。掌握 ΔG 的计算十分重要。

2.6.1　等温过程的 ΔG

均相系统等温过程 ΔG 的计算主要有两种方法,均可由其定义式出发得到。

第一种方法是，根据吉布斯能的定义 $G = H - TS$，因为 T 不变，则

$$\Delta G = \Delta H - T\Delta S \tag{2-44}$$

只要求出 ΔH 和 ΔS，就可由上式求得 ΔG。

第二种方法同样由吉布斯能的定义出发，若系统发生一微小变化过程，则有

$$dG = dH - TdS - SdT = dU + pdV + Vdp - TdS - SdT$$

若在可逆过程中，系统只做体积功，热力学第一定律可表示为

$$dU = \delta Q_r - pdV = TdS - pdV$$

代入上式，可得

$$dG = -SdT + Vdp \tag{2-45}$$

式(2-45)为热力学基本方程之一。因为 $\Delta T = 0$，式(2-45)可写为

$$dG = Vdp \tag{2-46}$$

若系统为理想气体，将理想气体状态方程式代入上式，得到

$$\Delta G = \int_{p_1}^{p_2} Vdp = \int_{p_1}^{p_2} \frac{nRT}{p}dp = nRT\ln\frac{p_2}{p_1} \tag{2-47}$$

例 2-8 (1) 在 298.15 K 时，将 1 mol O_2 从 100 kPa 等温可逆压缩到 600 kPa，求 Q、W、ΔU、ΔH、ΔS、ΔF、ΔG。

(2) 若自始至终用 600 kPa 的外压等温压缩到终态，求上述各热力学量的变化值。

解： (1) 视 O_2 为理想气体，在等温变化时，$\Delta U = 0$，$\Delta H = 0$

$$Q = -W = nRT\ln\frac{p_1}{p_2} = 1 \times 8.314 \times 298.15 \times \ln\frac{1}{6} = -4\,441.45\ \text{J}$$

$$\Delta S_{系统} = \frac{Q}{T} = \frac{-4\,441}{298.15} = -14.90\ \text{J}\cdot\text{K}^{-1}$$

$$\Delta F = W = 4\,441.45\ \text{J}$$

$$\Delta G = nRT\ln\frac{p_2}{p_1} = 1 \times 8.314 \times 298.15 \times \ln\frac{6}{1} = 4\,441.45\ \text{J}$$

(2) 始态和终态同(1)，所以状态函数的改变值不变。ΔU、ΔH、$\Delta S_{系统}$、ΔF、ΔG 同(1)。

$$\begin{aligned} Q = -W = p\Delta V &= p\left(\frac{nRT}{p_2} - \frac{nRT}{p_1}\right) \\ &= 600 \times 10^3 \times 8.314 \times 298.15 \times 10^{-3} \times \left(\frac{1}{600} - \frac{1}{100}\right) \\ &= -12.39\ \text{kJ} \end{aligned}$$

理想气体等温过程，计算结果 ΔF、ΔG 相等，这是理想气体的 U 和 H 只是温度的函数的必然结果。例题中 ΔF 的计算也可由其定义式出发，按 ΔG 计算的相同方法推出，分别为

$$\Delta G = \Delta U - T\Delta S$$

或
$$\Delta F = nRT\ln\frac{p_2}{p_1}$$

2.6.2　相变过程的 ΔG

1. 等温等压可逆相变过程

等温等压条件下，发生可逆相变时 $\Delta H = T\Delta S$，所以由式(2-44)可知，$\Delta G = 0$。同样，由式(2-45)可以得出，等温等压条件下发生可逆相变时，$\Delta G = 0$。

例 2-9　1 mol 甲苯在其沸点 383.15 K 时蒸发为气体，若甲苯蒸气可视为理想气体，蒸发热为 362 kJ·kg^{-1}，求该过程的 Q、W、ΔU、ΔH、ΔS、ΔF、ΔG。

解：这是一等温等压的可逆相变，故 $\Delta G = 0$。

甲苯的摩尔质量 $M = 0.092\ 14\ \text{kg}\cdot\text{mol}^{-1}$，则

$$Q_p = 362 \times 0.092\ 14 = 33.35\ \text{kJ}$$

$$\Delta H = Q_p = 33.35\ \text{kJ}$$

$$W = -p(V_g - V_l) \approx -pV_g = -nRT = -1 \times 8.314 \times 383.15 = -3\ 185.5\ \text{J}$$

$$\Delta U = Q + W = 33.35 \times 10^3 - 3\ 185.5 = 30.16\ \text{kJ}$$

$$\Delta S = \frac{Q}{T} = \frac{33.35 \times 10^3}{383.15} = 87.04\ \text{J}\cdot\text{K}^{-1}$$

$$\Delta F = W = -3.186\ \text{kJ}$$

2. 等温等压不可逆相变过程

对于始态和终态处于不平衡两相的不可逆相变过程，必须设计一可逆过程来计算其 ΔG。

例 2-10　在 298.15 K 及 $p^\ominus$ 下，1 mol 过冷水蒸气变为同温同压下的水，求此过程的 ΔG。已知 298.15 K 时水的蒸气压为 3 167 Pa。

解：设计可逆过程如下

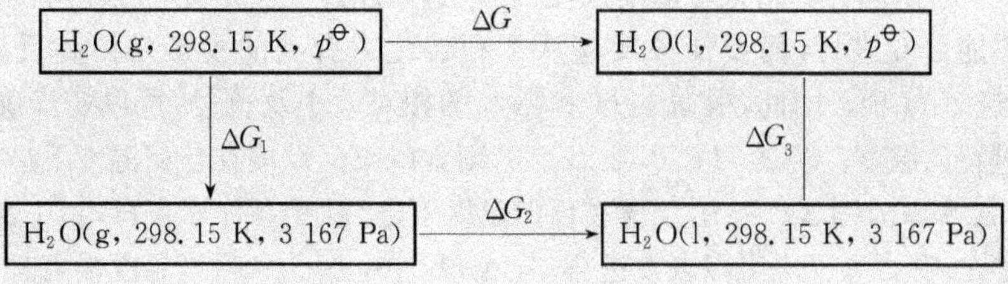

$$
\begin{aligned}
\Delta G &= \Delta G_1 + \Delta G_2 + \Delta G_3 \\
&= \int_{p_1}^{p_2} V_g \mathrm{d}p + 0 + \int_{p_2}^{p_1} V_l \mathrm{d}p \\
&= \int_{p_1}^{p_2} (V_g - V_l) \mathrm{d}p = nRT \ln \frac{p_2}{p_1} \\
&= 1 \times 8.314 \times 298.15 \times \ln \frac{3\ 167}{101\ 325} = -8\ 590\ \mathrm{J}
\end{aligned}
$$

由于液体的体积相比于气体体积小很多，所以在等温时由于压力改变引起的吉布斯能变化很小，可忽略不计。

2.6.3 化学变化的 $\Delta_r G$

1. 根据反应的热效应和熵变计算 $\Delta_r G$

化学反应的 $\Delta_r G$，可以利用热力学数据分别求出该反应的 $\Delta_r H$ 和 $\Delta_r S$，然后根据公式 $\Delta_r G = \Delta_r H - T\Delta_r S$ 求算。

例 2-11 计算甲醇脱氢反应的 $\Delta_r G^\ominus$。

$$CH_3OH(g) \longrightarrow HCHO(g) + H_2(g)$$

解： 查表得

	$CH_3OH(g)$	$HCHO(g)$	$H_2(g)$
$\Delta_f H_m^\ominus/(\mathrm{kJ \cdot mol^{-1}})$	−201.0	−108.6	0
$S_m^\ominus/(\mathrm{J \cdot K^{-1} \cdot mol^{-1}})$	239.9	218.8	130.7

$$
\begin{aligned}
\Delta_r H_m^\ominus &= \Delta_f H_m^\ominus(H_2, g) + \Delta_f H_m^\ominus(HCHO, g) - \Delta_f H_m^\ominus(CH_3OH, g) \\
&= -108.6 - (-201.0) = 92.4\ \mathrm{kJ} \\
\Delta_r S_m^\ominus &= S_m^\ominus(H_2, g) + S_m^\ominus(HCHO, g) - S_m^\ominus(CH_3OH, g) \\
&= 130.7 + 218.8 - 239.9 = 109.6\ \mathrm{J \cdot K^{-1}} \\
\Delta_r G_m^\ominus &= \Delta_r H_m^\ominus - T\Delta_r S_m^\ominus = 92.4 \times 10^3 - 298.15 \times 109.6 = 59.726\ \mathrm{kJ}
\end{aligned}
$$

反应的 $\Delta_r G_m^\ominus > 0$，表明该反应在 298.15 K 和标准压力下不能自发进行。

由例 2-11 中的计算结果可以发现，$\Delta_r H$ 项远远超过 $T\Delta_r S$ 项，该反应在例题所规定的条件下不能自发进行，而要使该反应从不利转化为有利的关键是提高反应温度，使 $T\Delta_r S$ 项超过 $\Delta_r H$ 项。因此，根据 $\Delta_r H$ 和 $\Delta_r S$ 的相对大小及符号，可以初步确定有利于化学反应进行的温度。若 $\Delta_r H < 0$，$\Delta_r S > 0$，则 $\Delta_r G < 0$，反应在任何温度下进行均有利；$\Delta_r H > 0$，$\Delta_r S < 0$，则 $\Delta_r G > 0$，反应在任何温度下进行均不利；若 $\Delta_r H < 0$，$\Delta_r S < 0$，当温度不高时，$\Delta_r G < 0$，反应可以自发进行；若 $\Delta_r H > 0$，$\Delta_r S > 0$，当温度很高时，$\Delta_r G < 0$，

因此某些吸热反应只有在高温下才能进行(例如,例题中的反应,需在 600℃左右才能进行)。

2. 根据标准生成吉布斯能计算反应的 ΔG

化学反应的吉布斯能变化也可用化合物的标准生成吉布斯能计算求出。虽然化合物的吉布斯能绝对值无法得知,但是实际计算中需要的是过程发生时的吉布斯能的变化。因此,像引出化合物的标准生成焓一样,规定在标准压力 $p^{\ominus}$ 下,最稳定单质的吉布斯能为零,则由单质生成 1 摩尔某化合物时,该生成反应的标准吉布斯能的变化量定义为该化合物的标准摩尔生成吉布斯能,以 $\Delta_f G_m^{\ominus}$ 表示。

常见化合物在 298.15 K 时的标准摩尔生成吉布斯能可由本书附录或其他物理化学数据手册上查得。利用反应中各化合物的 $\Delta_f G_m^{\ominus}$,采用与化合物标准摩尔生成焓计算反应焓变相同的方法,可以求出反应吉布斯能的变化。

对于任意反应 $a\mathrm{A} + b\mathrm{B} \longrightarrow g\mathrm{G} + h\mathrm{H}$, 反应的 $\Delta_r G^{\ominus}$ 和 $\Delta_f G_m^{\ominus}$ 的关系为

$$\Delta_r G^{\ominus} = (g\Delta_f G_{m,\,G}^{\ominus} + h\Delta_f G_{m,\,H}^{\ominus}) - (a\Delta_f G_{m,\,A}^{\ominus} + b\Delta_f G_{m,\,B}^{\ominus})$$

或

$$\Delta_r G^{\ominus} = \left(\sum \nu_B \Delta_f G_{m,\,B}^{\ominus}\right)_{产物} - \left(\sum \nu_B \Delta_f G_{m,\,B}^{\ominus}\right)_{反应物}$$

2.6.4　吉布斯能随温度的变化

通常,由数据手册上化合物的热力学数据只能计算 298.15 K 时化学反应的吉布斯能变化,而实际反应往往是在较高温度下进行的。因此,需要自一个温度反应的 ΔG_1 求另一温度的 ΔG_2, 这就要求了解 ΔG 与温度的关系。

根据式(2-45), $\mathrm{d}G = -S\mathrm{d}T + V\mathrm{d}p$, 在等压下,可以得到

$$S = -\left(\frac{\partial G}{\partial T}\right)_p$$

或者

$$-\Delta S = \left(\frac{\partial \Delta G}{\partial T}\right)_p \tag{2-48}$$

已知在温度 T 时, $\Delta G = \Delta H - T\Delta S$, 则

$$-\Delta S = \frac{\Delta G - \Delta H}{T}$$

代入式(2-48),得

$$\left(\frac{\partial \Delta G}{\partial T}\right)_p = \frac{\Delta G - \Delta H}{T} \tag{2-49}$$

对该式进行变形可以写成易于积分的形式,即

$$\frac{1}{T}\left(\frac{\partial \Delta G}{\partial T}\right)_p - \frac{\Delta G}{T^2} = -\frac{\Delta H}{T^2}$$

上式左边为 $\left(\frac{\Delta G}{T}\right)$ 对 T 的微分,所以

$$\left[\frac{\partial\left(\frac{\Delta G}{T}\right)}{\partial T}\right]_p = -\frac{\Delta H}{T^2} \tag{2-50}$$

对上式作不定积分，得

$$\frac{\Delta G}{T} = -\int \frac{\Delta H}{T^2}\mathrm{d}T + I \tag{2-51}$$

若温度变化范围不大，ΔH 可近似为常数，对式(2-50)作定积分，可得

$$\frac{\Delta G_2}{T_2} - \frac{\Delta G_1}{T_1} = \Delta H\left(\frac{1}{T_2} - \frac{1}{T_1}\right) \tag{2-52}$$

式(2-50)、式(2-51)和式(2-52)均称为吉布斯-亥姆霍兹方程。利用这些公式，可以由某一温度下的 ΔG 计算另一温度下的 ΔG。

例 2-12 氨的合成反应为 $\frac{1}{2}N_2(g) + \frac{3}{2}H_2(g) \Longrightarrow NH_3(g)$。已知，298.15 K 时各气体均处于 100 kPa，$\Delta_r H_m = -46.11$ kJ，$\Delta_r G_{m,1} = -16.45$ kJ，若不考虑温度对 ΔH 的影响，求 1 273.15 K 时的 $\Delta_r G_{m,2}$ 值。

解：根据式(2-52)

$$\frac{\Delta_r G_{m,2}(1\,273.15\ \mathrm{K})}{1\,273.15} - \frac{-16.45}{298.15} = -46.11 \times \left(\frac{1}{1\,273.15} - \frac{1}{298.15}\right)$$

$$\Delta_r G_{m,2} = 80.72\ \mathrm{kJ \cdot mol^{-1}}$$

计算结果说明，在给定条件下，298.15 K 时，合成氨的反应是可能的。而在 1 273.15 K时，反应不能自发进行。

2.6.5 吉布斯能随压力的变化

根据式(2-45)，$\mathrm{d}G = -S\mathrm{d}T + V\mathrm{d}p$，在等温下，可以得到

$$V = \left(\frac{\partial G}{\partial p}\right)_T$$

移项积分得

$$G(p,\ T) - G(p = p^{\ominus},\ T) = \int_{p^{\ominus}}^{p} V\mathrm{d}p$$

对处于温度 T 及标准压力的纯物质，其吉布斯能用 $G^{\ominus}$ 表示。则

$$G = G^{\ominus} + \int_{1}^{p} V\mathrm{d}p$$

对于理想气体，则有

$$G = G^{\ominus} + nRT\ln\frac{p}{p^{\ominus}} \tag{2-53}$$

例 2－13　1 mol 汞在 298.15 K 时从 100 kPa 加压到 100×10^{2} kPa，求吉布斯能的变化。已知汞的密度为 $13.5\times10^{3}\ \mathrm{kg\cdot m^{-3}}$。

解： 已知密度与体积的关系为 $V=\dfrac{m}{\rho}=\dfrac{200.61}{\rho}$，假设密度不随压力而变，则

$$\begin{aligned}\Delta G &= \int_{p_1}^{p_2} V\mathrm{d}p = \int_{p_1}^{p_2}\frac{200.61}{\rho}\mathrm{d}p\\ &= \frac{200.61\times10^{-3}}{13.5\times10^{3}}(100-1)\times10^{2}\\ &= 0.147\ \mathrm{J}\end{aligned}$$

2.7　热力学函数间的关系

热力学第一定律和热力学第二定律中介绍了 U、H、S、F、G 五个状态函数，其中 U 和 S 为基本函数，并由它们引出了 H、F、G。U、H、S、F、G 之间存在关系：$H=U+pV$，$F=U-TS$，$G=H-TS$。显然，这些热力学函数是随 p、V、T 而改变的，因此，需要知道它们之间的关系。

2.7.1　基本公式

对于只做膨胀功的封闭系统，热力学第一定律的表达式为

$$\mathrm{d}U = \delta Q - p\mathrm{d}V$$

若系统发生的是可逆过程，由热力学第二定律，$\delta Q_{\mathrm{r}} = T\mathrm{d}S$，代入上式，得

$$\mathrm{d}U = T\mathrm{d}S - p\mathrm{d}V \tag{2-54}$$

对公式 $H=U+pV$ 进行微分，得

$$\mathrm{d}H = \mathrm{d}U + p\mathrm{d}V + V\mathrm{d}p$$

将(2－54)代入得

$$\mathrm{d}H = T\mathrm{d}S + V\mathrm{d}p \tag{2-55}$$

同样方法可得

$$\mathrm{d}F = -S\mathrm{d}T - p\mathrm{d}V \tag{2-56}$$

$$\mathrm{d}G = -S\mathrm{d}T + V\mathrm{d}p \tag{2-57}$$

式(2－54)、式(2－55)、式(2－56)和式(2－57)称为热力学基本公式，又称热力学第一和第二定律联合公式。从推导过程可以看出，这些公式只适用于组成不变，除体积功外无其他

功的封闭系统的可逆过程。但由于U、H、S、F、G都是系统的状态函数，如果发生不可逆过程，则可在相同始态和终态间设计可逆过程后，再用上述公式计算。因此，热力学基本公式的使用条件为：组成不变，只做体积功的封闭系统。

利用这些公式可以导出很多有用的关系式，例如

$$T=\left(\frac{\partial U}{\partial S}\right)_V=\left(\frac{\partial H}{\partial S}\right)_p \tag{2-58}$$

$$p=-\left(\frac{\partial U}{\partial V}\right)_S=-\left(\frac{\partial F}{\partial V}\right)_p \tag{2-59}$$

$$V=\left(\frac{\partial H}{\partial p}\right)_S=\left(\frac{\partial G}{\partial p}\right)_T \tag{2-60}$$

$$S=-\left(\frac{\partial F}{\partial T}\right)_V=-\left(\frac{\partial G}{\partial T}\right)_p \tag{2-61}$$

2.7.2 麦克斯韦关系式及其应用

1. 麦克斯韦关系式

设Z代表系统的任一性质，且Z是变量x和y的函数$Z=f(x,y)$。因此，Z的全微分为

$$\mathrm{d}Z=\left(\frac{\partial Z}{\partial x}\right)_y\mathrm{d}x+\left(\frac{\partial Z}{\partial y}\right)_x\mathrm{d}y=M\mathrm{d}x+N\mathrm{d}y$$

式中，$M=\left(\frac{\partial Z}{\partial x}\right)_y$，$N=\left(\frac{\partial Z}{\partial y}\right)_x$。$M$和$N$也是$x$和$y$的函数，将$M$在$y$不变的条件下对$x$偏微分，将$N$在$x$不变的条件下对$y$偏微分，可分别得到

$$\left(\frac{\partial M}{\partial y}\right)_x=\left[\frac{\partial}{\partial y}\left(\frac{\partial Z}{\partial x}\right)_y\right]_x=\frac{\partial^2 Z}{\partial y\partial x}$$

$$\left(\frac{\partial N}{\partial x}\right)_y=\left[\frac{\partial}{\partial x}\left(\frac{\partial Z}{\partial y}\right)_x\right]_y=\frac{\partial^2 Z}{\partial x\partial y}$$

根据微分原理，二阶导数与求导次序无关，可以互换，即

$$\left[\frac{\partial}{\partial y}\left(\frac{\partial Z}{\partial x}\right)_y\right]_x=\frac{\partial^2 Z}{\partial y\partial x}=\left[\frac{\partial}{\partial x}\left(\frac{\partial Z}{\partial y}\right)_x\right]_y$$

因此，有

$$\left(\frac{\partial M}{\partial y}\right)_x=\left(\frac{\partial N}{\partial x}\right)_y$$

将上式应用到式(2-54)至式(2-57)中，得

$$\left(\frac{\partial T}{\partial V}\right)_S=-\left(\frac{\partial p}{\partial S}\right)_V \tag{2-62}$$

$$\left(\frac{\partial T}{\partial p}\right)_S = \left(\frac{\partial V}{\partial S}\right)_p \tag{2-63}$$

$$\left(\frac{\partial S}{\partial V}\right)_T = \left(\frac{\partial p}{\partial T}\right)_V \tag{2-64}$$

$$\left(\frac{\partial S}{\partial p}\right)_T = -\left(\frac{\partial V}{\partial T}\right)_p \tag{2-65}$$

式(2-62)、式(2-63)、式(2-64)和式(2-65)称为麦克斯韦(Maxwell)关系式。利用这些式子,可以将不能或不易由实验测定的物理量换成容易测定的物理量。例如,可以用 $\left(\frac{\partial V}{\partial T}\right)_p$、$\left(\frac{\partial p}{\partial T}\right)_V$ 代替熵的偏微商这样一些难以测定的量。

2. 麦克斯韦关系式的应用

(1) 求焓随压力的变化

由式(2-55)知

$$\left(\frac{\partial H}{\partial p}\right)_T = T\left(\frac{\partial S}{\partial p}\right)_T + V$$

式中 $\left(\frac{\partial S}{\partial p}\right)_T$ 不易直接测定,可根据式(2-65)计算,上式就变为

$$\left(\frac{\partial H}{\partial p}\right)_T = V - T\left(\frac{\partial V}{\partial T}\right)_p$$

对理想气体,将其状态方程代入,可得

$$\left(\frac{\partial V}{\partial T}\right)_p = \frac{R}{p}$$

代入上式,得

$$\left(\frac{\partial H}{\partial p}\right)_T = V - T\frac{R}{p} = T - T = 0$$

即理想气体的焓只是温度的函数。对于实际气体,若知道其状态方程,也可求得其焓随压力的变化。

(2) 求热力学能随体积的变化

由式(2-54)知

$$\left(\frac{\partial U}{\partial V}\right)_T = T\left(\frac{\partial S}{\partial V}\right)_T - p$$

式中 $\left(\frac{\partial S}{\partial V}\right)_T$ 不易直接测定,可根据式(2-64)计算,上式就变为

$$\left(\frac{\partial U}{\partial V}\right)_T = T\left(\frac{\partial p}{\partial T}\right)_V - p$$

对于理想气体，将状态方程代入，同样可得 $\left(\frac{\partial U}{\partial V}\right)_T = 0$。即理想气体的热力学能只是温度的函数。对于实际气体的处理，同上所述。

2.8 偏摩尔量和化学势

前面章节内容所讨论的均限于纯物质或组成不变的均相封闭系统，系统与环境间只有功和热的交换，而无物质的交换，因此只需要两个变量，如温度和压力，就可以确定系统的状态。显然，这种处理对于敞开系统或组成发生变化的封闭系统是不适用的，因为系统组成的改变会引起热力学函数的变化。

对于多组分系统，有两个概念很重要，一是偏摩尔量，一是化学势。偏摩尔量指出在均匀多相系统中，系统的某种广度性质不等于各个纯组分该广度性质之和。化学势的概念在讨论相平衡和化学平衡时非常重要。

2.8.1 偏摩尔量

不论在什么系统中，质量总是具有加和性的，系统的质量等于构成该系统的各个部分的质量总和。但是除了质量外，其他广度性质除非在纯物质中或理想液态混合物中，一般都不具有加和性。

例如，在 298.15 K 和标准压力下，将 100 mL 水和 100 mL 乙醇混合，实验测得总体积为 192 mL，而非 200 mL；将 150 mL 水和 50 mL 乙醇混合，总体积的实验值为 195 mL；将 50 mL 水和 150 mL 乙醇混合，总体积为 193 mL。显然，混合后溶液的体积并不等于各组分在纯态时的体积之和，并随组成而变化。因此，在讨论两种或两种以上物质所构成的均相系统时，必须引用新的概念来代替纯物质的摩尔性质。

1. 偏摩尔量的定义

设有一均相系统是由组分 1、2、3、…所组成，系统的任意一种广度性质 X（如 V、U、S、H、G 等）除了与温度 T、压力 p 有关外，还与系统中各组分的物质的量 n_1、n_2、n_3、…有关，写作函数的形式为

$$X = f(T,\ p,\ n_1,\ n_2,\ \cdots)$$

当温度、压力及组成有微小变化时，X 也有相应改变，用全微分表示为

$$\mathrm{d}X = \left(\frac{\partial X}{\partial T}\right)_{p,\,n}\mathrm{d}T + \left(\frac{\partial X}{\partial p}\right)_{T,\,n}\mathrm{d}p + \left(\frac{\partial X}{\partial n_1}\right)_{T,\,p,\,n_j(j\neq 1)}\mathrm{d}n_1 + \left(\frac{\partial X}{\partial n_2}\right)_{T,\,p,\,n_j(j\neq 2)}\mathrm{d}n_2 + \cdots \tag{2-66}$$

式中，n 表示所有组分物质的量均不变；n_j 表示正在改变的组分外其余组分物质的量保持不变。

在等温等压下，令

$$X_{\mathrm{B,m}} = \left(\frac{\partial X}{\partial n_{\mathrm{B}}}\right)_{T,\,p,\,n_j(j\neq \mathrm{B})} \tag{2-67}$$

$X_{B,m}$称为多组分系统中 B 物质的**偏摩尔量(partial molar quantity)**。则式(2－66)变为

$$dX = X_{1,m}dn_1 + X_{2,m}dn_2 + \cdots = \sum_B X_{B,m}dn_B \qquad (2-68)$$

偏摩尔量的物理意义：在等温等压条件下，在指定浓度的有限量溶液中，加入微量 B 物质所引起的系统广度性质 X 的改变。由于加入的物质极其微量，故系统的组成不发生变化。或是在等温等压条件下，在一定浓度大量溶液中加入 1 mol B 物质所引起系统广度性质 X 的变化量。注意，只有系统的量非常大时，加入 1 mol B 物质才能保持系统的组成不变。

多组分系统的偏摩尔量是强度性质，在等温等压下，只与系统的组成有关，而与系统的量无关。

在等温等压下，均相系统的广度性质均存在相应的偏摩尔量。例如，偏摩尔体积 $V_{B,m} = \left(\frac{\partial V}{\partial n_B}\right)_{T,p,n_j(j\neq B)}$，偏摩尔热力学能 $U_{B,m} = \left(\frac{\partial U}{\partial n_B}\right)_{T,p,n_j(j\neq B)}$，偏摩尔熵 $S_{B,m} = \left(\frac{\partial S}{\partial n_B}\right)_{T,p,n_j(j\neq B)}$，偏摩尔吉布斯能 $G_{B,m} = \left(\frac{\partial G}{\partial n_B}\right)_{T,p,n_j(j\neq B)}$ 等。

注意，偏摩尔量只对均相系统才有意义。与 T、p、U 和 G 等系统性质不同，在讨论偏摩尔量时，总是指某物质的偏摩尔量，且偏导数式的下标必须为 T 和 p。

多组分均相系统的有些偏摩尔物理量可以由实验测定，如偏摩尔体积。其测定方法为：在等温等压下，向一定量的物质 A 中逐渐加入物质 B，同时测定系统的总体积。以加入的 B 物质的量对体积作图，曲线上任意一点的斜率，即为该组成时系统中 B 物质的偏摩尔体积。物质 A 的偏摩尔体积可同法测得。

2. 偏摩尔量的集合公式

在等温等压，且保持系统组成不变的情况下，向溶液中加入各组分，则各组分的偏摩尔量也不变。由式(2－68)积分得

$$\begin{aligned} X &= X_{1,m}\int_0^{n_1} dn_1 + X_{2,m}\int_0^{n_2} dn_2 + \cdots + X_{i,m}\int_0^{n_i} dn_i \\ &= n_1X_{1,m} + n_2X_{2,m} + \cdots + n_iX_{i,m} \\ &= \sum_{B=1}^{i} n_B X_{B,m} \end{aligned} \qquad (2-69)$$

此式为偏摩尔量的集合公式。即均相系统的广度性质 X 等于各组分物质的量与相应的偏摩尔量乘积之和。在多组分系统中，引入偏摩尔量之后，系统的广度性质 X 具有加和性。如果系统只含有两个组分，则以体积为例，集合公式可写作 $V = n_1V_1 + n_2V_2$。

使用偏摩尔量时应注意：

1) 只有广度性质才有偏摩尔量，而偏摩尔量是强度性质。

2) 纯物质的偏摩尔量就是它的摩尔量。

3) 任何偏摩尔量都是 T，p 和组成的函数。

2.8.2　化学势

1. 化学势的定义

对敞开系统或组成发生变化的封闭系统，吉布斯能除与温度、压力有关外，还与系统

组成 n_B 有关，即

$$G=f(T,\ p,\ n_1,\ n_2,\ \cdots)$$

这时，G 的全微分为

$$\begin{aligned}\mathrm{d}G &= \left(\frac{\partial G}{\partial T}\right)_{p,\ n}\mathrm{d}T+\left(\frac{\partial G}{\partial p}\right)_{T,\ n}\mathrm{d}p+\left(\frac{\partial G}{\partial n_1}\right)_{T,\ p,\ n_j(j\neq 1)}\mathrm{d}n_1+\left(\frac{\partial G}{\partial n_2}\right)_{T,\ p,\ n_j(j\neq 2)}\mathrm{d}n_2+\cdots \\ &= \left(\frac{\partial G}{\partial T}\right)_{p,\ n}\mathrm{d}T+\left(\frac{\partial G}{\partial p}\right)_{T,\ n}\mathrm{d}p+\sum\left(\frac{\partial G}{\partial n_B}\right)_{T,\ p,\ n_j(j\neq \mathrm{B})}\mathrm{d}n_B\end{aligned}$$

式中的 $\left(\frac{\partial G}{\partial T}\right)_{p,\ n}$ 及 $\left(\frac{\partial G}{\partial p}\right)_{T,\ n}$ 与封闭系统中的偏微商 $\left(\frac{\partial G}{\partial T}\right)_p$ 和 $\left(\frac{\partial G}{\partial p}\right)_T$ 具有相同意义，均表示组成不变时，温度和压力的改变引起的吉布斯能的变化。因此，将式(2-60)和式(2-61)代入上式，得

$$\mathrm{d}G=-S\mathrm{d}T+V\mathrm{d}p+\sum\left(\frac{\partial G}{\partial n_B}\right)_{T,\ p,\ n_j(j\neq \mathrm{B})}\mathrm{d}n_B \tag{2-70}$$

吉布斯将式中的偏摩尔吉布斯能定义为**化学势(chemical potential)**，用符号 μ_B 表示。则

$$\mu_\mathrm{B}=\left(\frac{\partial G}{\partial n_\mathrm{B}}\right)_{T,\ p,\ n_j(j\neq \mathrm{B})} \tag{2-71}$$

因此，式(2-70)可表示为

$$\mathrm{d}G=-S\mathrm{d}T+V\mathrm{d}p+\sum_\mathrm{B}\mu_\mathrm{B}\mathrm{d}n_\mathrm{B} \tag{2-72}$$

对敞开系统或组成发生变化的封闭系统，热力学能不再决定于两个独立的热力学变量，还必须同时考虑各组分的量，即

$$U=f(S,\ V,\ n_1,\ n_2,\ \cdots)$$

热力学能的全微分为

$$\begin{aligned}\mathrm{d}U &= \left(\frac{\partial U}{\partial S}\right)_{V,\ n}\mathrm{d}S+\left(\frac{\partial U}{\partial V}\right)_{S,\ n}\mathrm{d}V+\sum\left(\frac{\partial U}{\partial n_B}\right)_{S,\ V,\ n_j(j\neq \mathrm{B})}\mathrm{d}n_B \\ &= T\mathrm{d}S-p\mathrm{d}V+\sum\left(\frac{\partial U}{\partial n_B}\right)_{S,\ V,\ n_j(j\neq \mathrm{B})}\mathrm{d}n_B\end{aligned}$$

由 G 的定义式 $G=H-TS$，可以得到 $G=U+pV-TS$，变换后可以写为 $U=G-pV+TS$，则

$$\mathrm{d}U=\mathrm{d}G-p\mathrm{d}V-V\mathrm{d}p+T\mathrm{d}S+S\mathrm{d}T$$

将式(2-72)代入上式，整理后得

$$\mathrm{d}U=T\mathrm{d}S-p\mathrm{d}V+\sum_\mathrm{B}\mu_\mathrm{B}\mathrm{d}n_\mathrm{B} \tag{2-73}$$

显然，由上式可以得到

$$\mu_B = \left(\frac{\partial U}{\partial n_B}\right)_{S,\ V,\ n_j(j\neq B)} = \left(\frac{\partial G}{\partial n_B}\right)_{T,\ p,\ n_j(j\neq B)}$$

同法可以得出

$$dH = TdS + Vdp + \sum_B \mu_B dn_B \qquad (2-74)$$

$$dF = -SdT - pdV + \sum_B \mu_B dn_B \qquad (2-75)$$

因此

$$\mu_B = \left(\frac{\partial U}{\partial n_B}\right)_{S,\ V,\ n_j(j\neq B)} = \left(\frac{\partial H}{\partial n_B}\right)_{S,\ p,\ n_j(j\neq B)} = \left(\frac{\partial F}{\partial n_B}\right)_{T,\ V,\ n_j(j\neq B)} = \left(\frac{\partial G}{\partial n_B}\right)_{T,\ p,\ n_j(j\neq B)} \qquad (2-76)$$

式(2－74)中四个偏微商都叫化学势，需要注意的是偏微商的下角注，每个热力学函数所选择的独立变量彼此不同，不能把任意热力学函数对 n_B的偏微商都叫做化学势。在四个化学势中，以吉布斯能表示的化学势最为重要，应用最广。

2. 化学势在化学平衡和相平衡中的应用

根据式(2－72)，多组分系统发生一等温等压变化时，系统的吉布斯能变化为

$$dG = \sum_B \mu_B dn_B \qquad (2-77)$$

已知等温等压，且只做体积功时，过程自发性判据为

$$dG_{T,\ p} \leqslant 0$$

因此，在相同条件下，化学势可作为多组分系统过程方向与限度的判据，即

$$\sum_B \mu_B dn_B \leqslant 0 \qquad (2-78)$$

式中，不等号表示自发不可逆过程，等号表示平衡可逆过程。

(1) 相变化中的化学势

若系统由 α、β 两相组成。在等温等压条件下，有 dn_B的 B 组分自 α 相转移至 β 相，则系统的吉布斯能变化为

$$\begin{aligned} dG &= dG^\alpha + dG^\beta \\ &= -\mu_B^\alpha dn_B + \mu_B^\beta dn_B \\ &= (\mu_B^\beta - \mu_B^\alpha) dn_B \end{aligned}$$

由于 $dn_B > 0$，若 $dG = 0$，则 $\mu_B^\beta - \mu_B^\alpha = 0$，说明当 B 组分在两相中化学势相等时，B 组分在两相中分配达到平衡。若 $dG < 0$，则 $\mu_B^\beta - \mu_B^\alpha < 0$，说明 B 组分总是从化学势较高的一相向化学势较低的一相转移，直至它在各相中的化学势相等为止。

(2) 化学变化中的化学势

以合成氨反应为例进行讨论，反应式为

$$3H_2(g) + N_2(g) \longrightarrow 2NH_3(g)$$

在等温等压下，当有 dn mol 的 N_2 发生反应时，必然有 2dn mol 的 H_2 发生反应，同时有 3dn mol NH_3 生成，则反应的吉布斯能变化为

$$\begin{aligned} dG_{T,p} &= \sum_B \mu_B dn_B = 3\mu(NH_3)dn - 2\mu(H_2)dn - \mu(N_2)dn \\ &= [3\mu(NH_3) - 2\mu(H_2) - \mu(N_2)]dn \end{aligned}$$

由于 $dn > 0$，若反应物的化学势之和大于产物的化学势之和，$(dG)_{T,p} < 0$，表明自左向右的合成氨反应可以自发进行；反之，则不能自发进行。若反应达到平衡时，$(dG)_{T,p} = 0$，反应物的化学势之和等于产物的化学势之和。所以，化学反应总是自发地由化学势总和较高的一方向化学势总和较低的一方转化，直到两方的化学势总和相等为止，此时达到了化学平衡。

从上面的讨论可知，化学势的作用相当于水位决定水的流动方向和限度，电势决定电流的方向和限度，化学势是物质传递过程方向和限度的判据，即物质总是从化学势高的状态变到化学势低的状态。

3. 气体的化学势

(1) 理想气体的化学势

根据化学势的定义，对纯物质来说，该物质的化学势就是其摩尔吉布斯能，即

$$\mu = G_m$$

对于理想气体的等温过程，压力的微小变化所引起系统的吉布斯能变化为

$$dG_m = d\mu = -S_m dT + V_m dp = V_m dp$$

将 $V_m = \dfrac{RT}{p}$ 代入上式，得

$$d\mu = RT d\ln p$$

如果压力从 $p^\ominus$ 改变至 p，则化学势从 $\mu^\ominus$ 变到 μ，积分上式，得

$$\mu = \mu^\ominus(T) + RT\ln\frac{p}{p^\ominus} \tag{2-79}$$

式中，$\mu^\ominus(T)$ 是理想气体处于标准态时的化学势，称为理想气体的标准化学势。$\mu^\ominus(T)$ 仅是温度的函数。

若系统是由多种理想气体混合而成，由于理想气体分子间没有相互作用力，所以某种气体 B 在混合气中与其单独存在并占有相同体积时，其行为和性质完全一样。因此，混合理想气体中 B 组分的化学势表示式与其处于纯态时的表示式相同，即

$$\mu_B = \mu_B^\ominus(T) + RT\ln\frac{p_B}{p^\ominus} \tag{2-80}$$

式中，p_B是混合理想气体中 B 组分的分压；$\mu^{\ominus}(T)$ 是组分 B 的标准化学势，其状态相当于该组分单独处于混合理想气体所处的温度及标准压力下的状态。

(2) 实际气体的化学势

实际气体的化学势也可用 $dG_m = d\mu = V_m dp$ 求得，但由于实际气体状态方程比较复杂，所得的化学势表示式也比较复杂，不利于应用。因此，1901 年，路易斯提出，可以采用与理想气体化学势表示相同的简单形式，将同温同压下实际气体与理想气体化学势的差别集中表现在对实际气体压力 p 的校正上。具体而言，就是用校正压力 f_B代替分压 p_B，f_B称为**逸度(fugacity)**。则实际气体的化学势表示为

$$\mu_B = \mu_B^{\ominus}(T) + RT\ln\frac{f_B}{p^{\ominus}} \tag{2-81}$$

式中，$f = \gamma p$。γ 是实际气体压力 p 的校正因子，称为逸度因子，用以度量实际气体与理想气体的偏差程度。其值不仅与气体特性有关，还与气体所处温度和压力有关。温度一定时，若压力趋于零，这时实际气体的行为趋于理想气体，γ 趋于 1。

需指出的是，实际气体的化学势表示式，只是在理想气体的表示式基础上，对压力进行了校正，故式(2-81)中的 $\mu_B^{\ominus}(T)$ 与理想气体的标准态化学势相同，其标准态为处于温度 T 及标准压力下的假想理想气体。

4. 溶液、液态混合物的化学势

(1) 稀溶液的两个重要定律

实践表明，在溶液中加入非挥发性溶质后，溶剂的蒸气压降低。1887 年，拉乌尔(Raoult)对稀溶液进行了大量研究，总结出下述规律，称为拉乌尔定律，即定温下，稀溶液中溶剂 A 的蒸气压 p_A等于纯溶剂的蒸气压 p_A^* 乘以溶液中溶剂的摩尔分数 x_A。数学表示式为

$$p_A = p_A^* x_A \tag{2-82}$$

可以看出，在一定温度下，遵守拉乌尔定律的溶液，其溶剂的饱和蒸气压只与纯溶剂的饱和蒸气压及溶剂在溶液中所占的摩尔分数有关，与加入的是什么种类的溶质无关。

若溶液中只有 A、B 两组分，则 $x_A + x_B = 1$，上式可写作

$$p_A - p_A^* = p_A^* x_B$$

即溶剂的蒸气压降低值与纯溶质在溶液中的摩尔分数成正比。

在稀溶液中，溶剂遵守拉乌尔定律，而溶质遵守另一定律：亨利定律。

1803 年，亨利(Henry)根据实验总结出亨利定律：在一定温度和压力下，当气体或挥发性溶质溶解于溶剂中达到平衡时，气体在溶剂中溶解的量与该气体的平衡分压成正比。亨利定律的数学表示式为

$$p_B = k_x x_B \tag{2-83}$$

式中，x_B为溶质 B 的摩尔分数。若溶质在溶液中的量用质量摩尔浓度 m_B或物质的量浓度 c_B表示，亨利定律也可表示为

$$p_B = k_m m_B \tag{2-84}$$

$$p_B = k_c c_B \tag{2-85}$$

式(2-83)、式(2-84)和式(2-85)中的 k_x、k_m、k_c为比例常数。

(2) 理想液态混合物的化学势

在一定温度下,液态混合物中各组分在所有浓度范围内均遵从拉乌尔定律,则称为理想液态混合物。

理想液态混合物中,各组分的分子间作用力相同,各组分的分子体积大小相同,其宏观表现为混合后无热效应变化和体积变化,构成混合物后,一种物质的加入对另一种物质只起稀释作用。

真正的理想液态混合物是不多见的,一般来说,光学异构体的混合物、紧邻同系物的混合物、同位素化合物的混合物等可以看做是理想液态混合物,如:苯和甲苯的混合物,正己烷和正庚烷的混合物。理想液态混合物所服从的规律比较简单,许多实际溶液在一定的浓度范围内与理想液态混合物性质相似,因此引入理想液态混合物的概念不仅有理论价值,还有实际意义。对理想液态混合物得到的公式进行一些修正就能用于实际溶液。

在一定温度和压力下,设某一理想液态混合物与其气相达成平衡,则某组分 B 在气液两相的化学势相等:$\mu_B^l = \mu_B^g$。溶液中组分 B 的化学势可用气相中 B 组分的化学势表示,由式(2-80)得

$$\mu_B^l = \mu_B^g = \mu_B^{\ominus}(T) + RT\ln\frac{p_B}{p^{\ominus}} \tag{2-86}$$

由于理想液态混合物中,每一组分均符合拉乌尔定律,将 p_B按式(2-82)代入上式,则理想液态混合物溶液中 B 组分的化学势为

$$\mu_B = \mu_B^{\ominus}(T) + RT\ln\frac{p_B^*}{p^{\ominus}} + RT\ln x_B$$

将上式中等式右边前两项合并为一项,用 $\mu_B^*(T, p)$ 表示,即

$$\mu_B^*(T, p) = \mu_B^{\ominus}(T) + RT\ln\frac{p_B^*}{p^{\ominus}} \tag{2-87}$$

则理想液态混合物中,任一组分 B 的化学势可表示为

$$\mu_B(T, p) = \mu_B^*(T, p) + RT\ln x_B \tag{2-88}$$

式中,$\mu_B^*(T, p)$ 是 T、p 的函数,代表 $x_B = 1$ 时纯液体 B 的化学势。

(3) 理想稀溶液的化学势

理想稀溶液中,溶剂遵守拉乌尔定律,因此根据式(2-88)得溶剂 A 的化学势为

$$\mu_A = \mu_A^*(T, p) + RT\ln x_A \tag{2-89}$$

与理想液态混合物中各组分的化学势表示式一样,$\mu_A^*(T, p)$ 是在指定 T、p 时,纯 A(x_A=1)的化学势。

对稀溶液的溶质来说，一定温度下，当气液两相达到平衡时，其化学势符合式(2-86)所示关系，即

$$\mu_B^l = \mu_B^g = \mu_B^\ominus(T) + RT\ln\frac{p_B}{p^\ominus}$$

根据亨利定律，将溶质 B 的平衡分压 p_B 按 $p_B = k_x x_B$ 代入上式，得

$$\begin{aligned}\mu_B &= \mu_B^\ominus(T) + RT\ln\frac{k_x}{p^\ominus} + RT\ln x_B \\ &= \mu_B^*(T,\ p) + RT\ln x_B\end{aligned} \tag{2-90}$$

其中

$$\mu_B^* = \mu_B^\ominus(T) + RT\ln\frac{k_x}{p^\ominus}$$

$\mu_B^*(T,\ p)$ 是 $x_B = 1$ 且服从亨利定律的溶质的化学势，该状态为一不存在的假想状态。

若将式(2-84)和式(2-85)分别代入式(2-86)，得

$$\begin{aligned}\mu_B &= \mu_B^\ominus + RT\ln\frac{k_m m^\ominus}{p^\ominus} + RT\ln\frac{m_B}{m^\ominus} \\ &= \mu_{B,m}^*(T,\ p) + RT\ln m_r\end{aligned} \tag{2-91}$$

$$\begin{aligned}\mu_B &= \mu_B^\ominus + RT\ln\frac{k_c c^\ominus}{p^\ominus} + RT\ln\frac{c_B}{c^\ominus} \\ &= \mu_{B,c}^*(T,\ p) + RT\ln c_r\end{aligned} \tag{2-92}$$

式中，m_r 和 c_r 分别为用质量摩尔浓度和物质的量浓度表示的相对浓度；$\mu_{B,m}^*(T,\ p)$、$\mu_{B,c}^*(T,\ p)$ 分别是 $m_B = 1\ \text{mol}\cdot\text{kg}^{-1}$ 和 $c_B = 1\ \text{mol}\cdot\text{L}^{-1}$ 且服从亨利定律的溶质的标准态化学势，这也是一种假想的状态。式(2-91)和式(2-92)分别是采用质量摩尔浓度和物质的量浓度时，理想稀溶液中溶质的化学势表示式。

(4) 实际溶液的化学势

实际溶液中，溶剂不遵从拉乌尔定律，溶质也不遵从亨利定律，称为非理想溶液。为了使实际溶液中物质的化学势表示仍具有简单的形式，而且保持相同的标准态，采用与实际气体类似的方法，可以将实际溶液的偏差，全部集中于对实际溶液浓度的校正上。为此，路易斯引入了活度的概念。

对实际溶液中溶剂 A，其化学势表示式为

$$\mu_A = \mu_A{}^*(T,\ p) + RT\ln a_{A,x} \tag{2-93}$$

式中，$a_{A,x} = \gamma_x x_A$。$a_{A,x}$ 是 A 组分用摩尔分数表示的**活度(activity)**；γ_x 称为**活度因子(activity coefficient)**，表示实际溶液与液体混合物的偏差程度。当 x_A 趋于 1，$\gamma_x \to 1$，此时 $a_{A,x} = x_A$。

对实际溶液的溶质 B，当溶质浓度用摩尔分数、质量摩尔浓度及物质的量浓度表示

时,其化学势分别为

$$\mu_{\mathrm{B}} = \mu_{\mathrm{B},x}^{*}(T, p) + RT\ln a_{\mathrm{B},x} \tag{2-94}$$

$$\mu_{\mathrm{B}} = \mu_{\mathrm{B},m}^{*}(T, p) + RT\ln a_{\mathrm{B},m} \tag{2-95}$$

$$\mu_{\mathrm{B}} = \mu_{\mathrm{B},c}^{*}(T, p) + RT\ln a_{\mathrm{B},c} \tag{2-96}$$

式(2-94)、式(2-95)和式(2-96)中,$a_{\mathrm{B},x} = \gamma_x x_{\mathrm{B}}$,$a_{\mathrm{B},m} = \gamma_m m_{\mathrm{B}}$,$a_{\mathrm{B},c} = \gamma_c c_{\mathrm{B}}$,其中$\gamma_x$、$\gamma_m$、$\gamma_c$为用不同浓度单位时的活度因子。式中的标准态与理想稀溶液中的标准态相同。

案例 2-3

耗散结构理论是1969年普里高京在非平衡态热力学中提出的一个概念。认为:开放系统通过与环境交换物质和能量而处在远离平衡态的状态,在这种条件下,系统内部微观的随机涨落可因非线形的作用机制而被放大成宏观的有序。社会也是一个耗散机构,它必须从外界获得能量来维持,其手段就是劳动。人们在开采冶炼矿石、生产粮食、制造机器的过程中,只有部分能量被吸收进产品,更多的能量被浪费,使地球的熵不断增加。

现代社会中,人们使用手机、电脑、汽车等高科技产品,却给周围环境带来更多噪声、电磁波等污染。根据熵增加原理,每消耗一定能量,周围环境的熵就增加。而熵增加对于地球是一个不可逆的过程。环境熵增加意味着自然灾害和人类生存环境的恶化、水旱灾害的增加、土壤的沙化等。例如,近两年来发生的汶川地震、西南大旱、南方水灾等,都是环境熵增加的结果。因此,要大力提倡绿化,降低地球的总熵,而不是提高地球的总熵。

问题:

(1) 什么是耗散结构?经典热力学理论能否很好地解释它?

(2) 耗散结构与人类社会有何直接关系?

2.9 非平衡态热力学简介

2.9.1 热力学从平衡态向非平衡态的发展

在一定条件下,系统在宏观上不随时间变化的恒定状态称为定态,系统内部不再有任何宏观过程,这样的定态称为热力学平衡态。它有两个重要特征:① 状态函数不随时间变化。② 系统内部不存在物理量的宏观流动,如热流、粒子流等。凡不具备以上任一条件的状态,都称为非平衡态。

迄今为止,人们所讨论的热力学基础及其有关应用属于平衡态热力学范畴,它主要由热力学三个定律作为基础构筑而成。热力学函数如温度 T、压力 p、熵 S 等，在平衡态时才有明确意义。实践证明，由平衡态热力学得到的结论，至今未有与实践相违背的事实。平衡态热力学称为经典热力学，是物理化学课程的主要组成部分，它是初学物理化学的大学生必须很好掌握的内容。

然而在自然界中发生的一切实际过程都是处在非平衡态下进行的不可逆过程。例如，各种输运过程如热传导、物质的扩散、电极过程以及实际进行的化学反应过程等，随着时间的推移，系统均不断地改变其状态，并且总是自发地从非平衡态趋向于平衡态。由于对这些实际发生的不可逆过程进行了深入研究，促进了热力学从平衡态向非平衡态的发展。

普里高京(Prigogine)对非平衡态热力学(或称为不可逆过程热力学)的确立和发展作出了重要贡献，从 20 世纪 50 年代开始形成了热力学的新领域——**非平衡态热力学(thermodynamics of no-equilibrium state)**。普里高京因此荣获 1977 年诺贝尔化学奖。

2.9.2 非平衡态热力学与耗散结构

根据热力学第二定律，孤立系统的熵在任何自发过程中总是增加的。而无序的 H_2O 和 CO_2 在光合作用下可转化为有序结构的碳氢化合物，无序的氨基酸可形成有序的蛋白质，以及生命过程的时空有序现象等，向经典热力学提出了挑战。所有这些问题的认识和解决，需要依靠非平衡态热力学的方法和原理。

经典热力学认为非平衡态是一种暂时现象，不可逆过程总是起一种耗散能量和破坏有序结构的作用。在某些条件下，系统通过与外界环境不断交换物质和能量以及通过内部的不可逆过程(能量耗散)，无序态有可能失去稳定性，某些涨落可被放大而系统本身达到某种有序的状态，这种有序状态被称为**耗散结构(dissipative structure)**，因为它的形成需要能量的耗散。

生命有机体是敞开系统，由于系统与环境之间有物质和能量的交换，因而有自发地形成有序结构——耗散结构的可能性。这种耗散结构是一种非平衡的稳定态，它的自发产生并稳定存在的必要条件是敞开系统有负熵流。

敞开系统的熵变由两部分组成，即

$$dS = d_iS + d_eS$$

其中，d_eS 为系统与外界交换物质与能量引起的熵变，称为外熵变或熵流；d_iS 为系统内部的不可逆过程引起的熵变，称为内部熵变或熵产生，$d_iS \geqslant 0$。

由于 d_iS 和 d_eS 均不得为零，故系统必须处于非平衡状态并必须满足 $d_eS < 0$ 与 $|d_eS| > d_iS$。也就是说输入到系统的熵必须少于系统向外输出的熵，即要有足够的负熵流才能维持有序的结构。例如，一个苹果，其结构是有序的，因而是低熵的。苹果被人吃进后经消化排出体外的是无序(高熵)的渣滓。对人体这个开放系统来说，吃进的是低熵，排出去的是高熵，所以人体内的熵减少了，等于人体从外界吸收了负熵流。有机体自环境摄取高度有序、低熵的高聚物，如蛋白质、淀粉之类，而排泄低分子量、有序性小的废物，保证了 Δ_eS 为负值。这就是非平衡有序原理——非平衡态可以成为有序之源的耗散结构理

论。该理论成为自然界中动植物、生命及天体不停地更新、演化进展的热力学基础。

耗散结构这一新概念的确立，使得人们对自然界的发展规律有了更完整的认识，它第一次使人们认识到非平衡态和不可逆过程也可以在建立有序方面起到积极作用。这不仅有利于人们认识自然界中的各种有序现象，也有利于去利用这些有序现象，因而它展示了广阔的应用前景。

非平衡态热力学虽然在理论系统上还不够完善和成熟，但目前在一些领域中，如物质扩散、热传导、跨膜输运、动电效应、热电效应、电极过程、化学反应等领域中已获得初步应用，显示出它有广阔的发展和应用前景，已成为新世纪物理化学发展中一个新的增长点。

（马豫峰）

思考题

1. 在一个密闭绝热的房间里放置一台电冰箱。现将冰箱门打开，并接通电源使其工作。过一段时间后，室内的平均气温如何变化？

2. 一个很大的恒温箱中放着一段电阻丝。短时通电之后，电阻丝的熵变应为何值？

3. 常温常压下，反应 $H_2 + \frac{1}{2}O_2 \longrightarrow H_2O$ 在光的作用下可瞬时完成，称为爆鸣气。但在常温常压下也可通过电解使上述反应逆向进行。这两种都存在的反应倾向是否说明 $\Delta G_{T,p} < 0$ 的判据不能适用于此例？

4. 理想气体做恒温膨胀，从 p_1V_1T 膨胀到 p_2V_2T，其吉布斯能的增量 $\Delta G = nRT\ln\frac{p_2}{p_1} < 0$。此式能否作为该变化自发进行的判据？

5. 通过不同途径完成自状态 A 到状态 B 的过程，热温商之和是否相同？

6. 系统由初态 A 经不同的不可逆途径到终态 B 时，其熵变 ΔS 是否相同？

7. A 和 B 两种同温同容积的理想气体混合后保持 A 和 B 的温度和体积，则 ΔU、ΔH、ΔS、ΔF、ΔG 的取值是大于零、小于零还是等于零？

8. 水在正常冰点 100 kPa、0℃时结冰，ΔU、ΔH、ΔS、ΔF、ΔG 的取值是大于零、小于零还是等于零？

9. 指出下列公式适用范围：

(1) $\Delta S = nR\ln\frac{p_1}{p_2} + C_p\ln\frac{T_2}{T_1} = nR\ln\frac{V_2}{V_1} + C_V\ln\frac{T_2}{T_1}$

(2) $dU = TdS - pdV$

(3) $\Delta G = \int Vdp$

10. 已知 269.15 K 时冰的蒸气压小于 269.15 K 时水的蒸气压，试从化学势分析，此时水结成冰还是冰融化成水或者冰水两相共存？

习 题

1. 1 mol H_2于 298.15 K 时，由 100 kPa 等温可逆压缩到 600 kPa，求 Q、W、ΔU、ΔH、ΔS。

2. 5 mol 理想气体，在 300.15 K 时，分别经历下列两个过程由 10 L 膨胀到 100 L。(1) 等温可逆膨胀；(2) 等温向真空膨胀，分别求两过程的 $\Delta S_{系统}$ 和 $\Delta S_{孤立}$。

3. 10 g 273.15 K 的冰加到 50 g 313.15 K 水中，设热量没有其他损失，求上述过程的 ΔS 为多少？已知冰的熔化热 $\Delta_m H = 333.5\ \mathrm{J \cdot g^{-1}}$，水的比热为 $C_p = 4.184\ \mathrm{J \cdot g^{-1} \cdot K^{-1}}$。

4. 在 298.15 K、100 kPa 下，1 mol 过冷水蒸气变为 298.15 K、100 kPa 的液态水，求此过程的 ΔS。已知 298.15 K 水的饱和蒸气压为 3.167 4 kPa，汽化热为 2 217 $\mathrm{kJ \cdot kg^{-1}}$。

5. 画出理想气体系统从同一始态 A 出发的下列各线。

(1) 等温可逆膨胀　(2) 绝热可逆膨胀　(3) 绝热不可逆膨胀

(4) 等温可逆压缩　(5) 绝热可逆压缩　(6) 绝热不可逆压缩

6. 1 mol 273.15 K、0.2 MPa 的理想气体沿着 p/V = 常数的可逆途径到达压力为 0.4 MPa 的终态。已知 $C_{V,m} = 5R/2$，求过程的 Q、W、ΔU、ΔH、ΔS。

7. 2 mol 单原子理想气体始态为 273.15 K、100 kPa，分别经历下列可逆变化：(1) 恒温下压力加倍；(2) 恒压下体积加倍；(3) 绝热可逆膨胀至压力减少 1 倍；(4) 绝热不可逆反抗恒外压 50 kPa 膨胀至平衡。试计算上述各过程的 Q、W、ΔU、ΔH、ΔS、ΔF、ΔG。已知 273.15 K、100 kPa 下该气体的 $S = 100\ \mathrm{J \cdot K^{-1} \cdot mol^{-1}}$。

8. 体积为 25 L 的 2 mol 理想气体从 300.15 K 加热到 600.15 K，其体积为 100 L，求 ΔS。已知 $C_{V,m} = 19.37 + 3.39 \times 10^{-3}\ \mathrm{J \cdot K^{-1} \cdot mol^{-1}}$。

9. 指出下列各过程中，Q、W、ΔU、ΔH、ΔS、ΔF、ΔG 等热力学函数哪些为零，哪些绝对值相等。

(1) 理想气体真空膨胀

(2) 理想气体等温可逆膨胀

(3) 水在 273.15 K，$p^{\ominus}$下凝结成冰

(4) 氢气和氧气在绝热钢瓶中发生反应生成水。

10. 已知下列反应在 298.15 K 时的标准摩尔反应焓为：

(1) $Fe_2O_3(s) + 3C(石墨) \longrightarrow 2Fe(s) + 3CO(g)$　　$\Delta H^{\ominus}_{m,1} = 489\ \mathrm{kJ \cdot mol^{-1}}$

(2) $2CO(g) + O_2(g) \longrightarrow 2CO_2(g)$　　$\Delta H^{\ominus}_{m,2} = -564\ \mathrm{kJ \cdot mol^{-1}}$

(3) $C(石墨) + O_2(g) \longrightarrow CO_2(g)$　　$\Delta H^{\ominus}_{m,3} = -393\ \mathrm{kJ \cdot mol^{-1}}$

且 $O_2(g)$，Fe(s)，$Fe_2O_3(s)$的 $S^{\ominus}_m$ 分别为 205.0、27.15、90.0 $\mathrm{J \cdot K^{-1} \cdot mol^{-1}}$。问 $p^{\ominus}$ 298.15 K 下的空气(其中 O_2含量为 20%)能否将 Fe(s)氧化为 $Fe_2O_3(s)$？

11. $p^{\ominus}$、298.15 K 下，金刚石的摩尔燃烧焓为 395.3 $\mathrm{kJ \cdot mol^{-1}}$，摩尔熵为 2.42 $\mathrm{J \cdot K^{-1} \cdot mol^{-1}}$。石墨的摩尔燃烧焓为 393.4 $\mathrm{kJ \cdot mol^{-1}}$，摩尔熵为 5.69 $\mathrm{J \cdot K^{-1} \cdot mol^{-1}}$。

(1) 求 $p^{\ominus}$、298.15 K 下，石墨变为金刚石的 $\Delta G_{m}^{\ominus}$。(2) 金刚石和石墨的密度分别为 3 510 kg·m^{-3}和 2 260 kg·m^{-3}，并设温度不随压力而变化，则 298.15 K 下，若使石墨变为金刚石，至少需要多大压力？

12. 试计算 2 mol 的过冷苯（液态）在 $p^{\ominus}$、268.15 K 时凝固过程的 ΔG（已知 268.15 K 时固态苯和液态苯的饱和蒸气压分别为 2 280 Pa 和 2 675 Pa）。

13. 273.15 K、$3p^{\ominus}$ 的氧气 10 L，反抗恒外压 $p^{\ominus}$ 进行绝热不可逆膨胀，求该过程的 Q、W、ΔU、ΔH、ΔS、ΔF、ΔG（O_2在 298.15 K 时的规定熵为 205 J·K^{-1}·mol^{-1}）。

14. 下列偏微分哪些是偏摩尔量？哪些是化学势？

(1) $\left(\dfrac{\partial H}{\partial n_{\mathrm{B}}}\right)_{T,p,n_j(j\neq \mathrm{B})}$　(2) $\left(\dfrac{\partial G}{\partial n_{\mathrm{B}}}\right)_{T,p,n_j(j\neq \mathrm{B})}$　(3) $\left(\dfrac{\partial G}{\partial n_{\mathrm{B}}}\right)_{T,V,n_j(j\neq \mathrm{B})}$

(4) $\left(\dfrac{\partial U}{\partial n_{\mathrm{B}}}\right)_{S,V,n_j(j\neq \mathrm{B})}$　(5) $\left(\dfrac{\partial H}{\partial n_{\mathrm{B}}}\right)_{S,p,n_j(j\neq \mathrm{B})}$　(6) $\left(\dfrac{\partial F}{\partial n_{\mathrm{B}}}\right)_{T,p,n_j(j\neq \mathrm{B})}$

(7) $\left(\dfrac{\partial U}{\partial n_{\mathrm{B}}}\right)_{S,T,n_j(j\neq \mathrm{B})}$　(8) $\left(\dfrac{\partial F}{\partial n_{\mathrm{B}}}\right)_{T,V,n_j(j\neq \mathrm{B})}$

15. 在 293.15 K 时，乙醚的蒸气压为 58.95 kPa。今在 0.10 kg 乙醚中溶入某非挥发性有机物质 0.01 kg，乙醚的蒸气压降低到 56.79 kPa，试求该有机物的摩尔质量。

16. 对范德华气体，证明 $\left(\dfrac{\partial U}{\partial V}\right)_T = \dfrac{a}{V_m{}^2}$

17. 证明理想气体，$\dfrac{\left(\dfrac{\partial U}{\partial V}\right)_s\left(\dfrac{\partial H}{\partial p}\right)_s}{\left(\dfrac{\partial U}{\partial S}\right)_V} = -nR$

18. 某实际气体的状态方程为 $pV_m = RT + ap$，式中 a 为大于零的常数，求 $\left(\dfrac{\partial T}{\partial p}\right)_H$。

19. 有一个水和乙醇形成的溶液，水的物质的量分数为 0.4，乙醇的偏摩尔体积为 57.5 mL·mol^{-1}，溶液的密度为 0.849 4 kg·L^{-1}，求此溶液中水的偏摩尔体积。

第3章　化学平衡

内容提要　本章内容包括化学平衡的热力学条件、化学反应等温方程式和平衡常数、平衡常数和平衡转化率、平衡常数的热力学计算、影响化学平衡的因素(温度、压力、惰性气体和物料比)及反应的耦合。

从热力学平衡条件导出化学反应等温方程式,根据化学反应等温方程式讨论了化学反应的方向和限度,重点阐述了几种常见平衡常数的表示方法(气体、溶液、多相反应)、平衡常数的热力学计算以及几种因素(温度、压力、惰性气体和物料比)对化学平衡的影响,简介了反应的耦合及耦合反应在生物体内的实例。

从理论上看,几乎所有的化学反应都是向正、反两个方向同时进行的。但是,有的反应反向进行的程度极小,与正向反应进行的程度相比较可以忽略不计,通常称这类反应为单向反应,而大多数化学反应正、反两个方向的反应都比较明显,这类反应称为**可逆反应**(**reversible reaction**)或**对峙反应**(**opposing reaction**)。对于可逆反应,当正、反两个方向的反应速率相等时,系统就达到了化学平衡。不同的化学反应所能进行的程度和到达平衡的时间有较大的差异,但其共同的特点是:平衡后系统中物质的数量和种类都不随时间发生变化;外界条件变化,平衡状态也要随之发生变化,直至达到新的平衡。化学平衡是一种动态平衡,从表观上看反应似乎已经停止,而实际上反应仍在进行,只是正、逆反应速率相等。化学平衡是化学反应在该条件下的限度。

化学平衡的研究在生产实际和科学研究中有着重要意义。在研究新的化学反应时,应用化学平衡的基本原理可以从理论上预知如何控制反应条件,使反应按所需要的方向进行,以及在给定条件下,反应所能达到的限度。在工业上,应用化学平衡的基本原理来选择反应的最佳条件,以实现高产率、低成本的目标。在生命科学中,生命体中的电解质平衡、生物大分子的水解平衡等与化学平衡的基本规律有关,解决这些问题的理论基础就是热力学。应用热力学第二定律的基本原理和规律来研究化学反应,就可以确定化学反应进行的方向、平衡条件、反应的限度,以及温度、压力等因素对化学平衡的影响,这就是本章要讨论的主要内容。

3.1　化学平衡的热力学条件

3.1.1　化学平衡的热力学条件

由热力学第二定律可知,在等温、等压且 $W'=0$ 的条件下,封闭系统中任一过程的方

向和限度可用该过程的吉布斯能变化 ΔG 来判断。若系统只做体积功，则系统的吉布斯能变化为

$$dG = -SdT + Vdp + \sum_B \mu_B dn_B \tag{3-1}$$

在等温等压条件下，有

$$dG_{T,p} = \sum_B \mu_B dn_B \tag{3-2}$$

设任意封闭系统发生化学反应

$$aA + dD \longrightarrow gG + hH \tag{3-3}$$

当其发生一微小变化(包括温度、压力、化学反应的变化)时，系统内各物质的量也相应发生微小变化。根据反应进度 ξ 的定义 $dn_B = \nu_B d\xi$，有

$$\begin{aligned} dG_{T,p} &= \sum_B \mu_B dn_B \\ &= \mu_A dn_A + \mu_D dn_D + \mu_G dn_G + \mu_H dn_H \\ &= (-a\mu_A - d\mu_D + g\mu_G + h\mu_H)d\xi \\ &= \sum_B v_B \mu_B d\xi \end{aligned}$$

即

$$dG_{T,p} = \sum_B v_B \mu_B d\xi \tag{3-4}$$

将式(3-4)写成偏微商形式，即

$$\left(\frac{\partial G}{\partial \xi}\right)_{T,p} = \sum_B v_B \mu_B \tag{3-5}$$

式中，v_B 为参与反应的B物质的计量系数；μ_B为参与反应的B物质的化学势。在反应中要保持 μ_B不变的条件是：在有限量的系统中发生微小的反应，即 ξ 很小，系统中各物质量的微小变化不足以引起各物质浓度的变化，因而其化学势不变；或是在一个很大系统中发生了一单位的化学反应时，系统中各物质的浓度可视为不变，因此各物质的化学势可视为不变。

式(3-5)中偏微商 $(\partial G/\partial \xi)_{T,p}$ 表示在等温、等压且 $W'=0$ 的条件下反应系统的吉布斯能随反应进度的变化率。当 $\xi = 1$ mol 时，式(3-5)可写作

$$\left(\frac{\partial G}{\partial \xi}\right)_{T,p} = \sum_B v_B \mu_B = \Delta_r G_m \tag{3-6}$$

对一定量的系统，在 ξ 从0至1 mol 的变化过程中，系统中各物质的种类、浓度及化学势 μ_B均随之变化。因此，系统总的吉布斯能亦随 ξ 而变。但反应的不同时刻，由于 ξ 有定值，反应系统中各物质的浓度有定值，所以 μ_B亦有定值，则系统的吉布斯能也有定值。等温等压下，反应系统的吉布斯能 G 与反应进度 ξ 的关系如图3-1所示。

由图3-1可知，$G-\xi$ 曲线上的任意一点代表了反应系统的一个状态，偏微商 $(\partial G/\partial \xi)_{T,p}$ 为 $G-\xi$ 曲线上某一点的切线斜率。在 $G-\xi$ 曲线的左段，有

$$\Delta_r G_m = \left(\frac{\partial G}{\partial \xi}\right)_{T,p} < 0 \quad 或 \sum_B \upsilon_B \mu_B < 0 \tag{3-7}$$

表示反应自发正向进行。在 $G-\xi$ 曲线的右段，有

$$\Delta_r G_m = \left(\frac{\partial G}{\partial \xi}\right)_{T,p} > 0 \quad 或 \sum_B \upsilon_B \mu_B > 0 \tag{3-8}$$

表示反应不能自发正向进行，逆向反应自发进行。在 $G-\xi$ 曲线的最低点，有

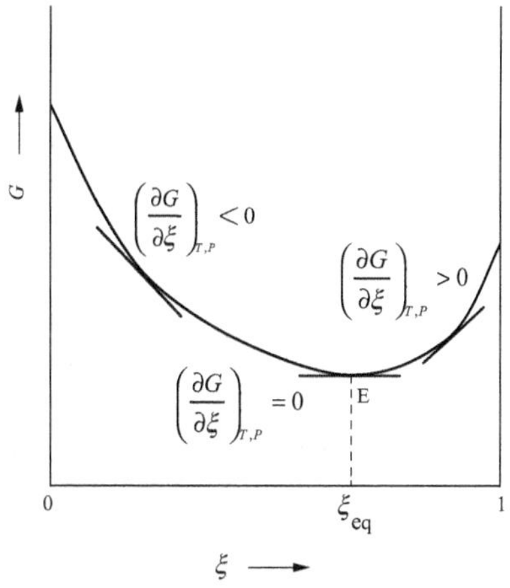

图3-1 化学反应的吉布斯自由能 G 和反应进度 ξ 的关系

$$\Delta_r G_m = \left(\frac{\partial G}{\partial \xi}\right)_{T,p} = 0 \quad 或 \sum_B \upsilon_B \mu_B = 0 \tag{3-9}$$

表示反应达到平衡。从宏观上看，系统中各物质的种类和数量不再随时间而改变，此时的反应进度为 ξ_{eq}。化学平衡就是化学反应进行的限度，式(3-9)就是化学平衡的条件。

3.1.2 化学平衡的热力学分析

根据式(3-7)可知，在等温等压下，当反应物化学势的总和大于产物化学势总和时，反应自发地向右进行。既然产物的化学势较低，为什么反应物不能完全转化为产物，而是反应进行到一定程度达到平衡后就不再进行？这种现象与“平衡时系统的吉布斯能最低”原则是否矛盾？现以气相反应的吉布斯能的变化加以说明。

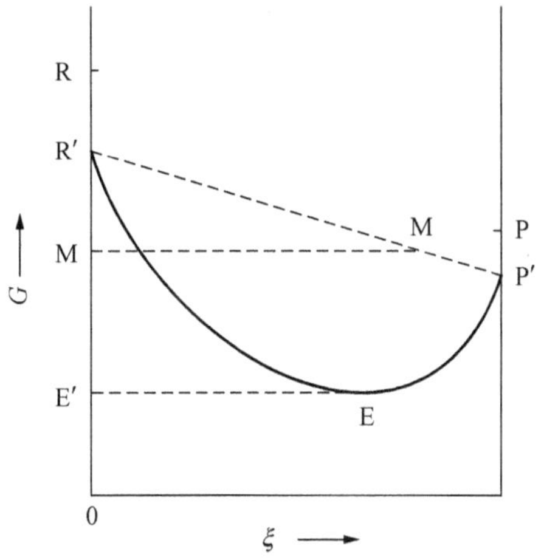

图3-2 系统总吉布斯能变化示意图

图3-2是气相反应 $a\mathrm{A}+d\mathrm{D} \rightleftharpoons g\mathrm{G}+h\mathrm{H}$ 系统总吉布斯能在反应过程中变化的示意图。

图中R点是纯A和纯D的吉布斯能总和。由于气体的混合是一不可逆过程，一旦发生，系统的吉布斯能必定降低。因此，将反应物A和D混合，未开始反应系统的吉布斯能就降到R′点。同样，图中P点是纯G和纯H的吉布斯能总和，两者混合后吉布斯能降至P′点。如果反应发生的话，能否沿虚线R′MP′所示途径完全反应生成混合产物呢？事实证明是不可能的。这是因为，产物一经生成，就会发生一个反应物和产物的混合过程，导致系统的吉布斯能降低，这时反应将沿R′EP′曲线所示途径进行。由吉布斯能判据知，系统的吉布斯能降到最低时系统最稳定，故在反应途径R′EP′中，E为曲线的最低点，系统在E点达到化学平衡。此时，反应系统吉布斯能的改变由两部分组成：

一部分是反应物 A、D 生成产物 G、H 引起的系统吉布斯能降低，其值为 $(G_{M'}-G_{R'})$；另一部分是生成产物 G、H 与未发生反应的反应物 A、D 混合引起的吉布斯能降低，其值为 $(G_{E'}-G_{M'})$。因此，由于反应物和产物间的混合过程的存在，使反应系统吉布斯能随反应进度的变化曲线存在一个最低点，其最低点在 $0<\xi<1$ 处，此时反应达化学平衡，有 $\left(\frac{\partial G}{\partial \xi}\right)_{T,p}=\sum_{B} v_B\mu_B=0$。

由前面的分析可知，化学反应总是朝着吉布斯能降低的方向进行，直到系统的吉布斯能降到最低为止，系统达到化学平衡，但绝大多数化学反应都不能将所有反应物完全转化为产物。这是因为化学反应过程中反应物与产物总是处于混合状态，此过程的混合吉布斯能是负值，它可使系统的吉布斯能进一步降低，在 $G-\xi$ 图上曲线出现最低点，其最低点在 $0<\xi<1$ 之间，此时系统达到化学反应的限度，即化学平衡。

案例 3-1

生物体内存在着许多化学平衡，如酸碱平衡、电解质平衡、生物大分子的水解平衡、糖代谢和脂类代谢过程中的平衡、三羧酸循环过程中一系列中间产物之间的平衡等都属于化学平衡，这些生物体内的化学平衡对生命过程有着不可替代的重要作用。以糖代谢为例。一切生物都有使糖类化合物在体内最终分解为二氧化碳和水并释放出能量的化学反应过程，有机体的糖代谢主要是指葡萄糖在体内的一系列复杂化学反应。体内葡萄糖无氧分解代谢过程需经十二步反应，其中有九步反应都是平衡反应，如第二步是 6-磷酸葡萄糖在磷酸己糖异构酶及 Mg^{2+} 催化下生成 6-磷酸果糖，即

$$6\text{-磷酸葡萄糖} \rightleftharpoons 6\text{-磷酸果糖}$$

第四步是己糖裂解成两个磷酸糖，即

$$1,6\text{-双磷酸果糖} \rightleftharpoons \text{磷酸二羟丙酮} + 3\text{-磷酸甘油醛}$$

这些糖代谢反应在一定条件下都可看成是可逆反应，在一定条件下会达到化学平衡。

应用化学平衡的基本原理可以很好地研究生物体内各类平衡，但是，由于生物体是一个开放系统，属于非平衡态，不能完全用经典化学平衡理论来解释生物体内的平衡问题，而用非平衡态理论研究更为恰当。

3.2 化学反应的方向和限度

3.2.1 化学反应等温方程式和平衡常数

设在等温等压条件下发生一理想气体化学反应

$$aA + dD \rightleftharpoons gG + hH$$

反应系统的吉布斯能变化为

$$\Delta_r G_m = \sum_B v_B \mu_B \tag{3-10}$$

将反应中各组分的化学势表示式 $\mu_B(T, p) = \mu_B^\ominus(T) + RT\ln\frac{p_B}{p^\ominus}$ 代入上式，得

$$\begin{aligned}\Delta_r G_m &= \sum_B \mu_B n_B = g\mu_G^\ominus + h\mu_H^\ominus - a\mu_A^\ominus - d\mu_D^\ominus \\ &\quad + RT\ln\left(\frac{p_G}{p^\ominus}\right)^g + RT\ln\left(\frac{p_H}{p^\ominus}\right)^h - RT\ln\left(\frac{p_A}{p^\ominus}\right)^a - RT\ln\left(\frac{p_D}{p^\ominus}\right)^d \\ &= \Delta_r G_m^\ominus + RT\ln\frac{\left(\frac{p_G}{p^\ominus}\right)^g\left(\frac{p_H}{p^\ominus}\right)^h}{\left(\frac{p_A}{p^\ominus}\right)^a\left(\frac{p_D}{p^\ominus}\right)^d}\end{aligned} \tag{3-11}$$

式中，$\Delta_r G_m^\ominus = g\mu_G^\ominus + h\mu_H^\ominus - a\mu_A^\ominus - d\mu_D^\ominus$，为反应的标准吉布斯能变化。压力商用 Q_p 表示，即

$$Q_p = \frac{\left(\frac{p_G}{p^\ominus}\right)^g\left(\frac{p_H}{p^\ominus}\right)^h}{\left(\frac{p_A}{p^\ominus}\right)^a\left(\frac{p_D}{p^\ominus}\right)^d} \tag{3-12}$$

则式(3-11)可写作

$$\Delta_r G_m = \Delta_r G_m^\ominus + RT\ln Q_p \tag{3-13}$$

当反应在指定温度和压力下达到平衡时，$\Delta_r G_m = 0$，则式(3-11)变为

$$\Delta_r G_m^\ominus(T) = -RT\ln\frac{\left(\frac{p_G}{p^\ominus}\right)_{eq}^g\left(\frac{p_H}{p^\ominus}\right)_{eq}^h}{\left(\frac{p_A}{p^\ominus}\right)_{eq}^a\left(\frac{p_D}{p^\ominus}\right)_{eq}^d} \tag{3-14}$$

由于 $\mu_B^\ominus$ 在温度和压力一定时为一常数，反应的 $\Delta_r G_m^\ominus(T)$ 有确定值，从而式(3-14)中的对数项的值也为定值。令此常数为平衡常数，用 $K_p^\ominus$ 表示，即

$$K_p^\ominus = \frac{\left(\frac{p_G}{p^\ominus}\right)_{eq}^g\left(\frac{p_H}{p^\ominus}\right)_{eq}^h}{\left(\frac{p_A}{p^\ominus}\right)_{eq}^a\left(\frac{p_D}{p^\ominus}\right)_{eq}^d} \tag{3-15}$$

由于 $\mu_B^\ominus$ 对应反应系统中各物质的标准态，故 $K_p^\ominus$ 又称反应的**标准平衡常数(standard equilibrium constant)**，亦称为**热力学平衡常数(thermodynamic equilibrium constant)**。由

于气体的 $\mu_B^\ominus(T)$ 只是温度的函数，故 $K_p^\ominus$ 是一个只与温度有关量纲为 1 的量。为书写方便，式(3-14)和式(3-15)中的“eq”常被省略。将式(3-15)代入式(3-14)可得

$$\Delta_r G_m^\ominus = -RT\ln K_p^\ominus \tag{3-16}$$

将式(3-16)代入(3-13)，有

$$\Delta_r G_m = -RT\ln K_p^\ominus + RT\ln Q_p \tag{3-17}$$

式(3-17)就是化学反应的**等温方程式(reaction isotherm)**。推广到任意化学反应，如高压实际气体、理想稀溶液、真实溶液等，同理可以导出其化学反应的等温方程式，式(3-17)中 $K_p^\ominus$ 和 Q_p 的角标则分别用 f、c、a 表示，反应商 Q 分别为逸度商、浓度商、活度商。为方便起见，式(3-17)可写成通式

$$\Delta_r G_m = -RT\ln K^\ominus + RT\ln Q \tag{3-18}$$

同理，式(3-17)也可写成通式

$$\Delta_r G_m^\ominus = -RT\ln K^\ominus \tag{3-19}$$

3.2.2 化学反应的方向和限度

对于一个有限反应系统来说，在反应进行过程中，反应物和产物的分压或浓度都在不断发生变化，相应的化学势也在不断改变，因而反应商 Q 也在不断改变。利用化学反应等温方程式，可以判断指定反应在任一选定的反应商下反应进行的方向和限度，结论如下：

1) 当 $K^\ominus > Q$ 时，$(\Delta_r G_m)_{T,p} < 0$，正向反应自发进行；

2) 当 $K^\ominus < Q$ 时，$(\Delta_r G_m)_{T,p} > 0$，正向反应不能自发进行；

3) 当 $K^\ominus = Q$ 时，$(\Delta_r G_m)_{T,p} = 0$，反应达到平衡。

因此，只要确定了系统中各物质的浓度，就可以判断指定条件下反应进行的方向和达到的平衡状态。

例 3-1 298.15 K时，反应 $\frac{1}{2}N_2(g) + \frac{3}{2}H_2(g) \rightleftharpoons NH_3(g)$ 的 $\Delta_r G_m^\ominus = -16.5\ \text{kJ}\cdot\text{mol}^{-1}$。

(1) 物质的量之比为 $N_2 : H_2 : NH_3 = 1:3:2$ 的系统，总压力为 101.325 kPa 时，计算反应的 Q 及摩尔吉布斯能变化，并判断反应自发进行的方向。

(2) 求 298.15 K 时，反应的 $K^\ominus$，并用 $K^\ominus$ 与 Q 的比较判断反应的方向。

解：(1) 求反应的 Q

$$Q = \prod_B \left(\frac{x_B p}{p^\ominus}\right)^{\nu_B} = \frac{\left(\frac{2}{1+3+2}\times\frac{100}{100}\right)}{\left(\frac{1}{1+3+2}\times\frac{100}{100}\right)^{\frac{1}{2}}\times\left(\frac{3}{1+3+2}\times\frac{100}{100}\right)^{\frac{3}{2}}}$$

$$= 2.309$$

求反应的 $\Delta_r G_m$

$$\Delta_r G_m = \Delta_r G_m^{\ominus} + RT\ln Q$$
$$= -16.5\times10^3 + 8.314\times298.15\times\ln 2.309$$
$$= -14.4\ \mathrm{kJ\cdot mol^{-1}}$$

因为 $\Delta_r G_m < 0$，所以正向反应自发进行。

(2) 根据式(3-16)，得

$$K^{\ominus} = \exp\left(\frac{-\Delta_r G_m^{\ominus}}{RT}\right) = \exp\left(\frac{16\ 500}{8.314\times298.15}\right) = 777.7$$

因为 $K^{\ominus} > Q$，所以正向反应自发进行。

3.3 平衡常数和平衡转化率

由式(3-19)可知，$K^{\ominus}$ 值的大小与反应系统达平衡时反应物转化为产物的限度有关。由于不同反应系统各反应物和产物的浓度表示方法不同，由此可组合出不同的平衡常数。由式(3-15)的推导可知，导出平衡常数的关键问题是如何表达各组分的化学势，有了 μ_B 的表示式，就能求得相应反应的平衡常数。下面讨论几种常见平衡常数的表示方法。

3.3.1 平衡常数的表示方法

1. 气体反应的平衡常数

1) 理想气体反应的平衡常数　当理想气体反应达到平衡时，各物质的量相对保持恒定不变，其压力商就是平衡常数；式(3-15)就是理想气体反应的平衡常数表达式，即

$$K_p^{\ominus} = \frac{\left(\frac{p_G}{p^{\ominus}}\right)_{eq}^{g}\left(\frac{p_H}{p^{\ominus}}\right)_{eq}^{h}}{\left(\frac{p_A}{p^{\ominus}}\right)_{eq}^{a}\left(\frac{p_D}{p^{\ominus}}\right)_{eq}^{d}}$$

$K_p^{\ominus}$ 是标准平衡常数。由于气体的化学势 $\mu_B^{\ominus}$ (T)只是温度的函数，故气相反应的 $K_p^{\ominus}$ 也只与温度有关，且它是量纲为1的量。$K_p^{\ominus}$ 越大，反应就进行得越完全，反应物转化为产物的比率就越大。应该注意的是平衡常数的值与反应式的写法有关。如合成氨的反应

① $N_2(g) + 3H_2(g) \rightleftharpoons 2NH_3(g)$　　$K^{\ominus}(1) = \dfrac{[p(NH_3)/p^{\ominus}]^2}{[p(N_2)/p^{\ominus}][p(H_2)/p^{\ominus}]^3}$

② $\frac{1}{2}N_2(g) + \frac{3}{2}H_2(g) \rightleftharpoons NH_3(g)$　　$K^{\ominus}(2) = \dfrac{p(NH_3)/p^{\ominus}}{[p(N_2)/p^{\ominus}]^{\frac{1}{2}}[p(H_2)/p^{\ominus}]^{\frac{3}{2}}}$

$K^{\ominus}(1)$与$K^{\ominus}(2)$数值不同，它们之间的关系为$K^{\ominus}(1)=[K^{\ominus}(2)]^2$。可见，对于同一个化学反应，若反应方程式的计量系数不同，则其相应的平衡常数值也不相同。

2) 真实气体反应的平衡常数　若气相反应在高压下进行，则参加反应的气体应作为实际气体处理。式(3-15)中的压力p_B用逸度f_B代替，就可得到真实气体的标准平衡常数，即

$$K_f^{\ominus}=\frac{\left(\frac{f_G}{p^{\ominus}}\right)_{eq}^g\left(\frac{f_H}{p^{\ominus}}\right)_{eq}^h}{\left(\frac{f_A}{p^{\ominus}}\right)_{eq}^a\left(\frac{f_D}{p^{\ominus}}\right)_{eq}^d} \tag{3-20}$$

根据逸度的定义$f_B=\gamma_B p_B$，则式(3-20)可表示为

$$K_f^{\ominus}=\frac{\left(\frac{\gamma_G p_G}{p^{\ominus}}\right)_{eq}^g\left(\frac{\gamma_H p_H}{p^{\ominus}}\right)_{eq}^h}{\left(\frac{\gamma_A p_A}{p^{\ominus}}\right)_{eq}^a\left(\frac{\gamma_D p_D}{p^{\ominus}}\right)_{eq}^d}=K_p^{\ominus}\cdot K_\gamma \tag{3-21}$$

因为气体的逸度因子与温度、压力均有关系，所以$K_p^{\ominus}$也与温度、压力有关。相同条件下，压力越小，$K_f^{\ominus}$与$K_p^{\ominus}$相差越小；压力越大，$K_f^{\ominus}$与$K_p^{\ominus}$相差越大。由前面的讨论可知，当压力趋于零时，逸度因子γ趋于1，此时K_γ趋于1，实际气体的$K_p^{\ominus}$趋于$K_f^{\ominus}$。当压力升高时，实际气体的$K_p^{\ominus}$就偏离$K_f^{\ominus}$。表3-1列出了723.15 K时不同压力下合成氨反应的$K_p^{\ominus}$值随压力的变化，此反应的$K_f^{\ominus}=4.29\times10^{-5}$。

表3-1　723.15 K时反应$N_2(g)+3H_2(g)\longrightarrow 2NH_3(g)$的$K_p^{\ominus}$

p/MPa	1.01	3.04	5.07	10.1	30.4
$K_p^{\ominus}\times10^5$	4.48	4.57	4.76	5.26	7.81

由表3-1可见，当体系为1.01 MPa时$K_p^{\ominus}$与$K_f^{\ominus}$值还比较接近，压力越大，$K_p^{\ominus}$偏离$K_f^{\ominus}$就越远。一般来说，当压力较低时真实气体可以近似看成理想气体，这时γ_B、$K_p^{\ominus}$也只与温度有关。

2. 溶液反应的平衡常数

溶液标准平衡常数值与溶液的浓度表示方法有关，同一种溶质，浓度表示方法不同，其平衡常数值也就不同。

1) 理想液态混合物反应的平衡常数　如果反应系统是理想液态混合物，前面已经证明，在理想液态混合物中任一组分的化学势为

$$\mu_B=\mu_B^{\ominus}+RT\ln x_B$$

反应达平衡时$\Delta_r G=0$，有

$$\Delta_r G=\sum_B v_B\mu_B=0$$

所以

$$\Delta_r G^{\ominus}(x) = \sum_B v_B \mu_B^{\ominus} = -RT\ln K_x \tag{3-22}$$

可得其平衡常数为

$$K_x^{\ominus} = \left(\frac{x_G^g x_H^h}{x_A^a x_D^d}\right)_{eq} \tag{3-23}$$

式(3-23)中 $K_x^{\ominus}$ 为理想液态混合物反应系统的标准平衡常数,下标"x"表示混合物组成用摩尔分数表示。其他分析与前面气体反应相同。

2) 稀溶液反应的平衡常数　　如果反应系统为理想稀溶液,并假设溶剂不参与反应,也忽略压力对凝聚系统的影响,溶质遵循亨利定律,稀溶液中溶质化学势为 $\mu_B = \mu_B^* + RT\ln c_{r,B}$,与气体反应同理可推得

$$K_c^{\ominus} = \frac{(c_{r,G})_{eq}^g (c_{r,H})_{eq}^h}{(c_{r,A})_{eq}^a (c_{r,D})_{eq}^d} \tag{3-24}$$

式(3-24)中 $K_c^{\ominus}$ 为稀溶液反应系统的标准平衡常数,下标"c"表示溶质的浓度用物质的量浓度表示。

若溶质的浓度以质量摩尔浓度表示,同理可得

$$K_m^{\ominus} = \frac{(m_{r,G})_{eq}^g (m_{r,H})_{eq}^h}{(m_{r,A})_{eq}^a (m_{r,D})_{eq}^d} \tag{3-25}$$

式(3-25)中 $K_m^{\ominus}$ 为稀溶液反应系统的标准平衡常数,下标"m"表示溶质的浓度用质量摩尔浓度表示。

3) 非理想溶液反应的平衡常数　　当溶液的浓度较大时,溶液就不可看作理想液态混合物,则用相应的活度 a_B 代替浓度 c_B,可以得到对应的平衡常数表达式。如

$$K_a^{\ominus} = \frac{(c_{r,G}\gamma_G)_{eq}^g (c_{r,H}\gamma_H)_{eq}^h}{(c_{r,A}\gamma_A)_{eq}^a (c_{r,D}\gamma_D)_{eq}^d} = K_c^{\ominus} \cdot K_\gamma \tag{3-26}$$

对于理想液态混合物或极稀溶液 $\gamma_B = 1$, $K_a^{\ominus} = K_c^{\ominus}$。

应当指出,溶液中各物质的标准化学势 $\mu^{\ominus}$ 均是温度和压力的函数,因此,溶液中反应的标准平衡常数 $K^{\ominus}$ 与温度和压力有关;但因液体的化学势受压力的影响很小,通常可忽略不计,因而 $K^{\ominus}$ 实际上可认为只是温度的函数。标准液相反应的平衡常数也无量纲。

注意,对于同一个稀溶液反应,在相同温度下 $K_c^{\ominus} \neq K_m^{\ominus} \neq K_x^{\ominus}$;同理,对于同一个非理想溶液,在相同温度下 $K_{a,c}^{\ominus} \neq K_{a,m}^{\ominus} \neq K_{a,x}^{\ominus}$。在解决不同类型的问题时,选用不同的平衡常数会带来方便。

归纳气相和液相反应的标准平衡常数可以发现,仿照气相反应的讨论所导出的标准平衡常数,可以得到其他相应的平衡常数的表达式,这些标准平衡常数表达式具有相同的

形式，它们都可仅看成是温度的函数。

例 3-2　310.15 K 时，三磷酸腺苷(ATP)在细胞内水解为二磷酸腺苷(ADP)和无机磷酸盐(Pi)

$$\text{ATP}+\text{H}_2\text{O}\rightleftharpoons\text{ADP}+\text{Pi}$$

已知其反应的 $\Delta_r G_m^\ominus = -30.5\ \text{kJ}\cdot\text{mol}^{-1}$。

(1) 求 ADP 和 Pi 的浓度分别为 $3.00\times10^{-3}\ \text{mol}\cdot\text{L}^{-1}$ 和 $1.00\times10^{-3}\ \text{mol}\cdot\text{L}^{-1}$ 时的标准平衡常数及 ATP 的平衡浓度。

(2) 实验测得细胞内 ATP 浓度为 $1.00\times10^{-2}\ \text{mol}\cdot\text{L}^{-1}$，若 ADP 和 Pi 的浓度同(1)，求反应的 $\Delta_r G_m$。

解：(1)

$$\Delta_r G_m^\ominus = -RT\ln K_a^\ominus$$

$$K_a^\ominus = \exp\left(-\frac{\Delta_r G_m^\ominus}{RT}\right) = \exp\left(\frac{30.5\times10^3}{8.314\times310.15}\right) = 1.37\times10^5$$

对稀水溶液中的反应，活度因子可近似为 1，由式(3-24)得

$$K_c^\ominus \approx \left(\frac{c_r(\text{ADP})c_r(\text{Pi})}{c_r(\text{ATP})}\right)_{\text{eq}} = 1.37\times10^5$$

$$\frac{3.00\times10^{-3}\times1.00\times10^{-3}}{c_r(\text{ATP})} = 1.37\times10^5$$

$$c(\text{ATP}) = 2.20\times10^{-11}\ \text{mol}\cdot\text{L}^{-1}$$

(2) 细胞内反应的 $\Delta_r G_m$ 为

$$\begin{aligned}\Delta_r G_m &= \Delta_r G_m^\ominus + RT\ln Q_c\\ &\approx \Delta_r G_m^\ominus + RT\ln\frac{c_r(\text{ADP})\times c_r(\text{Pi})}{c_r(\text{ATP})}\\ &= -30.5+8.314\times10^{-3}\times310.15\ln\frac{3.00\times10^{-3}\times1.00\times10^{-3}}{1.00\times10^{-2}}\\ &= -51.42\ \text{kJ}\cdot\text{mol}^{-1}\end{aligned}$$

$\Delta_r G_m < 0$，说明细胞中的 ATP 能不断水解。

3. 多相反应的平衡常数

若一个反应系统中各物质不是存在于同一相中，则这种反应称为**多相反应**(**heterogeneous reaction**)或复相反应。为简便起见，设凝聚相(指固相或液相)处于纯态，同时忽略压力对凝聚相的影响，则所有纯凝聚相的化学势近似等于其标准态的化学势。又设气相是理想气体混合物或是单种理想气体，则这种反应的标准平衡常数只与气相物质的压力有关。

设某一多相反应

$$aA(l) + dD(g) \rightleftharpoons gG(s) + hH(g)$$

有 $\mu_A = \mu_A^\ominus$，$\mu_G = \mu_G^\ominus$，而

$$\mu_D = \mu_D^\ominus + RT\ln\left(\frac{p_D}{p_D^\ominus}\right)$$

$$\mu_H = \mu_H^\ominus + RT\ln\left(\frac{p_H}{p_H^\ominus}\right)$$

依据平衡条件，有

$$\begin{aligned}\Delta_r G_m &= -a\mu_A^\ominus - d[\mu_A^\ominus + RT\ln(p_D/p_D^\ominus)] + g\mu_G^\ominus + h[\mu_H^\ominus + RT\ln(p_H/p_H^\ominus)] \\ &= (-a\mu_A^\ominus - d\mu_D^\ominus + g\mu_G^\ominus + h\mu_H^\ominus) + RT\ln\frac{(p_H/p_H^\ominus)^h}{(p_D/p_D^\ominus)^d} \\ &= \Delta_r G_m^\ominus + RT\ln Q_p \\ &= RT\ln K^\ominus + RT\frac{(p_H/p_H^\ominus)^h}{(p_D/p_D^\ominus)^d}\end{aligned}$$

$$\Delta_r G_m = RT\ln K^\ominus + RT\frac{(p_H/p_H^\ominus)^h}{(p_D/p_D^\ominus)^d} \tag{3-27}$$

$$K^\ominus = \frac{(p_H/p_H^\ominus)_{eq}^h}{(p_D/p_D^\ominus)_{eq}^d} \tag{3-28}$$

由上述推导可知，在有纯凝聚相参加的理想气体反应中，其平衡常数只与系统中的气态物质有关。

例如固体碳酸钙 $CaCO_3(s)$的反应就属于多相反应

$$CaCO_3(s) \rightleftharpoons CaO(s) + CO_2(g)$$

其平衡常数可表示为

$$K^\ominus = \frac{p(CO_2)}{p^\ominus}$$

该式表明，$CaCO_3(s)$分解反应的标准平衡常数 $K^\ominus$ 等于平衡时 CO_2 的分压与标准压力的比值。即在温度不变的条件下，只要系 $CaCO_3$、CaO 和 CO_2 三者共存，则不论 $CaCO_3$ 和 CaO 的量有多少，平衡时 CO_2 的分压总是定值。平衡时 CO_2 的分压称为 $CaCO_3$ 的“分解压”，也称**解离压力(dissociation pressure)**。一般情况下，分解压是指固体物质在一定温度下分解达到平衡时产物中气体的总压力。若分解产物中不止一种气体，则平衡时各气体产物分压之和才是分解压。如 $NH_4HS(s)$的分解反应

$$NH_4HS(s) \rightleftharpoons NH_3(g) + H_2S(g)$$

假定气体形成理想的气体混合物，其分解压为

$$p = p(NH_3) + p(H_2S)$$

3.3.2 平衡常数的测定

标准平衡常数是化学平衡的一个重要物理量，由标准平衡常数可从理论上获得化学反应的限度，对实际生产有重要指导意义。

依据标准平衡常数的定义，测定已达平衡的反应系统中各组分的平衡浓度或分压，就可以计算标准平衡常数。判断反应系统是否已达到平衡，通常有以下几种方法：

1）在保持反应条件不变的情况下，若系统已达平衡，则系统中各物质的浓度将不随时间改变。

2）在一定温度下，反应无论从正向开始进行还是从逆向开始进行，只要系统达到平衡，所得平衡常数应该相等。

3）在同样的反应条件下，不管参加反应的各物质的初始浓度如何改变，若所得平衡常数相同，表明系统已达到平衡。

测定平衡系统中各物质的浓度或压力，一般可采用物理分析法或化学分析法：

1）物理分析法　直接测定与浓度或压力呈线性关系的物理量，求出系统的平衡组成，再求出平衡常数。经常测定的物理量有折光率、电导率、吸光度、电动势、压力、磁共振谱等。物理分析法的优点在于测定时不干扰系统的平衡状态。

2）化学分析法　采用骤冷、除去催化剂、稀释等方法使反应停止在原来的平衡状态，然后用合适的化学分析方法分析平衡系统的组成。究竟哪种方法更有效、更方便，则要针对不同反应系统而定。利用化学分析法的优点是可直接测定平衡系统中各物质的浓度。

不管是物理方法还是化学方法，首先应判明反应系统是否确实已达到平衡，其次应确保实验测定过程中平衡不会受到破坏。因此，由实验测定标准平衡常数虽然比较直接，但是由于受上述两条的限制，使得此方法有一定的局限性，有些反应甚至无法用此法测定。

例 3-3　在 1 173.15 K，100 kPa 下，使一氧化碳气体与水蒸气以等摩尔比通过催化剂进行下列反应

$$CO(g) + H_2O(g) \rightleftharpoons CO_2(g) + H_2(g)$$

反应达到平衡后，迅速冷却到室温，测得各气体的分压为 $p(CO) = 26\ 539.4$ Pa、$p(H_2) = 25\ 489.4$ Pa、$p(H_2O) = 26\ 539.4$ Pa；同温度下该反应另一平衡混合气体含有 22.72 mol 的 CO、22.72 mol 的 H_2O 及 48.50 mol 的 CO_2，求 H_2 的量。

解： $p_{CO_2} = 100\ 000 - 26\ 539.4 - 25\ 489.4 - 26\ 539.4 = 21\ 431.8$ Pa

$$K^{\ominus} = \frac{[p(CO_2)/p^{\ominus}][p(H_2)/p^{\ominus}]}{[p(CO)/p^{\ominus}][p(H_2O)/p^{\ominus}]} = \frac{21\ 431.8 \times 25\ 489.4}{26\ 539.4^2} = 0.776$$

设在第二个平衡中有 n mol 的 H_2 气，各气体的平衡分压 $p_B = n_B \dfrac{RT}{V}$，n_B 为各气体的物质的量，V 是混合气体的总体积。

$$K^{\ominus}=\frac{[p(CO_2)/p^{\ominus}][p(H_2)/p^{\ominus}]}{[p(CO)/p^{\ominus}][p(H_2O)/p^{\ominus}]}=\frac{\left(48.50\frac{RT}{V}\right)\times\left(n\frac{RT}{V}\right)}{\left(22.72\frac{RT}{V}\right)^2}=0.776$$

$$n=8.25\ \mathrm{mol}$$

即混合气体中含 8.25 mol 的 H_2。

3.3.3 平衡转化率的计算

平衡常数是表明一定条件下化学反应限度的特征物理量，依据平衡常数，可计算反应平衡时各物质的浓度，进而可以求出在该条件下的**平衡转化率**(**equilibrium conversion**)或产率。计算公式为

$$平衡转化率=\frac{平衡时某反应物消耗掉的量}{反应物的原始量}\times 100\% \tag{3-29}$$

$$平衡产率=\frac{平衡时转化为指定产物的某反应物的量}{某反应物的原始量}\times 100\% \tag{3-30}$$

平衡转化率也称理论转化率或最高转化率，是以原料的消耗来衡量反应的限度。产率为工业上常用的概念，由于有副反应发生，反应物的一部分生成主产物，另一部分变为副产物，因此工业上用产物数量来衡量反应的限度。

例3-4 在 400.15 K、100 kPa，由 1 mol 乙烯与 1 mol 水蒸气反应生成乙醇气体，反应如下

$$C_2H_4(g)+H_2O(g)\rightleftharpoons C_2H_5OH(g)$$

测得标准平衡常数为 0.099，试求在此条件下乙烯的转化率，并计算平衡系统中各物质的摩尔分数。设所有气体为理想气体，形成理想气体混合物。

解：设 $C_2H_4(g)$的转化率为 α

	$C_2H_4(g)$	$+\ H_2O(g)$	$\rightleftharpoons C_2H_5OH(g)$
开始	1	1	0
平衡	$1-\alpha$	$1-\alpha$	α

平衡后混合物总量 $=(1-\alpha)+(1-\alpha)+\alpha=2-\alpha$。根据理想气体混合物的标准平衡常数的表达式，有

$$K_p^{\ominus}=\frac{\left(\frac{\alpha}{2-\alpha}\right)\left(\frac{p}{p^{\ominus}}\right)}{\left(\frac{1-\alpha}{2-\alpha}\right)^2\left(\frac{p}{p^{\ominus}}\right)^2}=0.099$$

解得 $\alpha=0.293$，即乙烯的转化率为 29.3%；平衡系统中各物质的摩尔分数为

$$x(C_2H_4, g) = \frac{1-\alpha}{2-\alpha} = \frac{0.707}{1.707} = 0.414$$

$$x(H_2O, g) = \frac{0.707}{1.707} = 0.414$$

$$x(C_2H_5OH, g) = \frac{\alpha}{2-\alpha} = \frac{0.293}{1.707} = -0.172$$

3.4 平衡常数的热力学计算

平衡常数是解决有关化学平衡问题时最重要的数据。有些反应的标准平衡常数不仅可以通过实验测定平衡组成求得,也可以通过热力学方法求得,并且这也是求标准平衡常数的一种重要方法。

3.4.1 由标准生成吉布斯能变化计算平衡常数

根据式(3-19)

$$\Delta_r G_m^\ominus = -RT\ln K^\ominus$$

只要在热力学数据表中查到参与反应的各物质的标准摩尔生成吉布斯能变化 $\Delta_f G_m^\ominus$,求出反应的标准吉布斯能变化 $\Delta_r G_m^\ominus$,就可以计算反应的标准平衡常数 $K^\ominus$ 值。

例 3-5 已知柠檬酸盐、顺乌头酸盐和水在 298.15 K 时的标准摩尔生成吉布斯能变化 $\Delta_f G_m^\ominus$ 分别为 $-1\,168.2\ \mathrm{kJ\cdot mol^{-1}}$、$-922.6\ \mathrm{kJ\cdot mol^{-1}}$ 和 $-237.2\ \mathrm{kJ\cdot mol^{-1}}$。试求298.15 K 时下述反应的平衡常数 $K^\ominus$。

$$\text{柠檬酸盐} \rightleftharpoons \text{顺乌头酸盐} + H_2O$$

解: 根参加反应各物质的标准摩尔生成吉布斯能,反应的标准吉布斯能变化为

$$\begin{aligned}\Delta_r G_m^\ominus &= \Delta_f G_m^\ominus(\text{顺乌头酸盐}) + \Delta_f G_m^\ominus(\text{水}) - \Delta_f G_m^\ominus(\text{柠檬酸盐})\\ &= -922.6 + (-237.2) - (-1\,168.2)\\ &= 8.4\ \mathrm{kJ\cdot mol^{-1}}\end{aligned}$$

由 $\Delta_r G_m^\ominus = -RT\ln K^\ominus$,得

$$K^\ominus = 3.4\times 10^{-2}$$

3.4.2 由热力学函数 $\Delta_r H_m^\ominus$、$\Delta_r S_m^\ominus$ 计算平衡常数

根据公式 $\Delta_r G_m^\ominus = \Delta_r H_m^\ominus - T\Delta_r S_m^\ominus$ 和 $\Delta_r G_m^\ominus = -RT\ln K_p^\ominus$,利用反应中各物质标准摩尔生成焓 $\Delta_f H_m^\ominus$ 或标准摩尔燃烧焓 $\Delta_c H_m^\ominus$,计算出反应的焓变 $\Delta_r H_m^\ominus$,再由标准摩尔

熵 $S_m^\ominus$ 计算出反应的熵变 $\Delta_r S_m^\ominus$，就可计算出化学反应的标准平衡常数 $K_p^\ominus$。

例 3-6 计算反应：$C_6H_{12}O_6$(葡萄糖,s) $\rightleftharpoons$ $2C_2H_5OH$(乙醇,l) + $2CO_2$(g) 在 298.15 K 时的标准平衡常数。

解：查表得相关热力学数据

	$C_6H_{12}O_6$(s)	C_2H_5OH(l)	CO_2(g)
$\Delta_f H_m^\ominus/(kJ \cdot mol^{-1})$	−1 274.45	−277.63	−393.51
$S_m^\ominus/(J \cdot K^{-1} \cdot mol^{-1})$	212.13	160.7	213.8

$$\begin{aligned}\Delta_r H_m^\ominus &= 2\Delta_f H_m^\ominus(C_2H_5OH) + 2\Delta_f H_m^\ominus(CO_2) - \Delta_f H_m^\ominus(C_6H_{12}O_6)\\ &= 2\times(-277.63) + 2\times(-393.51) - (-1\ 274.45)\\ &= -67.83\ kJ \cdot mol^{-1}\end{aligned}$$

$$\begin{aligned}\Delta_r S_m^\ominus &= 2S_m^\ominus(C_2H_5OH) + 2S_m^\ominus(CO_2) - S_m^\ominus(C_6H_{12}O_6)\\ &= 2\times 160.7 + 2\times 213.8 - 212.13\\ &= 536.87\ J \cdot K^{-1} \cdot mol^{-1}\end{aligned}$$

因为 $\Delta_r G_m^\ominus = \Delta_r H_m^\ominus - T\Delta_r S_m^\ominus$，所以

$$\Delta_r G_m^\ominus = -67.83 - 298.15 \times 536.87 \times 10^{-3} = -227.90\ kJ \cdot mol^{-1}$$

又因 $\Delta_r G_m^\ominus = -RT\ln K^\ominus$，故

$$\ln K^\ominus = \frac{\Delta_r G_m^\ominus}{-RT} = \frac{-227.90\times 10^3}{-8.314\times 298.15} = 91.94$$

则标准平衡常数为

$$K^\ominus = 8.49 \times 10^{39}$$

3.4.3 由已知反应的 $\Delta_r G_m^\ominus$ 计算未知反应的平衡常数

由一些已知反应的 $\Delta_r G_m^\ominus$，求出另一些反应的 $\Delta_r G_m^\ominus$，再计算其平衡常数。

例 3-7 已知 pH=7 时，下列反应的吉布斯能变化为

(1) $L-C_3H_7O_2N + H_2O \rightleftharpoons C_3H_3O_3^- + NH_4^+ + H_2$　$\Delta_r G_m^\ominus(1) = 54.4\ kJ \cdot mol^{-1}$

(2) $H_2O_2 \rightleftharpoons O_2 + H_2$　$\Delta_r G_m^\ominus(2) = 136.8\ kJ \cdot mol^{-1}$

310.15 K，在氨基酸氧化酶作用下，L-丙氨酸($L-C_3H_7O_2N$)按以下方式转化为丙酮酸根($C_3H_3O_3^-$)

(3) $L-C_3H_7O_2N + O_2 + H_2O \rightleftharpoons C_3H_3O_3^- + NH_4^+ + H_2O_2$

求反应(3)的标准平衡常数。

解：由题意可知，反应(3)=反应(1)-反应(2)，故有

$$\begin{aligned}\Delta_r G_m^\ominus(3) &= \Delta_r G_m^\ominus(1) - \Delta_r G_m^\ominus(2) \\ &= 54.4 - 136.8 = -82.4\ \mathrm{kJ\cdot mol^{-1}}\end{aligned}$$

根据 $\Delta_r G_m^\ominus = -RT\ln K^\ominus$，得

$$\ln K^\ominus = \frac{\Delta_r G_m^\ominus}{-RT} = \frac{82.4\times 10^3}{8.314\times 310.15} = 31.96$$

$$K^\ominus = 7.59\times 10^{13}$$

3.5 温度对化学平衡的影响

影响化学平衡的因素较多，如改变温度、浓度、总压和添加惰性气体等。浓度、总压和惰性气体等因素对化学平衡的影响都只是改变平衡的组成，而不能改变平衡常数的值，但温度对化学平衡的影响不同，因平衡常数是温度的函数，温度变化，平衡常数就随之发生变化。

通常情况下，可依据化学热力学数据计算 298.15 K 的平衡常数。而实际的化学反应是在各种不同温度下进行的，若需知道其他温度下的平衡常数，就必须研究温度对平衡常数的影响。

根据吉布斯-亥姆霍兹公式，若参加反应的物质均处于标准状态，有

$$\left(\frac{\partial \dfrac{\Delta_r G_m^\ominus}{T}}{\partial T}\right)_p = -\frac{\Delta_r H_m^\ominus}{T^2} \tag{3-31}$$

将 $\Delta_r G_m^\ominus = -RT\ln K^\ominus$ 代入式(3-31)，得

$$\left(\frac{\partial \ln K^\ominus}{\partial T}\right)_p = \frac{\Delta_r H_m^\ominus}{RT^2} \tag{3-32}$$

式(3-32)称为范特霍夫(van't Hoff)方程式或化学反应等压方程式，它表明了温度对平衡常数的影响。由式(3-32)可见：

1) 对吸热反应，$\Delta_r H_m^\ominus > 0$，$\dfrac{\mathrm{d}\ln K^\ominus}{\mathrm{d}T} > 0$，$K^\ominus$ 随温度升高而增大，增加温度对正向反应有利；

2) 对放热反应，$\Delta_r H_m^\ominus < 0$，$\dfrac{\mathrm{d}\ln K^\ominus}{\mathrm{d}T} < 0$，$K^\ominus$ 随温度升高而减小，升高温度对正向反应不利。

根据温度变化范围大小，将式(3-32) 按 $\Delta_r H_m^\ominus$ 是否与温度有关两种情况研究平衡常数与温度的关系。

若温度变化范围不大或 $\Delta_r H_m^\ominus$ 与温度无关，$\Delta_r H_m^\ominus$ 可视为常数，对(3-32)进行定积分，得

$$\int_{\ln K_1^\ominus}^{\ln K_2^\ominus} \mathrm{d}\ln K^\ominus = \int_{T_1}^{T_2} \frac{\Delta_r H_m^\ominus}{RT^2}\mathrm{d}T$$

$$\ln \frac{K_2^\ominus}{K_1^\ominus} = \frac{\Delta_r H_m^\ominus}{R}\left(\frac{1}{T_1} - \frac{1}{T_2}\right) \tag{3-33}$$

式(3-33)称为范特霍夫定积分方程式。若已知 $\Delta_r H_m^\ominus$ 和一个温度下的平衡常数，就可以利用式(3-33)计算另一温度下的标准平衡常数。对(3-32)进行不定积分，有

$$\ln K^\ominus = -\frac{\Delta_r H_m^\ominus}{RT} + C \tag{3-34}$$

式(3-34)中 C 为积分常数。由式(3-34)可见，$\ln K^\ominus$ 对 $1/T$ 作图应得一直线，其斜率为 $-\frac{\Delta_r H_m^\ominus}{R}$，截距为 C，利用该直线的斜率可求得标准反应热效应。

若温度变化范围较大或 $\Delta_r H_m^\ominus$ 与温度有关，就必须考虑温度对反应热的影响，这时应先确定 $\Delta_r H_m^\ominus$ 与 T 的函数关系，再进行积分。根据基尔霍夫公式，有

$$\Delta_r H_m^\ominus = \Delta H_0 + \Delta aT + \frac{1}{2}\Delta bT^2 + \frac{1}{2}\Delta cT^3 + \cdots \tag{3-35}$$

将式(3-35)代入式(3-32)，得

$$\frac{\mathrm{d}\ln K^\ominus}{\mathrm{d}T} = \frac{\Delta H_0}{RT^2} + \frac{\Delta a}{RT} + \frac{\Delta b}{2R} + \frac{\Delta c}{3R}T + \cdots \tag{3-36}$$

将式(3-36)积分，得

$$\ln K^\ominus = -\frac{\Delta H_0}{RT^2} + \frac{\Delta a}{R}\ln T + \frac{\Delta b}{2R}T + \frac{\Delta c}{6R}T^2 + \cdots + I \tag{3-37}$$

式(3-37)中 I 为积分常数。将 $\Delta_r G_m^\ominus = -RT\ln K^\ominus$ 代入上式，得

$$\Delta_r G_m^\ominus = \Delta H_0 - \Delta aT\ln T - \frac{\Delta b}{2}T^2 - \frac{\Delta c}{6}T^3 - \cdots - IRT \tag{3-38}$$

在 298.15 K 时，反应的 $\Delta_r G_m^\ominus$ 可由标准摩尔生成吉布斯能求到，代入式(3-38)就能求出积分常数 I。若已知 I 和 $\Delta H^\ominus$，则根据式(3-37)和式(3-38)可以求得在一定温度范围内任何温度时的 $K^\ominus$ 和 $\Delta_r G_m^\ominus$。

例 3-8 在高温下，制备水煤气的反应为 $C(s) + H_2O(g) \rightleftharpoons H_2(g) + CO(g)$，已知反应在 1 000.15 K 和 1 200.15 K 时的标准平衡常数分别为 2.472 和 37.58。试求：

(1) 该反应在这温度区间内的 $\Delta_r H_m^\ominus$（设 $\Delta_r H_m^\ominus$ 在该温度区间内为常数）。

(2) 在 1 100.15 K 时的标准平衡常数。

解：(1) 设 $T_1 = 1\ 000.15$ K，$T_2 = 1\ 200.15$ K，代入范特霍夫积分式，得

$$\ln\frac{K_2^{\ominus}}{K_1^{\ominus}}=\frac{\Delta_r H_m^{\ominus}}{R}\left(\frac{1}{T_1}-\frac{1}{T_2}\right)$$

$$\ln\frac{37.58}{2.472}=\frac{\Delta_r H_m^{\ominus}}{8.314}\left(\frac{1}{1\,000.15}-\frac{1}{1\,200.15}\right)$$

$$\Delta_r H_m^{\ominus}=135.8\ \text{kJ}\cdot\text{mol}^{-1}$$

(2) 设 $T_1=1\,000.15\ \text{K}$，$T_2=1\,100.15\ \text{K}$，则

$$\ln\frac{K_2^{\ominus}}{2.472}=\frac{135.8\times10^3}{8.314}\left(\frac{1}{1\,000.15}-\frac{1}{1\,100.15}\right)$$

$$K^{\ominus}(1\,100.15\ \text{K})=10.90$$

3.6 其他因素对化学平衡的影响

除了温度对化学平衡的影响之外，浓度、压力和惰性气体等因素也会对化学平衡产生影响。根据化学反应等温方程式 $\Delta_r G_m=-RT\ln K^{\ominus}+RT\ln Q$，改变系统的浓度、压力和惰性组分含量等都会引起反应商 Q 的变化，而在等温条件下 $K^{\ominus}$ 保持不变，于是 $\Delta_r G_m\neq 0$，系统内将发生宏观的反应过程，使平衡发生移动。下面分别讨论压力、惰性气体和物料比对化学平衡的影响。

3.6.1 压力对化学平衡的影响

所谓压力对化学平衡的影响是指系统的总压对平衡的影响。

1. 压力对理想气体反应化学平衡的影响

对于理想气体反应

$$a\text{A}+d\text{D}\rightleftharpoons g\text{G}+h\text{H}$$

有

$$K_p^{\ominus}=\frac{\left(\frac{p_G}{p^{\ominus}}\right)_{eq}^{g}\left(\frac{p_H}{p^{\ominus}}\right)_{eq}^{h}}{\left(\frac{p_A}{p^{\ominus}}\right)_{eq}^{a}\left(\frac{p_D}{p^{\ominus}}\right)_{eq}^{d}}=\prod_B\left(\frac{p_B}{p^{\ominus}}\right)^{\Delta\nu} \tag{3-39}$$

根据道尔顿分压定律 $p_B=p\cdot x_B$，式中 p 为气相总压。将道尔顿分压定律代入式(3-39)，有

$$K_p^{\ominus}=\prod_B\left(\frac{p_B}{p^{\ominus}}\right)^{\Delta\nu}=\prod_B\left(\frac{p\cdot x_B}{p^{\ominus}}\right)^{\Delta\nu}=\prod_B x_B^{\nu_B}\left(\frac{p}{p^{\ominus}}\right)^{\Delta\nu}=K_x\left(\frac{p}{p^{\ominus}}\right)^{\Delta\nu}$$

即

$$K_p^{\ominus} = K_x \left(\frac{p}{p^{\ominus}}\right)^{\Delta v} \tag{3-40}$$

式(3-40)中，K_x为用摩尔分数表示的平衡常数，它与温度、压力均有关；$\Delta\nu = (g+h) - (a+d)$。温度一定时 $K^{\ominus}$ 为一常数，压力 p 变化可能导致K_x的变化。

当 $\Delta\nu > 0$ 时，若 p 增大，则 K_x减小，增加压力对气体分子数增加的反应不利；

当 $\Delta\nu < 0$ 时，若 p 增大，则 K_x增大，增加压力对气体分子数减小的反应有利；

当 $\Delta\nu = 0$ 时，若 p 增大，则 K_x不变，即对平衡无影响。

例 3-10 已知 333.15 K 时，反应 $N_2O_4(g) \rightleftharpoons 2\,NO_2(g)$ 的 $K^{\ominus} = 1.33$。若温度保持不变，计算：(1) 标准压力下有多少N_2O_4解离？(2) 压力增至 10^6 Pa 时有多少N_2O_4解离？

解：(1) 设 N_2O_4的转化率为 α

$$N_2O_4(g) \rightleftharpoons 2\,NO_2(g)$$

	$N_2O_4(g)$	$2\,NO_2(g)$	
开始	1	0	
平衡	$1-\alpha$	2α	$n_{总} = 1+\alpha$

$$K_p^{\ominus} = \frac{\left(\dfrac{p(NO_2)}{p^{\ominus}}\right)^2}{\left(\dfrac{p(N_2O_4)}{p^{\ominus}}\right)} = \frac{\left(\dfrac{2\alpha}{1+\alpha}\right)^2\left(\dfrac{p}{p^{\ominus}}\right)^2}{\left(\dfrac{1-\alpha}{1+\alpha}\right)\left(\dfrac{p}{p^{\ominus}}\right)} = \frac{4\alpha^2 p}{(1-\alpha^2)p^{\ominus}}$$

$$K_p^{\ominus} = \frac{4\alpha^2 p}{(1-\alpha^2)p^{\ominus}} = 1.33$$

$$\alpha = 0.50$$

(2) 当 $p = 10^6$ Pa 时，此时 N_2O_4解离度为

$$K_p^{\ominus} = \frac{4\alpha^2}{(1-\alpha^2)} \times \frac{10^6}{10^5} = 1.33$$

$$\alpha = 0.18$$

可见，该反应的 $\Delta\nu > 0$，p 增大，对正反应不利，N_2O_4解离度减小。

2. 压力对液相(或固相)反应化学平衡的影响

对凝聚相反应，压力对平衡影响不大，只有当压力改变很大时，压力对平衡常数的影响才明显起来。因 $\Delta_r G_m^{\ominus} = -RT\ln K^{\ominus}$，压力对平衡常数的影响可从压力对 $\Delta_r G_m^{\ominus}$ 的影响加以讨论，即

$$\left(\frac{\partial \Delta_r G_m^{\ominus}}{\partial p}\right)_T = \Delta_r V_m^{\ominus} \tag{3-41}$$

式中，$\Delta_r V_m^{\ominus}$ 为标准状态下反应前后体积的改变。

若 $\Delta_r V_m^{\ominus} > 0$，则 $\left(\frac{\partial \Delta_r G_m^{\ominus}}{\partial p}\right)_T > 0$，即压力增加，$\Delta_r G_m^{\ominus}$ 也增加，不利于正向反应的进行；

若 $\Delta_r V_m^{\ominus} < 0$，则 $\left(\frac{\partial \Delta_r G_m^{\ominus}}{\partial p}\right)_T < 0$，即压力增加，$\Delta_r G_m^{\ominus}$ 减小，有利于正反应的进行；

若 $\Delta_r V_m^{\ominus} = 0$，则 $\left(\frac{\partial \Delta_r G_m^{\ominus}}{\partial p}\right)_T = 0$，即增大压力对平衡没有影响。

例 3-11 已知石墨和金刚石在 298.15 K、100 kPa 时的 $\Delta_f G_m^{\ominus}$ 分别为 0 和 2.87 kJ · mol^{-1}，密度分别为 2.26 kg · L^{-1}和 3.513 kg · L^{-1}。试问：

(1) 在 298.15 K、100 kPa 下，石墨与金刚石何者较为稳定？

(2) 在 298.15 K 时需多大压力才能使石墨转变成金刚石？

解：(1)

$$C(\text{石墨}) \longrightarrow C(\text{金刚石})$$

$$\Delta_r G_m^{\ominus} = 2.90 - 0 = 2.90 \text{ kJ} \cdot \text{mol}^{-1}$$

$\Delta_r G_m^{\ominus} > 0$，这说明在室温下石墨较为稳定。

(2) 根据公式 $\left(\frac{\partial \Delta_r G_m^{\ominus}}{\partial p}\right)_T = \Delta_r V_m$

有

$$\Delta_r G_m(p) - \Delta_r G_m^{\ominus} = (p - p^{\ominus})\Delta_r V_m$$

当 $\Delta_r G_m(p) = 0$ 时，反应才有可能发生。此时

$$p = -\frac{\Delta_r G_m^{\ominus}}{\Delta_r V_m} + 100\ 000 = -\frac{2\ 900}{\left(\frac{12}{3.515} - \frac{12}{2.260}\right) \times 10^{-6}} + 100\ 000 = 1.529\ 8 \times 10^9 \text{ Pa}$$

即欲使 $\Delta_r G_m^{\ominus}(p) < 0$，则 $p > 1.53 \times 10^6$ kPa，在这种高压下，石墨可能变为金刚石，这已成为制备人造金刚石的方法。

3.6.2 惰性气体对化学平衡的影响

惰性气体指存在于反应系统中但不参与反应的气体。例如通空气氧化 SO_2，空气中的 N_2 就是惰性气体。对于理想气体的反应，惰性气体的存在不影响平衡常数，但却常影响平衡组成，从而使化学反应平衡发生移动。当总压一定时，惰性气体实际上起了稀释作用，它和减少反应系统总压的效果相同。

对于理想气体反应：$a\text{A} + d\text{D} \rightleftharpoons g\text{G} + h\text{H}$

已知 $K_p^{\ominus} = K_x \left(\frac{p}{p^{\ominus}}\right)^{\Delta v}$，将 $p_B = px_B = p\frac{n_B}{\sum_B n_B}$ 代入 $K^{\ominus}$ 表达式，得

$$K_p^{\ominus} = \frac{n_G^g n_H^h}{n_A^a n_D^d}\left(\frac{p}{p^{\ominus}\sum_B n_B}\right)^{\Delta v}$$

式中，n_A、n_D、n_G、n_H表示平衡后各物质的量；$\sum_B n_B$ 代表物质的总量。

如果 $\Delta\nu>0$，即为气体分子数增加的反应，若保持总压不变，加入惰性气体，$\sum_B n_B$ 增大，$\left(\dfrac{p}{p^\ominus \sum_B n_B}\right)^{\Delta\nu}$ 项减小，温度不变，$K^\ominus$ 为一常数，则 $\left(\dfrac{n_G^g n_H^h}{n_A^a n_D^d}\right)$ 项增大，平衡向右移动；

如果 $\Delta\nu<0$，即为气体分子数降低的反应，若保持总压不变，加入惰性气体，$\sum_B n_B$ 增大，$\left(\dfrac{p}{p^\ominus \sum_B n_B}\right)^{\Delta\nu}$ 项增大，$K^\ominus$ 为一常数，则 $\left(\dfrac{n_G^g n_H^h}{n_A^a n_D^d}\right)$ 项减小，平衡向左移动；

如果 $\Delta\nu=0$，加入惰性气体不影响平衡组成。

例 3-12 在 873.15 K、10^{10} Pa 压力下，乙苯脱氢制备苯乙烯反应的标准平衡常数为 0.178。若原料气中，乙苯与水蒸气的比例为 1∶9，求在该温度下乙苯的最大转化率。若不通入水蒸气，则乙苯的转化率为多少？

解： 设乙苯的转化率为 α

	$C_5H_6—C_2H_5(g) \rightleftharpoons$	$C_5H_6—CH═CH_2(g)$	$+H_2(g)$	$H_2O(g)$
反应前：	1	0	0	9
平衡后：	$1-\alpha$	α	α	9

平衡后物质总量 $n_{总}=10+\alpha$

$$K_p^\ominus=\frac{\left(\dfrac{\alpha}{10+\alpha}\right)^2\left(\dfrac{p}{p^\ominus}\right)^2}{\left(\dfrac{1-\alpha}{10+\alpha}\right)\left(\dfrac{p}{p^\ominus}\right)}=\frac{x^2}{(10+\alpha)(1-\alpha)}\left(\frac{p}{p^\ominus}\right)=0.178$$

$$\alpha=0.728$$

乙苯的最大转化率为 72.8%。

如果不通入水蒸气，平衡后 $n_{总}=1+\alpha$，则

$$K_p^\ominus=\frac{\left(\dfrac{\alpha}{1+\alpha}\right)^2\left(\dfrac{p}{p^\ominus}\right)^2}{\left(\dfrac{1-\alpha}{1+\alpha}\right)\left(\dfrac{p}{p^\ominus}\right)}=\frac{x^2}{(1+\alpha)(1-\alpha)}\left(\frac{p}{p^\ominus}\right)=0.178$$

$$\alpha=0.389$$

乙苯的最大转化率为 38.9%。显然，水蒸气的加入使乙苯的转化率从 38.9%增加到 72.8%，对生成产物是有利的。

3.6.3 物料比对化学平衡的影响

物料比对化学平衡的影响，也就是浓度对化学平衡的影响。根据化学反应的等温方

程式

$$\Delta_r G_m = -RT\ln K^\ominus + RT\ln Q$$

若改变参与反应物质的浓度，在气相反应中与改变反应物质的分压有同样作用，它不改变标准平衡常数，但改变了反应商 Q，从而使平衡发生移动。

如果增加反应物的浓度或减少生成物的浓度，将使 $Q < K^\ominus$，则 $\Delta_r G_m < 0$，即原有平衡将被破坏，反应将自发正向进行，直到 $Q = K^\ominus$，反应建立新的平衡为止。反之，如果增加生成物的浓度或减小反应物的浓度，将导致 $Q > K^\ominus$，$\Delta_r G_m > 0$，反应将逆向自发进行，直至建立新的平衡为止。实际生产过程中，为提高某种较贵原料的转化率，通常采用加入过量的廉价易得的其他原料或不断把产物从系统中分离出去的方法，以推动反应正向进行。

案例 3-2

在等温等压下和 $W' = 0$ 的条件下，化学反应的 $\Delta_r G_m < 0$，反应才能自发进行，$\Delta_r G_m > 0$ 的反应在一般情况下不会发生。然而，许多吉布斯能增加的反应或是人们向往的或是生命过程中所必需的。例如人体内葡萄糖无氧分解代谢过程中，葡萄糖转化为 6-磷酸葡萄糖的反应

$$\text{葡萄糖} + \text{磷酸盐} \rightleftharpoons \text{6-磷酸葡萄糖} + \text{水}$$

已知在生理条件下反应的 $\Delta_r G_m^\oplus = 13.4\ \text{kJ}\cdot\text{mol}^{-1}$（$\Delta_r G_m^\oplus$ 为在生物化学过程中涉及氢离子反应的标准吉布斯能变化），显然这个葡萄糖的磷酸化反应的 $\Delta_r G_m^\oplus > 0$，一般情况下该反应不能自发进行，但实际上这个反应在体内不断地进行着。此外生命过程中尿素、氨基酸的合成等，其吉布斯能也是增加的，而这些反应也在体内不断地自发进行。

问题：

为什么一些 $\Delta_r G_m > 0$ 的反应可以自发进行？这与热力学的基本原理相矛盾吗？

3.7 反应的耦合

前面讨论的反应系统中都只有一个化学反应，在实际工业生产和生命体中，往往是几个反应同时发生，这些发生于同一系统中的反应相互之间必然要有影响。

3.7.1 反应耦合原理

设系统中发生两个化学反应，若一个反应中的产物在另一个反应中是反应物之一，则称这两个反应是**耦合反应(coupling reaction)**。这种在前一反应中为产物、后一反应中为

反应物的物质称为**耦合物质(coupling substance)**。耦合反应可以影响反应平衡位置，甚至使不能进行的反应经过耦合后得以进行。如

$$反应(1)\qquad A + B \rightleftharpoons C + D$$
$$反应(2)\qquad C + E \rightleftharpoons F + H$$

如果反应(1)的 $\Delta_r G_m^\ominus$，则平衡常数 $K^\ominus \ll 1$，若D为目标产物，仅由反应(1)所得D的量必然很小。若反应(2)的 $\Delta_r G_m^\ominus \ll 0$，经过耦合后不但可以抵消 $\Delta_r G_m^\ominus$ 的正值，而且可使整个反应(3)[反应(1)+反应(2)]的 $\Delta_r G_m^\ominus \ll 0$，使得整个反应得以进行。

$$反应(3)\qquad A + B + E \rightleftharpoons D + F + H$$

$$\Delta_r G_{m,3}^\ominus = \Delta_r G_{m,1}^\ominus + \Delta_r G_{m,2}^\ominus < 0$$

可以认为是由于反应(2) $\Delta_r G_m^\ominus$ 的负值很大，将反应(1)带动起来了。

例如，298.15 K时，希望从 TiO_2 制备 $TiCl_4$。已知下列反应：

(1) $TiO_2(s) + 2Cl_2(g) \rightleftharpoons TiCl_4(l) + O_2(g)$ $\qquad \Delta_r G_{m,1}^\ominus = 161.94\ kJ \cdot mol^{-1}$

由于 $\Delta_r G_m^\ominus \gg 0$，该反应不能自发进行。为此寻找驱动反应(1)的反应：

(2) $C(s) + O_2(g) \rightleftharpoons CO_2(g)$ $\qquad \Delta_r G_{m,2}^\ominus = -394.38\ kJ \cdot mol^{-1}$

反应(2)自发进行的倾向很大。将(1)、(2)反应耦合，得

(3) $C(s) + TiO_2(s) + 2Cl_2(g) \rightleftharpoons TiCl_4(l) + CO_2(g)$

$\Delta_r G_{m,3}^\ominus = -232.44\ kJ \cdot mol^{-1}$

可见，反应(3)是反应(1)和反应(2)耦合的结果，得到了希望的产物 $TiCl_4$。

这种方法在设计新的合成路线时常常用到。但实现化学反应的耦合是有条件的，不能任意找一个 $\Delta_r G_m^\ominus$ 很负的反应与一个 $\Delta_r G_m^\ominus$ 很正的反应相加便算作耦合。当两个反应能耦合时，实际上已经形成了一个新的反应系统。至于这个新的反应系统能否最终生成目标产物，还必须结合动力学的研究，热力学只是从理论上给出了目标产物的生成可能性。

3.7.2 生化反应的耦合

耦合反应对生物体内的反应很重要。因为生物体是一个等温等压的系统，有许多单个的生化反应在此条件下不可能发生，但生物体自身选择了耦合反应这一方式使原来不能实现的单个生化反应得以不断进行。三磷酸腺苷(ATP)是生物体的能量信使，ATP的水解反应是自发进行的，它释放出的吉布斯能可以驱动原本不能自发发生的反应。ATP的水解反应为：

$$ATP(aq) + H_2O(aq) \rightleftharpoons ADP(aq) + P_i(aq) \qquad \Delta_r G_m^\oplus = -30.5\ kJ \cdot mol^{-1}$$

该反应中ADP代表二磷酸腺苷；P_i代表无机磷酸盐。在pH为7.0，310.15 K的生理条件下，ATP水解反应的 $\Delta_r G_m^\oplus < 0$，其水解反应自发进行。$\Delta_r G_m^\oplus$ 为在生物化学过程中涉及氢离子反应的标准吉布斯能变化，以与 $\Delta_r G_m^\ominus$ 区别。根据生理上的pH≈7，生物化学家将氢离子的标准态规定为 $c_{H^+} = 10^{-7}\ mol \cdot L^{-1}$。

例如，生物体内葡萄糖代谢过程中，第一步是从葡萄糖转化成 6-磷酸葡萄糖

(1) 葡萄糖 + 磷酸盐 $\rightleftharpoons$ 6-磷酸葡萄糖 + 水　　$\Delta_r G_{m,1}^{\ominus} = 13.4\ \text{kJ} \cdot \text{mol}^{-1}$

生理条件下反应(1)的 $\Delta_r G_{m,1}^{\ominus} > 0$，在一般情况下不会发生。然而这个反应被 ATP 的水解反应驱动后，反应就可以进行。

(2) $ATP(aq) + H_2O(aq) \rightleftharpoons ADP(aq) + P_i(aq)$　　$\Delta_r G_{m,2}^{\ominus} = -30.5\ \text{kJ} \cdot \text{mol}^{-1}$

在生理条件下，该反应能自发进行。将反应(1)和(2)构成耦合反应，即

(3) 葡萄糖 + ATP $\rightleftharpoons$ 6-磷酸葡萄糖 + ADP　　$\Delta_r G_{m,3}^{\ominus} = -17.2\ \text{kJ} \cdot \text{mol}^{-1}$

反应(3)的 $\Delta_r G_{m,3}^{\ominus} < 0$，反应能自发进行。

又如生物体内许多由单一酶催化的反应，可以看作为吸能反应和具有更大效应的放能反应耦合的结果。例如，活细胞内谷酰胺生物合成反应为

谷氨酸盐 + NH_4^+ + ATP $\rightleftharpoons$ 谷酰胺 + ADP + 无机磷酸盐

$\Delta_r G_m^{\ominus} = -15.21\ \text{kJ} \cdot \text{mol}^{-1}$

可以看成是下述两反应耦合而成的：

谷氨酸盐 + NH_4^+ $\rightleftharpoons$ 谷酰胺　　$\Delta_r G_m^{\ominus} = 15.69\ \text{kJ} \cdot \text{mol}^{-1}$

ATP $\rightleftharpoons$ ADP + 无机磷酸盐　　$\Delta_r G_m^{\ominus} = -30.9\text{kJ} \cdot \text{mol}^{-1}$

能量信使 ATP 必须在体内能够重新生成，以维持生物体内 ATP 浓度的动态平衡。事实上，体内 ATP 的再生也是通过耦合反应得以实现的，即

(1) $ADP + Pi \rightleftharpoons ATP + H_2O$　　$\Delta_r G_{m,1}^{\ominus}(298.15) = 29.3\ \text{kJ} \cdot \text{mol}^{-1}$

(2) PEP + H_2O $\rightleftharpoons$ 丙酮酸 + Pi　　$\Delta_r G_{m,2}^{\ominus}(298.15) = -53.5\ \text{kJ} \cdot \text{mol}^{-1}$

反应(2)中 PEP 是磷酸烯醇丙酮酸的缩写。两个反应耦合得到

(3) PEP + ADP $\rightleftharpoons$ 丙酮酸 + ATP　　$\Delta_r G_{m,3}^{\ominus}(298.15) = -24.2\ \text{kJ} \cdot \text{mol}^{-1}$

ATP 在活细胞内进行的许多代谢反应中起着能量“转运站”的作用。它与放能的氧化过程相耦合，把氧化过程中产生的能量以磷酸高能键的形式储存起来，它又与合成代谢反应耦合，为合成代谢反应提供所需的能量。过程图示如下：

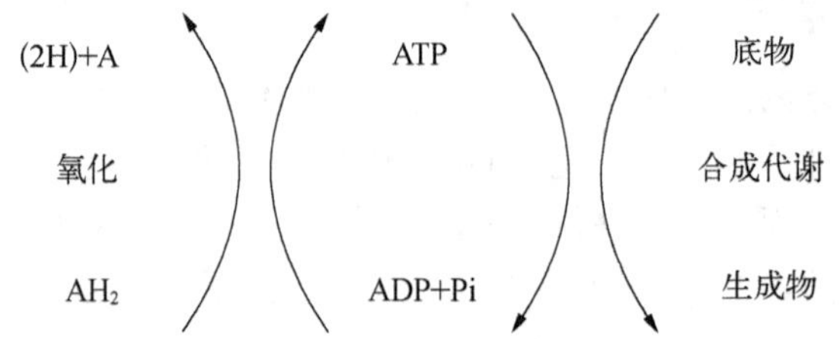

放能反应与吸能反应通常通过公用一个共同的中间物或载体而使能量沟通，只要总反应的吉布斯能变化值 $\Delta_r G_m^{\ominus} < 0$，此耦合反应就可自发进行。生物体内的许多反应都属于这类耦合反应。在耦合反应中生成的 ADP 又可以通过另外的耦合反应使 ATP 再生，所以 ATP 有“生物能量的硬通货”之称。

由于生物体是一个开放系统，属于非平衡态，不能完全用经典热力学理论来解释生物问题，用非平衡态理论研究更为恰当。把热力学的基本原理和方法用于生命系统中能量

关系的研究，由此产生了新的分支**生物能学**(**bioenergetics**)，也称生物能量学，生物能学的产生更有助于从分子水平上去研究一些生命科学的问题。

（刘毅敏）

思 考 题

1. 为什么有凝聚相参加的反应其平衡常数中都不出现凝聚相？

2. 当选取不同的标准态时，反应的标准吉布斯能变化会改变。按 $\Delta_r G_m = \Delta_r G_m^{\ominus} + RT\ln Q_a$ 算出的 $\Delta_r G_m$ 值是否也会变？

3. 试从公式 $\Delta_r G_m = -RT\ln K^{\ominus} + RT\ln Q$ 解释 $\Delta_r G_m$ 的意义何在。

4. $2NO(g) + O_2(g) \rightleftharpoons 2NO_2(g)$，其 $\Delta_r H_m < 0$。反应达平衡时，问在下列几种情况下，平衡是否破坏？反应向何方移动？(1) 增加压力；(2) 减少 NO_2 的压力；(3) 增加 O_2 的压力；(4) 升高温度；(5) 加入催化剂。

5. 对于有沉淀、气体、水生成的反应，则容易进行到底，试以化学平衡的理论分析其原因。

6. 怎样从反应热讨论温度对平衡的影响？

7. 惰性气体是如何影响化学平衡的？

8. 如果一个反应的 $\Delta_r G > 0$，这个反应可以通过与另一 $\Delta_r G < 0$ 的反应耦合，使反应得以进行，这种说法对吗？

习 题

1. 一种氨基转移酶能催化谷氨酸盐和丙酮酸盐之间的转氨基反应，形成 α-酮戊二酸盐和 L-丙氨酸。298.15 K 时反应的平衡常数 $K_a^{\ominus} = 1.107$。(1) 请计算 $\Delta_r G_m^{\ominus}$，并说明计算结果；(2) 若 L-谷氨酸盐和丙酮酸盐浓度均为 1×10^{-4} mol·L^{-1}，α-酮戊二酸盐和L-丙氨酸浓度均为 1×10^{-2} mol·L^{-1}，将它们混合，能否有新的 L-丙氨酸生成？

2. 已知反应 $Fe(s) + H_2O(g) \rightleftharpoons FeO(s) + H_2(g)$ 在 933.15 K 时的 $K_a^{\ominus} = 2.35$。

(1) 若在此温度时用总压为 100 kPa 的等物质的量的 $H_2O(g)$ 和 $H_2(g)$ 混合气体处理 Fe，Fe 会不会变成 FeO？

(2) 若要 Fe 不变成 FeO，$H_2O(g)$ 的分压最多不能超过多少？

3. 反应(1) $2NaHCO_3(s) \rightleftharpoons Na_2CO_3(s) + H_2O(g) + CO_2(g)$

反应(2) $CuSO_4\cdot5H_2O(s) \rightleftharpoons CuSO_4\cdot3H_2O(s) + 2H_2O(g)$

已知在 323.15 K 各自平衡时，反应(1)的解离压为 3 999 Pa，反应(2)的水蒸气压力为 6 052 Pa。试计算由 $NaHCO_3$、$NaCO_3$、$CuSO_4\cdot5H_2O$ 和 $CuSO_4\cdot3H_2O$ 所组成的体系在平衡时二氧化碳的分压。

4. (1) 在 1 393.15 K 下用 $H_2(g)$还原 FeO(s)，平衡时混合气体中 H_2的摩尔分数为

0.54。求 FeO(s)的分解压。已知同温下，$2H_2O(g) \rightleftharpoons 2H_2(g) + O_2(g)$，$K_1^{\ominus} = 3.4 \times 10^{-13}$。

(2) 在炼铁炉中氧化铁按如下反应还原：$FeO(s) + CO(g) \rightleftharpoons Fe(s) + CO_2(g)$，求 1 393.15 K 下，还原 1 mol FeO(s)需要 CO(g)多少摩尔？已知同温度下，有：$2CO_2(g) \rightleftharpoons CO(g) + O_2(g)$，$K_2^{\ominus} = 1.4 \times 10^{-12}$。

5. 已知 298.15 K，CO(g)和 $CH_3OH(g)$的标准摩尔生成焓 $\Delta_r H_m^{\ominus}(298.15\ K)$ 分别为 $-110.52\ kJ \cdot mol^{-1}$ 和 $-200.7\ kJ \cdot mol^{-1}$。CO(g)、$H_2(g)$、$CH_3OH(l)$的标准生成熵 $S_m^{\ominus}(298.15\ K)$ 分别为 $197.67\ J \cdot mol^{-1} \cdot K^{-1}$、$130.68\ J \cdot mol^{-1} \cdot K^{-1}$、$127\ J \cdot mol^{-1} \cdot K^{-1}$。又知 298.15 K 时甲醇的饱和蒸气压为 16.59 kPa，摩尔蒸发焓 $\Delta_{vap} H_m = 38.0\ kJ \cdot mol^{-1}$。蒸气可视为理想气体。利用上述数据，求 298.15 K 时，下列反应的 $\Delta_r G_m^{\ominus}$ 及 $K^{\ominus}$。

$$CO(g) + 2H_2(g) \rightleftharpoons CH_3OH(g)$$

6. 310.15 K，pH=7 时延胡索酸盐可氨化为天冬氨酸盐。此反应的 $\Delta_r G_m^{\oplus} = -15.56\ kJ \cdot mol^{-1}$。请计算以下两种情况延胡索酸盐的平衡转化率：

(1) 延胡索酸盐浓度和铵盐的浓度都为 $1\ mol \cdot L^{-1}$

(2) 延胡索酸盐和铵盐浓度分别为 $1\ mol \cdot L^{-1}$ 和 $10\ mol \cdot L^{-1}$

7. 反应 $NH_4Cl(s) \rightleftharpoons NH_3(g) + HCl(g)$ 的平衡常数在 250.15～400.15 K 温度范围内为 $\ln K_p^{\ominus} = 37.32 - \dfrac{21\ 020\ K}{T}$。试计算 300.15 K 时，反应的 $\Delta_r G_m^{\ominus}$、$\Delta_r H_m^{\ominus}$、$\Delta_r S_m^{\ominus}$。

8. 计算 298.15 K 时，反应

$$KCl(s) + \frac{3}{2}O_2(g) \longrightarrow KClO_3(s)$$

能正向进行所需最小氧的分压力。已知 298.15 K 时，$\Delta_f G_m^{\ominus}(KClO_3, s) = -289.91\ kJ \cdot mol^{-1}$，$\Delta_f G_m^{\ominus}(KCl, s) = -408.32\ kJ \cdot mol^{-1}$。

9. 磷酸甘油酸移位酶催化反应

$$2\text{-磷酸甘油酸酯} \rightleftharpoons 3\text{-磷酸甘油酸酯}$$

其热力学平衡常数随温度的变化可表示为

$$\ln K_a^{\oplus} = \frac{479.25\ K}{T} + 0.15$$

试计算 310.15 K 和 pH=7.0 时反应的 $\Delta G^{\oplus}$、$\Delta H^{\oplus}$ 和 $\Delta S^{\oplus}$。

10. 某化学反应的 $\Delta_r C_p^{\ominus} = \sum_B (v_B C_{p,B}^{\ominus})$ 为与温度无关的常数，求温度 T 时 $\ln K$ 的表达式。

11. PCl_5的分解反应为 $PCl_5 \rightleftharpoons PCl_3 + Cl_2$，在 523.15 K，100 kPa 时，反应达到平衡后，测得平衡混合物的密度为 $2.695\ g \cdot mL^{-1}$，试计算：(1) 五氯化磷的分解度 α；(2) 该

反应的 $K_p^\ominus$；(3) 该反应的 $\Delta_r G_m^\ominus$。

12. 298.15 K 时，有潮湿的空气与 $Na_2HPO_4 \cdot 7H_2O$ 接触，试问空气的湿度应等于多少，才能使 $Na_2HPO_4 \cdot 7H_2O(s)$：(1) 不发生变化；(2) 失去水分(即风化)；(3) 收水分(潮湿)。若用 A 代表无水盐 Na_2HPO_4，已知每两种盐 $A \cdot 12H_2O$ 与 $A \cdot 7H_2O$、$A \cdot 7H_2O$与 $A \cdot 2H_2O$、$A \cdot 2H_2O$ 与 A，平衡共存的水蒸气压分别为 2 547 Pa、1 935 Pa、1 307 Pa；298.15 K 时纯水的蒸气压为 3 171 Pa。

13. 在某温度及标准压力 $p^\ominus$ 下，$N_2O_4(g)$有 0.50(摩尔分数)分解成 $NO_2(g)$，若压力扩大 10 倍，则 N_2O_4的解离分数为多少？

14. NAD^+ 和 NADH 是烟酰胺腺嘌呤二核苷酸的氧化态和还原态。

(1) 已知 298.15 K 时，反应

$$NADH + H^+ \rightleftharpoons NAD^+ + H_2$$

的 $\Delta_r G_m^\ominus = -21.83\ kJ \cdot mol^{-1}$，试计算该反应的 $K_\alpha^\ominus$、$\Delta_r G_m^\oplus$ 和 $K_\alpha^\oplus$（在生化反应中，如果 H^+ 作为反应物出现，则 $\Delta_r G_m^\oplus = \Delta_r G_m^\ominus + 39.95\ kJ \cdot mol^{-1}$）。

(2) 若 $[NADH] = 1.5 \times 10^{-2}\ mol \cdot L^{-1}$，$[H^+] = 3 \times 10^{-5}\ mol \cdot L^{-1}$，$[NAD^+] = 4.6 \times 10^{-3}\ mol \cdot L^{-1}$，$p(H_2) = 1.013\ kPa$，请分别用 $\Delta_r G_m^\ominus$ 和 $\Delta_r G_m^\oplus$ 计算该反应的 $\Delta_r G_m$。

第 4 章　相 平 衡

内容提要　本章内容分为两个方面，首先介绍各种相平衡系统所共同遵守的规律——相律；然后介绍数种典型的相图。在介绍相、组分数和自由度等概念之后，导出相平衡规律，推导出克劳修斯-克拉贝龙方程，运用克-克方程和相律，重点对单组分、双组分和三组分体系相图的绘制及应用进行讨论。

研究相平衡规律对生产和科学研究具有重要的意义。如蒸发、冷凝、溶解、熔化、结晶、升华等，都是实验室或制药生产中的重要过程，它们的理论基础就是**相平衡(phase equilibrium)**原理。钢铁的冶炼、硅酸盐生产的配料比等也都需要相平衡的知识。相平衡属于化学热力学的范畴，也是热力学原理在化学上的实际应用的一个重要方面，可以用多相系统的热力学函数讨论平衡系统中，相态和温度、压力、组分等参数的关系。但是，由于多相系统的变化比较复杂，这些热力学函数都较复杂，因此，用几何图形——**相图(phase diagram)**来表示将更简单和直观。所谓相图是根据实验数据，绘制的系统中状态与温度、压力、组成间相互关系的图形，从图中能直接了解各个变量之间的关系，了解在给定条件下相变化的方向和限度。

4.1　相　律

1876 年，吉布斯提出了**相律(phase rule)**，它是多相平衡系统所遵循的普遍规律。在引出相律的数学表达式之前，首先介绍几个基本概念。

4.1.1　基本概念

1. 相

相(phase)是系统中物理性质和化学性质完全均一的部分。多相系统中，相与相之间有着明显的界面，越过此界面，物理性质或化学性质发生突变。系统中相的数目称为相数，用符号 Φ 表示。对于由气体组成的系统，由于气体能无限混合，所以系统内不论有多少种气体，都只有一个相。对于液体系统，视不同液体相互间的溶解程度不同，可以是一相、两相或三相，一般不会超过三相。例如，水和乙醇能互溶，由此两液体组成的系统即为一相，而水和苯不互溶，成为两相。对于固体系统，如果固体之间达到了分子程度的均匀混合，就形成了固态溶液，一种固态溶液是一个相。如果固体物质间不形成固态溶液，则不论固体物质的大小、质量，并且不论固体分散得多么细，有一种固体就有一个相。例如，一整块 $CaCO_3$ 的结晶或小颗粒状 $CaCO_3$，它们都是同一个相。又如，食糖和食盐的混合物，不管研磨得多细，混合得多均匀，仍为两个相。

2. 物种数和组分数

平衡系统中所含的化学物质数称为**物种数**，用符号 S 表示。应注意，不同聚集态的同一化学物质不能算两个物种。例如，水和水蒸气的两相平衡系统中，只含有一种纯物质，即 H_2O，故物种数 $S=1$，而不是 2。

足以表示系统中各相组成所需要的最少独立物种数称为**独立组分数**，用符号 K 表示。应注意，组分数和物种数是两个不同的概念，在多相平衡系统中，组分数是一个重要的概念。

如果系统中没有化学反应发生，系统的物种数与组分数是相同的，即 $K=S$。例如，NaCl 和 H_2O 组成的系统中，NaCl 和 H_2O 没有发生化学反应，所以 $K=S=2$。

如果系统中各组分间发生了化学反应，建立起化学平衡，则只需 $(S-1)$ 种物质的组成就可以构建该平衡系统，因为另一种物质的组成可以由平衡常数关系式来确定。例如，PCl_5、PCl_3 和 Cl_2 三种物质间存在如下化学平衡：

$$PCl_5(g) \rightleftharpoons PCl_3(g) + Cl_2(g)$$

虽然系统的物种数为 3，但组分数 $K=2$。因为只要任意两种物质确定了，第三种物质就必然存在，而且其组成可以由平衡常数来确定。同理，如果系统中存在更多的化学平衡并且是独立的，则

$$\text{组分数} = \text{物种数} - \text{独立化学平衡数}$$

即

$$K = S - R$$

式中，R 为系统中独立化学平衡数。注意此处“独立”的含义。例如，一个平衡系统中同时存在三个化学反应，即

$$H_2O(g) + C(s) \rightleftharpoons CO(g) + H_2(g)$$
$$CO_2(g) + H_2(g) \rightleftharpoons H_2O(g) + CO(g)$$
$$CO_2(g) + C(s) \rightleftharpoons 2CO(g)$$

显然，上述三个反应不是相互独立的，任意一个化学反应都可通过其他两个化学反应的简单组合得到，因此，其独立化学平衡数为 2，而不是 3。

相平衡系统中，除化学平衡对各相组成表示有限制之外，某些情况下，还有一些特殊的浓度限制条件。例如在上述 PCl_5 的分解反应中，若指定 PCl_3 和 Cl_2 的物质的量之比为 1∶1，或一开始只有 PCl_5 存在，则平衡时 PCl_3 和 Cl_2 的物质的量之比一定为 1∶1。这时系统的组分数为 1，即为单组分系统，这就是浓度限制条件，用符号 R' 表示。

因此，任意系统的组分数和物种数应有下列关系，即

$$\text{组分数} = \text{物种数} - \text{独立化学平衡数} - \text{独立的浓度限制条件}$$

即 $$K = S - R - R'$$

注意,浓度限制条件只有在同一相中方能应用,不同相间不存在浓度限制条件。例如 $CaCO_3$(s)的分解反应 $CaCO_3(s) \rightleftharpoons CaO(s) + CO_2(g)$,虽然分解产物 CaO(s)和 CO_2(g)的物质的量相同,但两者分属于气相和固相,不能使用浓度限制条件,则组分数仍然是 2。

例 4-1 把 N_2、H_2 和 NH_3 三种气体充进 773.15 K、3.2×10^7 Pa 的塔中,分别指出下列情况时的物种数和组分数。(1) 未达平衡之前;(2) 已达平衡;(3) 若只充 NH_3 入塔,待平衡后,情况又如何?

解:(1) 未达平衡前,物种数为 3,组分数也是 3。

(2) 已达平衡时物种数仍为 3,组分数为 2,因为平衡时,三者之间存在一个化学平衡关系:

$$NH_3(g) \rightleftharpoons N_2(g) + H_2(g)$$

(3) 若只充 NH_3 入塔,待其平衡,则物种数为 3,组分数为 1。因为除存在一个化学平衡关系外,还存在一个浓度比例关系,即 H_2 与 N_2 的浓度比为 3∶1。

3. 自由度

在不引起旧相消失和新相形成的前提下,可以在一定范围内独立变动的强度性质称为系统的**自由度(degree of freedom)**,用符号 f 表示。例如,当水以单一液相存在时,温度和压力可以在一定范围内各自独立变动,都不会使液相消失而形成新相。此时,系统的自由度 $f = 2$。对于水蒸气和液态水共存的两相平衡系统,压力和温度两个强度性质中只有一个可以独立变化。指定了温度,压力就不能随意改变,只能根据温度和压力间的函数关系改变;指定了压力,温度就不能随意改变,否则将破坏原来的两相平衡,引起系统中某一相的消失。例如,373.15 k、101.325 kPa 的水和水蒸气两相共存系统,若增加外压,使其 $p_e > 101.325$ kPa,其结果将是气相消失,水蒸气全部转化为液态水。因此,该系统的自由度 $f = 1$。

4.1.2 相律

相律是平衡系统中,系统内相数、组分数、自由度数及影响物质性质的外界因素(如温度、压力、重力场、磁场、表面能等)之间关系的规律。假设一平衡系统中有 K 个组分,Φ 个相,如果 K 个组分在每一相中均存在,如要描述此系统的状态,需要的自由度数应为多少呢?在作具体推导之前,先引入一些假定以简化推导过程:

1) K 个组分在每一相中均存在,且组分间不发生化学反应。

2) 相与相之间没有任何限制条件,在它们之间可以有热的交换,功的传递以及物质的交流,也就是说相与相之间是相互敞开的。

3) 从热平衡和力平衡条件来看,对于多相平衡系统,不论有多少种物质和多少个相所构成,平衡时系统有共同的温度和压力,并且任一种物质在含有该物质的各个相中的化学势都相等。

4) 不考虑重力场、电场等因素，只考虑温度和压力因素的影响。

当每个相中有 K 个组分时，只需任意指定$(K-1)$个组分的浓度，就可确定该相的组成，因为另一组分的浓度此时不再是独立变量。现系统中有 Φ 个相，则需要指定 $\Phi(K-1)$个浓度，方能确定系统中各个相的组成；再加上温度和压力两个变量，就得到描述系统状态所需的变量数为

$$\Phi(K-1)+2$$

但这些变量之间并不是相互独立的，因为多相平衡还必须满足每一组分在每个相中的化学势相等。据相平衡条件有

$$\mu_1^{\alpha}=\mu_1^{\beta}=\cdots=\mu_1^{\Phi}$$
$$\mu_2^{\alpha}=\mu_2^{\beta}=\cdots=\mu_2^{\Phi}$$
$$\vdots$$
$$\mu_K^{\alpha}=\mu_K^{\beta}=\cdots=\mu_K^{\Phi}$$

已知某组分的化学势为：$\mu_B(T,\ p)=\mu^{\ominus}(T)+RT\ln x_B$。上列等式中，每个等号都能建立两个摩尔分数之间的关系，如若 $\mu_1^{\alpha}=\mu_1^{\beta}$，则可求得 x_1^{α} 和 x_1^{β} 的关系。因而，对于每一独立组分都可建立$(\Phi-1)$个关系式，现共有 K 个独立组分，分布于 Φ 个相中，故可导出联系浓度变量的方程式共有 $K(\Phi-1)$个。

这样，从描述平衡系统的总变数中扣除平衡时变量之间必需满足的关系式数，就得到确定平衡系统状态的自由度为

$$f=[\Phi(K-1)+2]-[K(\Phi-1)]=K-\Phi+2$$

即

$$f=K-\Phi+2 \tag{4-1}$$

上式称为吉布斯相律，是相律的一种表示形式。对于系统中的其他条件还要予以综合考虑：

1) 若系统中有化学反应发生，对于每一个独立的化学反应，都必须达到平衡的条件，非平衡系统不能使用相律。

2) 虽然推导时假定每一组分在每一相中都存在，但若某相中不存在指定物质，并不影响相律的形式。

3) 式中的“2”表示温度和压力，若电场、磁场等因素不可忽略，则应将其改为 n，相律变为：$f=K-\Phi+n$。

4) 对于没有气相存在的凝聚系统，压力因素可忽略，此时，相律变为：$f^*=K-\Phi+1$，此时的 f^* 称为条件自由度。

例 4-2 试说明下列平衡系统的自由度数为多少？

(1) $I_2(g)$与$I_2(s)$呈平衡；

(2) 开始时用任意的 $HCl(g)$和 $NH_3(g)$组成的系统中，反应

$$HCl(g) + NH_3(g) \rightleftharpoons NH_4Cl(s)$$

达到平衡。

解：(1) $K = 1 \quad f = 1 - 2 + 2 = 1$

纯物质气固平衡时，温度和压力仅有一个可独立变动。

(2) $S = 3$；$R = 1$；$R' = 0$；$K = 3 - 1 = 2$；$f = 2 - 2 + 2 = 2$

温度及总压；或者温度及任一气体的浓度可独立变动。

4.2 单组分系统

对于单组分系统，由于组分数 $K = 1$，这时相律的一般表达式为

$$f = 1 - \Phi + 2 = 3 - \Phi$$

如果系统中只有一相，$\Phi = 1$，$f = 2$，温度和压力可以任意改变；若 $\Phi = 3$，$f = 0$，系统中有三相平衡共存，温度和压力均不能改变。因此，单组分系统最多的自由度为 2，最多相数为 3。为了表示单组分系统各相间的平衡关系，可以压力为纵坐标，温度为横坐标，作一平面图，该图即为单组分系统的相图。

4.2.1 水的相图

在通常压力下，水的相图为单组分系统中最简单的相图。图 4-1 是根据实验结果粗略绘制的水的相图，由图可以看出，整个相图，基本上由三个区（面）、三条线和一个点构成。具体分析如下：

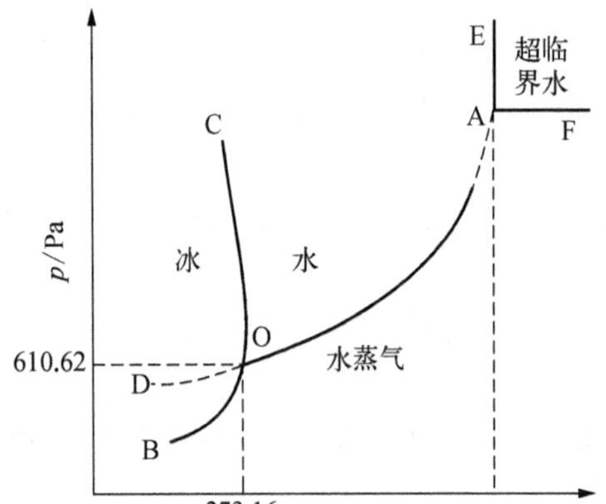

图 4-1 水的相图

1) 在"水"、"冰"、"水蒸气"三个区域内，体系都是单相，$\Phi = 1$，所以 $f = 2$。在该区域内，可以有限度地独立改变温度和压力，而不会引起相的变化，所以是双变量区。要确定体系的状态，必须同时指定温度和压力两个变量。

2) 图中三条实线是两个区域的交界线。在这些线上，$\Phi = 2$，$f = 1$，系统处于两相平衡。在温度和压力两个变量中，任意确定其中一个，另一个就不能随意改变了。

OA 线为气-液两相平衡线，不能无限制地延伸，它止于临界点 A，相应的温度和压力分别称为临界温度和临界压力，用 T_c 和 p_c 表示。水的 $T_c = 647.4$ K，$p_c = 2.2 \times 10^7$ Pa。在临界点时，液态水的密度和水蒸气的密度相同，两相界面消失。高于此温度，不论加多大压力，水蒸气都不会凝结为液体水，物质处于超临界流体状态。如从 A 点向上对 T 轴

作垂线 AE，从 A 点向右作平行线 AF，则 EAF 区为超临界流体区。

OC 线为冰-水的两相平衡线，或称冰的熔点曲线，也不能随意延长，大约从 2.03×10^8 Pa 和 253.15 K 开始，相图变得比较复杂，有不同结构的冰生成，这种现象称为同质多晶型。由 OC 曲线可以看出，冰的熔点随压力的升高而下降，这是冰的一种不正常行为，因为冰的密度比水小。多数情况下，熔点将随压力的增加而有所升高。

OB 线为冰和气的两相平衡线，也称冰的饱和蒸气压曲线，理论上可以延长到绝对零度附近。

3) 图中的虚线 OD 是 OA 的延长线，是水和水蒸气的介稳平衡线，即过冷水的饱和蒸气压与温度的关系曲线。过冷状态是非稳定状态，一旦向其中投入少量冰作引发，系统会迅速变为冰。

4) O 点是三条线的交点，称为**三相点(triple point)**。在该点气、液、固三相共存，即 $\Phi=3$，$f=0$。因此，该点为定态，系统的压力和温度都不能改变。该点的 $T=273.16$ K，$p=610.62$ Pa。1967 年召开的第十三届国际计量大会(CGPM)确定，把热力学温度的单位"1 K"定义为水的三相点温度的 1/273.16。

这里需要说明的是，水的冰点(273.15 K，101 325 Pa)与三相点(273.16 K，610.62 Pa)是不同的。三相点是严格的单组分系统，而水的冰点是在水中溶有空气和外压力为 101 325 Pa 时测得的。冰点温度比三相点温度低 0.01 K 是由两种因素造成的：① 因外压增加，使凝固点下降 0.007 48 K；② 因水中溶有空气，使凝固点下降 0.002 41 K。两者共同使水的冰点比三相点下降了 0.009 89 K，总共约下降了 0.01 K。

从图 4-1 看出，当温度低于三相点 O 时，如将系统的压力降至 OB 线以下，固态冰可以不经过熔化而直接汽化，这就是**升华(sublimation)**过程。根据这个原理，可制造冷冻干燥机，**冷冻干燥(freeze drying)**先将湿的物料在三相点温度以下冻结，使水分变成固态的冰，然后在适当的真空度下，使冰直接升华为水蒸气，再用真空系统中的冷凝器将水蒸气冷凝，从而获得干燥制品。这种技术在制药工艺上有重要应用，该技术不仅可以除去水，也可以除去其他溶剂，由于药液在冻干前分装，所以比较方便、准确、可实现连续化，在低温下操作，药物不致受热分解，并能使溶质变成疏松的海绵固体，有利于使用时快速溶解。另外真空状态下可通 N_2 保护，产品不易被氧化，有利于长途运输和长期保存，冻干设备封闭操作洁净度高，减少杂菌和微粒的污染，缺氧的条件可起到灭菌和抑制细菌活力等优点。

案例 4-1

超临界流体萃取是超临界流体技术的最早应用领域之一。超临界流体具有类似气体的较强穿透力和类似于液体的较大密度和溶解度，将超临界流体与待分离的物质接触，使其有选择性地将不同极性、沸点和分子量的成分一次萃取出来，然后借助减压、升温的方法使超临界流体变成普通气体，被萃取物则完全或基本析出，从而达到分离提纯的目的。超临界流体萃取不仅适用于不稳定、易氧化的挥发性成分，对于生物碱、黄酮类、皂甙类等极性较强且分子量相对较大的非挥发性成分的提取同样适用。

超临界流体萃取具有选择性高，分离效果好，提取率高，能耗低，产物无有机溶剂残留等优点，是一种具有广阔应有前景的“绿色工艺”，符合当今世界注重可持续发展的潮流，为正在兴起的“绿色化学”提供一个新的思路。超临界流体萃取在食品、医药、生物工程、化工、环保等领域都有广阔的应用。

问题：

(1) 超临界流体萃取与普通的常温常压萃取的区别？

(2) 超临界流体萃取在天然药物提取中的应用如何？

(3) 超临界流体萃取常用的萃取剂是什么？

4.2.2 克劳修斯-克拉贝龙方程

研究纯物质单组分系统时，最常遇到的是气-液、气-固、液-固两相平衡问题。因 $\Phi=2$，$f=1$，即两相平衡时温度和压力只有一个是独立可变的，表明两者之间一定存在着某种函数关系，这就是克拉贝龙(Clapeyron)方程。

1. 克拉贝龙方程

在一定温度 T 和压力 p 下，系统内纯物质在 α 相与 β 相达到两相平衡时，对纯物质而言，$G_m=\mu$，则由相平衡条件可知

$$G_\alpha = G_\beta。$$

当系统在此平衡条件下，温度由 T 改变至 $T+dT$，压力由 p 变化至 $p+dp$ 下，此时两相的吉布斯能分别变为 $G_\alpha+dG$ 和 $G_\beta+dG_\beta$，并重新建立起平衡。平衡条件依然为两相的吉布斯能相等，即

$$G_\alpha + dG_\alpha = G_\beta + dG_\beta$$

由于 $G_\alpha = G_\beta$，于是

$$dG_\alpha = dG_\beta$$

根据 $dG=-SdT+Vdp$，可以得到

$$-S_\alpha dT + V_\alpha dp = -S_\beta dT + V_\beta dp$$

即

$$(V_\beta - V_\alpha)dp = (S_\beta - S_\alpha)dT$$

或

$$\frac{dp}{dT} = \frac{S_\beta - S_\alpha}{V_\beta - V_\alpha} = \frac{\Delta S}{\Delta V} = \frac{\Delta S_m}{\Delta V_m} \qquad (4-2)$$

式中，ΔS_m 和 ΔV_m 分别为 1 mol 纯物质由 α 相变到 β 相的熵变和体积变化。对可逆相变来

说，已知 $\Delta S_m = \dfrac{\Delta H_m}{T}$（$\Delta H_m$为摩尔相变焓），将其代入式(4-2)，得

$$\frac{dp}{dT} = \frac{\Delta H_m}{T\Delta V_m} \tag{4-3}$$

式(4-3)即为克拉贝龙方程，它给出了两相平衡时平衡压力与温度之间的定量关系。由于在推导过程中未引入任何假设，所以式(4-3)适用于任何纯物质的任何两相平衡，如蒸发、熔化、升华、晶型转化等。

对于固→液的熔化过程，其相变热对所有物质而言都为正值，则 dp/dT 的正负将视 ΔV_m而定。对大多数物质而言，液态体积大于其固态体积，所以 $dp/dT>0$，表明压力增大，熔点将升高。但是，对于水而言，由于冰的密度大于水的密度，使得液态水的体积小于固态，则 $dp/dT<0$，即压力增大熔点反而降低。因此，用克拉贝龙方程可以很好地解释水的相图中，固-液平衡线为何向左倾斜。

对于有气相参加的反应，由于凝聚相与气体体积的显著差异，可以忽略不计，则克拉贝龙方程可做进一步简化。

2. 克劳修斯-克拉贝龙方程

将式(4-2)应用到气-液或气-固平衡系统，则 dp/dT 表示液体或固体的饱和蒸气压 p 随温度的变化率。ΔH_m为液体的摩尔气化焓 $\Delta_{vap}H_m$或固体的摩尔升华焓 $\Delta_{sub}H_m$，在通常温度下，$V_m(g) \gg V_m(l)$，$V_m(g) \gg V_m(s)$，若假设蒸气为理想气体，则 $\Delta V_m \approx V_m(g) = \dfrac{RT}{p}$。这样，式(4-3)可写为

$$\frac{dp}{dT} = \frac{p \cdot \Delta H_m}{RT^2}$$

或

$$\frac{d\ln p}{dT} = \frac{\Delta H_m}{RT^2} \tag{4-4}$$

上式称为克劳修斯-克拉贝龙方程，简称克-克方程。它定量给出了温度对纯物质的饱和蒸气压的影响。当温度变化范围不大时，ΔH_m可近似地看做一常数。将式(4-4)积分，可得

$$\ln p = -\frac{\Delta H_m}{RT} + C \tag{4-5}$$

式中，C 为积分常数。由该式可以看出，$\ln p$ 与 $1/T$ 之间存在线性关系，通过作图求斜率的方法，可求得相变热 ΔH_m。

如果将式(4-4)在 T_1和 T_2之间定积分，可得

$$\ln\frac{p_2}{p_1} = \frac{\Delta H_m(T_2 - T_1)}{RT_1T_2} \tag{4-6}$$

上式表明,在已知ΔH_m的情况下,可以根据某温度T_1时该液体(固体)的饱和蒸气压p_1求得温度T_2时液体(固体)的饱和蒸气压p_2。

当缺少液体摩尔气化焓$\Delta_{vap}H_m$数据时,可用一些经验规则进行近似估计。对非极性的、分子不缔合的液体,有如下规则

$$\frac{\Delta_{vap}H_m}{T_b} \approx 88\ \text{J}\cdot\text{K}^{-1}\cdot\text{mol}^{-1} \tag{4-7}$$

式中,T_b为正常沸点(指外压力为101.325 kPa时液体的沸点)。上述规则称楚顿(Trouton)规则,注意此规则不能用于极性较强的液体。

例4-3 已知水在373.15 K时的饱和蒸气压为101.325 kPa,摩尔气化焓为$\Delta_{vap}H_m=40.7\ \text{kJ}\cdot\text{mol}^{-1}$,试计算

(1) 水在368.15 K时的饱和蒸气压。

(2) 当外压为80 kPa时,水的沸点。

解: 根据式(4-5)

(1) $\ln\frac{p_2}{101.325}=\frac{40\,700\times(368.15-373.15)}{8.314\times373.15\times368.15}$

$p_2=84.79\ \text{kPa}$

(2) $\ln\frac{80.000}{101.325}=\frac{40\,700\times(T_2-373.15)}{8.314\times373.15\times T_2}$

$T_2=366.5\ \text{K}$

4.3 二组分双液系统

对于二组分系统,$K=2$,因此相律表示为

$$f=K-\Phi+2=4-\Phi$$

当$f_{min}=0$时,$\Phi_{max}=4$,即二组分系统最多可有四相共存;当系统相数最小时,$\Phi_{min}=1$,$f_{max}=3$,即系统可以有温度、压力和组成的改变。对于三变量的系统,完整的相图应用三维的立体坐标表示。但一般为了便于分析,往往恒定此三变量中的一个,从而得到立体图形在平面上的截面图。若固定T,得$p-x$图,即蒸气压-组成图;若固定p,得$T-x$图,即温度-组成图;若固定x,得$T-p$图,即温度-压力图。在二组分系统相图研究中,前两种较常用。此时,相律表式为

$$f=K-\Phi+1=3-\Phi$$

二组分系统较单组分相图复杂得多,相图类型也很多,本节主要讨论双液系统,包括完全互溶双液系统、部分互溶双液系统和完全不互溶的双液系统。

4.3.1 理想的完全互溶双液系统

两个纯液体可按任意比例互溶，每个组分都服从拉乌尔定律，这样组成了理想的完全互溶双液系，或称为理想液态混合物，如苯和甲苯、正己烷与正庚烷等结构相似的化合物可形成这种双液系。

1. 理想液态混合物的压力-组成图

(1) 理想液态混合物的 $p-x$ 图

设一定温度下，液体 A 和液体 B 形成理想的液态混合物，根据拉乌尔定律，有

$$p_A = p_A^* x_A \tag{4-8}$$

$$p_B = p_B^* x_B \tag{4-9}$$

则液态混合物的总蒸气压为

$$\begin{aligned} p &= p_A + p_B = p_A^* x_A + p_B^* x_B \\ &= p_A^* x_A + p_B^* (1 - x_A) = p_B^* + (p_A^* - p_B^*) x_A \end{aligned} \tag{4-10}$$

以上三式中，p_A^*、p_B^* 为纯 A 和纯 B 在该温度下的蒸气压；x_A 和 x_B 为溶液中组分 A 和 B 的摩尔分数。若以压力为纵坐标，x_A 为横坐标，并假设一定温度下，$p_A^* > p_B^*$，即组分 A 较 B 易挥发，则可以用直线表示出分压和总压与组成的关系，如图 4-2 所示。直线 CD 是总压与溶液组成的关系线，故称此线为液相线或 l 线。恒定温度下，两相平衡时自由度 $f = 2 - 2 + 1 = 1$，即只有一个独立变量。也就是说，在液相线 CD 上，若指定压力，其组成也就随之而定了。

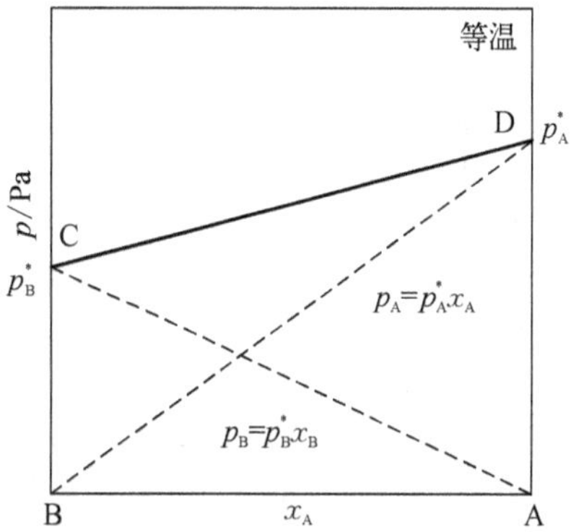

图 4-2 理想液态混合物的 $p-x$ 图

(2) 理想液态混合物的 $p-x-y$ 相图

由于 A、B 二组分的蒸气压不同，与溶液平衡共存的气相组成与液相组成必然不同。一般情况下，可把气相看成符合分压定律的理想气体，则有

$$y_A = \frac{p_A}{p} = \frac{p_A^* x_A}{p} \tag{4-11}$$

$$y_B = \frac{p_B}{p} = \frac{p_B^* x_B}{p} \tag{4-12}$$

式中，y_A 和 y_B 分别为 A 和 B 在气相中的摩尔分数。因设 $p_A^* > p > p_B^*$，所以 $\frac{p_A^*}{p} > 1$，$\frac{p_B^*}{p} < 1$，代入式(4-11)和式(4-12)，可得

$$y_A > x_A,\ y_B < x_B$$

该结论说明，在相同温度下，易挥发组分 A 在气相中的浓度大于其在液相中的浓度；反之，难挥发组分 B，其气相中的浓度小于液相中的浓度。由此可以推断，如果将液相组成和气相组成与压力的关系画在一张图上，$p-y$ 线一定在 $p-x$ 线的下边。

根据式(4－10)，可得

$$x_A = \frac{p - p_B^*}{p_A^* - p_B^*}$$

将上式代入式(4－11)可得

$$y_A = \frac{p_A^*(p - p_B^*)}{p(p_A^* - p_B^*)}$$

整理后，得

$$p = \frac{p_A^* p_B^*}{p_A^* + (p_B^* - p_A^*)y_A}$$

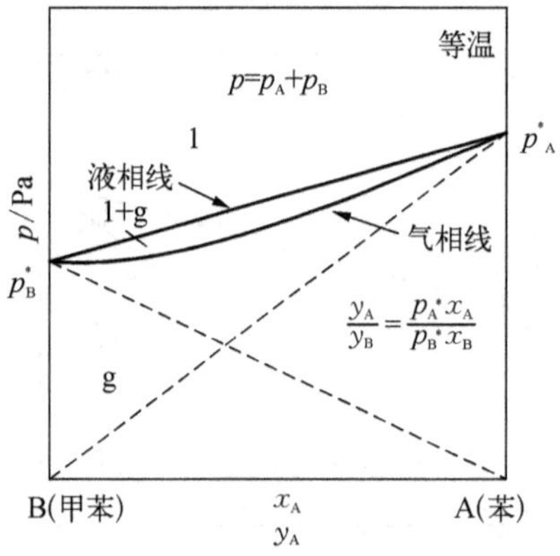

图 4－3　理想液态混合物的 $p-x(y)$ 图

上式说明，溶液蒸气总压 p 与气相组成 y_A 之间不是线性关系，由不同的 y_A 与其对应的蒸气总压 p 作 $p-y_A$ 图，应得一条曲线，由于该曲线是总压与气相组成的关系线，故称为气相线或 g 线。现将气相线和液相线画在同一张图上，得图 4－3 所示的相图。气相线在液相线下面，且由式(4－10)可以得到，当 $y_A = 0$，$p = p_B^*$；当 $y_A = 1$，$p = p_A^*$。因此 $p-x_A$ 与 $p-y_A$ 两条线在 $y_A = 0$，$y_A = 1$ 处相交。

由图(4－3)可以看到，该相图分为三个区域：液相线上方为液相单相区，气相线下方为气相单相区，两线所围区域为气-液两相平衡区域。在单相区内应用相律，$f = K - \Phi + 1 = 2 - 1 + 1 = 2$，表明压力和组成可任意改变，而不会有相数和相态的变化。两相区中，$f = K - \Phi + 1 = 2 - 2 + 1 = 1$，即压力和组成只有一个可独立改变。

相图中表示整个系统组成状态的点称为物系点，表示各相组成和状态的点成为相点。因此，处于气相和液相单相中的任何点既是物系点也是相点。两相区中，系统分为气、液两相，它们的温度、压力相同，但组成不同，气相的摩尔分数为 y_B，液相的组成为 x_B。因此，落在两相区内的点是物系点，而代表每个相状态的点称为相点，处于相同 T、p 两相的边界上。

2. 理想液态混合物的沸点-组成图

沸点-组成图是等压下以溶液的温度(T)为纵坐标，组成或浓度(x)为横坐标制成的相图，一般从实验数据直接绘制，对于理想液态混合物，也可从 $p-x$ 图数据间接求得。表 4－1 是甲苯(A)、苯(B)二组分体系在 $p^{\ominus}$ 下的实验结果，其中 x_B、y_B 分别为温度 T K

时B组分在液相和气相中的摩尔分数，p_B^* 为该平衡温度下纯B的饱和蒸气压，y_B(计算值)系由计算得出。由于苯比甲苯容易挥发，由表4-1可见，y_B恒大于 x_B。以温度 T 对气、液相组成 y_B、x_B作图，即得到图4-4所示的沸点-组成图。

表4-1 甲苯(A)-苯(B)二组分体系在 $p^{\ominus}$ 下的气-液平衡数据

x_B	y_B	T/K	p_B^*/kPa	y_B(计算值)
0	0	383.75(T_A^*)	237.4	0
0.100	0.206	382.35	212.6	0.210
0.200	0.372	375.35	191.2	0.377
0.400	0.621	368.45	158.4	0.626
0.600	0.792	362.55	134.2	0.795
0.800	0.912	357.55	115.4	0.921
0.900	0.960	355.35	108.2	0.962
1.000	1.000	353.25(T_B^*)	101.3	1.000

图4-4中，上方的 $T-y_B$线为气相线，表示饱和蒸气组成随温度的变化，称为露点线(一定组成的气体冷却至线上温度时开始如露水凝结)，此线上方(高温区)为气相区。下方的 $T-x_B$线为液相线，代表沸点与液相组成的关系，称之泡点线(一定组成的溶液加热至线上温度时可沸腾起泡)，此线以下(低温区)为液相区。气相和液相单相区中，物系点和相点重合。T_A^*、T_B^* 分别代表纯甲苯和纯苯的沸点。气-液两线包围的区域为两相区，此区内物系点分成共轭的气液二相，且各相组成只决定于平衡温度，而与总组成无关。该相图中各区域的自由度讨论同 $p-x(y)$相图。

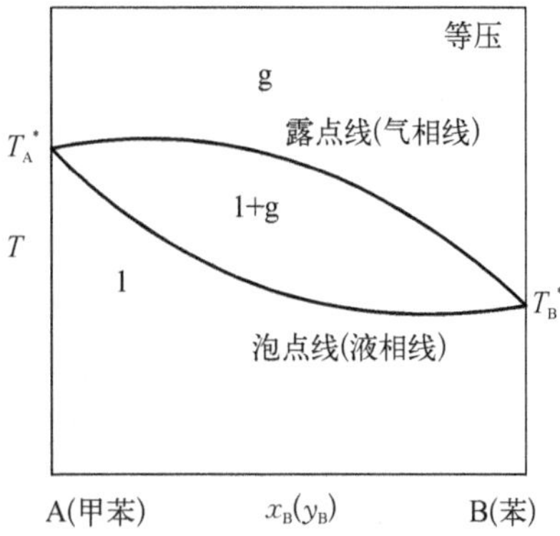

图4-4 沸点-组成图

与 $p-x(y)$图相比，$T-x(y)$图中不存在直线，这说明 $T-f(xy)$关系不如 $p-f(xy)$关系那样简单。显而易见，溶液中蒸气压愈高的组分其沸点愈低，而沸点低的组分在气相中的成分总比在液相的大。所以 $T-x(y)$图的气相线总是在液相线上方，这恰与 $p-x(y)$图相反。这一规律在非理想液态混合物中依然存在。

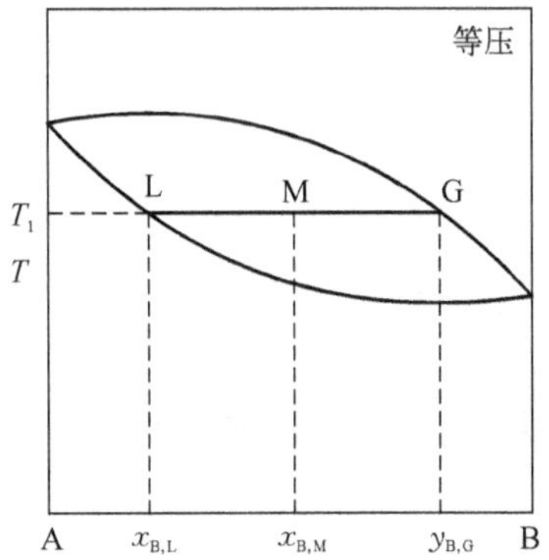

图4-5 杠杆规则示意图

4.3.2 杠杆规则

如图4-5所示，如果系统的物系点落在温度-组成图的两相共存区之内，则系统呈两相平衡共存。此时两个相点即为通过物系点的水平线与两相线的交点。如，组成为 $x_{B,M}$在温度为 T_1时的物系点为M，此时系统呈气-液两相平衡，相点L的液相组成为 $x_{B,L}$，相点D的气相组成为 $y_{B,G}$。

设系统总的物质的量为 n，其中物质 B 的摩尔分数为 $x_{B,M}$。平衡两相中，液相和气相的物质的量分别为 n_L 和 n_G，含物质 B 的摩尔分数分别为 $x_{B,L}$ 和 $y_{B,G}$。

由于两相物质的量之和必与系统中总的物质的量相等，因此

$$n = n_L + n_G$$

又对物质 B 作物料平衡计算，两相中物质 B 的物质的量之和必与系统中物质 B 的总物质的量相等，即

$$nx_{B,M} = n_L x_{B,L} + n_G y_{B,G}$$

所以

$$(n_L + n_G)x_{B,M} = n_L x_{B,L} + n_G y_{B,G}$$
$$n_L(x_{B,M} - x_{B,L}) = n_G(y_{B,G} - x_{B,M})$$

又，$x_{B,M} - x_{B,L} = \mathrm{LM}$，$y_{B,G} - x_{B,M} = \mathrm{MG}$，故

$$n_L \cdot \mathrm{LM} = n_G \cdot \mathrm{MG} \qquad (4-13)$$

即

$$\frac{n_G}{n_L} = \frac{\mathrm{LM}}{\mathrm{MG}} \qquad (4-14)$$

上式处理后，也可写成

$$\frac{n_G}{n} = \frac{\mathrm{LM}}{\mathrm{LG}} \quad \frac{n_L}{n} = \frac{\mathrm{MG}}{\mathrm{LG}} \qquad (4-15)$$

式(4-13)、式(4-14)和式(4-15)称为**杠杆规则(lever rule)**。杠杆规则不仅对气-液相平衡适用，在其他系统中任意两相共存区也都成立，如液-液、液-固、固-固的两相平衡。需注意的是，若所用相图以摩尔分数表示组成，使用杠杆规则时要用物质的量 n 表示物质的数量；若所用相图以质量分数表示组成，需用质量 W 表示物质的数量。

4.3.3 非理想的完全互溶双液系统

经常遇到的实际体系绝大多数是非理想液态混合物，它们的行为与拉乌尔定律有一定的偏差。

实际溶液对拉乌尔定律产生偏差的微观解释为，两组分形成混合物后，分子间引力发生变化。若 A-B 间引力小于 A-A 和(或)B-B 间的引力，当 A 与 B 形成溶液后，就会减少 A 和(或)B 分子所受到的引力，A 和(或)B 变得容易逸出，则产生正偏差。若组分 A 和(或)B 单独存在时为缔合分子，当形成混合物溶液后，该组分发生解离或缔合度变小，使其中该组分的分子数目增加，蒸气压增大，产生较大正偏差，且系统伴随有吸热及体积变大现象。

相反，若 B-A 间引力大于 A-A 和(或)B-B 间的引力，则形成溶液后，A 和(或)B 组分的蒸气压会产生负偏差。若形成混合物溶液后，组分间发生分子间缔合或产生氢键，

使两组分(A 和 B)的分子数目都减少,蒸气压均减少,产生较大负偏差,且伴随有放热及体积变小现象。

1. 非理想的完全互溶双液系统相图

非理想的完全互溶双液系统,根据正负偏差的大小,通常可分为三种类型。

(1) 正偏差(或负偏差)都不是很大的系统

图 4-6 给出的是有正偏差的气液平衡相图。图(a)中,虚线(直线)是符合拉乌尔定律的情况,实线代表实际情况。图(b)同时画出了气相线和液相线。在图(b)中,液相线不是直线。图(c)则是相应的 $T-x$ 图。

对于有负偏差的体系,其情况与此类似。但实际所遇到的图形以正偏差居多。

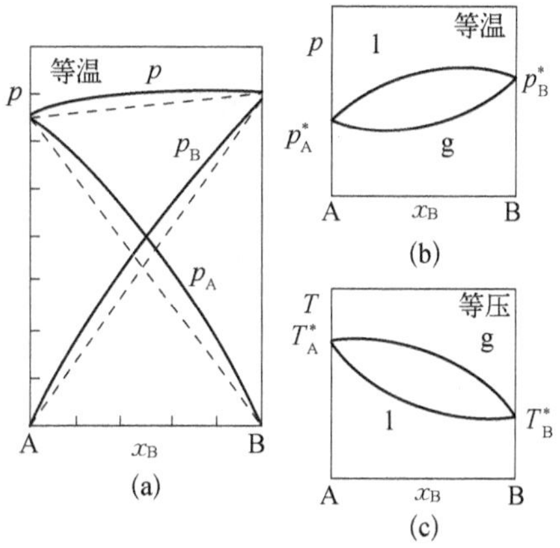

图 4-6 正偏差不是很大的系统(示意图)

(2) 正偏差很大系统

如图 4-7 中(a),虚线代表理想情况,实线代表实际情况。由于 p_A、p_B 偏离拉乌尔定律都很大,因而在 $p-x$ 图上有最高点。在图(b)中同时画出了液相线和气相线。图(c)是 $T-x$ 图。蒸气压高,沸点就低,因此在 $p-x$ 图上有最高点,在 $T-x$ 图上就有最低点,该最低点称为最低**恒沸点(azeotropic point)**。恒沸点处气相组成和液相组成相同,自由度为零,恒沸点处所对应的系统称为**恒沸混合物(azeotropic mixture)**。

属于这一类的系统有 $H_2O-C_2H_5OH$, $CH_3OH-C_6H_6$, $C_2H_5OH-C_6H_6$ 等。

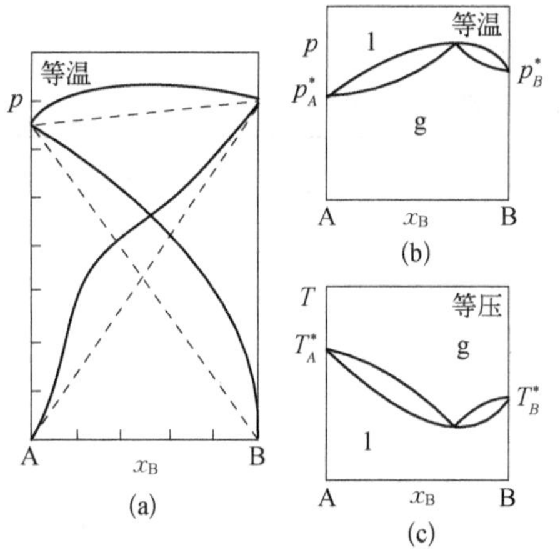

图 4-7 $p-x$ 图上具有最高点的系统(示意图)

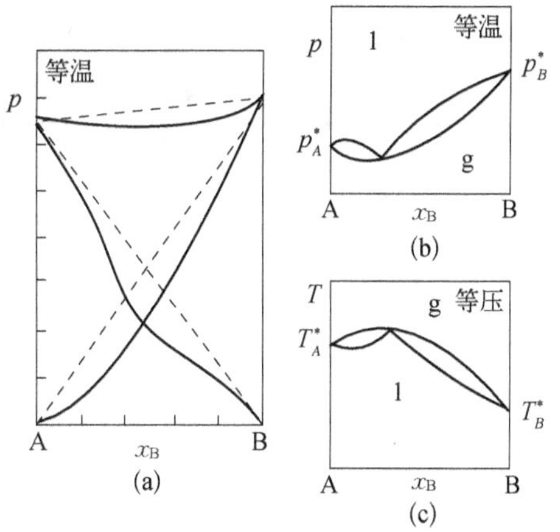

图 4-8 $p-x$ 图上具有最低点的系统(示意图)

(3) 负偏差很大的系统

如图 4-8,这类系统在 $p-x$ 图上有最低点,在 $T-x$ 图上则相应地有最高点,此点称为最高恒沸点。

属于这一类的系统有 H_2O-HNO_3, $HCl-(CH_3)_2O$, H_2O-HCl 等。

需要强调的是,恒沸物是混合物而不是化合物,因为恒沸混合物的组成在一定的范围内随外压的连续改变而改变。如图 4-8 中的最高点，实际上是空间曲线上的一个截点。

在一定的压力下恒沸混合物的组成有定值。盐酸和水的恒沸混合物甚至可以用来作为定量分析的标准溶液。

在以上所列出的几种非理想的完全互溶双液系中，大多是组分 A 为正(负)偏差则组分 B 亦为正(负)偏差。但也有些系统中，一个组分是正偏差另一组分却为负偏差。

2. 柯诺瓦洛夫规则

1881 年，柯诺瓦洛夫(Konovalov)在大量实验工作的基础上，总结出联系蒸气组成和溶液组成之间关系的两条定性规则：

1) 在二组分溶液中，如果加入某一组分而使溶液的总蒸气压增加(即在一定压力下使溶液的沸点下降)的话，那么，该组分(等温下蒸气压较高的易挥发组分)在平衡蒸气相中的浓度将大于它在溶液相中的浓度。

2) 在溶液的蒸气压-组成图中，如果有极大点或极小点存在，则在极大点或极小点上平衡蒸气相的组成和溶液相的组成相同。

根据柯诺瓦洛夫规则，可得到如下两点结论：

1) 各种类型溶液的 $p-x-y$ 图中，$p-y$ 曲线应在 $p-x$ 曲线下面。

2) 在溶液的 $p-x-y$ 中的极大点或极小点处，$p-y$ 曲线和 $p-x$ 曲线应合二为一，相交于这个极大点或极小点。

3. 恒沸混合物

图 4-7 和图 4-8 中的最高点和最低点所对应的恒沸混合物，沸腾过程类似于纯液体。在沸腾过程中温度不变，但仍是混合物。对于一定系统而言，在一定外压下，恒沸点的组成和温度固定不变，但当外压改变时，恒沸点也发生改变，甚至还可能消失。如表 4-2 中压力为 9.332 kPa 时乙醇-水系统不存在恒沸点。

表 4-2 压力对乙醇-水系统恒沸点的影响

压力/kPa	恒沸温度/K	乙醇质量分数(恒沸物中)/%
9.332	—	100
12.05	306.5	99.5
17.29	312.35	98.87
26.45	320.78	97.73
53.94	336.19	96.25
101.325	351.3	95.60
143.4	360.27	95.35
193.5	368.5	95.25

表 4-2 中的数据说明，恒沸混合物并不是一种具有确定组成的化合物，它仅是两组分挥发能力暂时均等的体现。一些常见的恒沸溶液的恒沸温度及其组成见表 4-3。

表 4-3 常见恒沸混合物的恒沸温度及组成

溶 液	压力×10^{-5}/Pa	恒沸点/K	质量分数/%
$HCl+H_2O$	1.013 25	382.0(最高)	20.24% HCl
$HCl+H_2O$	0.933 2	379.55(最高)	20.36% HCl

续 表

溶 液	压力×10⁻⁵/Pa	恒沸点/K	质量分数/%
HNO_3+H_2O	1.013 25	393.65(最高)	68% HNO_3
$H_2SO_4+H_2O$	1.013 25	611.15(最高)	98.3% H_2SO_4
$C_2H_5OH+H_2O$	1.013 25	351.28(最低)	95.57% C_2H_5OH
$CH_3COOC_2H_5+H_2O$	0.666 6	332.55(最低)	92.5% $CH_3COOC_2H_5$

4.3.4 蒸馏与精馏

1. 简单蒸馏原理

在有机化学实验中常使用简单蒸馏，其原理如图4-9所示。设起始溶液组成为x_1，加热到T_1时开始沸腾，此时与其共存的气相组成为y_1。由于气相中含有低沸点组分B多，即$y_1>x_1$，一旦有气相生成，液相组成将沿OC线向上变化，相应沸点也要升高。如果将T_1～T_2温度区间的馏分冷却，则馏出物组成在y_1与y_2之间，其中含组分B较原始混合物中多。显然留在蒸馏瓶中的混合物中含沸点较高的组分比原始溶液多。简单蒸馏只能粗略地把多组分系统相对分离，分离效果差。欲完全分离，需要采用精馏方法。

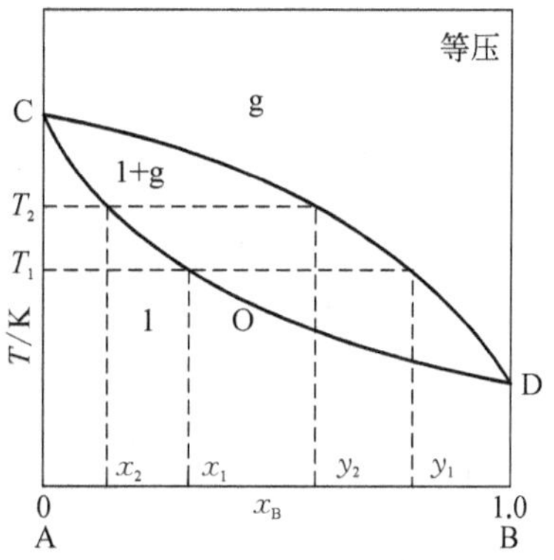

图4-9 蒸馏示意图

2. 精馏原理

如图4-10所示，若原有一组成为x的混合液，物系点为O点，此时气、液两相的组成分别为y_4和x_4。若将组成为x_4的溶液移出，并加热到T_5，则溶液部分气化，分成两相，液相组成为x_5，其中难挥发组分A的含量较x_4有所增加。若继续上述步骤将液相x_5加热至T_6，这时又部分气化分成两相，液相组成为x_6，其中难挥发组分A的含量继续增大。由图看出，液相经多次部分气化后，液相组成沿液相线不断向A移动，最终可得纯的难挥发组分A。

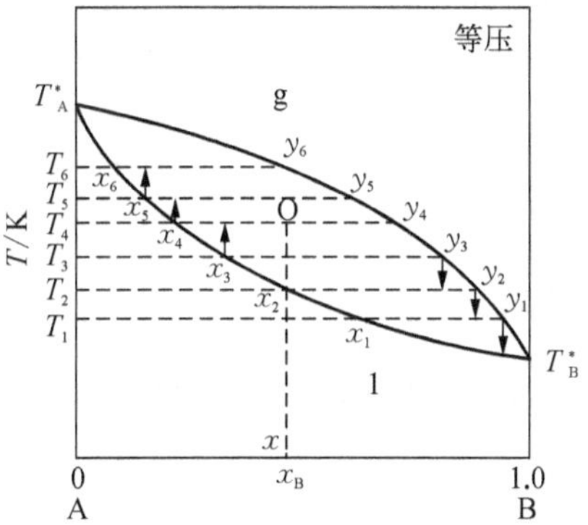

图4-10 精馏示意图

另一方面，若将组成为y_4的气相部分冷凝至温度为T_3，得到组成为x_3的液相和组成为y_3的气相。这时气相中B组分的含量较y_4有所提高。将组成为y_3的气相冷凝至温度为T_2，再次发生部分冷凝，又得两相x_2和y_2。重复下去，气相含B的组成逐渐增大。气相经多次部分冷凝后，气相组成沿气相线下降，向纯B方向变化。因此，最终可得纯的易挥发组分B。

由此可见，混合物经反复多次部分气化和部分冷凝后可达到将A和B分离的目的。在化工生产中，这种分离是在精馏塔(如图4-11)中连续进行完成的。精馏的结果，低沸

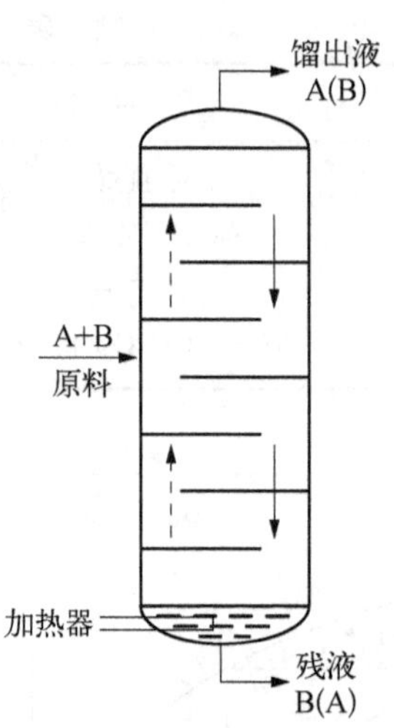

图 4-11　板式蒸馏塔示意图

点组分由塔顶流出，高沸点组分流入塔底。

应指出，对具有最高和最低恒沸点的二组分系统，不能通过精馏同时得到纯 A 和纯 B，只能得到一个纯组分和恒沸混合物。例如，在标准压力 $p^{\ominus}$ 时，$H_2O-C_2H_5OH$ 系统的最低恒沸点为 351.28 K，恒沸混合物中含乙醇 95.57%。若开始时用乙醇含量小于 95.57%的混合物进行精馏，只能分得水和恒沸混合物。若要得到纯乙醇，可加 CaO 后再蒸馏，或采用三组分系统的方法，目前也可用超临界流体萃取法进行分离。

4.3.5　部分互溶双液系统

当两种液体的性质差别较大时，它们的混合物仅在一定温度和组成范围内完全互溶，而其他情况下只是部分互溶形成液相，这种系统称为部分互溶双液系。这类系统的温度-组成图主要有四种类型。

1. 具有最高临界溶解温度的类型

图 4-12 是 $H_2O-C_6H_5NH_2$ 的温度-组成图。在低温下两者部分互溶，形成两液层：一层是水中饱和了苯胺(左半支)；另一层是苯胺中饱和了水(右半支)。如图所示的帽形区内，约 373 K 时，溶液分为两相，两相的组成分别为 A′和 A″。由于 A′和 A″ 是平衡共存的，故称为**共轭层(conjugate layers)**，有时称 A′和 A″ 点为共轭配对点。如果升高温度，则苯胺在水中的溶解度沿 DA′B 线上升，水在苯胺中的溶解度沿 EA″B 线上升。两液层的组成逐渐接近，最后汇聚于 B 点。此时两液层的浓度相同而成为单相溶液。在 B 点以上的温度，水与苯胺能以任何比例均匀混合。B 点对应的温度(T_B)称为最高**临界溶解温度(critical solution temperature)**。

最高临界溶解温度的高低反映了一对液体间相互溶解能力的强弱。最高临界溶解温度越低，两液体间的互溶性越好。因此可利用最高临界溶解温度的数据来选择优良的萃取剂。

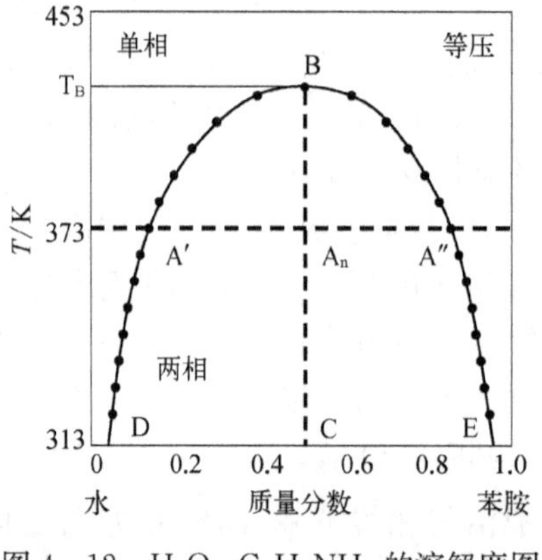

图 4-12　$H_2O-C_6H_5NH_2$ 的溶解度图

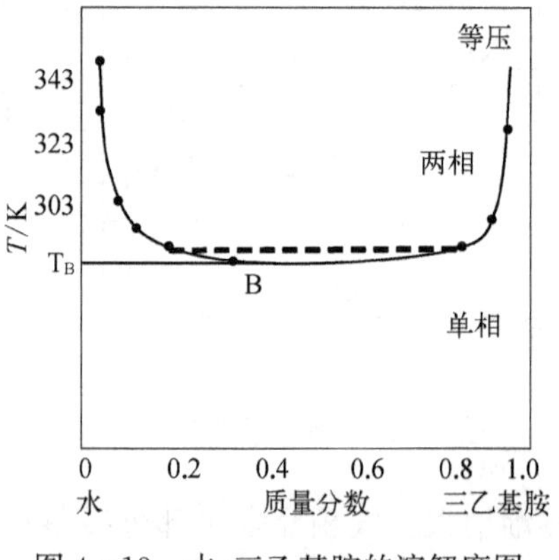

图 4-13　水-三乙基胺的溶解度图

2. 具有最低临界溶解温度的类型

水和三乙基胺的双液系属于这种类型。如图 4-13，在最低点 T_B以下，两种液体能以任意比例互溶；在 T_B以上，则温度增加反而使两液体的互溶度降低，并出现两相，图形上出现最低临界溶解温度。

3. 同时具有上下临界溶解温度的类型

图 4-14 是水和烟碱的溶解度曲线。这一对液体有完全封闭式的溶度曲线。在 $T_{c'}$ 以上和 T_c 以下，两液体能以任何比例互溶。在 T_c和 $T_{c'}$之间，根据不同的浓度，体系分为两层。

4. 无临界溶解温度的类型

即一对液体在它们成为溶液存在的温度范围内一直是彼此部分混溶的。例如乙醚和水就属没有临界溶解温度的类型。

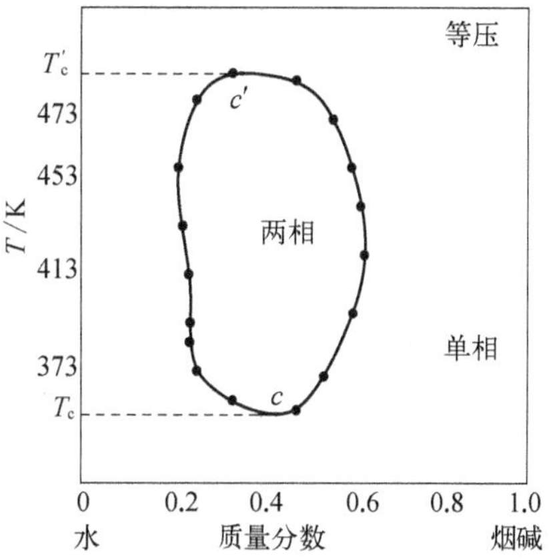

图 4-14 水-烟碱的溶解度图

4.3.6 完全不互溶双液系统—水蒸气蒸馏

严格地说，两种液体完全不互溶是没有的，但当两种组分性质差别很大，彼此间互溶的程度非常小时，可以近似视为不互溶。例如汞-水、二硫化碳-水、氯苯-水属于这种不互溶系统。

1. 完全不互溶双液系统的饱和蒸气压与沸点关系

当两种不互溶的液体 A 和 B 共存时，组分间几乎互不影响，每一种液体的饱和蒸气压就是它们在纯态(单独存在)时的蒸气压，其大小只是温度的函数，而与另一组分的存在与否及数量无关。所以，这种系统的总蒸气压等于两纯组分在该温度下单独存在时的蒸气压之和，即 $p = p_A^* + p_B^*$。完全不互溶系统的总蒸气压恒大于任一纯组分的蒸气压，当然，混合系统(不是溶液)的沸点也就恒低于任一纯组分的沸点。而且由于总蒸气压与两种液体的相对数量无关，故混合系统在沸腾蒸馏时的温度将保持不变。

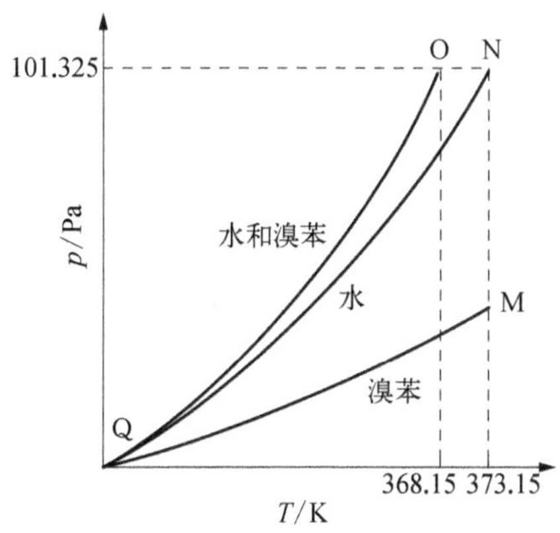

图 4-15 不互溶的水-溴苯蒸气压曲线

图 4-15 是完全不互溶的两种液体水-溴苯系统的蒸气压曲线，由图可以看出，当外压为 101.325 kPa 时，水的沸点为 373.15 K，溴苯的沸点为 429.35 K，而水-溴苯系统的沸点则降到 368.15 K，比纯水和溴苯的沸点均低。这类系统实际应用很广泛，如水蒸气蒸馏就是根据这类系统特点进行的。

2. 水蒸气蒸馏

有些有机化合物的沸点很高，不易直接蒸馏，或因性质不稳定，往往加热未达到沸点前该物质就分解了，这样就不能采用一般蒸馏方法进行分离提纯。对这类有机化合物只要与水不互溶，就可采用水蒸气蒸馏的方法进行提纯。水蒸气蒸馏时，将待提纯的有机液体加热到不足 373.15 K，然后让水蒸气以气泡的形式通过有机液体冒出，起到搅拌作用，形成完全不互溶的混合物系统，使系统的蒸气和两个液体平衡。将蒸气冷凝后，由于两组分不互溶，自动分为两层,即有机液层和水层,除去水层即得产品。这样,在不到 373.15 K 的较低温度下提纯了有机物,同时避免了它的受热分解。

蒸出物中 A、B 两组分的质量可根据道尔顿分压定律计算。在共沸点时有

$$p_A^* = py_A = p \cdot \frac{n_A}{n_A + n_B}$$

$$p_B^* = py_B = p \cdot \frac{n_B}{n_A + n_B}$$

式中,p 是总蒸气压;y_A、y_B分别为气相中 A、B 两组分的摩尔分数;n_A、n_B为 A、B 的物质的量。将上面两式相除得

$$\frac{p_A^*}{p_B^*} = \frac{n_A}{n_B} = \frac{W_A/M_A}{W_B/M_B} = \frac{M_B}{M_A} \cdot \frac{W_A}{W_B}$$

$$\frac{W_A}{W_B} = \frac{p_A^*}{p_B^*} \cdot \frac{M_A}{M_B}$$

式中,W 是纯物质的质量;M 是摩尔质量。若其中组分 A 是水而组分 B 是有机液体,则可将此式具体写为

$$\frac{W(H_2O)}{W_B} = \frac{p^*(H_2O) \cdot M(H_2O)}{p_B^* \cdot M_B} \tag{4-16}$$

式中,$W(H_2O)/W_B$ 是蒸馏出单位质量有机化合物所需水蒸气的用量,称为有机液体 B 的蒸气消耗因子。显然,此值越小,则水蒸气蒸馏的效率越高。由式(4-16)可以看出,有机化合物的摩尔质量 M_B愈大,在 100℃左右饱和蒸气压 p_B^* 愈大,则分出一定量的有机化合物所消耗的水蒸气量愈少,即水蒸气蒸馏的效率越高。

水蒸气蒸馏法还可以用来测定与水完全不互溶的有机化合物的摩尔质量 M_B,由式(4-16)可得

$$M_B = M(H_2O) \times \frac{p^*(H_2O)W_B}{p_B^* W(H_2O)} \tag{4-17}$$

例 4-4 某有机液体用水蒸气蒸馏时,在 100 kPa 下于 90℃沸腾,馏出物中水的质量分数为 0.240。已知 90℃时水的饱和蒸气压为 7.01×10^4 Pa。试求此有机液体的摩尔质量 M_B。

解: 已知 $W(H_2O) = 24.0$ g, $W_B = 76.0$ g, 根据 $p^\ominus = p_B^* + p^*(H_2O)$, 则

$$\begin{aligned} p_B^* &= p^\ominus - p^*(H_2O) \\ &= p^\ominus - 7.01\times10^4 = 3.12\times10^4 \text{ Pa} \end{aligned}$$

由式(4-17)可得

$$M_B = M(H_2O) \times \frac{p^*(H_2O)W_B}{p_B^* W(H_2O)}$$

$$= 18.0 \times \frac{7.01 \times 10^4 \times 76.0}{3.12 \times 10^4 \times 24.0} = 128\ \text{g} \cdot \text{mol}^{-1}$$

4.4 二组分固-液平衡系统

常见的二组分固-液系统有两种：一种是盐水系统，由可溶于水的盐和水组成；另一种是合金系统，由两种金属物质组成。在研究固体和液体平衡时，固-液系统上方的平衡蒸气压很小，如果外压大于平衡蒸气压，可以认为系统的蒸气相是不存在的，所以只有固-液平衡的系统又称为“凝聚系统”。由于外压对凝聚系统的影响可忽略不计，常把压力恒定为标准压力来研究固-液系统平衡时平衡温度和组成的关系，绘制的相图为温度-组成相图。因此，依据相律可得

$$f^* = K - \Phi + 1 = 2 - \Phi + 1 = 3 - \Phi$$

当系统相数最少时（$\Phi_{\min} = 1$），则系统的自由度数为最多（$f^*_{\max} = 2$），即温度和组成。因此，二组分固-液系统的相图也是平面图。其相图亦是通过实验方法绘制的，常用的方法有溶解度法和热分析法。

4.4.1 具有简单低共熔混合物的固-液系统

1. 用热分析法绘制相图

热分析法是绘制凝聚系统相图时常用的方法。其基本原理是：根据系统在冷却或加热过程中温度随时间的变化关系来确定系统的相态变化。通常的做法是将所研究的二组分系统配制成质量分数递变的一系列样品，逐个将样品加热至全部熔化，然后让其在一定的环境下自行冷却，把观测到的温度随冷却时间的关系绘成曲线，因该曲线是在逐步冷却过程中获得的，故称为**步冷曲线(cooling curve)**。由步冷曲线上出现的转折或停歇点找出发生相变的温度，依此绘制出相应的相图。用此曲线研究固-液相平衡的方法称热分析法。下面以 Bi－Cd 二组分系统为例作具体讨论。

首先配制含 Cd 质量分数分别为 0、0.2、0.4、0.7、1.0 的五个样品，在常压下加热至完全熔化为液态，然后放在等压的环境中冷却，根据各样品在不同时间的温度数据，可作出图 4－16(a)所示的步冷曲线。最后对每个组成样品的步冷曲线进行分析，找出相应组成样品发生相变化时的温度，在对应温度-组成图上描点，绘制图 4－16(b)所示的相图。

样品 a 是纯 Bi，样品 e 是纯 Cd，组分数 $K=1$，等压下相律表达式为 $f^* = 1-\Phi+1 = 2-\Phi$。当温度处在凝固点以上时，$\Phi = 1$，$f^* = 2-1 = 1$，该自由度是系统的温度。由于周围环境（大气）吸热，系统均匀地降温。当温度降至凝固点时，开始析出固相，保持固液两相平衡，$\Phi = 2$，则 $f^* = 0$，所以系统保持凝固点温度不变。由于析出过程要放出热量，此热能恰好抵消系统向环境的散热。因此，步冷曲线上出现平台段，直到液体全部凝固，系统温度又继续下降。样品 a 步冷曲线中，平台 A 对应的温度为纯 Bi 的凝固点 546 K，样品 e

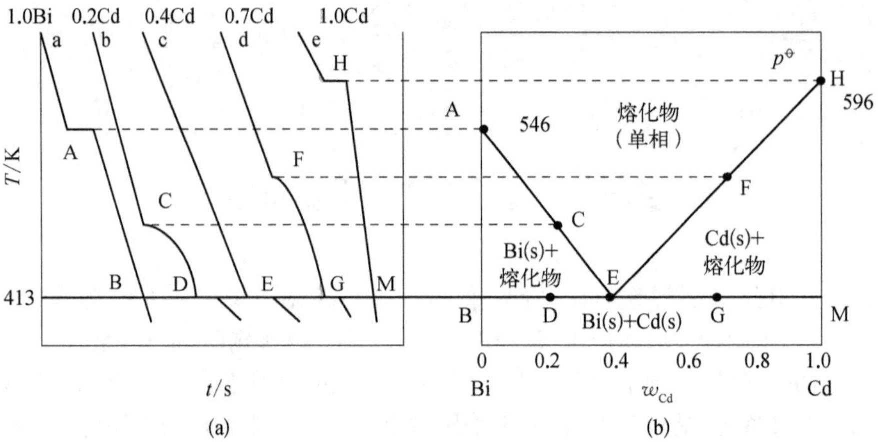

图 4-16　Bi-Cd 系统的步冷曲线和相图

步冷曲线中，平台 H 对应的温度为纯 Cd 的凝固点 596 K。根据这两个温度，可在温度-组成图 4-16(b)中画出纯 Bi 及纯 Cd 的两相平衡点 A 及 H。利用步冷曲线的水平线段，可以准确地测定纯物质的凝固点。

样品 b 和 d 分别是含 Cd 20%和 70%的 Bi-Cd 混合系统，组分数 $K=2$，等压下的相律为 $f^*=2-\Phi+1=3-\Phi$。系统为单一熔融液相时，$\Phi=1$，$f^*=2$(表示 T、x)，自由度不为零，系统可均匀降温，所以步冷曲线的上端为平滑线段。当冷却至某温度时，对其中一种金属已达到饱和，开始有该金属结晶析出，固液两相平衡共存。例如样品 b 降温至 C 点，熔液对 Bi 达到饱和，开始有纯固态 Bi 析出；样品 d 降温至 F 点，熔液对 Cd 达到饱和，开始有纯固态 Cd 析出。由于金属的析出，使得该金属在熔液中的含量不断减少，需要更低的温度才能继续结晶，因此温度仍然下降。这一点可以从相律中看出。因 $\Phi=2$，$f^*=1$，自由度不为零，温度仍可下降。但是，由于结晶时放出热量，部分地抵偿了系统向环境的散热，故温度下降速率减慢，步冷曲线的斜率变小，出现转折。该折点所对应的温度，就为系统开始析出固体金属而呈现两相平衡时的温度。因组成不同，样品 b、d 的折点高低也不同。随着一种金属的析出，另一种金属的含量不断增加，因此当系统继续降温至 413 K 时，样品中另一种金属也达到饱和，此时 Cd 和 Bi 按固定比例同时析出，并与先前析出的晶体混合，系统呈三相平衡。例如样品 b 降温至 D 点(413 K)时，开始有纯固体 Cd 一起析出；样品 d 降温至 G 点(413 K)时，就有纯固体 Bi 一起析出。因 $\Phi=3$，则 $f^*=3-3=0$，温度为恒定值，因而在步冷曲线上出现平台段。平台段时析出 Cd 和 Bi 的混晶称为“简单最低共熔混合物”，此处的“简单”指构成混合物的两相是纯物质，晶体虽小但不是均匀的一相，或者说不是固溶体，但其熔点是恒定的。“最低”是混合物熔点虽然恒定，但比两种纯物质的熔点均低，也是熔(溶)液所能存在的最低温度。“共熔”指混晶 Cd(s)和 Bi(s)加热，则两者同时熔化。平台段所对应的温度称为**低共熔点(eutectic point)**。当熔融液全部凝固后，温度继续下降。在温度-组成图 4-16(b)中可绘出样品 b 开始析出纯固体 Bi 的点 C 和纯固体 Cd、纯固体 Bi 和熔液三相平衡点 D。同样，也可绘出样品 d 开始析出固体 Cd 的点 F 和纯固体 Cd、纯固体 Bi 和熔液三相平衡的点 G。

样品c的组成恰好等于最低共熔混合物的组成。因此降温至低共熔点413 K时，两种金属组分同时达到饱和一起析出，直接形成最低共熔混合物。因此，样品c的步冷曲线只在低共熔温度413 K处出现一平台段。当熔融液全部凝固后，温度又均匀下降。由步冷曲线平台段E所对应温度，可在温度-组成图中绘出样品c的纯固态Bi、纯固态Cd和熔液三相平衡点E。

如果配制的样品足够多，可在 $T-x$ 图上画出更多类似C、F的固体-熔液平衡点。连接A、C直至E的各个两相平衡点，得到金属Bi的溶解度曲线AE，同样连接H、F直至E的各个两相平衡点，得金属Cd的溶解曲线HE。连接各个二组分样品三相平衡共存时的平台段所对应三相平衡点(D、E、G等)，画出对应低共熔温度的水平线BEM，这样便得到Bi-Cd合金系统的温度-组成相图。下面对该相图中的点、线、面作具体分析：

1) 点　A、H和E分别为纯Bi、纯Cd的熔点和三相点，$f^*=0$。

2) 线　AE是Bi的凝固点降低曲线，或称Bi在Cd中的溶解度曲线。HE是Cd的凝固点降低曲线，或称Cd在Bi中的溶解度曲线。AE和HE线的自由度 $f^*=1$。BEM为三相平衡线，无论物系点落在该线的何处(两端点除外)，总是Bi(s)+Cd(s)+熔融液三相共存，三相线上的自由度 $f^*=0$。

3) 面　ACEFH线以上的面为熔液单相区，$f^*=2$。ACEDB区为熔液与Bi(s)的二相共存区，HFEGM区为熔液与Cd(s)的二相共存区。BDEGM以下为Bi(s)和Cd(s)两相共存。两相区内，自由度 $f^*=1$，液相组成为曲线所代表，固相组成即为相应的纵坐标，两相的相对数量可由杠杆规则求得。

在实际工业生产中，常利用具有低共熔点的合金相图来制备具有低共熔点的合金用品，如焊锡、保险丝等。表4-4列出了一些具有简单低共熔混合物系统的有关数据。

表4-4　具有低共熔点混合物系统的有关物理量

组分A	A的熔点/K	组分B	B的熔点/K	共熔混合物 w_B/%	共熔点/K
Sb	903	Pb	600	87	540
Sn	505	Pb	600	38.1	456.3
Si	1685	Al	930	89	851
Be	1555	Si	1685	32	1363
KCl	1063	AgCl	724	69	579
$CHBr_3$	280.5	C_6H_6	278.5	50	247

案例4-2

将药物制成固体分散体所采用的制剂技术称为固体分散技术。该技术在1961年由Sekiguchi等首先提出，并以尿素为载体，用熔融法制备了磺胺噻唑固体分散体。实验结果表明，口服这种固体分散体以后，其吸收率及排泄率均比口服单纯磺胺噻唑增加，改变了难溶性药物的水溶性和生物利用度。近年来，固体分散技术越来越受到广大药学工作者的重视，除了普通制剂中改变药物的溶解性能外，在缓控释制剂领域的研究也日益增多，有关的技术也不断得到补充、完善，并且用于固体分散体的载体材料也有所扩展，并可用相图来评价药物在固体分散体中的分散状态。药物在载体中分散的状态分为简单低共熔混合物、固溶体、偏晶体、玻璃态固溶体和分子复合物等。低共熔混合物是药物与载体以适当的比例，在较低的温度下熔融，得到完全混溶的液体，搅匀，速冷固化而成。药物以超细状态分散于载体中，为物理混合物。如以结晶 20%氯霉素与 80%尿素制成的固体分散体为低共熔混合物，比氯霉素溶解速率快 4 倍。

问题：

(1) 固体分散体有哪些优点？

(2) 固体分散体和溶液哪一个稳定？

(3) 固体分散体的缓释原理是什么？

2. 用溶解度法绘制盐水系统相图

一定温度下，盐在水中有一定的溶解度，而盐的加入将引起水的冰点降低，冰点降低的多少与盐在溶液中的浓度有关。因此，若固定温度，测定盐在水中的溶解度和相态变化，然后测定不同浓度下水的冰点，以温度对溶解度作图，即得水-盐系统相图。表 4－5 为实验测得的不同温度下 $(NH_4)_2SO_4$ 在水中的溶解度以及不同组成时 $(NH_4)_2SO_4$ 水溶液的冰点。

在温度-组成图中，依据表 4－5 中不同盐浓度下水的冰点值绘出 LE 线；依据不同温度下 $(NH_4)_2SO_4$ 的溶解度绘出 NE 线。无论是水溶液冰点线的绘制，还是 $(NH_4)_2SO_4$ 溶解度曲线的绘制，均可得到这样的结论：当温度达到 254.8 K 时，系统将有纯固体冰、纯固体 $(NH_4)_2SO_4$ 和含 $(NH_4)_2SO_4$ 浓度为 39.8%的溶液三相共存。过 E 点作一条等温线 AEC，这便得到 H_2O-$(NH_4)_2SO_4$ 系统的完整相图。如图 4－17 所示。下面对相图作一具体分析。

表 4－5　不同温度下 $(NH_4)_2SO_4$ 水溶液实验数据

编号	T/K	$w[(NH_4)_2SO_4]$/%	固　相	编号	T/K	$w[(NH_4)_2SO_4]$/%	固　相
1	273.15	0	冰	10	313.2	0.448	$(NH_4)_2SO_4(s)$
2	267.8	0.167	冰	11	323.2	0.458	$(NH_4)_2SO_4(s)$
3	262.2	0.286	冰	12	333.2	0.468	$(NH_4)_2SO_4(s)$
4	255.2	0.375	冰	13	343.2	0.478	$(NH_4)_2SO_4(s)$
5	254.1	0.384	冰＋$(NH_4)_2SO_4(s)$	14	353.2	0.488	$(NH_4)_2SO_4(s)$
6	273.2	0.414	$(NH_4)_2SO_4(s)$	15	363.2	0.498	$(NH_4)_2SO_4(s)$
7	283.2	0.422	$(NH_4)_2SO_4(s)$	16	373.2	0.508	$(NH_4)_2SO_4(s)$
8	293.2	0.430	$(NH_4)_2SO_4(s)$	17	382.1	0.518	$(NH_4)_2SO_4(s)$
9	303.2	0.438	$(NH_4)_2SO_4(s)$				

1) 点　L 和 N 两点分别为冰的熔点、盐的饱和溶解度，E 为 $H_2O(s)+(NH_4)_2SO_4(s)$＋盐水溶液的三相平衡点。

2) 线　LE 是冰和溶液两相平衡线，一般称为水溶液的冰点降低曲线或冰的饱和溶液曲线，$\Phi=2$，曲线上的自由度 $f^*=3-\Phi=3-2=1$(T 或 x)。NE 是固体 $(NH_4)_2SO_4$ 与其饱和溶液两相平衡线，称为 $(NH_4)_2SO_4$ 的溶解度曲线或 $(NH_4)_2SO_4$ 的饱和溶液曲线，$\Phi=2$，则 $f^*=1(T)$。因 NE 线上各点$(NH_4)_2SO_4$温度不同，所以溶解度不同。水平线 AEC 为三相线，线上任一点表示纯冰、$(NH_4)_2SO_4(s)$和组成为 E 的溶液三相平衡共存。因 $\Phi=3$，所以 $f^*=3-\Phi=3-3=0$。

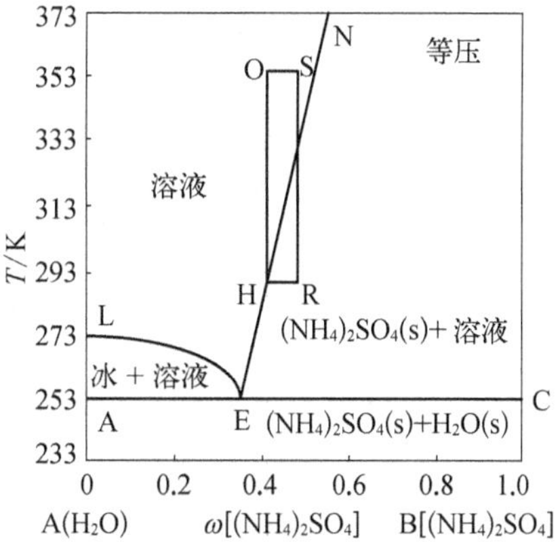

图 4－17　H_2O-$(NH_4)_2SO_4$ 相图

需说明的是，NE 线不能任意延长至与纵坐标相交，这是因为铵盐不稳定，未至熔点有可能分解。

3) 面　　LEN 线上方是单一液相区，在此区域中，$f^*=2$。LEAL 面是冰和溶液两相平衡共存区，某一温度下共存两相的相点就是过物系点的水平线与左纵轴和曲线 LE 的两个交点，溶液的组成一定在 LE 曲线上；NEC 线所围面是固体$(NH_4)_2SO_4$和溶液两相平衡共存区，此区内两相的相点就是过物系点的水平线与右纵轴和曲线 NE 的两个交点，溶液的组成一定在 NE 曲线上。当温度低于 251.35 K，相图中直线 AEC 以下所围区域是两个互不相溶的固体冰和固体$(NH_4)_2SO_4$两相共存区。在这 3 个两相共存区域，$f^*=1$。在两相区内可运用杠杆规则求出两相的质量比。

盐-水系统相图，对利用结晶法分离和提纯无机盐具有重要意义。由图 4－17 可见，欲要获得纯的$(NH_4)_2SO_4$晶体，溶液的组成应在低共熔点（E 点）右侧，否则（若在 E 点左侧）在直接冷却过程中将先析出冰，冷至 E 点以下同时析出冰和$(NH_4)_2SO_4$晶体，得不到纯的$(NH_4)_2SO_4$晶体。因此，对于盐浓度较小的物系需先进行蒸发浓缩，使物系点向右移动越过 E 点后，再进行冷却方可得到纯的$(NH_4)_2SO_4$晶体。如果提纯含少量杂质的$(NH_4)_2SO_4$，可采用水溶液重结晶法：在较高温度下，将粗盐配制成物系点在 O 点的溶液（如图 4－17），加入硫酸铵的粗产品，使物系点移动至离饱和溶液较近的 S 点，趁势过滤除去不溶性杂质，然后冷却，当物系进入两相区即有$(NH_4)_2SO_4$晶体析出。随着$(NH_4)_2SO_4$的析出，溶液中盐的浓度减小，当冷至常温 R 点时，其溶液组成为 H 点，析出$(NH_4)_2SO_4$的具体数量可通过杠杆规则计算。将两相分离后，将组成为 H 点的溶液（母液）再加热至 O 点，然后加入粗盐，物系点重由 O 点移至 S 点，可进行第二次操作。如此循环就可得到纯净的$(NH_4)_2SO_4$晶体。当然，循环次数多了，母液中由于积累较多可溶性杂质而不再是近似的二组分系统，这时，应对母液作一定的处理或另换母液。某些盐和水的最低共熔点及其组成列于表 4－6。

表 4－6　各种盐水系统的最低共熔点及其组成

盐	最低共熔点/K	共熔混合物 $w_{盐}/\%$	盐	最低共熔点/K	共熔混合物 $w_{盐}/\%$
NaCl	252.05	23.3	NaBr	245.15	40.3
NaI	241.65	39.0	KCl	262.45	19.7
KBr	260.55	31.3	KI	250.15	52.3

续 表

盐	最低共熔点/K	共熔混合物 $w_{盐}/\%$	盐	最低共熔点/K	共熔混合物 $w_{盐}/\%$
$(NH_4)_2SO_4$	254.85	39.8	$MgSO_4$	269.25	16.5
Na_2SO_4	272.05	3.84	KNO_3	270.15	11.20
$CaCl_2$	218.15	29.9	$FeCl_3$	218.15	33.1

4.4.2 生成化合物的二组分固-液系统

有些二组分固-液系统，在一定温度、组成下，不仅可形成最低共熔混合物，两个组分间还可以按一定比例化合，生成稳定化合物或不稳定化合物。不过，化合物的生成并不改变系统的组分数，因每生成一个化合物，各组分间就存在一个化学反应平衡关系，所以系统的组分数仍为 2。

1. 生成稳定化合物系统的相图

若 A 和 B 能反应生成化合物，此化合物直到熔点时还是稳定的，化合物熔化时所生成的液相和化合物的组成相同，则该化合物称为具有**相合熔点(congruent melting point)**的化合物。

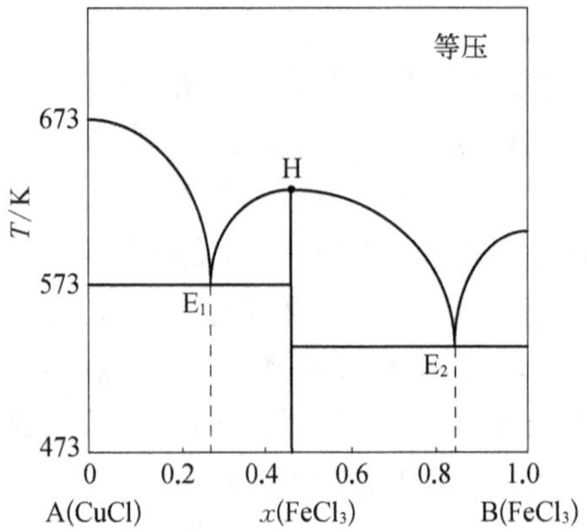

图 4-18 $CuCl-FeCl_3$ 的相图

图 4-18 给出了生成稳定化合物CuCl(A)-$FeCl_3$(B)的相图。图中 H 点为化合物 C($CuCl\cdot FeCl_3$)的熔点。当在此化合物中加入组分 A 或 B 时，都会使熔点降低。在分析此类相图时一般可以看成是由两个简单低共熔混合物的相图合并而成。左边一半是化合物 C 与 A 所构成的相图，E_1 是 A 与 C 的低共熔点。右边一半，是化合物 C 与 B 所构成的相图，E_2 点是 B 与化合物 C 的低共熔点。

这一类的二组分系统还有 Au-Fe(1∶2)、$CuCl_2$-KCl(1∶1)、酚-苯酚(1∶1)等。括号中的数字代表化合物中两组分的原子或分子的比例。有些盐类能形成几种水合物，例如，$FeCl_3$ 与 H_2O 能形成 $FeCl_3\cdot 2H_2O$、$FeCl_3\cdot 2.5H_2O$、$FeCl_3\cdot 3.5H_2O$、$FeCl_3\cdot 6H_2O$；$Mn(NO_3)_2$ 与 H_2O 能形成 3 水和 6 水化合物等，其相图都属于这一类型。又如 H_2O 与 H_2SO_4 也能形成三种化合物，如图 4-19。通常 98%浓硫酸常用之于炸药工业、医药工业等，但是从图中可以看到其结晶温度为 273.25 K，作为产品在冬季很容易冻结，输送管道也容易堵塞，无论运输和使用都会遇到困难。因此，冬季常以 92.5%的硫酸作为产品(有时简称为 93%酸)，这种酸的凝固点大约在 238.2 K 左右。在一般的地区存放或运输都不会冻结，但是从运输的费用看，运输浓酸总是比较经济一些。从图 4-19 还可以看到 90%左右的 H_2SO_4 的结晶温度对浓度的变化较为显著，例如 93%的硫酸如果因故变成 91%，则结晶温度将从 238.2 K 升到 255.9 K，如果浓度降到 89%，则结晶温度升到

269 K，在冬季也是很容易有晶体析出的。所以，在冬季不能用同一条输送管道来输送不同浓度的 H_2SO_4，以免因浓度改变而引起管道堵塞。

2. 生成不稳定化合物系统的相图

如果系统中两个组分之间形成不稳定化合物，将此化合物加热时，未到熔点前便发生分解，产生一个新的固体和一个与原来固相组成不同的溶液。由于形成的液相组成与原化合物的组成不一致，故此化合物具不相合熔点。不稳定化合物的分解温度称为不相合熔点，有时也称转熔温度或转熔点。这种分解反应称为转熔反应。可用通式表示为

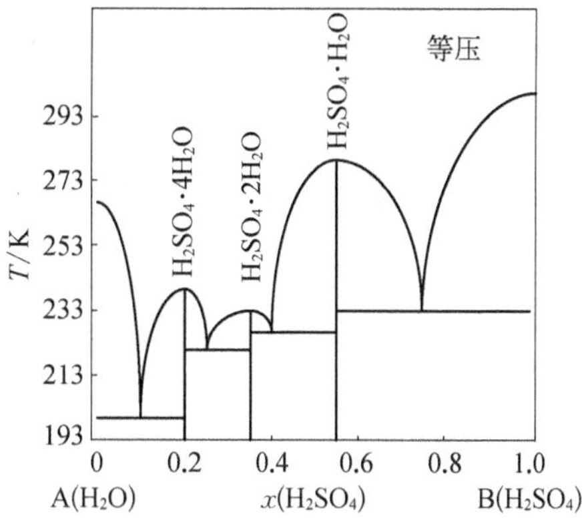

图 4-19 $H_2O-H_2SO_4$

$$C_1(S) \longrightarrow C_2(S) + S(L)$$

其中，$C_1(S)$为所形成的固相不稳定化合物，$C_2(S)$是分解反应所生成的新固相，它可以是一纯组分，亦可以是一种化合物；S 为分解反应所生成的溶液。这种转熔反应是可逆反应，加热时反应自左向右移动，冷却时反应就逆向进行。图 4-20 是 CaF_2(A)和 $CaCl_2$(B)生成固态化合物 $CaF_2 \cdot CaCl_2$(AB)的相图。当温度升至 1 010 K 时，固体化合物便会分解而建立如下平衡：

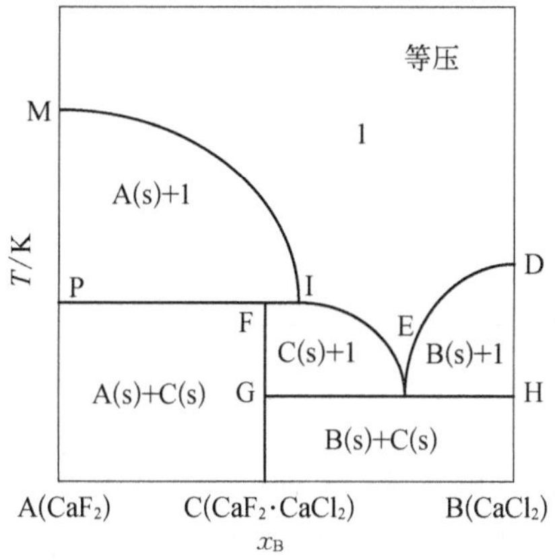

图 4-20 CaF_2-CaCl_2 相图

$$CaF_2 \cdot CaCl_2(s) \rightleftharpoons CaF_2(s) + 溶液(l)$$

因而 1 010 K 是 $CaF_2 \cdot CaCl_2$的不相合熔点。图中 CF 线是 AB 固相物质的单相线。PFI 线和 GEH 线均为三相线，两个三相线以下分别为两个不互溶的固相区。相图各区所代表的具体意义如下。

MIED 线以上：溶液单相区(l)。

MIP 区：CaF_2(s)-溶液(l) 两相区。

PFCA 区：CaF_2(s)- $CaF_2 \cdot CaCl_2$(s) 两相区。

FIEG 区：$CaF_2 \cdot CaCl_2$(s)-溶液(l) 两相区。

EDH 区：$CaCl_2$(s)-溶液(l) 两相区。

GHBC 区：$CaF_2 \cdot CaCl_2$(s)- $CaCl_2$(s) 两相区。

PFI 线：CaF_2(s)- $CaF_2 \cdot CaCl_2$(s)-溶液(l) 三相平衡。

GEH 线：$CaF_2 \cdot CaCl_2$(s)- $CaCl_2$(s)-溶液(l) 三相平衡。

这类相图对实际生产具有指导意义，如 CaF_2和 $CaCl_2$液态组成落在 C 点左侧，冷却时，首先析出的是 CaF_2而不能得到 $CaCl_2$，若组成落在 C 点右侧，冷却时得到的是 CaF_2 ·

$CaCl_2$化合物，只有组成在 E 点右侧时，才可能得到较多的纯 $CaCl_2$(s)。

属于这类系统的还有 Na－K(Na_2K)、H_2O－NaCl(NaCl·$2H_2O$)、KCl－$CuCl_2$(2KCl·$CuCl_2$)等。有时两个纯组分间可能生成不止一个不稳定化合物。

4.4.3 生成固溶体的固-液系统

一些两组分物质在液态时可无限互溶，将熔融液降温时所凝成的固相，不是纯组分，而是两种组分相互溶解形成的固体溶液，简称固溶体。根据两种组分在固相中互溶程度的不同，一般分为完全互溶和部分互溶两种情况。

1. 固相完全互溶系统的相图

当系统中的两个组分不仅能在液相中完全互溶，而且在固相中也能彼此以任意比例互溶，则在固态时能形成连续固溶体，其温度-组成相图与完全互溶双液系的沸点-组成图形式相似。

图 4－21 是 Bi－Sb 系统的相图及步冷曲线。因为系统中最多只有液相和固相两个相共存，根据相律 $f^* = 2 - 2 + 1 = 1$，即在压力恒定时，系统的自由度最少为 1 而不是零。因此，这种系统的步冷曲线上不可能出现水平段。

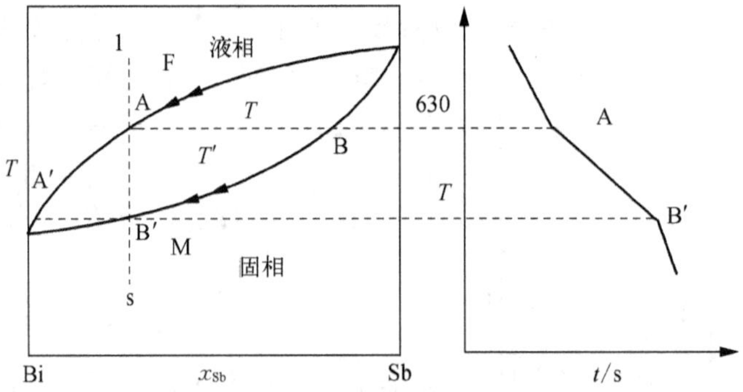

图 4－21 Bi－Sb 相图及步冷曲线

图中 F 线以上区域为液相区，M 线以下区域为固相区，F 线和 M 线所围区域为液相和固相共存的两相平衡区。F 线为液相冷却时开始凝固出固相的“凝点线”，M 线为固相加热时开始熔化的“熔点线”。取组成为 1 的熔液缓慢降温冷却使温度达 A 点时，开始析出组成为 B 点的固溶体，过 A 点后，随温度降低，固液两相组成不断分别沿 B→B′和 A→A′变化。两相区内呈熔液-固溶体的两相平衡，两相数量可依杠杆规则获得。当温度冷至 B′时，系统中剩下组成为 A′的最后一滴液体。过 B′点后，全部凝固为固溶体，此后为固溶体的冷却。与液-气平衡的温度-组成图类似，有时在生成固溶体的相图中出现最高熔点或最低熔点。在此最高熔点或最低熔点处，液相组成和固相组成相同，此时的步冷曲线上应出现水平线段。这种类型的相图见图 4－22 和图 4－23。

2. 固相部分互溶系统的相图

两个组分在液态可无限混溶，而固态在一定的浓度范围内形成互不相溶的两相。对于这一类相图，可看成高温是具有低共熔点的相图，低温下具有部分互溶型的相图，两者经压缩形成。

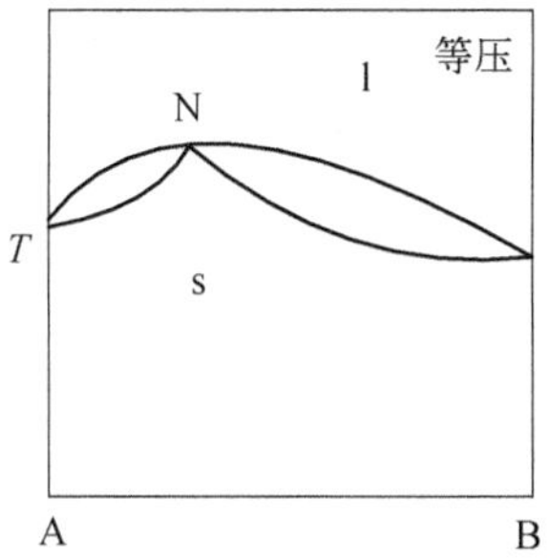

图 4-22 具有最高熔点示意图

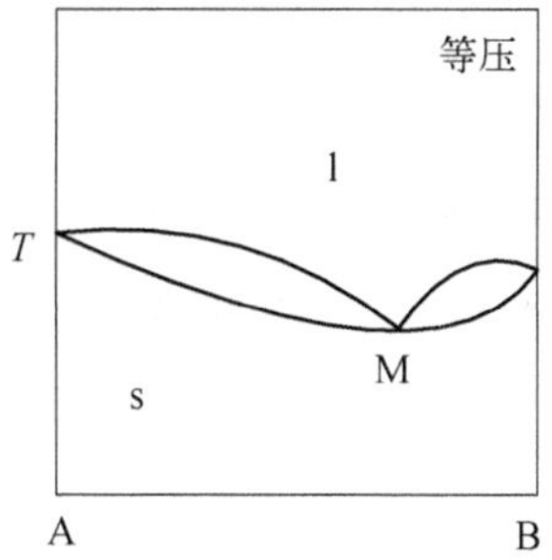

图 4-23 具有最低熔点示意图

如图 4-24 所示的 KNO_3- $TiNO_3$ 相图。该相图中 AE、BE 是液相的组成曲线，AJ、BC 是固溶体的组成曲线，AEB 线以上的区域是熔化物。AJE 区域为固溶体（Ⅰ）[以下简称（Ⅰ）]与熔化物两相共存的平衡区，BEC 区域为固溶体（Ⅱ）[以下简称（Ⅱ）]与熔化物两相共存的平衡区，AHFJ 区是（Ⅰ）的单相区，BIGC 区是（Ⅱ）的单相区，FJECG 区为（Ⅰ）、（Ⅱ）两相共存的平衡区，在该区内体系分成两相，这是两个互相共轭的固相，其组成可分别从 JF 线和 CG 线上读出。

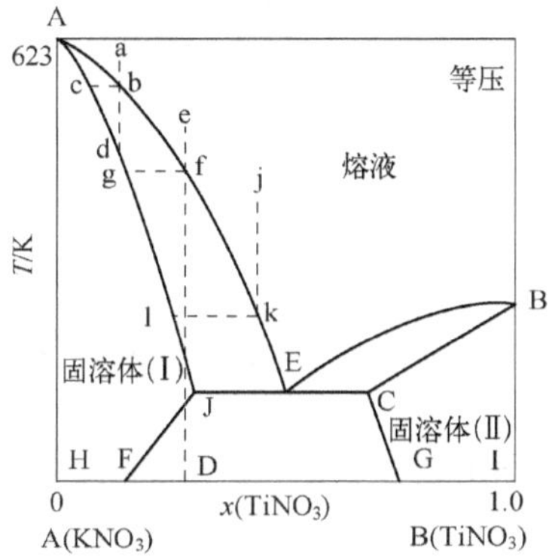

图 4-24 KNO_3 - $TiNO_3$ 相图

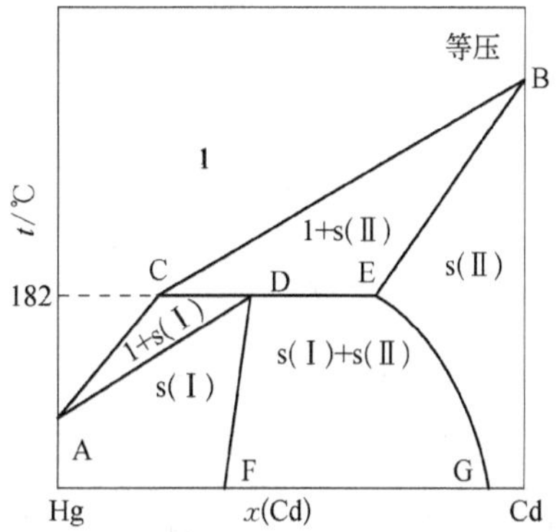

图 4-25 Hg-Cd 的相图

图 4-25 是 Hg-Cd 的转熔温度相图。图中 BCE 是固溶体（Ⅱ）与熔化物的两相共存区，CDA 是固溶体（Ⅰ）与熔化物的两相共存区，FDEG 区是固溶体（Ⅰ）和固溶体（Ⅱ）的两相共存区。在 182℃时三相共存，这个温度称为转熔温度。

从 Hg-Cd 的相图，可知为什么镉标准电池的电极电势可保持相对稳定。镉汞齐电极中 Cd 的浓度在 5%～14%之间，常温下此时系统处于熔化物和固溶体（Ⅰ）两相平衡区，就组分 Cd 而言，它在两相中均有一定的浓度（这两相也是共轭的）。此时，即使系统中 Cd 的总量发生微小的变化，也只不过改变两相的相对质量，而不会改变两相的浓度，因此电极电势可保持不变。

4.5 三组分系统

三组分系统 $K=3$，根据相律可以得到 $f=5-\Phi$，即系统最多可能有四个自由度（温度、压力和两个浓度项)。因此,要完整地表示三组分系统的相图,用三度空间的立体模型已不足以实现。由于实际应用中,压力和温度往往是固定的,因此,在等温等压下,$f^{*}=2$,可以用平面图形表示三组分系统。

4.5.1 三组分系统组成表示方法

三组分系统的组成通常用等边三角形(对于水盐体系有时也可以用直角坐标)来表示,如图 4-26。等边三角形的三个顶点分别表示三个纯组分 A、B 和 C。三条边表示三个二组分系统,通常沿着逆时针的方向(但也有用顺时针的方向)在三角形的三条边上标出 A、B、C 三个组分的质量分数。而三角形中任何一点则表示由 A、B、C 构成的三组分系统的组成,例如 O 点,其组成可确定为:从 O 点作 BC 的平行线,在 AC 线上得长度 a′,即为 A 的质量分数;从 O 点作 AC 的平行线,在 AB 线上得长度 b′,即为 B 的质量分数;从 O 点作 AB 的平行线,在 BC 线上得长度 c′,即为 C 的质量分数。根据几何学知识可知,a′+b′+c′等于三角形任一边的长。

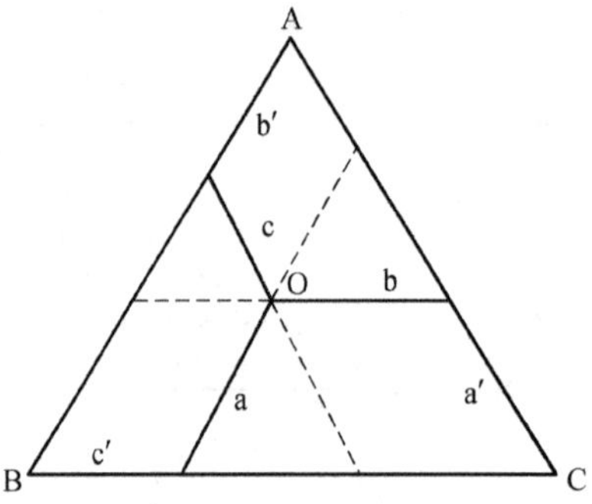

图 4-26 三组分系统组成表示法

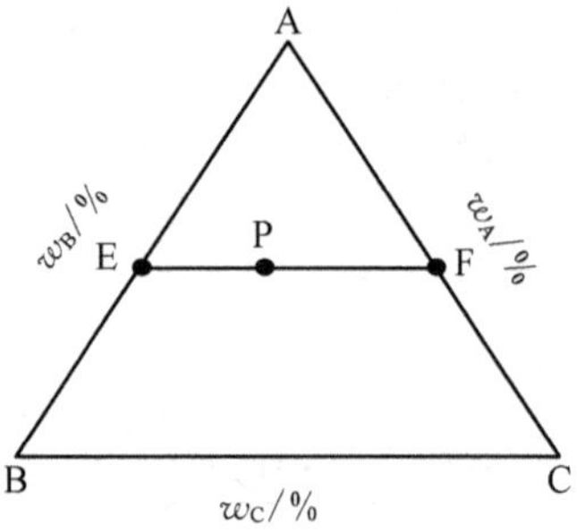

图 4-27 三组分系统组成表示法

用等边三角形表示组成,有下列几个规则:

1) 等含量规则　平行于三角形某一边的直线上各点,所含顶角所代表的组分的质量分数都相等。图 4-27 中 E、P、F 三点所含 A 的质量分数一定相同。

2) 等比例规则　通过任一顶点的直线上的各点,所含顶点组分的含量不同,而其他两个组分的含量的比例相同。如图 4-28 中,w_B/w_C=GI/HG=DC/BD。

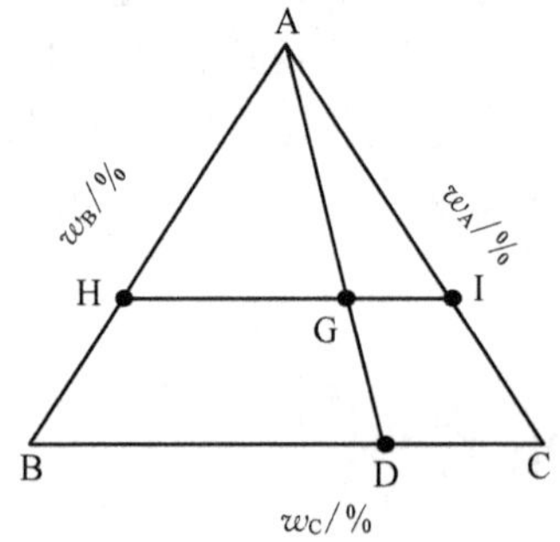

图 4-28 三组分系统组成表示法

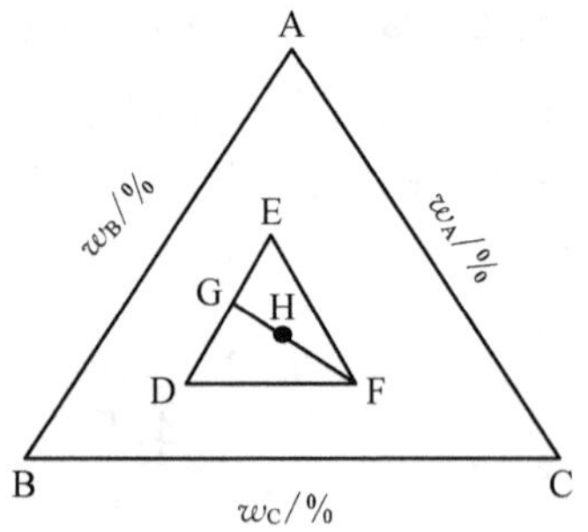

图 4-29 三组分系统杠杆规则和重心规则

3）杠杆规则　由两个三组分系统D和E合并成一个新的三组分系统，则新的三组分系统的物系点G在D、E两点的连线上，G在相图上的位置可以由杠杆规则确定，如图4-29。

4）重心规则　由三个三组分系统D、E、F构成一个新的三组分系统H，可以先由杠杆规则求出由两个三组分系统构成的三组分系统的物系点G，然后再由G和第三个系统再构成一个新的三组分系统H，H可看成是系统的重心，如图4-29。

4.5.2 三组分水盐系统

三组分水盐系统指系统组成为二盐一水的体系，目前只是对有一相同离子的两种盐和水组成的三组分系统研究得比较多。例如 KBr - NaBr - H_2O，H_2O - NH_4Cl - NH_4NO_3，H_2O - NaCl - Na_2SO_4 等。这类相图的类型也较多，两种盐可以和水生成水合物，或两种盐之间能生成复盐，这里只讨论最简单的固体是纯盐的系统。

图4-30是298.15 K和大气压力下NaCl - KCl - H_2O三组分相图。图中的N、M点分别代表指定温度下KCl（用S_1表示）和NaCl（用S_2表示）在水中的溶解度。如果向已达到饱和的S_1溶液中加入S_2，则饱和溶液的组分沿NQ曲线变化。同样，若向已饱和的S_2溶液中加入S_1，饱和溶液的组成沿MQ曲线变化。由此可见，NQ曲线代表S_1在含有S_2的溶液中的溶解度曲线，MQ曲线则代表S_2在含有S_1的溶液中的溶解度曲线，两曲线的交点Q是同时达到饱和的两种盐S_1、S_2的溶液组成点，自然也是三相点。若连接S_1Q和S_2Q，则相图可划分成四个区域：ANQM区是单相不饱和溶液区，因$\Phi=1$，$f^*=2$，说明两种盐S_1、S_2的浓度均可在此范围内任意变动而不至于影响体系的单相性质。NQS_1所围成的扇形区为固体盐S_1与饱和溶液的两相平衡区，区中的每一条直线称为结线，在结线上每一点所分成的两共轭相的组成由其二端点决定。例如，区内有一物系点G，在结线S_1a上，与盐S_1平衡共存的是组成为a的饱和溶液，两相质量比可按杠杆规则求解。此扇形区内$\Phi=2$，$f^*=1$，说明在本区域内溶液相中一种盐的浓度一旦确定，另一种盐的浓度也随之而定。MQS_2扇形区是固体盐S_2与饱和溶液的两相平衡区，其情况与NQS_1扇形区类似，不必赘述。S_1QS_2区是溶液Q、固体盐S_1和固体盐S_2的三相共存区，在此区内$\Phi=3$，$f^*=0$。区内任一物系点（如P点）的三相质量比可用前述的重心规则求得（图中E及F分别为其比例点）。Q点为三相点，$f^*=0$。

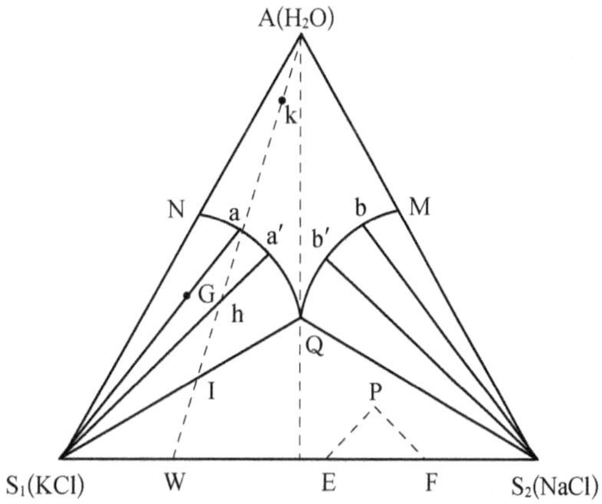

图4-30　NaCl - KCl - H_2O相图

利用该类相图，可以从两种盐的溶液或混合物中分离出某一种纯盐，以图4-30为例进行讨论。图中物系点k为含有两种盐的不饱和溶液，若等温蒸发，物系将沿AW线移动，当抵达a点时开始析出纯盐KCl，继而进入扇形两相区。随着蒸发的进行，水量不断减少，溶液相的组成沿 aQ 线变化，同时由杠杆规则可知纯盐 KCl 的析出量逐渐增多。直到物系点接近 I 点时，得到纯盐最多。若继续蒸发，物系将进入 S_1QS_2 三相区而形成混合体系，达不到分离的目的。物系点组成在 AQ 线左边经等温蒸发可得到纯 KCl；反之，若物系点组成在 AQ 线右边，经等温只能提取纯盐 NaCl。若物系点刚好落在 AQ 线上，则无法析出任何单一种盐，原因是此时等温蒸发就直接进入三相区，得到的是两种盐的混合物。

对于两种盐的固体混合物，如图中的 W，为得到纯 KCl，只需通过加水稀释，使物系点沿 WA 线向上位移，进入两相区，但不可越出 a 点。

图 4－31 和图 4－32 为形成水合物和生成复盐的三组分水盐系统相图，相图的分析方法与纯盐系统基本相似。

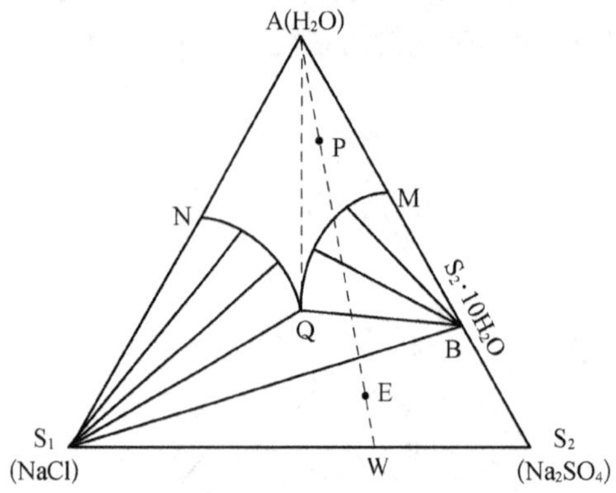

图 4－31 $NaCl(S_1)-Na_2SO_4(S_2)-H_2O$ 相图

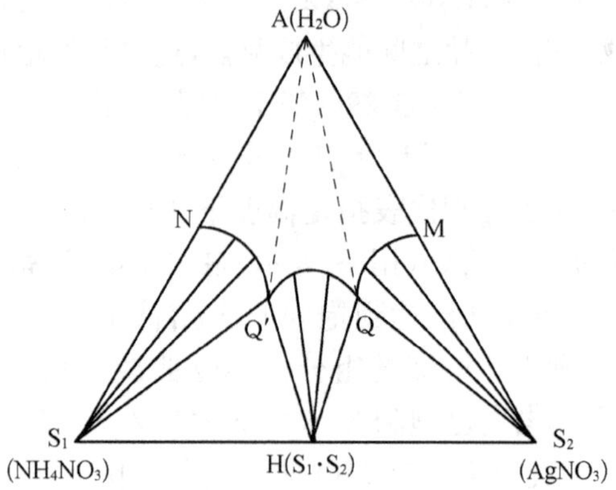

图 4－32 $NH_4NO_3-AgNO_3-H_2O$ 相图

4.5.3 部分互溶的三液系统

三种液体组成的系统，三种液体间可以是一对部分互溶、两对部分互溶或三对部分互溶的。

图 4－33 是醋酸(A)、氯仿(B)和水(C)所形成的有一对部分互溶的三液系统。其中 A 和 B，A 和 C 均能以任意的比例互溶，但 B 和 C 则只能有限度地互溶。当 B 和 C 的浓度在 Ba 或 bC 之间，可以完全互溶，组成介于 a 和 b 之间时，系统分为两个共轭溶液层，一层是水在氯仿中的饱和溶液(a 点)，另一层是氯仿在水中的饱和溶液(b 点)。如在组成为 c 的系统中逐渐加入少许醋酸(A)，由于醋酸在两层中并非等量分配，因此代表两液层浓度的各对应点 a_1b_1、a_2b_2、…的连线，不一定和底边 BC 平行，这些连线称为连接线。如已知物系点，则可以根据连接线用杠杆规则求得共轭溶液数量的比值。继续加入 A，物系点将沿 cA

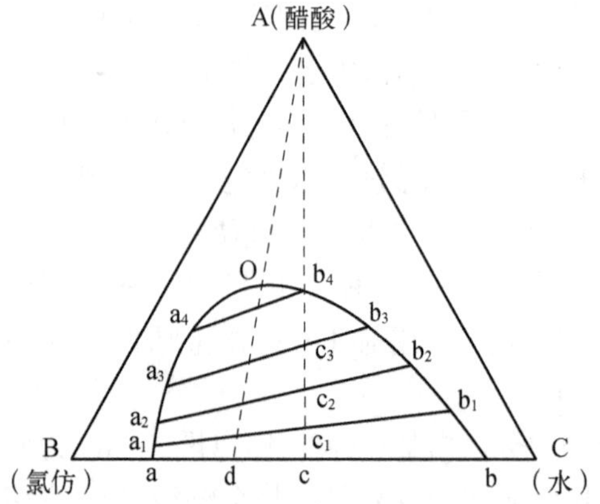

图 4－33 醋酸-氯仿-水相图

线上升。由于醋酸的加入，使得B和C的互溶度增加。当物系点接近b_4时，含氯仿较多的一层(接近a_4)数量渐减，最后该层将逐渐消失，体系进入帽形区以外的单相区。在帽形区内体系分为两相，其组成可由连接线的两端点读出。若在组成为d的系统中逐渐加入醋酸(A)，由图可见，物系沿dA线上升，平衡两液层的浓度同样由结线a_1b_1、a_2b_2、…的端点读出，且随着A的加入，自下而上，连接线愈来愈短，两层溶液的组成逐渐靠近，最后缩至O点。此时两层溶液的浓度完全一样，两个共轭三组分溶液变成一个三组分溶液，O点称为**等温会溶点或褶点(isothermal consolute point or plait point)**。注意，会溶点不一定在曲线的最高点处。曲线aOb，则称为**双结线(binodal curve)**。属于这一类的系统还有乙醇(A)-苯(B)-水(C)等。

部分互溶系统中加入第三种液体即成为部分互溶的三液系统，在药学中较为常见且有较多应用。例如在薄荷水制备时，可以利用乙二醇-薄荷油-水三液相图，根据溶解度曲线确定三者的含量比。

除形成一对部分互溶的三液系统以外，还有两组部分互溶系统[如图4-34的乙醇(A)-乙烯腈(B)-水(C)三组分系统]，或三组部分互溶系统[如图4-35的乙烯腈(A)-水(B)-乙醚(C)三组分系统]。

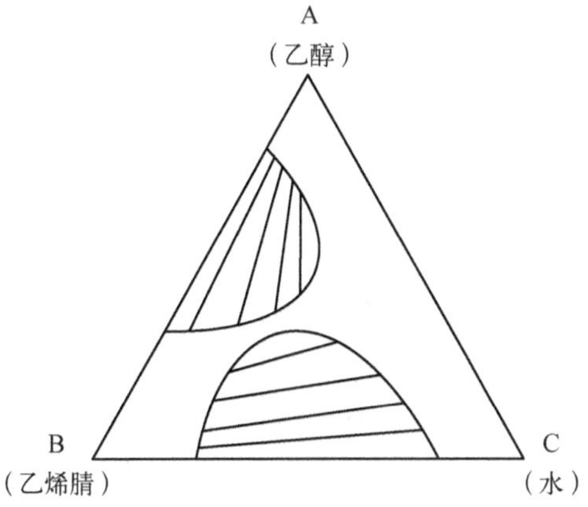

图4-34 乙醇-乙烯腈-水相图

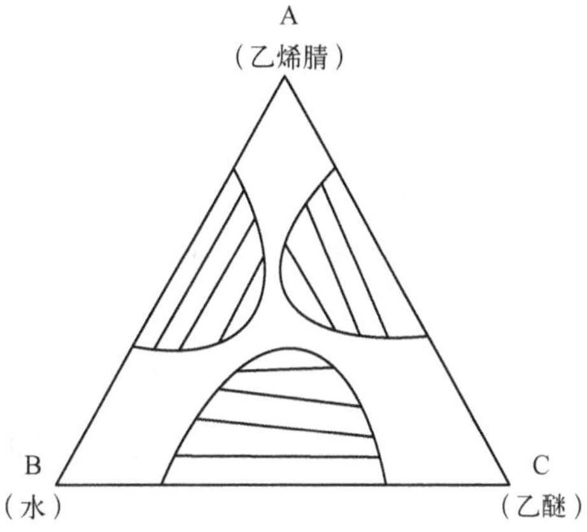

图4-35 乙烯腈-水-乙醚相图

(程远征)

思考题

1. 什么叫自由度？相律的内容是什么？它能够解决什么问题？
2. 水的三相点与冰点是否相同？
3. 相点与物系点有什么区别？
4. 单组分系统的三相点与低共熔点有何异同点？
5. 米粉和面粉混合得十分均匀，再也无法彼此分开，这时混合体系有几相？
6. 金粉和银粉混合后加热，使之熔融后冷却，得到的固体是一相还是两相？

7. 低共熔物能不能看做是化合物？

习　题

1. 下列说法对吗？为什么？

(1) 在一给定的系统中，独立组分数是一个确定的数。

(2) 单组分系统的物种数一定等于 1。

(3) 相律适用于任何相平衡系统。

(4) 在相平衡系统中，如果每一相中的物种数不相等，则相律不成立。

2. 请论证：

(1) 在一定温度下，某浓度的 NaCl 水溶液只有一个确定的蒸气压。

(2) 在一定温度下，草酸钙分解为 $CaCO_3$ 和 CO 时，只能有一个确定的 CO 压力。

3. 纯的 $CaCO_3(s)$ 在真空容器中分解，这时独立组分数为多少？

$$CaCO_3(s) \rightleftharpoons CaO(s) + CO_2(g)$$

4. 制水煤气时有三个平衡反应，求系统的独立组分数。

(1) $H_2O(g) + C \rightleftharpoons H_2(g) + CO(g)$

(2) $CO_2(g) + H_2(g) \rightleftharpoons H_2O(g) + CO(g)$

(3) $CO_2(g) + C(s) \rightleftharpoons 2CO(g)$

5. 在抽真空容器中，$NH_4Cl(s)$ 的分解达平衡，指出该系统的独立组分数、相数和自由度。

$$NH_4Cl(s) \rightleftharpoons NH_3(g) + HCl(g)$$

6. C 和 O_2 在一定条件下达成两种平衡，指出该系统的独立组分数、相数和自由度。

$$C(s) + \frac{1}{2}O_2(g) \rightleftharpoons CO(g)$$

$$CO(g) + \frac{1}{2}O_2(g) \rightleftharpoons CO_2(g)$$

7. 试求下述各系统的自由度，并指出变量是什么。

(1) 在恒定压力下，液体水与水蒸气达平衡。

(2) 液体水与水蒸气达平衡。

(3) 298.15 K 和恒定压力下，固体 NaCl 与其水溶液成平衡。

(4) $NH_4HS(s)$ 与任意比例的 $H_2S(g)$ 及 $NH_3(g)$ 的混合物达化学平衡。

(5) $I_2(s)$ 与 $I_2(g)$ 成平衡。

8. Na_2CO_3 与水可形成三种水合物 $Na_2CO_3 \cdot H_2O(s)$，$Na_2CO_3 \cdot 7H_2O(s)$ 和 $Na_2CO_3 \cdot 10H_2O(s)$。问这些水合物能否与 Na_2CO_3 水溶液及冰同时平衡共存？

9. 在 1 949.15～2 054.15 K 之间，金属 Zr 的蒸气压方程为

$$\lg \frac{p}{p^{\ominus}} = 7.335\,1 - 2.415 \times 10^{-4} T - 31\,066 \frac{1}{T}$$

请推出 Zr 的摩尔升华焓与温度 T 的关系式，并估算 Zr 在熔点 2 128.15 K 时的摩尔升华焓和蒸气压。

10. 某物质的固体及液体的蒸气压可分别表示为

$$\lg p = 11.454 - 1\,864.8 \frac{1}{T} \quad \text{（固体）} \quad (1)$$

$$\lg p = 9.870 - 1\,453 \frac{1}{T} \quad \text{（液体）} \quad (2)$$

试求其：(1) 摩尔升华焓；(2) 正常沸点；(3) 三相点的温度和压力；(4) 三相点的摩尔熔化熵。

11. 在海拔 4 500 m 的西藏高原上，大气压力只有 57.329 kPa，水的沸点为 357.15 K，求水的摩尔气化焓。

12. 一冰溪的厚度为 400 m，其比重为 0.916 8，试计算此冰溪底部冰的熔点。设此时冰溪的温度为 −0.2℃，此冰溪能向山下滑动吗？

13. 下列说法对吗？为什么？

(1) 杠杆规则只适用于 T - x 图的两相平衡区。两相的量可用物质的量或质量表示。

(2) 通过精馏的方法总可以将二元互溶液系分离成两个纯组分。

(3) 一般有机物可以用水蒸气蒸馏法提纯，当有机物质的饱和蒸气压和摩尔质量越大时，提纯一定质量有机物需用的水蒸气量越少，燃料越省。

(4) 恒沸物是化合物，因为其组成不变。

14. 为什么水和三乙基胺部分互溶体系会出现低临界溶解温度？

15. 已知甲苯、苯在 363.15 K 下纯液体的饱和蒸气压分别为 54.22 kPa 和 136.12 kPa，两者可形成理想液态混合物。现取 200.0 g 甲苯和 200.0 g 苯置于带活塞的导热容器中，始态为一定压力下 363.15 K 的液态混合物。在等温下，逐渐降低压力，问：

(1) 压力降到多少时，开始产生气相，此气相的组成如何？

(2) 压力降到多少，液相开始消失，最后一滴液相的组成如何？

(3) 压力为 92.00 kPa 时，体系内气、液两相平衡，两相的组成如何？两相的物质的量各为多少？

16. 四氢萘 $C_{10}H_{12}$ 在 480.45 K、101.325 kPa下沸腾。假定可以使用特鲁顿规则，试粗略估计用水蒸气蒸馏四氢萘时，每 100 g 水将带出多少克四氢萘？

17. 图 4 - 36 是碳的相图，试根据该图回答

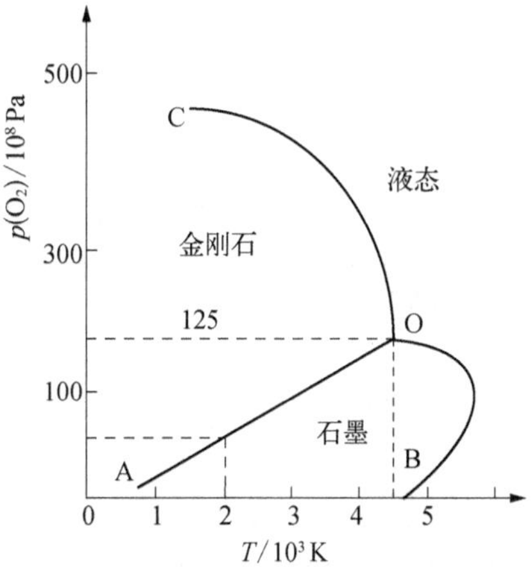

图 4 - 36 习题 17 图

下列问题：

(1) 曲线 OA，OB，OC 分别代表什么？

(2) 说明点 O 的含义。

(3) 碳在室温及 101.325 kPa 下，以什么状态稳定存在？

(4) 在 2 000.15 K 时，增加压力，使石墨转变成金刚石是一个放热反应，试从相图判断两者的摩尔体积 V_m 哪个大？

(5) 从图上估计 2 000.15 K 时，将石墨变为金刚石需要多大压力？

18. 指出图 4－37 所示二组分凝聚系统相图中各区域存在的相态。

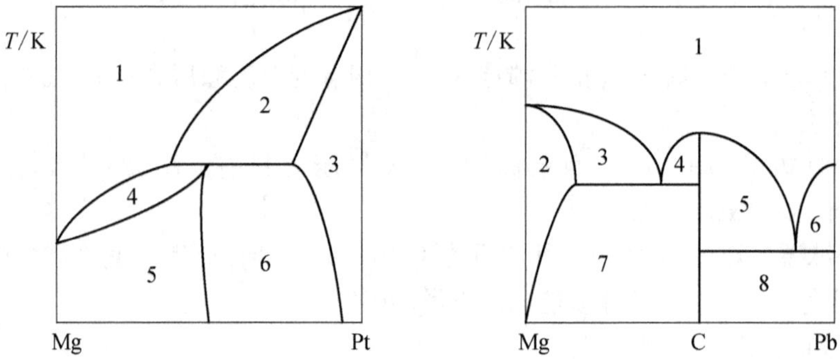

图 4－37　习题 18 图

19. 指出图 4－38 中所形成化合物的经验式，并指出各相区由哪些相组成。

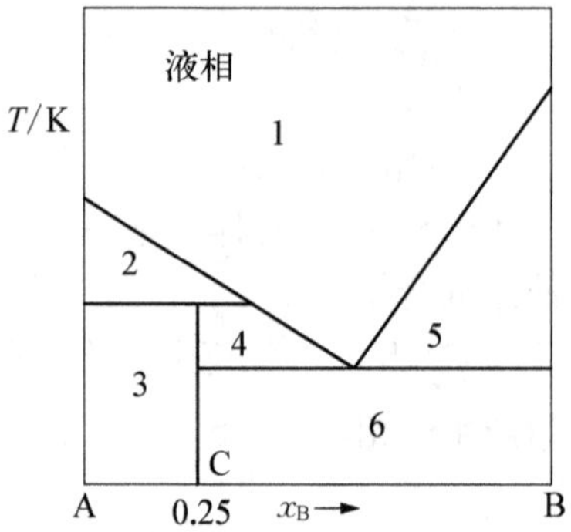

图 4－38　习题 19 图

20. 用热分析法测得对二甲苯和间二甲苯的步冷曲线转折点如下表所示：

x(间二甲苯)	x(对二甲苯)	第一转折点/℃	最低共熔点/℃
1.00	0.00	−47.9	—
0.90	0.10	−50	−52.8
0.87	0.13	−52.8	−52.8
0.30	0.70	−4	−52.8
0.00	1.00	13.3	—

(1) 绘制对二甲苯和间二甲苯的熔点-组成图。

(2) 若有 100 kg 含对二甲苯的摩尔分数为 0.70 的溶液由 10℃冷至−15℃时，能析出对二甲苯多少？

(3) 当继续降温时，可析出纯对二甲苯最多能有多少千克？此时液相的质量为多少？

21. 已知 Hg－Tl 二组分系统的数据如下：

物　质	Hg	Tl_2Hg_6	Tl	最低共熔混合物 E_1 $w(Tl)=8\%$	最低共熔混合物 E_2 $w(Tl)=41\%$
熔点/℃	−39	15	303	−60	0.4

(1) 绘制其温度-组成图(示意图)。

(2) 指出各相区、水平线段、交点的相数。

(3) 为扩大低温测量范围，应选什么组成的 Hg－Tl 混合物作温度计较合适？

22. 图 4－39 是 298.15 K 时$(NH_4)_2SO_4$－Li_2SO_4－H_2O 三组分系统的相图，指出各部分存在相及自由度。若将组成分别为 x、y、z 点的系统在该温度下等温蒸发，则最先析出何种晶体？

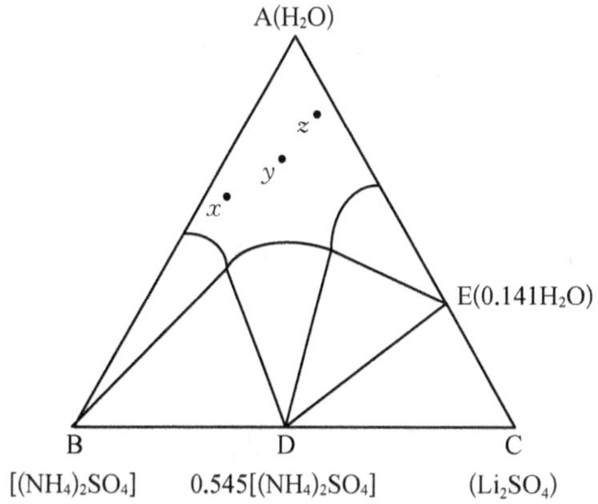

图 4－39　习题 22 图

第5章 电 化 学

内容提要 本章内容包括电解质溶液的导电性质、电解质溶液的电导、电解质溶液理论、可逆电池及可逆电池热力学、电池电动势和电极电势及它们的应用、电解和电极极化、生物电化学。

在阐明电解质溶液和电化学基本概念及电解质溶液导电机理的基础上，讨论了表征电解质溶液导电能力的物理量电导的概念、影响因素、测定方法及应用；重点讨论了电化学可逆电池的组成、可逆电池热力学、电池电动势和电极电势，并在此基础上介绍了可逆电池电动势测定的应用。此外，本章还简要介绍了电解和极化的基本概念，以及生物电化学的相关知识。

电化学是研究化学能和电能相互转化及转化过程所遵循规律的科学，与化学、物理、材料、环境、生命科学等学科的相互促进和相互渗透，使得电化学成为物理化学中发展较为迅速的一门分支学科，其理论和实践深入到国民经济和国防军事的诸多领域，并发挥着不可替代的重要作用。

5.1 电解质溶液的导电性质

5.1.1 基本概念

按导电机理的不同，**导体(conductor)**可分为两类：第一类导体是**电子导体(electronic conductor)**，通过电子的定向迁移来导电，且在导电过程中无化学反应发生，导电能力随温度的升高而下降，这类导体包括金属、石墨等；第二类导体是**离子导体(ionic conductor)**，通过离子的定向迁移来导电，且在电极上有氧化还原反应发生，导电能力随温度的升高而增加，这类导体包括电解质溶液或熔融电解质等。

电子导体和离子导体可组合构成电化学装置，其中电能转化为化学能的装置为**电解池(electrolytic cell)**，如图 5-1 所示。将两个惰性**电极(electrode)**分别与外电源的正负极连接后插入 HCl 溶液中，与电源正极相连的电极由于电极电势较高，为正极，同时电极上将发生失去电子的氧化反应，故该电极又为**阳极(anode)**。与电源负极相连的电极其电极电势较低，为负极，同时电极上将发生得到电子的还原反应，故该电极又为**阴极(cathode)**。接通电源后，溶液中的 H^+ 向阴极迁移，Cl^- 向阳极迁移，并在电极表面各自发生还原反应和氧化反应，反应式如下：

阴极　$2H^{+}(aq)+2e^{-} \longrightarrow H_2(g)$

阳极　$2Cl^{-}(aq) \longrightarrow Cl_2(g)+2e^{-}$

电极反应的总结果　$2HCl(aq) \longrightarrow H_2(g)+Cl_2(g)$

化学能转化为电能的装置称为原电池，如图 5-2 所示。用导线将两电极相连，锌电极上将发生释放电子的氧化反应，故是阳极。但由于电势较低，所以是负极；负极释放的电子通过导线输送到铜电极上，铜电极接受电子发生还原反应，故是阴极。由于电势较高，所以是正极。在原电池内部，溶液中的正负离子则分别向两电极迁移，且正离子总是迁向阴极，负离子总是迁向阳极。

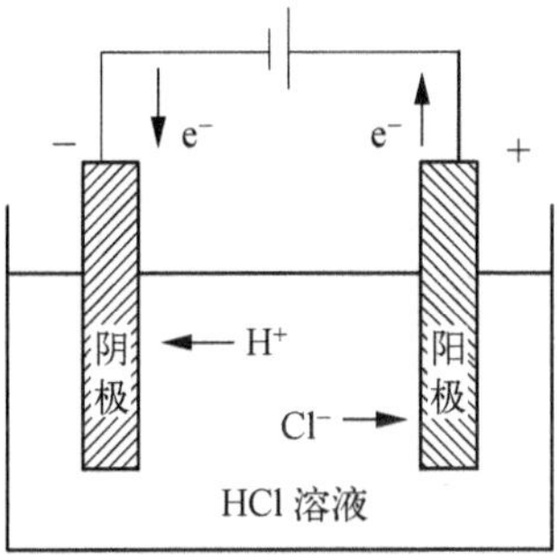

图 5-1　电解池

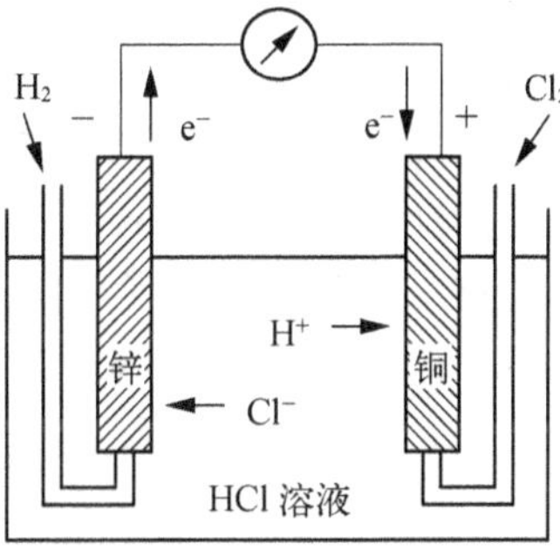

图 5-2　原电池

所以，无论是原电池还是电解池均包括：① 电极上的氧化还原反应；② 电解质溶液中的正、负离子向两电极的定向迁移。上述两过程构成了电流传导的连续性，从而实现了电解质溶液的导电原理。

5.1.2　法拉第电解定律

通电于电解质溶液时，电极上将发生化学反应，反应的物质的量与通入的电量之间的关系符合**法拉第电解定律(Faraday's law of electrolysis)**：① 在任一电极上发生反应的物质的量与通入溶液的电量成正比；② 通入一定的电量于若干个串联的电解池后，各个电极上发生化学反应的物质的量相同。

含有单位元电荷(即一个质子或一个电子的电荷绝对值)的物质为物质的量的基本单元，如 H^{+}、$\frac{1}{2}SO_4^{2-}$、$\frac{1}{3}Al^{3+}$ 等。1 mol 元电荷所带的电量称为法拉第常数，用 F 表示，则

$$\begin{aligned} F &= L \times e \\ &= 6.022\,1 \times 10^{23} \times 1.602\,2 \times 10^{-19} \\ &= 96\,486.09\ \mathrm{C \cdot mol^{-1}} \approx 96\,500\ \mathrm{C \cdot mol^{-1}} \end{aligned}$$

式中，L 为阿伏伽德罗(Avogadro)常数；e 为元电荷的电量。因此，当通过的电量为 Q 时，电极上参加反应的物质 B 的物质的量 n 为

$$n = \frac{Q}{zF} \tag{5-1}$$

式中，z 为电极反应中的电子计量系数。式(5-1)是法拉第电解定律的数学表达式。

法拉第电解定律是在大量实验基础上总结得出的，它没有使用的限制条件，是自然界中最准确定律之一。

5.1.3 离子的电迁移

当电解质溶液中通入电流以后，溶液中担负导电任务的正、负离子将分别向阴、阳两极作定向迁移，同时在电极上发生还原和氧化反应。离子的这种在电场作用下的定向运动称为**离子的电迁移(electromigration of ions)**。

离子作电迁移时，正、负离子迁移的电量总和($Q_+ + Q_-$)应等于通过溶液的总电量 Q。但是，受离子本性(半径、所带电荷)、介质的性质、温度及电场的电势梯度等因素的影响，离子的电迁移速率(r)各有不同，因而每种离子在溶液中迁移的电量也不相同。迁移速率越快，离子迁移的电量越多。现将某种离子 B 迁移的电量占通过溶液的总电量的分数定义为该离子的**迁移数(transference number)**，用 t_B表示。若电解质溶液中只含有一种正离子和一种负离子，则正、负离子的迁移数可分别表示为

$$t_+ = \frac{Q_+}{Q} = \frac{Q_+}{Q_+ + Q_-} \quad t_- = \frac{Q_-}{Q} = \frac{Q_-}{Q_+ + Q_-} \tag{5-2}$$

或者

$$t_+ = \frac{r_+}{r_+ + r_-} \quad t_- = \frac{r_-}{r_+ + r_-} \tag{5-3}$$

可见，$t_+ + t_- = 1$。

表 5-1 列出了 298.15 K 时不同浓度电解质水溶液中一些正离子的迁移数 t_+。随着溶液浓度的增加，离子的迁移速率有不同程度的减小，浓度对高价离子的迁移数影响较为显著。数据显示，H^+ 的迁移数特别大，表明 H^+ 的迁移速率特别快，其原因在于溶液中 H^+ 是以质子传递的形式传导电流，即从一个水分子传递给另一个水分子。按现代质子跳跃理论，它是通过隧道效应进行跳跃，然后受电场控制而定向传递。需注意，电解质离子的迁移数不仅与离子的迁移速率有关，还与溶液中共存的离子有关。同一离子在相同浓度的不同电解质溶液中，视离子相对迁移速率的不同，其迁移数具有不同的数值。离子迁移数可用希托夫(Hittorf)法、界面移动法和电动势法测定。

表 5-1 298.15 K 时，不同浓度电解质水溶液中一些正离子的迁移数

电解质	$c/(\text{mol}\cdot\text{L}^{-1})$				
	0.01	0.02	0.05	0.10	0.20
HCl	0.825	0.827	0.829	0.831	0.834
LiCl	0.330	0.326	0.321	0.317	0.311
NaCl	0.392	0.390	0.388	0.385	0.362
KCl	0.490	0.490	0.490	0.490	0.489
KBr	0.483	0.483	0.483	0.483	0.484
KI	0.488	0.488	0.488	0.488	0.489
KNO_3	0.508	0.509	0.509	0.510	0.512
$1/2K_2SO_4$	0.508	0.509	0.509	0.510	0.512
$1/2CaCl_2$	0.426	0.422	0.414	0.406	0.395

5.2 电解质溶液的电导

5.2.1 电导、电导率和摩尔电导率

与第一类导体不同，电解质溶液的导电能力用**电导(conductance)**来表征。电导是电阻的倒数，符号为 G。则有

$$G = \frac{1}{R} \tag{5-4}$$

电导的单位为 S(西门子，siemens)或 Ω^{-1}。

已知导体的电阻与其长度成正比，与截面积成反比，比例系数为电阻率 ρ，则式(5-4)可表示为

$$G = \frac{1}{\rho} \cdot \frac{A}{l} \tag{5-5}$$

即均匀导体的电导与导体的截面积 A 成正比，与导体的长度 l 成反比。式中的 $1/\rho$ 被定义为**电导率(conductivity)**，用 κ 表示，单位为 $\mathrm{S \cdot m^{-1}}$。电导率的物理意义为单位截面积和单位长度导体的电导，即

$$\kappa = G \cdot \frac{l}{A} \tag{5-6}$$

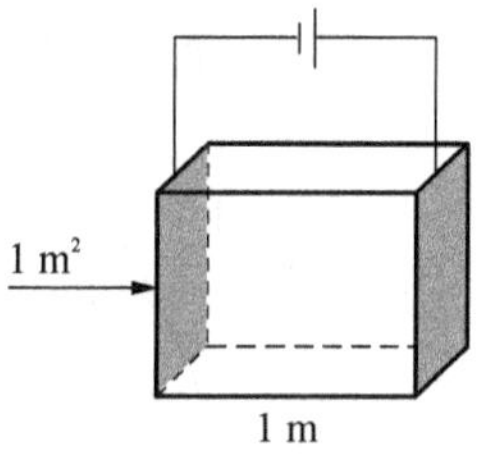

图 5-3 电导率定义示意图

式中，l/A 为电导池常数。对电解质溶液而言，当截面积为 1 $\mathrm{m^2}$ 的两平行电极相距 1 m 时测得的电导即为该溶液的电导率，见图 5-3。电导率的大小与电解质溶液的种类、溶液的浓度及温度等有关。

表征电解质溶液的导电能力时，更常用的是**摩尔电导率(molar conductivity)**。当相距为 1 m 的两平行电极间放置含有 1 mol 电解质溶液时的电导即为该电解质溶液的摩尔电导率，用 Λ_m 表示。摩尔电导率 Λ_m 与电导率 κ 的关系为

$$\Lambda_m = \kappa V_m = \frac{\kappa}{c} \tag{5-7}$$

式中，c 为电解质溶液的物质的量浓度，单位为 $\mathrm{mol \cdot m^{-3}}$。$\Lambda_m$ 的单位为 $\mathrm{S \cdot m^2 \cdot mol^{-1}}$。表示电解质溶液的摩尔电导率时，必须标明基本单元，因为所取基本单元不同，摩尔电导率的值也不同。例如，$MgCl_2$ 的摩尔电导率可以用 $\Lambda_m(MgCl_2)$ 或 $\Lambda_m\left(\frac{1}{2}MgCl_2\right)$ 表示，两者间的关系为 $\Lambda_m(MgCl_2) = 2\Lambda_m\left(\frac{1}{2}MgCl_2\right)$。

电解质溶液的电导或电导率可直接用电导仪或电导率仪测得。

5.2.2 电导率、摩尔电导率与浓度的关系

电解质溶液的电导率和摩尔电导率与浓度的关系各不相同，不仅如此，强、弱电解质的变化规律也不尽相同。

对强电解质而言，电导率随浓度的增加呈先升后降的变化趋势，这是因为随着浓度的增加，溶液中正、负离子数不断增多，溶液中正、负离子间的相互作用也随之增加。当浓度增加至一定程度后，溶液中正、负离子间的相互作用大大制约了离子的迁移速率，电导率不增反降。因此，如图 5-4 所示，强电解质的电导率曲线上出现一极大值。对弱电解质而言，电导率随浓度的变化不显著。这是因为随溶液浓度的增加，弱电解质的解离度随之减小，使得溶液中离子数目变化不大。因此，图 5-4 中 HAc 的电导率曲线较为平坦。

摩尔电导率与浓度的关系和电导率不同。由于强电解质在溶液中百分之百解离，浓度降低并没有增加溶液中可导电的离子数，而是增加了离子间的距离，从而削弱了离子间的相互作用力，使得离子的迁移速率增加，则摩尔电导率随之增加。当浓度降至一定程度时，离子间的相互作用减小至极限，故摩尔电导率接近一定值，见图 5-5。德国化学家科尔劳施(Kohlrausch)根据实验结果归纳出极稀溶液(通常浓度小于 0.001 $mol \cdot L^{-1}$)中，强电解质的摩尔电导率 Λ_m 与 $\sqrt{c}$ 之间的经验关系如下

$$\Lambda_m = \Lambda_m^\infty(1-\beta\sqrt{c}) \tag{5-8}$$

式中，β 为经验常数，与电解质、溶剂的性质及温度有关；Λ_m^∞ 为无限稀释时电解质溶液的摩尔电导率，也称**极限摩尔电导率(limiting molar conductivity)**，可用直线外推法求得。

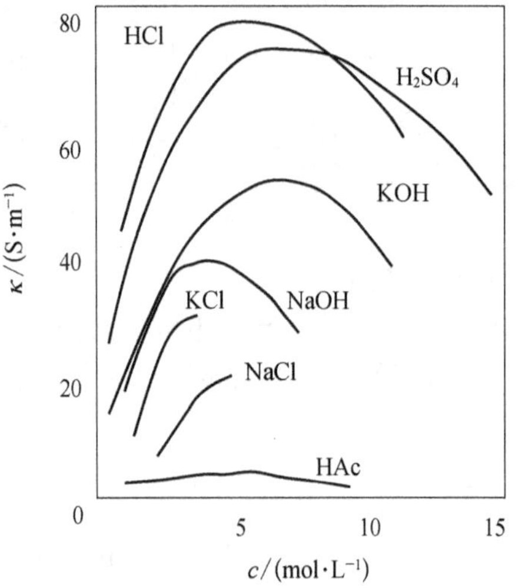

图 5-4 电解质溶液的电导率与浓度的关系

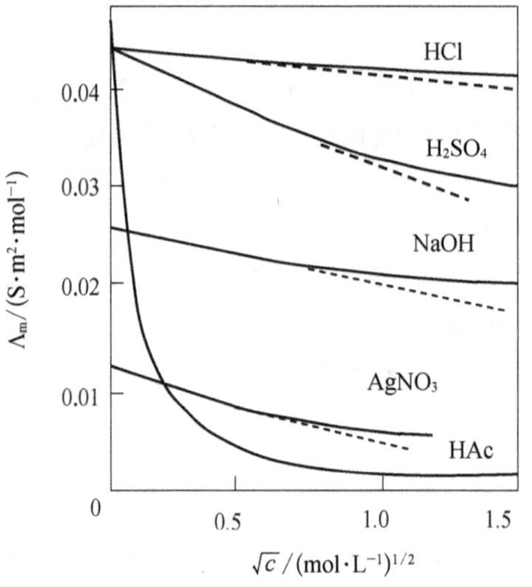

图 5-5 电解质溶液的摩尔电导率与浓度的关系

对弱电解质而言，随着浓度的降低，解离度不断增大，溶液中可导电的离子数不断增加。当溶液浓度极稀时，解离度几乎达 100%，离子数剧增。同时，由于溶液无限稀，离子间距离很大，相互作用力可以忽略，因此摩尔电导率急剧增大。弱电解质的 Λ_m 与 c 之间不存在式(5-8)所示的关系，无法用外推法求得其 Λ_m^∞。

5.2.3 离子独立运动定律

科尔劳施在研究了大量电解质的相关数据后，发现具有相同正离子或负离子的一对电解质，其无限稀释摩尔电导率的差值为一常数，见表 5-2。据此可以推断，在无限稀释的溶液中，电解质没有强弱之分，完全解离且相互间作用均消失，每一种离子的迁移速率只取决于该离子的本性，而不受共存的其他离子的影响。因此，电解质溶液的无限稀释摩尔电导率 Λ_m^∞ 为一定值，并等于两种离子的无限稀释摩尔电导率之和。对任意电解质 $M_{\nu_+}A_{\nu_-}$，无限稀释摩尔电导率为

$$\Lambda_m^\infty = \nu_+ \lambda_{m,+}^\infty + \nu_- \lambda_{m,-}^\infty \tag{5-9}$$

式中，$\lambda_{m,+}^\infty$ 及 $\lambda_{m,-}^\infty$ 分别为无限稀释时正、负离子的摩尔电导率；ν_+ 和 ν_- 分别为正、负离子的化学计量数。式(5-9)称为科尔劳施**离子独立运动定律(law of independent migration of ions)**。

根据离子独立运动定律，在温度和溶剂一定的情况下，在无限稀释溶液中，每一种离子的摩尔电导率都有恒定的数值。这样，弱电解质的 Λ_m^∞ 可以由离子的 λ_m^∞ 或强电解质的 Λ_m^∞ 计算得到。

表 5-2 298.15 K 时，一些强电解质的无限稀释摩尔电导率 Λ_m^∞

电解质	Λ_m^∞ /(S·m^2·mol^{-1})	差 值	电解质	Λ_m^∞ (S·m^2·mol^{-1})	差 值
KCl LiCl	0.014 99 0.011 50	0.003 49	HCl HNO_3	0.042 62 0.042 13	0.000 49
KNO_3 $LiNO_3$	0.014 50 0.011 01	0.003 49	KCl KNO_3	0.014 99 0.014 50	0.000 49
KOH LiOH	0.027 15 0.023 67	0.003 49	LiCl $LiNO_3$	0.011 50 0.011 01	0.000 49

例 5-1 298 K 时，已知苯巴比妥钠的 Λ_m^∞(NaP) 为 73.5×10^{-4} S·m^2·mol^{-1}，盐酸的 Λ_m^∞(HCl) 为 426.1×10^{-4} S·m^2·mol^{-1}，氯化钠的 Λ_m^∞(NaCl) 为 126.4×10^{-4} S·m^2·mol^{-1}，求苯巴比妥溶液的无限稀释摩尔电导率 Λ_m^∞(HP)。

解：根据离子独立运动定律，有

$$\begin{aligned}\Lambda_m^\infty(\mathrm{HP}) &= \lambda_m^\infty(\mathrm{H^+}) + \lambda_m^\infty(\mathrm{P^-}) = \Lambda_m^\infty(\mathrm{HCl}) + \Lambda_m^\infty(\mathrm{NaP}) - \Lambda_m^\infty(\mathrm{NaCl}) \\ &= 426.1\times10^{-4} + 73.5\times10^{-4} - 126.4\times10^{-4} \\ &= 373.2\times10^{-4}\ \mathrm{S\cdot m^2\cdot mol^{-1}}\end{aligned}$$

离子的无限稀释摩尔电导率可由离子迁移数求得。离子的迁移数是该离子输运的电量在总电量中所占的分数，亦即该离子的导电能力占电解质总导电能力的分数。因此，离子的迁移数也可看做是某种离子摩尔电导率占电解质的摩尔电导率的分数。对 1-1 价型的电解质，在无限稀释时有

$$\Lambda_m^\infty = \lambda_{m,+}^\infty + \lambda_{m,-}^\infty$$

$$t_+^\infty = \frac{\lambda_{m,+}^\infty}{\Lambda_m^\infty} = \frac{\lambda_{m,+}^\infty}{\lambda_{m,+}^\infty + \lambda_{m,-}^\infty} \qquad t_-^\infty = \frac{\lambda_{m,-}^\infty}{\Lambda_m^\infty} = \frac{\lambda_{m,-}^\infty}{\lambda_{m,+}^\infty + \lambda_{m,-}^\infty} \tag{5-10}$$

表 5-3 为一些离子在 298.15 K 时的无限稀释水溶液中的摩尔电导率。

表 5-3 298.15 K 时，一些离子在无限稀释水溶液中的摩尔电导率

正离子	$\lambda_{m,+}^\infty \times 10^4/(S \cdot m^2 \cdot mol^{-1})$	负离子	$\lambda_{m,-}^\infty \times 10^4/(S \cdot m^2 \cdot mol^{-1})$
H^+	349.8	OH^-	198.3
Li^+	38.7	F^-	55.4
Na^+	50.10	Cl^-	76.3
K^+	73.50	Br^-	78.4
Ag^+	61.9	I^-	76.8
NH_4^+	73.5	NO_3^-	71.5
Mg^{2+}	106.0	ClO_3^-	64.6
Ca^{2+}	119.0	ClO_4^-	67.3
Sr^{2+}	118.9	CH_3COO^-	40.9
Ba^{2+}	127.2	$C_6H_5COO^-$	32.4
Fe^{2+}	108.0	CO_3^{2-}	138.6
Cu^{2+}	107.2	SO_4^{2-}	160.0
Zn^{2+}	105.6	$C_2O_4^{2-}$	148.2
Al^{3+}	183.0	PO_4^{3-}	207.0
La^{3+}	209.1	$[Fe(CN)_6]^{3-}$	302.7

5.2.4 电导测定的一些应用

电导测定在生物医药学中应用广泛，如蛋白质的等电点测定，油包水型或水包油型乳状液的判断，临界胶束浓度的测定，肾脏浓缩稀释功能的评价等。下面再列举一些电导测定的应用。

1. 水的纯度检验

电导法可实现快速、连续的水质纯度检验。电导率越小，水中所含杂质离子越少，即水的纯度越高。超纯水的电导率为 5.5×10^{-6} S·m^{-1}，饮用水的电导率在 $5\times10^{-3}\sim5\times10^{-2}$ S·m^{-1}，而海水的电导率则可达 5 S·m^{-1}。

医药行业对水的纯度有很高的要求，2010 版的《中国药典》增加了对纯化水、注射用水、灭菌注射用水测量电导率的项目，规定了合格制药用水水质的电导率限度值。电导法测水质纯度还可用于环境监测。

2. 弱电解质电离度和电离常数的测定

一定浓度的弱电解质溶液中只有已解离的离子参与导电；无限稀释时，弱电解质全部电离，所有离子都参与导电。由于两种情况下离子的浓度都很低，离子间的相互作用均可以忽略不计，这样弱电解质在无限稀释时的 Λ_m^∞ 和某一浓度下的 Λ_m 的差别主要源于溶液中离子数目的不同。因此，浓度 c 时弱电解质的解离度为

$$\alpha = \frac{\Lambda_m}{\Lambda_m^\infty} \tag{5-11}$$

对 AB 型弱电解质，其解离平衡常数为

$$K^\ominus = \frac{\alpha^2}{1-\alpha} \cdot c_r$$

将式(5-11)代入，得

$$K^\ominus = \frac{\Lambda_m^2}{\Lambda_m^\infty(\Lambda_m^\infty - \Lambda_m)} \cdot c_r \tag{5-12}$$

若测得某一浓度下的 Λ_m，可利用上式计算解离常数 $K^\ominus$。另外，上式也可以变换为

$$\frac{1}{\Lambda_m} = \frac{\Lambda_m c_r}{K^\ominus (\Lambda_m^\infty)^2} + \frac{1}{\Lambda_m^\infty} \tag{5-13}$$

以 $1/\Lambda_m$ 对 $\Lambda_m c_r$ 作图，可由直线的截距和斜率分别求得弱电解质的 Λ_m^∞ 和 $K^\ominus$。式(5-12)和式(5-13)均称为奥斯特瓦尔德(Ostwald)稀释定律。

例 5-2 293.15 K 时，实验测得 0.000 916 mol·L^{-1} 的苯甲酸水溶液的电导率 κ 为 8.7×10^{-6} S·m^{-1}，Λ_m 为 0.009 50 S·m^2·mol^{-1}，无限稀释摩尔电导率 Λ_m^∞ 为 0.035 9 S·m^2·mol^{-1}。试求该实验条件下苯甲酸的解离度及解离平衡常数。

解： 由式(5-11)可得

$$\alpha = \frac{\Lambda_m}{\Lambda_m^\infty} = \frac{9.50\times10^{-3}}{35.9\times10^{-3}} = 0.264\,6$$

于是

$$K = \frac{\alpha^2 c_r}{1-\alpha} = \frac{(0.264\,6)^2\times9.16\times10^{-4}}{1-0.264\,6} = 8.721\times10^{-5}$$

3. 难溶盐溶解度和溶度积的测定

难溶盐在水中的溶解度很小，不仅已溶解部分的电离对电导率有贡献，水的电离对电导率同样有贡献。因此，在测得的整个电解质溶液的电导率中必须扣除水的电导率，即

$$\kappa(\text{盐}) = \kappa(\text{溶液}) - \kappa(\text{水})$$

由于浓度很稀，难溶盐饱和溶液的摩尔电导率可近似地用无限稀释摩尔电导率代替。这样，根据式(5-7)，难溶盐的溶解度为

$$c=\frac{\kappa(\text{盐})}{\Lambda_m^{\infty}}$$

由难溶盐溶解度即可进一步求得其溶度积。

例 5-3 298.15 K 时，测得 $SrSO_4$ 饱和水溶液的电导率 κ 为 1.482×10^{-2} S·m^{-1}，该温度下水的电导率 κ 为 1.50×10^{-4} S·m^{-1}。试计算 $SrSO_4$ 的溶解度及溶度积。

解：查表得

$$\lambda_m^{\infty}(Sr^{2+})=118.9\times10^{-4}\ \text{S}\cdot\text{m}^2\cdot\text{mol}^{-1},\ \lambda_m^{\infty}(SO_4^{2-})=160\times10^{-4}\ \text{S}\cdot\text{m}^2\cdot\text{mol}^{-1}$$

$$\begin{aligned}\Lambda_m(SrSO_4)&=\Lambda_m^{\infty}(SrSO_4)\\&=(118.9+160)\times10^{-4}=278.9\times10^{-4}\ \text{S}\cdot\text{m}^2\cdot\text{mol}^{-1}\end{aligned}$$

则

$$\begin{aligned}c(SrSO_4)&=\frac{\kappa(SrSO_4)}{\Lambda_m^{\infty}(SrSO_4)}=\frac{\kappa(\text{溶液})-\kappa(H_2O)}{\Lambda_m^{\infty}(SrSO_4)}\\&=\frac{1.482\times10^{-2}-1.52\times10^{-4}}{278.9\times10^{-4}}=0.526\ \text{mol}\cdot\text{m}^{-3}=5.26\times10^{-4}\text{mol}\cdot\text{L}^{-1}\end{aligned}$$

$SrSO_4$ 的溶度积为

$$\begin{aligned}K_{sp}^{\ominus}(SrSO_4)&=[Sr^{2+}][SO_4^{2-}]=c_r^2(SrSO_4)\\&=(5.26\times10^{-4})^2=2.77\times10^{-7}\end{aligned}$$

4. 电导滴定

电导滴定(conductimetric titration)是根据滴定过程中溶液的电导变化来确定终点，可用于酸碱滴定、氧化-还原滴定和沉淀滴定等，尤其适用于酸碱滴定，包括极弱酸或碱的滴定，如滴定硼酸、苯酚等。

下面以酸碱滴定中 NaOH 滴定 HCl 为例，讨论电导滴定确定终点的原理。将 NaOH 滴入盐酸溶液中，两者将发生中和反应，溶液中迁移速率很快的 H^+ 被迁移速率较小的 Na^+ 所取代。因此，随着滴定的不断进行，溶液的电导率随之下降，直至终点后，因为过量 NaOH 的加入，溶液中迁移速率较大的 OH^- 的物质的量不断增加，溶液的电导率又逐渐增加。因此，以电导率为纵坐标，加入的 NaOH 的体积为横坐标，所得的滴定曲线呈 V 字形，最低处 A 点所对应的体积即为滴定终点，见图 5-6。

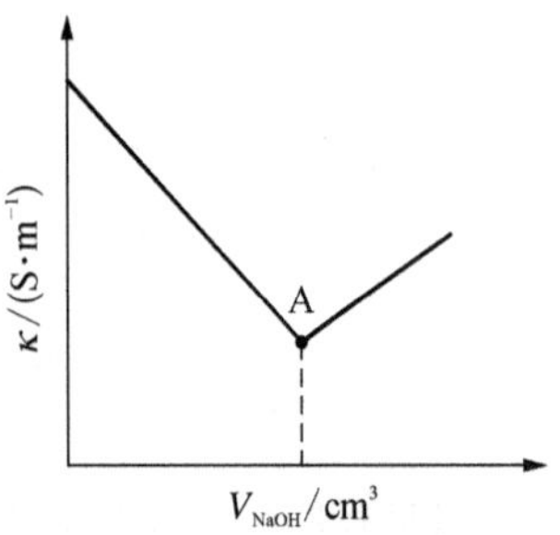

图 5-6 电导滴定曲线

电导滴定不需使用指示剂，可在有色溶液中进行，并可连续跟踪反应进程，操作简单，重现性好。

5.3 强电解质溶液的活度与活度系数

5.3.1 电解质溶液的平均活度和平均活度因子

强电解质溶液中,静电引力的作用使得每一种离子均可作为中心离子被一定数量的异号离子所包围,形成“离子氛”。因此,离子的自由运动受到牵制,即使在稀溶液中,离子间的静电作用仍不容忽视,溶液的行为偏离热力学理想溶液,在讨论电解质溶液的化学势时,必须引入活度因子对浓度加以校正。

对于任意强电解质 $M_{\nu_+}A_{\nu_-}$,在溶液中按下式完全解离,即

$$M_{\nu_+}A_{\nu_-} \longrightarrow \nu_+ M^{z+} + \nu_- A^{z-}$$

因此,电解质的化学势为

$$\mu_B = \nu_+ \mu_+ + \nu_- \mu_- \tag{5-14}$$

电解质及其解离的正、负离子的化学势与活度的关系与真实溶液相似,分别为

$$\mu_B = \mu_B^{\ominus}(T) + RT\ln a_B \tag{5-15}$$

$$\mu_+ = \mu_+^{\ominus}(T) + RT\ln a_+ \tag{5-16}$$

$$\mu_- = \mu_-^{\ominus}(T) + RT\ln a_- \tag{5-17}$$

由于电解质溶液总是电中性的,不存在只有正离子或只有负离子的溶液,因此无法由实验直接测得单个离子的活度。为此,引入**离子平均活度(mean activity of ions)**$a_\pm$、**离子平均活度因子(mean activity coefficient of ions)**$\gamma_\pm$ 和**离子平均质量摩尔浓度(mean molality of ions)**$m_\pm$ 的概念,并分别定义为

$$a_\pm = (a_+^{\nu_+} \cdot a_-^{\nu_-})^{1/\nu} \tag{5-18}$$

$$\gamma_\pm = (\gamma_+^{\nu_+} \cdot \gamma_-^{\nu_-})^{1/\nu} \tag{5-19}$$

$$m_\pm = (m_+^{\nu_+} \cdot m_-^{\nu_-})^{1/\nu} \tag{5-20}$$

根据热力学中的讨论,三者间的关系为

$$a_\pm = \gamma_\pm \cdot m_\pm / m^{\ominus} = \gamma_\pm \cdot m_{\gamma,\pm} \tag{5-21}$$

于是,有

$$\begin{aligned}
\mu_B &= \mu_B^{\ominus}(T) + RT\ln a_B \\
&= \nu_+ \mu_+ + \nu_- \mu_- \\
&= \nu_+ [\mu_+^{\ominus}(T) + RT\ln a_+] + \nu_- [\mu_-^{\ominus}(T) + RT\ln a_-] \\
&= [\nu_+ \mu_+^{\ominus}(T) + \nu_- \mu_-^{\ominus}(T)] + RT\ln(a_+^{\nu_+} \cdot a_-^{\nu_-})
\end{aligned}$$

由式(5-18)和式(5-21)可得

$$a_B = a_\pm^\nu = (\gamma_\pm \cdot m_{\gamma,\pm})^\nu \tag{5-22}$$

若知道了电解质溶液的离子平均活度因子 $\gamma_\pm$ 及平均质量摩尔浓度 $m_\pm$，即可求得该电解质的活度 a 及离子平均活度 $a_\pm$。$\gamma_\pm$ 可通过依数性、电池电动势和溶解度等方法测得。

表5-4列出了298.15 K时水溶液中一些电解质的离子平均活度因子。

表5-4　298.15 K时，水溶液中一些电解质的离子平均活度因子 $\gamma_\pm$

电解质	$m/(\mathrm{mol\cdot kg^{-1}})$							
	0.001	0.005	0.01	0.05	0.10	0.50	1.0	5.0
HCl	0.965	0.929	0.905	0.832	0.797	0.759	0.811	2.380
HNO_3	0.965	0.929	0.905	0.829	0.792	0.725	0.730	1.063
NaOH	0.965	0.927	0.902	0.819	0.775	0.685	0.674	1.076
KOH	0.965	0.927	0.902	0.821	0.779	0.710	0.733	1.697
NaCl	0.966	0.929	0.904	0.823	0.778	0.682	0.658	0.874
KCl	0.965	0.927	0.901	0.815	0.769	0.650	0.605	0.593
$CaCl_2$	0.888	0.787	0.727	0.577	0.517	0.444	0.500	5.907
$ZnCl_2$	0.887	0.781	0.719	0.561	0.499	0.384	0.330	0.342
H_2SO_4	0.830	0.639	0.544	0.340	0.265	0.154	0.130	0.171
Na_2SO_4	0.886	0.777	0.712	0.529	0.446	0.268	0.204	
K_2SO_4	0.885	0.772	0.704	0.511	0.424	0.262	0.210	
$CuSO_4$	0.740	0.530	0.444	0.230	0.164	0.066	0.044	
$ZnSO_4$	0.734	0.477	0.387	0.202	0.148	0.063	0.043	

例5-4　分别计算 $m=0.05\ \mathrm{mol\cdot kg^{-1}}$ 的 KCl($\gamma_\pm=0.815$)和 K_2SO_4($\gamma_\pm=0.529$)溶液的离子平均质量摩尔浓度 $m_\pm$、离子平均活度 $\alpha_\pm$ 和电解质活度 α。

解：(1) 1-1价型的KCl，$\nu_+=\nu_-=1, \nu=2$

$$m_\pm=(m_+^{\nu_+}\cdot m_-^{\nu_-})^{1/\nu}=(\nu_+^{\nu_+}\cdot \nu_-^{\nu_-})^{1/\nu}\cdot m=(1\times 1)^{1/2}\times 0.05=0.05\ \mathrm{mol\cdot kg^{-1}}$$

$$\alpha_\pm=\gamma_\pm\cdot m_{\gamma,\pm}=0.815\times 0.05/1=0.040\ 75$$

$$\alpha=\alpha_\pm^\nu=0.040\ 75^2=1.66\times 10^{-3}$$

(2) 1-2价型的 K_2SO_4，$\nu_+=2,\ \nu_-=1,\ \nu=3$

$$m_\pm=(\nu_+^{\nu_+}\cdot \nu_-^{\nu_-})^{1/\nu}\cdot m=(2^2\times 1)^{1/3}\times 0.05=0.079\ 4\ \mathrm{mol\cdot kg^{-1}}$$

$$a_\pm=\gamma_\pm\cdot m_{\gamma,\pm}=0.529\times 0.079\ 4/1=0.042\ 00$$

$$a=a_\pm^\nu=0.042\ 00^3=7.41\times 10^{-5}$$

5.3.2　离子强度

由表5-4中的数据可知，电解质的离子平均活度因子与浓度有关。一般情况下，$\gamma_\pm$ 小于1。在低浓度范围，$\gamma_\pm$ 随浓度的减小而增大，无限稀释时趋近于1；而高浓度时，$\gamma_\pm$ 又可随浓度的增加而变大，甚至可以超过1。在相同浓度下，相同价型电解质的$\gamma_{\pm}$值几乎相等；不同价型电解质的$\gamma_{\pm}$并不相同，且价型越高，$\gamma_{\pm}$越小。

离子间的静电引力导致强电解质溶液偏离理想溶液，而这种偏离程度与溶液中导电离子数目及离子所带电荷数有密切关系。因此，一定温度下，影响离子平均活度因子的主要因素是浓度和离子的电荷数，并且离子电荷数的影响大于浓度的影响。1921年，路易斯(Lewis)和伦道尔(Randall)根据大量实验数据，提出了**离子强度(ionic strength)**I的概念，用以度量离子所受静电引力干扰的程度。离子强度的定义式为

$$I=\frac{1}{2}\sum_{B}m_{B}z_{B}^{2} \tag{5-23}$$

式中，m_B为溶液中离子B的质量摩尔浓度；z_B为其电荷数。

例5-5 某水溶液中含有0.1 mol·kg^{-1}的KCl、0.01 mol·kg^{-1}的K_2SO_4和0.05 mol·kg^{-1}的$ZnSO_4$，求该溶液的离子强度I。

解： $I=\frac{1}{2}\sum_{B}m_{B}z_{B}^{2}=\frac{1}{2}[0.1\times1^2+0.1\times1^2+0.01\times2\times1^2+$

$0.01\times2^2+0.05\times2^2+0.05\times2^2]$

$=0.33\ \text{mol}\cdot\text{kg}^{-1}$

根据实验事实，路易斯进一步总结出稀溶液范围内离子平均活度因子和离子强度之间的经验式

$$\lg\gamma_{\pm}=-\text{常数}\sqrt{I} \tag{5-24}$$

上式表明，影响电解质$\gamma_{\pm}$的主要因素是与所有离子的浓度及价数有关的离子强度，而并非离子的本性。

5.3.3 德拜-休克尔极限定律

1923年，德拜(Debye)和休克尔(Hückel)以强电解质溶液中离子间静电引力所形成的“离子氛”为基点，结合离子强度的概念，并借助玻耳兹曼分布定律和泊松(Poisson)方程，导出了强电解质稀溶液离子活度因子的极限公式，即

$$\lg\gamma_{B}=-Az_{B}^{2}\cdot\sqrt{I} \tag{5-25}$$

式中A在温度和溶剂一定时为定值，在298.15 K的水溶液中，$A=0.509\ \text{mol}^{-1/2}\cdot\text{kg}^{1/2}$。由于单个离子的活度因子无法直接测定，必须将式(5-25)转换为离子平均活度因子的表达形式，即有

$$\lg\gamma_{\pm}=-Az_{+}|z_{-}|\sqrt{I} \tag{5-26}$$

式(5-25)和式(5-26)均称为**德拜-休克尔极限定律(Debye-Hückel limiting law)**，适用于离子强度小于0.01 mol·kg^{-1}的强电解质稀溶液。

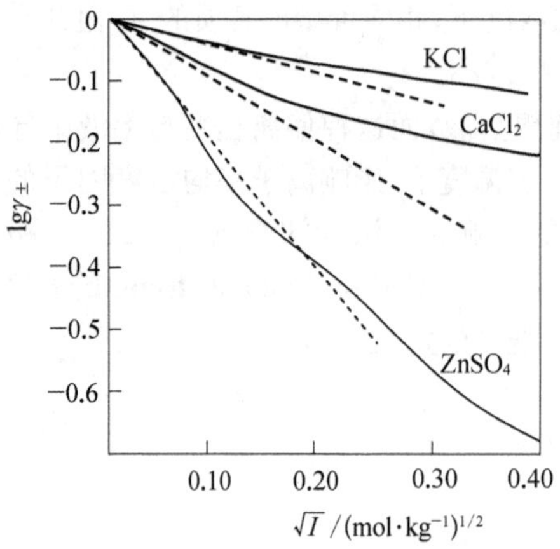

图 5－7　几种不同价型电解质溶液的 $\lg\gamma_{\pm}$ 与 $\sqrt{I}$ 的关系

由德拜-休克尔极限定律可知，$\lg\gamma_{\pm}$ 与 $\sqrt{I}$ 应呈直线关系，直线斜率为 $-AZ_{+}\mid Z_{-}\mid$。图 5－7 给出了三种不同价型电解质溶液的 $\lg\gamma_{\pm}$ 与 $\sqrt{I}$ 的关系。可以看到，在稀溶液范围内，德拜-休克尔极限定律计算的理论结果（虚线）与实验值（实线）有较好的吻合。当溶液的离子强度增大，两者出现较大的偏离，此时需对德拜-休克尔极限定律加以修正。

例 5－6　试用德拜-休克尔极限定律，计算 298.15 K 时 0.002 $mol\cdot kg^{-1}$ Na_2SO_4 和0.002 $mol\cdot kg^{-1}$ $ZnCl_2$溶液中 $ZnCl_2$ 的离子平均活度因子 $\gamma_{\pm}$。

解：混合溶液的离子强度为

$$I=\frac{1}{2}\sum_{B}m_{B}z_{B}^{2}$$

$$=\frac{1}{2}[2\times0.002\times1^{2}+0.002\times2^{2}+0.002\times2^{2}+2\times0.002\times(-1)^{2}]$$

$$=0.012\ \mathrm{mol\cdot kg^{-1}}$$

$$\lg\gamma_{\pm}=-Az_{+}\mid z_{-}\mid\sqrt{I}$$

$$=-0.509\times2\times\mid(-1)\mid\cdot\sqrt{0.012}=-0.1115$$

$$\gamma_{\pm}=0.774$$

5.4　可逆电池

5.4.1　可逆电池的条件

原电池可实现化学能向电能的转变，如果这种能量转换以热力学可逆的方式进行，这种电池称为**可逆电池（reversible cell）**。等温等压下，可逆电池对外所能做的电功达最大，此时电池两电极间的电势差，即该电池的电动势与最大功及系统吉布斯能的变化之间符合如下关系，即

$$-(\Delta_{r}G_{m})_{T,p}=-W'=zEF \qquad (5-27)$$

式中，z 为电极反应中得失的电子数。

符合热力学意义上可逆要求的可逆电池，必须具备以下三个条件：

1）电池反应可逆　　将电池与一外加电动势 E' 并联。当电池电动势 E 大于 E' 时，

电池内将发生化学反应而放电；当电池电动势 E 小于 E' 时，电池将获得能量而被充电，电池内发生的化学反应将完全逆向进行。即电池的充、放电反应必须互为逆反应。

例如图 5-8(a)中的铜锌电池，放电时的电极反应和电池反应为

负极(锌电极)　$Zn \longrightarrow Zn^{2+} + 2e^-$

正极(铜电极)　$Cu^{2+} + 2e^- \longrightarrow Cu$

电池反应　$Zn + CuSO_4 \longrightarrow Cu + ZnSO_4$

电池被充电时的电极反应和电池反应为

阴极(锌电极)　$Zn^{2+} + 2e^- \longrightarrow Zn$

阳极(铜电极)　$Cu \longrightarrow Cu^{2+} + 2e^-$

电池反应　$Cu + ZnSO_4 \longrightarrow Zn + CuSO_4$

显然，该电池在充、放电时的反应是可逆的。

2) 能量转换可逆　无论充电或放电，通过电池的电流必须十分微小，这样才能保证电池内的化学反应在无限接近平衡态的条件下进行。

3) 没有不可逆的扩散过程　两种不同的电解质溶液或是电解质相同但浓度不同的溶液相互接触时，由于离子的迁移速率不同，在接触界面上会形成双电层，产生**液体接界电势(liquid junction potential)**或**扩散电势(diffuse potential)**。如：两种不同浓度 HCl 溶液的接界面上，HCl 将由浓的一侧向稀的一侧扩散。由于 H^+ 的扩散速率大于 Cl^-，在浓度小的一侧有过剩 H^+ 而带正电，在浓度大的一侧则 Cl^- 过剩而带负电，在界面上形成双电层。双电层的存在，使离子扩散通过界面的速率发生改变，速率快者减慢，速率慢者加快，最后达到稳态，离子以相同的速率通过界面，在界面处形成稳定的电势差。

虽然液体接界电势一般只有 30 mV 左右，但是它的存在将引起电池的不可逆性，因为液体的扩散是自发不可逆过程。为了尽量减小液体接界电势，可以在两种溶液之间连接一个**盐桥(salt bridge)**，以避免两者的直接接触。盐桥内装有用琼脂固定的高浓度电解质溶液，常用的是饱和 KCl 溶液，因为溶液中正、负离子的迁移速率几乎相同。但需注意，盐桥中的电解质不能与电极溶液发生反应，例如组成电池的电解质溶液中含有 Ag^+、Hg_2^{2+} 等，则须改用 NH_4NO_3 或 KNO_3 溶液。

注意，同时满足上述三个条件的电池才是热力学上的可逆电池，否则均是不可逆电池。例如，图 5-8(a)中的电池，当通过的电流无限小时，能量转化也可逆，则该电池为可

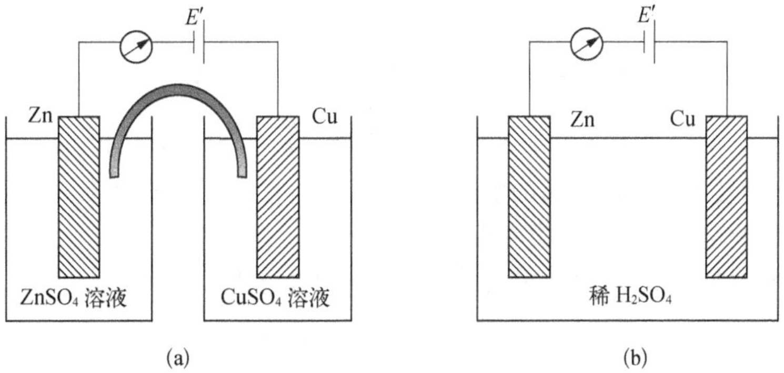

图 5-8　与外加电动势并联的电池示意图

逆电池。反之,按图 5-8(b)所示的电池,由于离子扩散的不可逆性,使得其充、放电时的反应不可逆,即使通过的电流无限小,也不可能成为可逆电池。该电池的充、放电反应分别为:

放电反应 $Zn + 2H^+ \longrightarrow Zn^{2+} + H_2$

充电反应 $2H^+ + Cu \longrightarrow H_2 + Cu^{2+}$

5.4.2 可逆电极的种类

可逆电极是可逆电池的必要组成部分,主要有以下三类。

1. 第一类电极

这类电极主要包括金属电极和气体电极等。

金属电极是由金属插入含有该金属离子的溶液中所构成,一般可表示为 $M^{n+}(a)|M(s)$。如 Cu(s)插在 $CuSO_4$溶液中构成的铜电极为 $CuSO_4(aq)|Cu(s)$,电极反应为

$$Cu^{2+}(aq) + 2e^- \longrightarrow Cu(s)$$

一些活泼的金属,如 Na、K,不可直接插入这些离子的溶液中,但可以把金属溶于汞,做成汞齐电极 $Na^+(a_+)|Na(Hg)(a)$,电极反应为

$$Na^+(a_+) + Hg(l) + e^- \longrightarrow Na(Hg)(a)$$

将惰性金属片插入含有相应气体元素的离子溶液中,并使气体不断冲击金属片使其吸附达平衡即构成气体电极。惰性金属仅起输送电子的作用,常用的是金属铂。常见的气体电极有氢电极、氧电极和氯电极。如酸性介质中的氢电极可表示为 $H^+(a)|H_2(p)|Pt$,电极反应为

$$2H^+(a) + 2e^- \longrightarrow H_2(p)$$

2. 第二类电极

在金属表面覆盖一层该金属的难溶盐,然后浸入含有该难溶盐的负离子溶液中,构成金属-难溶盐电极。这类电极最典型的代表是银-氯化银电极和甘汞电极。由于制备简单,电极电势稳定,它们也是最为常用的参比电极。

银-氯化银电极可表示为 $Cl^-(a)|AgCl(s)|Ag(s)$,电极反应为

$$AgCl(s) + e^- \longrightarrow Ag(s) + Cl^-(a)$$

甘汞电极可表示为 $Cl^-(a)|Hg_2Cl_2(s)|Hg(l)$,电极反应为

$$Hg_2Cl_2(s) + 2e^- \longrightarrow 2Hg(l) + 2Cl^-(a)$$

在金属表面覆盖一层该金属的氧化物,然后浸在含有 H^+或 OH^-的溶液中,构成的金属-难溶氧化物电极也属第二类电极。

例如,酸性介质中的汞-氧化汞电极为 $H^+(\alpha_+)|HgO(s)|Hg(l)$,电极反应为

$$HgO(s) + 2H^+(\alpha_+) + 2e^- \longrightarrow Hg(l) + H_2O$$

碱性介质中的汞-氧化汞电极为 $OH^-(a_-)|HgO(s)|Hg(l)$,电极反应为

$$HgO(s) + H_2O + 2e^- \longrightarrow Hg(l) + 2OH^- \ (\alpha_-)$$

3. 第三类电极

由惰性金属(如 Pt)插入含有某种离子的两种不同氧化态的溶液中即构成第三类电极。由于电极反应只涉及组成电极的溶液中离子间的氧化-还原反应，故这类电极又称为氧化还原电极。如 Sn^{2+} 与 Sn^{4+} 构成的电极为 $Sn^{4+}(a_1)$，$Sn^{2+}(a_2)|Pt$，电极反应为

$$Sn^{4+}(a_1) + 2e^- \longrightarrow Sn^{2+}(a_2)$$

5.4.3 可逆电池电动势的测定

1. 对消法测电池电动势

在没有电流通过时测得的两极间电势为可逆电池的电动势。电池电动势不能用伏特计直接测量，这是因为用伏特计将电池连通后，电池中将发生化学反应，导致溶液浓度不断变化，同时电路中将有电流流通，使得电池的工作状态不符合可逆电池的条件。

为了在几乎没有电流通过的情况下测定可逆电池的电动势，一般采用波根多夫**补偿法(compensation method)**进行测量，即在外电路上接一方向相反而电动势几乎相同的电池，对抗原电池的电动势，使外电路上基本没有电流通过，线路示意见图 5-9。AB 为均匀滑线电阻，工作电池 E_W 经可变电阻 R 与 AB 构成回路，在 AB 上产生一均匀的电势降。K 为双臂电钥，可将待测电池 E_X 或电动势已知的**标准电池(standard cell)** E_S 通过检流计与工作电池并联。测定时，先将电钥 K 与 E_S 相连，调节滑动接头至恰当的位置，如图中的 C 处，可观察到检流计中无电流通过，表明此时 AC 段所代表的电势差数值完全被 E_S 抵消。再将电钥 K 与 E_X 联通，当滑动接头改变至 C′位置时，检流计中无电流测出，此时 AC′段所代表的电势差数值恰好被 E_X 抵消。由于 AB 为均匀导体，电势差与划线电阻的长度成正比，即

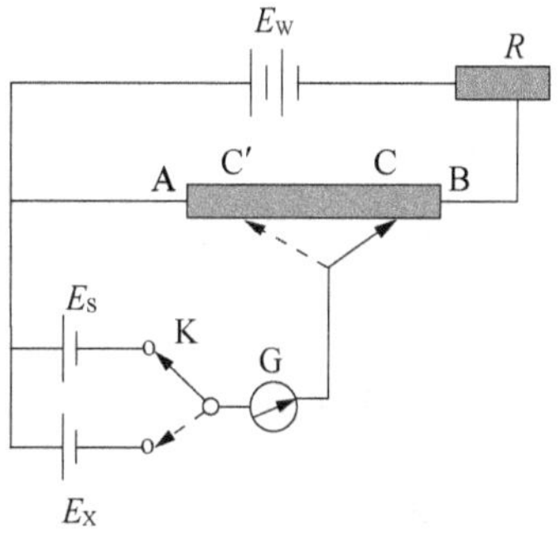

图 5-9 对消法测电动势示意图

$$\frac{E_X}{E_S} = \frac{AC'}{AC}$$

这样，由标准电池电动势 E_S、划线电阻长度 AC 和 AC′可计算出待测电池的电动势。

2. 标准电池

用对消法测可逆电池电动势时常用的标准电池是韦斯顿(Weston)标准电池，具有高度可逆、高度稳定、温度系数小的特点。图 5-10 所示为饱和型标准电池示意图。电池的正极为 Hg 和 Hg_2SO_4 的糊状物，负极为含 Cd 质量分数为 12.5%的镉汞齐电极，两电极上方都放有 $CdSO_4 \cdot \frac{8}{3}H_2O$ 晶体和其饱和溶液。为了使正极与导线接触紧密，在糊状物下部有少许 Hg。电池中发生的化学反应为

负极 $Cd(Hg) + SO_4^{2-} + \frac{8}{3}H_2O(l) \longrightarrow CdSO_4 \cdot \frac{8}{3}H_2O(s) + 2e^-$

正极　$Hg_2SO_4(s) + 2e^- \longrightarrow 2Hg(l) + SO_4^{2-}$

电池反应　$Cd(Hg) + Hg_2SO_4(s) + \frac{8}{3}H_2O(l) \longrightarrow 2Hg(l) + CdSO_4 \cdot \frac{8}{3}H_2O(s)$

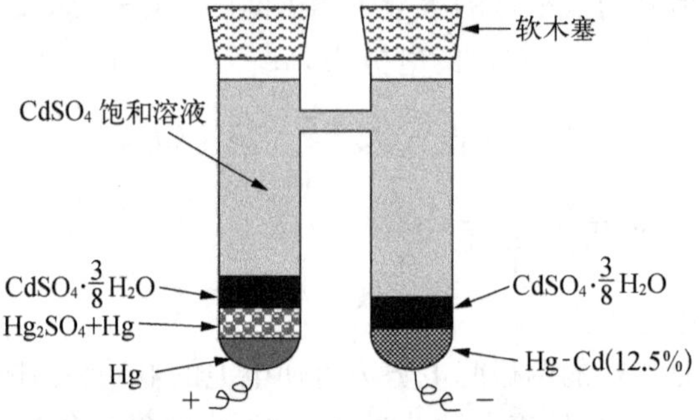

图 5-10　Weston 标准电池示意图

在 0～40℃范围内，该电池的电动势与摄氏温度的关系为

$$E_S(t) = 1.018\,45 - 4.05 \times 10^{-5}(t-293) - 9.5 \times 10^{-7}(t-293)^2 + 1 \times 10^{-8}(t-293)^3 \tag{5-28}$$

由上式可知，该电池的电动势受温度的影响很小。$t=20℃$时，$E_S=1.018\,45$ V；$t=25℃$时，$E_S=1.018\,32$ V。

5.4.4 电池的书写方式

由电极组成电池时，若其组成和结构均用图形表示出来则太过繁琐，如上面的标准电池。因此，有必要规定一种方便而科学的书面表达形式。通常，电池的书写原则如下：

1) 按照真实的接触关系排列电池中各物质。用单垂线“|”表示电极与溶液的接触界面，用逗号“,”表示可混溶的两种溶液间的接界。若电池中使用盐桥来降低液体接界电势，则用双垂线表示盐桥“‖”。

2) 将发生氧化反应的负极写在左边，发生还原反应的正极写在右边。

3) 电池中各物质需分别注明所处的状态(气、液、固)，气体要标明压力，溶液要注明浓度或活度。

4) 需要惰性金属作电极导体的，也应标明。例如，$H_2(g)$吸附在 Pt 片上。

一般，若不加特殊说明，所写电池的工作条件为 298.15 K 和标准压力 100 kPa。

根据上述原则，在熟悉本节三种电极的组成和对应的电极反应的基础上，可以熟练地将化学反应设计成电池，并用书面形式表达出来，或写出电池所对应的化学反应。例如，前面介绍的标准电池可以书写为

$$Cd-Hg(12.5\%Cd) \mid CdSO_4 \cdot \frac{8}{3}H_2O(s) \mid CdSO_4(\text{饱和溶液}) \mid Hg_2SO_4(s) \mid Hg(l)$$

例 5-7　写出下列电池的电极反应和电池反应。

(1) $Pt(s)|Cu^+(a_1), Cu^{2+}(a_2) \| Ag^+(a_3)|Ag(s)$

(2) $Pt|H_2(p)|NaOH(a)|HgO(s)|Hg(l)$

解： 首先写出左侧负极上发生的氧化反应和右侧正极上发生的还原反应，然后将两个电极反应相加即为电池反应。

(1) 负极 $Cu^+ \longrightarrow Cu^{2+} + e^-$

正极 $Ag^+ + e^- \longrightarrow Ag$

电池反应 $Cu^+ + Ag^+ \longrightarrow Cu^{2+} + Ag$

(2) 负极 $H_2 + 2OH^- \longrightarrow 2H_2O + 2e^-$

正极 $HgO + H_2O + 2e^- \longrightarrow 2Hg + 2OH^-$

电池反应 $H_2 + 2HgO \longrightarrow 2Hg + H_2O$

例 5-8 将下列反应设计成电池：

(1) $Zn(s) + 2Ag^+(a_2) \longrightarrow Zn^{2+}(a_1) + 2Ag(s)$

(2) $Ag^+(a_1) + Br^-(a_2) \longrightarrow AgBr(s)$

解： (1) 由化学反应可知，该电池由两个金属电极组成，锌电极发生氧化反应为负极，银电极发生还原反应则为正极。由于两电极的电解质溶液不同，需用盐桥将正、负极隔开。因此，设计电池为

$$Zn \mid Zn^{2+}(a_1) \parallel Ag^+(a_2) \mid Ag(s)$$

电池设计完后，需写出该电池所对应的反应，核对与题中所给反应是否一致，否则需重新设计。

负极 $Zn(s) \longrightarrow Zn^{2+}(a_1) + 2e^-$

正极 $2Ag^+(a_2) + 2e^- \longrightarrow 2Ag(s)$

电池反应 $Zn(s) + 2Ag^+(a_2) \longrightarrow Zn^{2+}(a_1) + 2Ag(s)$

组成电池的电池反应与题中所给反应一致，故电池设计正确。

(2) 该反应不涉及氧化还原变化，但根据反应物和产物，可以确定其中一个电极为 Ag-AgCl 电极。这样，用给定的化学反应减去 Ag-AgCl 电极的电极反应，可知另一电极为金属 Ag 电极。因此，设计电池为

$$Ag(s) \mid AgBr(s) \mid Br^-(a_2) \parallel Ag^+(a_1) \mid Ag(s)$$

复核反应：

负极 $Br^-(a_2) + Ag(s) \longrightarrow AgBr(s) + e^-$

正极 $Ag^+(a_1) + e^- \longrightarrow Ag(s)$

电池反应 $Ag^+(a_1) + Br^-(a_2) \longrightarrow AgBr(s)$

组成电池的电池反应与题中所给反应一致，故电池设计正确。

5.5 可逆电池热力学

5.5.1 电池电动势的能斯特方程

1892年能斯特(Nernst)将化学反应的吉布斯能和可逆电池电动势联系起来，提出了电池电动势与参加电池反应的各物质活度之间的关系，即可逆电池电动势的**能斯特方程(Nernst equation)**。

若在等温等压下，某可逆电池的电池反应为

$$aA(a_A)+dD(a_D)\longrightarrow gG(a_G)+hH(a_H)$$

根据化学反应等温式可知

$$\Delta_r G_m=\Delta_r G_m^{\ominus}+RT\ln\frac{a_G^g\cdot a_H^h}{a_A^a\cdot a_D^d} \tag{5-29}$$

将式(5-27)代入，得

$$E=E^{\ominus}-\frac{RT}{zF}\ln\frac{a_G^g\cdot a_H^h}{a_A^a\cdot a_D^d} \tag{5-30}$$

式中，$E^{\ominus}$为参加电池反应的各物质均处于标准态时的电动势，定温下有确定数值；z为电极反应中电子的计量系数。式(5-30)称为电池反应的能斯特方程。

由式(5-29)和式(5-30)可知，当$\Delta_r G_m<0$，电池反应是热力学上的自发反应，$E>0$；若$\Delta_r G_m>0$，电池反应为非自发反应，$E<0$。因此，可以根据电池电动势的正负号，判断电池反应的方向。

5.5.2 标准电池电动势和平衡常数的关系

当电池反应达到平衡时，$\Delta_r G_m=0$，则$E=0$。因此，由式(5-30)可以得出

$$E^{\ominus}=\frac{RT}{zF}\ln\frac{a_G^g\cdot a_H^h}{a_A^a\cdot a_D^d}=\frac{RT}{zF}\ln K_a^{\ominus} \tag{5-31}$$

若能测出或计算出电池的标准电动势，则可求出电池反应的平衡常数。注意，$E^{\ominus}$和$K^{\ominus}$所处的状态不同。

例5-9 将反应$\frac{1}{2}H_2(p^{\ominus})+AgCl(s)\longrightarrow HCl(a)+Ag(s)$设计成电池。298.15 K时，电池的标准电动势$E^{\ominus}$为0.222 4 V，试计算该反应的平衡常数。若改变HCl的活度为0.1 mol·kg^{-1}，试计算该条件下电池的电动势。

解： 设计电池为

$$Pt\mid H_2(p^{\ominus})\mid HCl(a)\mid AgCl(s)\mid Ag(s)$$

负极 $\frac{1}{2}H_2(p^\ominus) \longrightarrow H^+(a_+) + e^-$

正极 $AgCl(s) + e^- \longrightarrow Ag(s) + Cl^-(a_-)$

电池反应 $\frac{1}{2}H_2(p^\ominus) + AgCl(s) \longrightarrow HCl(a_{HCl}) + Ag(s)$

由式(5-31)可得

$$\ln K_a^\ominus = \frac{zFE^\ominus}{RT} = \frac{1\times 96\,500\times 0.222\,4}{8.314\times 298}$$

$$K_a^\ominus = 5.78\times 10^3$$

若改变 HCl 的浓度为 0.1 mol·kg^{-1},由式(5-30)可得

$$E = E^\ominus - \frac{RT}{zF}\ln\frac{a(HCl)\cdot a(Ag)}{[p(H_2)/p^\ominus]^{1/2}\cdot a(AgCl)}$$

Ag、AgCl 为纯固体,其活度视为1,氢气可视为理想气体,$a = p(H_2)/p^\ominus = 1$,$z = 1$,则电池电动势为

$$E = E^\ominus - \frac{RT}{F}\ln a(HCl)$$

$$= 0.222\,4 - \frac{8.314\times 298}{96\,500}\times\ln 0.1$$

$$= 0.281\,5\ V$$

例 5-9 中的电池反应若表示为 $H_2(p^\ominus) + 2AgCl(s) \longrightarrow 2HCl(a) + 2Ag(s)$,此时 $z = 2$,则电动势的计算为

$$E = E^\ominus - \frac{RT}{2F}\ln[a(HCl)]^2$$

$$= E^\ominus - \frac{RT}{F}\ln a(HCl)$$

显然,电池电动势与电池反应的计量式写法无关。因此,电动势为一强度性质,其数值不受参加反应的物质的量的影响。

5.5.3 电池电动势与电池反应的热力学函数间的关系

根据热力学基本关系式

$$dG = -SdT + vdp$$

$$\left[\frac{\partial(\Delta_r G_m)}{\partial T}\right]_p = -\Delta_r S_m$$

将式(5-27)代入,得到

$$\Delta_r S_m = zF\left(\frac{\partial E}{\partial T}\right)_p \tag{5-32}$$

式中，$\left(\frac{\partial E}{\partial T}\right)_p$ 称为电池电动势的温度系数。已知温度一定时，$Q_r = T\Delta_r S_m$，因此，电池反应的可逆热效应为

$$Q_r = zFT\left(\frac{\partial E}{\partial T}\right)_p \tag{5-33}$$

这样，由电池电动势温度系数的正负号，可确定电池等温可逆放电时是吸热还是放热。当电池电动势的温度系数小于零且有较大数值时，表示化学能转化为电能过程中有较多热量生成，如果电池散热不良，可能引起电池燃烧、爆炸。可逆电池电动势的温度系数均较小，一般数量级在 $10^{-3} \sim 10^{-4}$。

已知等温条件下，热力学函数间的关系有 $\Delta_r G_m = \Delta_r H_m - T\Delta_r S_m$，则

$$\Delta_r H_m = -zEF + zFT\left(\frac{\partial E}{\partial T}\right)_p \tag{5-34}$$

用对消法可精确测定不同温度下可逆电池的电动势和温度系数，由此即可求出反应的熵变和焓变，所得数据较热化学方法准确。

例 5-10 298.15 K 时，电池 Ag(s)|AgCl(s)|KCl(m)|Hg_2Cl_2(s)|Hg(l)的电动势E=0.045 8 V，$\left(\frac{\partial E}{\partial T}\right)_p = 3.38\times10^{-4}$ V·K^{-1}。试写出该电池的电池反应，并求算该温度下电池反应的 $\Delta_r G_m$、$\Delta_r H_m$、$\Delta_r S_m$ 及可逆放电时的热效应 Q_r。

解： 电池反应 $Ag(s) + \frac{1}{2}Hg_2Cl_2(s) \longrightarrow AgCl(s) + Hg(l)$

$$\Delta_r G_m = -zEF$$
$$= -1\times 96\,500\times 0.045\,8 = -4.420\ \mathrm{kJ\cdot mol^{-1}}$$

$$\Delta_r S_m = zF\left(\frac{\partial E}{\partial T}\right)_p$$
$$= 96\,500\times 3.38\times10^{-4} = 32.62\ \mathrm{J\cdot K^{-1}\cdot mol^{-1}}$$

$$\Delta_r H_m = \Delta_r G_m + T\Delta_r S_m$$
$$= -4.420 + 298.15\times 32.62\times10^{-3} = 5.306\ \mathrm{kJ\cdot mol^{-1}}$$

$$Q_r = T\Delta_r S_m = 298.15\times 32.62 = 9\,726\ \mathrm{J\cdot mol^{-1}} = 9.726\ \mathrm{kJ\cdot mol^{-1}}$$

5.6 电极电势

由不同电极组成电池时，系统中可能存在电极和溶液、溶液和溶液以及导线和电极之间的接触界面，而这些界面间的电势差是电池电动势产生的主要原因。例如，铜-锌电池

中，各相界面上的电势差包括以下几个部分

$$\mathrm{Cu}(导线)\mid \mathrm{Zn(s)} \mid \mathrm{ZnSO_4}(a) \mid \mathrm{CuSO_4}(a) \mid \mathrm{Cu(s)}$$

$$\varepsilon_{接触} \quad \varepsilon_{-} \quad \varepsilon_{液接} \quad \varepsilon_{+}$$

$\varepsilon_{接触}$表示接触电势；$\varepsilon_{液接}$表示液体接界电势；ε_{+}和ε_{-}分别为两电极与溶液界面间的电势差。一般$\varepsilon_{接触}$可忽略，$\varepsilon_{液接}$可用盐桥基本消除，故整个电池的电动势为

$$E = \varepsilon_{-} + \varepsilon_{+}$$

若能测得或计算出电极与溶液界面间的电势差，则电池电动势的绝对值就可以直接求得。

5.6.1 电极-溶液界面电势差

电极和溶液界面间的电势差是电池电动势的主要组成部分。金属晶格由金属离子和自由电子组成，当把金属片插入极性很大的水中，金属离子受到水分子的吸引发生水化作用，一部分水化金属离子有可能离开金属表面而溶入水相，使金属表面带负电，而液相带正电。如果将金属浸入含有该金属离子的水溶液中，情况类似，只是当溶液中的金属离子更容易获得电子时，金属离子将转移至金属表面使其带正电而液相带负电。这样，一方面溶液中的异号离子受到金属表面电荷的吸引，趋向于集中在金属表面附近；而另一方面，受热运动的影响，这些离子又趋向于远离金属表面向溶液中扩散。当静电引力和热扩散达到平衡时，在金属-溶液界面上形成由**紧密层**(contact layer)和**扩散层**(diffusion layer)组成的**双电层**(double layer)结构(图5-11)。紧密层厚度约为10^{-10} m，扩散层的厚度在$10^{-10}\sim10^{-6}$ m范围内，随溶液中离子浓度的不同而变，浓度越大，扩散层厚度越小。双电层的存在，阻止了金属离子进一步向溶液中的溶入或向电极表面的沉积，最后达成平衡，形成电势差，称为电极-溶液界面电势差，简称**电极电势**(electrode potential)。

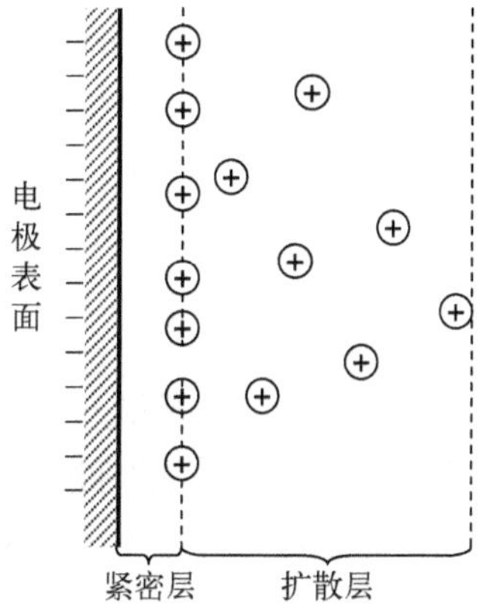

图5-11 双电层结构示意图

目前尚无法由实验测得或理论计算得到单个电极的电极电势绝对值，但是可以人为规定一个相对标准，通过比较的方法测得电极电势的相对值(以后所讲的电极电势均为与氢电极相比较的相对值)，并由此计算电池电动势。

5.6.2 电极电势的确定

1. 标准氢电极

1953年，国际纯粹和应用化学联合会(IUPAC)建议采用**标准氢电极**(standard hydrogen electrode)作为基准电极，并规定，在任何温度下，标准氢电极的电极电势$\varphi^{\ominus}(\mathrm{H^+/H_2})$等于零。

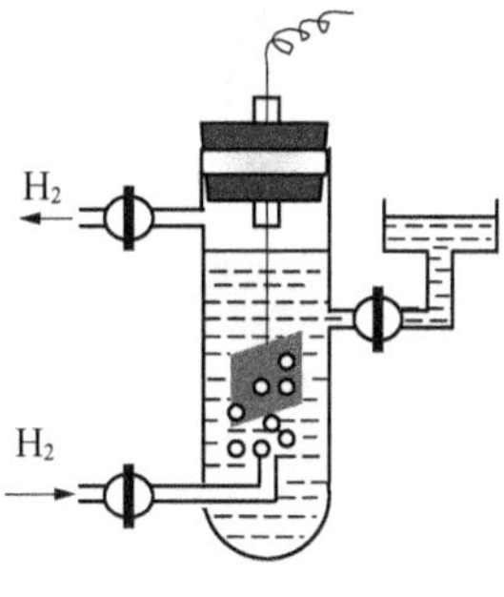

图5-12 氢电极构造示意图

图5-12所示为标准氢电极的结构示意图。将镀有铂黑的铂片插入氢离子活度为1的溶液中，然后不断用标准压力

$p^{\ominus}$的纯净氢气冲击吹打铂片，使铂黑吸附氢气直至饱和，由此构成的就是标准氢电极。标准氢电极的电极表达式为

$$\mathrm{Pt} \mid \mathrm{H_2}(p^{\ominus}) \mid \mathrm{H^+}(a=1)$$

2. 任意电极的电极电势

IUPAC 规定，用标准氢电极测定任意电极的相对电极电势时，将标准氢电极作为发生氧化作用的负极，而待测电极作为发生还原作用的正极，组成如下电池：

$$\mathrm{Pt} \mid \mathrm{H_2}(p^{\ominus}) \mid \mathrm{H^+}(a=1) \parallel \text{待测电极}$$

该电池电动势的数值和符号，就是待测电极的电极电势数值和符号，用 φ 表示。若电极处在标准状态下，这时的电极电势为标准电极电势 $\varphi^{\ominus}$。由于待测电极处于发生还原作用的正极，由此测得的电极电势也称还原电势。若还原电势为正，表明该电极的还原倾向大于标准氢电极。若还原电势为负，表明该电极的还原倾向小于标准氢电极，电极上实际发生的为氧化反应。

例如，要确定铜电极 $Cu^{2+}(a=1)|Cu$ 的电极电势，可组成如下电池：

$$\mathrm{Pt} \mid \mathrm{H_2}(p^{\ominus}) \mid \mathrm{H^+}(a=1) \parallel \mathrm{Cu^{2+}}(a=1) \mid \mathrm{Cu(s)}$$

298.15 K 时，测得电池的电动势为+0.337 V，表明电池实际工作时电极上发生的反应与电池表达式一致。由于铜电极处在标准状态下，因此，该电池电动势即为铜电极的标准电极电势 $\varphi^{\ominus}(Cu^{2+}/Cu)=0.337$ V。

若要确定锌电极 $Zn^{2+}(a=1)|Zn(s)$的电极电势，可组成如下电池：

$$\mathrm{Pt} \mid \mathrm{H_2}(p^{\ominus}) \mid \mathrm{H^+}(a=1) \parallel \mathrm{Zn^{2+}}(a=1) \mid \mathrm{Zn(s)}$$

298.15 K 时，实验测得上述电池的电动势为−0.763 V，表明锌电极上实际进行的是氧化反应。因此，锌电极的标准电极电势为 $\varphi^{\ominus}(Zn^{2+}/Zn)=-0.763$ V。

由还原电势计算电池电动势的规定为

$$E=\varphi_{+}-\varphi_{-} \tag{5-35}$$

一些常用电极的标准电极电势值列于附录中。表中数值按由负到正、由小到大的顺序排列，由此可以判断电极中反应物质得到或失去电子能力的强弱。电极电势越正，表示组成电极的氧化态物质越容易得到电子；反之，电极电势越负，还原态物质越容易失去电子。因此，将任意两个电极组成电池时，电极电势高者应为正极，电极电势低者则为负极。此外，标准电极电势还有许多重要的应用，如判断金属被腐蚀的可能性，估计电解过程中金属离子发生还原反应的次序，计算电池电动势，判断氧化还原反应的方向，以及计算电池反应的热力学函数变化和平衡常数等。

5.6.3 电极电势的能斯特方程

用标准氢电极测定铜电极的电极电势时，组成的电池如下：

$$\mathrm{Pt} \mid \mathrm{H_2}(p^{\ominus}) \mid \mathrm{H^+}(a=1) \parallel \mathrm{Cu^{2+}}(a) \mid \mathrm{Cu(s)}$$

该电池中发生的反应为

负极(氧化反应) $H_2(p^\ominus) \longrightarrow 2H^+(a=1)+2e^-$

正极(还原反应) $Cu^{2+}(a)+2e^- \longrightarrow Cu(s)$

电池反应 $H_2(p^\ominus)+Cu^{2+}(a) \longrightarrow 2H^+(a=1)+Cu(s)$

电池电动势的能斯特方程为 $E=E^\ominus-\frac{RT}{2F}\ln\frac{a^2(H^+)\cdot a(Cu)}{a(H_2)\cdot a(Cu^{2+})}$

由于标准氢电极中各物质的活度均为1,又该电池的电动势即为铜电极的电极电势,因此,上式可写为

$$\varphi(Cu^{2+}/Cu)=\varphi^\ominus(Cu^{2+}/Cu)-\frac{RT}{2F}\ln\frac{a(Cu)}{a(Cu^{2+})}$$

该式与正极铜电极的反应相对应,即能斯特方程对电极反应也适用。将上式推广至任意电极,其电极反应可用通式表示为

$$氧化态+ze^- \longrightarrow 还原态$$

电极电势的计算式为

$$\varphi=\varphi^\ominus-\frac{RT}{zF}\ln\frac{a_{还原态}}{a_{氧化态}} \tag{5-36}$$

此式即为电极反应的能斯特方程。从式中可以看出,电极电势与组成电极的物质、活度及温度有关。需注意,电极电势也是一强度性质,无加和性。

例5-11 298.15 K时,将下面两电极组成电池,计算电池电动势,并写出电池表达式和电池中发生的反应。$SnCl_2(a=0.1)\mid Sn(s)$ 和 $PbCl_2(a=0.01)\mid Pb(s)$。

解:首先利用式(5-36)计算所给活度下两电极的电极电势,然后根据电极电势的数值大小决定正、负极,并按规定设计电池。

查表得:$\varphi^\ominus(Pb^{2+}/Pb)=-0.126$ V,$\varphi^\ominus(Sn^{2+}/Sn)=-0.136$ V,则

$$\varphi(Pb/Pb^{2+})=\varphi^\ominus(Pb/Pb^{2+})-\frac{RT}{2F}\ln\frac{a(Pb)}{a(Pb^{2+})}$$

$$=-0.126-\frac{8.314\times 298}{2\times 96\,500}\ln\frac{1}{0.01}=-0.185\ \text{V}$$

$$\varphi(Sn/Sn^{2+})=\varphi^\ominus(Sn/Sn^{2+})-\frac{RT}{2F}\ln\frac{a(Sn)}{a(Sn^{2+})}$$

$$=-0.136-\frac{8.314\times 298}{2\times 96\,500}\ln\frac{1}{0.1}=-0.166\ \text{V}$$

由于 $\varphi(Sn^{2+}/Sn)>\varphi(Pb^{2+}/Pb)$,所以,锡电极为正极,铅电极为负极。电池电动势为

$$E=\varphi(Sn^{2+}/Sn)-\varphi(Pb^{2+}/Pb)=-0.166-(-0.185)=0.019\ \text{V}$$

组成的电池为：

$$\mathrm{Pb(s)} \mid \mathrm{Pb^{2+}}(a=0.01) \parallel \mathrm{Sn^{2+}}(a=0.1) \mid \mathrm{Sn(s)}$$

电池中发生如下反应：

负极　$\mathrm{Pb(s)} \longrightarrow \mathrm{Pb^{2+}}(a=0.01)+2\mathrm{e^-}$

正极　$\mathrm{Sn^{2+}}(a=0.1)+2\mathrm{e^-} \longrightarrow \mathrm{Sn(s)}$

电池反应　$\mathrm{Pb(s)}+\mathrm{Sn^{2+}}(a=0.1) \longrightarrow \mathrm{Pb^{2+}}(a=0.01)+\mathrm{Sn(s)}$

5.6.4 生化系统的标准电极电势

生物系统中的反应，大部分是在体温和接近中性的条件下进行的，且很多都涉及 H^+ 离子的转移。因此，生化系统中将 pH 值 7.0 定为标准状态，即 H^+ 的生化标准态为 $a_{H^+}=10^{-7}$，其他物质均与物理化学中标准态规定相同。生物系统中，有 H^+ 参加的氧化还原电对应该用生化标准电极电势，符号为 $\varphi^{\oplus}$。附录中列出了一些重要的生物氧化还原系统的标准电极电势。

生化系统的标准电极电势与物理化学系统的标准电极电势之间有一定的关系，并随 H^+ 在反应式中的位置不同而不同。当 H^+ 作为反应产物出现的反应式为

$$\mathrm{A}(a=1)+\mathrm{D}(a=1)+z\mathrm{e^-} \longrightarrow \mathrm{G}(a=1)+\mathrm{H^+}(a=10^{-7})$$

$\varphi^{\oplus}$ 与 $\varphi^{\ominus}$ 的关系为

$$\varphi^{\oplus}=\varphi^{\ominus}-\frac{RT}{zF}\ln\frac{a_{\mathrm{G}}\cdot a(\mathrm{H^+})}{a_{\mathrm{A}}\cdot a_{\mathrm{D}}}=\varphi^{\ominus}-\frac{RT}{zF}\ln 10^{-7}$$

298.15 K 时，有

$$\varphi^{\oplus}=\varphi^{\ominus}+0.414/z \tag{5-37}$$

当 H^+ 作为反应物出现时，则 $\varphi^{\oplus}$ 与 $\varphi^{\ominus}$ 的关系为

$$\varphi^{\oplus}=\varphi^{\ominus}-0.414/z \tag{5-38}$$

5.7 电极电势及电池电动势的应用

5.7.1 难溶盐溶度积的计算

难溶盐的溶解过程可以设计成电池来实现，并利用两电极的标准电极电势 $\varphi^{\ominus}$ 计算出 $E^{\ominus}$，进而可求得 K_{sp}。

例 5-12 试用 $\varphi^{\ominus}$ 数据计算难溶盐 AgCl 在 298.15 K 时的溶度积。

解： AgCl 溶解过程为

$$AgCl(s) \longrightarrow Ag^+ + Cl^-$$

该过程可被安排在电池中得以实现，设计的电池为

$$Ag(s) \mid AgNO_3(a_1) \parallel KCl(a_2) \mid AgCl(s) \mid Ag(s)$$

解法一：查表得 298.15 K 时，$\varphi^\ominus(AgCl/Ag) = 0.2224\ V$，$\varphi^\ominus(Ag^+/Ag) = 0.7991\ V$。则

$$E^\ominus = \varphi^\ominus(AgCl/Ag) - \varphi^\ominus(Ag^+/Ag) = 0.2224 - 0.7991 = -0.5767\ V$$

由式(5-31)可算得 AgCl 的溶度积 K_{sp} 为

$$\ln K_{sp} = \frac{zFE^\ominus}{RT} = \frac{1 \times 96\,500 \times (-0.5767)}{8.314 \times 298}$$

$$K_{sp} = 1.76 \times 10^{-10}$$

解法二：电池的正极中发生的反应也可设想为

$$AgCl(s) \longrightarrow Ag^+ + Cl^- \tag{1}$$

$$Ag^+ + e^- \longrightarrow Ag \tag{2}$$

总电极反应为

$$AgCl(s) + e^- \longrightarrow Ag + Cl^- \tag{3}$$

三个反应的吉布斯能变化之间的关系为

$$\Delta_r G^\ominus_{m,1} + \Delta_r G^\ominus_{m,2} = \Delta_r G^\ominus_{m,3}$$

将相应的吉布斯能与溶度积及吉布斯能与电极电势之间的关系代入上式，可得

$$-RT\ln K_{sp} + (-F\varphi^\ominus_{Ag^+/Ag}) = -F\varphi^\ominus_{AgBr/Ag}$$

代入相关数据，计算得 AgCl 难溶盐的溶度积为 $K_{sp} = 1.76 \times 10^{-10}$。

由例 5-12 可知，金属电极的标准电极电势与其相应的难溶盐电极的标准电极电势之间可通过难溶盐的溶度积相互换算。

5.7.2 离子平均活度因子的计算

由实验测得电池的电动势，再利用两电极的标准电极电势 $\varphi^\ominus$ 计算出 $E^\ominus$，由电池电动势的能斯特方程可计算电池中电解质溶液的离子平均活度因子。

例 5-13 298.15 K 时，电池 $Pt \mid H_2(100\ KPa) \mid HBr(m) \mid AgBr(s) \mid Ag(s)$ 的 $E^\ominus = 0.0711\ V$。当 HBr 的浓度为 $0.010\ mol \cdot kg^{-1}$ 时，$E = 0.3126\ V$，求此浓度下 HBr 的 $\gamma_\pm$。

解：该电池的电池反应为

$$\frac{1}{2}H_2(100\ kPa)+AgBr(s)\longrightarrow Ag(s)+HBr(a)$$

$$E=E^{\ominus}-\frac{RT}{zF}\ln\frac{a(HBr)\cdot a(Ag)}{[p(H_2)/p^{\ominus}]^{1/2}\cdot a(AgBr)}$$

由于 $a(Ag)=a(AgCl)=1$，$p(H_2)/p^{\ominus}=1$，$a(HBr)=[a_{\pm}(HBr)]^2$，则

$$E=E^{\ominus}-\frac{RT}{F}\ln[a_{\pm}(HBr)]^2$$

将相关数据代入上式，得

$$0.312\ 6=0.071\ 1-\frac{2\times 8.314\times 298}{96\ 500}\ln a_{\pm}(HBr)$$

$$\ln a_{\pm}(HBr)=-4.703$$

因此

$$a_{\pm}(HBr)=0.009\ 07$$

$$\gamma_{\pm}(HBr)=\frac{a_{\pm}(HBr)}{m_r(HBr)}=\frac{0.009\ 07}{0.01}=0.907$$

5.7.3 溶液 pH 的测定

将一已知电极电势的参比电极和对 H^+ 可逆的电极组成电池，通过测定电池电动势，可求得溶液的 pH。常用的参比电极有甘汞电极，常用的对 H^+ 可逆的电极有氢电极、醌-氢醌电极和玻璃电极。由于氢电极的使用条件十分严格，又极易中毒，而醌-氢醌电极在使用时有一定的 pH 范围限制。因此，实际测定时，普遍采用的是玻璃电极。

玻璃电极的构造如图 5-13 所示。电极的下端是一球形的玻璃膜泡，玻璃膜是在 SiO_2 基质中加入 Na_2O、Li_2O 和 CaO 烧结而成的，膜厚约 0.05 mm。早期的玻璃电极一般是钠玻璃，在 pH 10 以内表现出良好的线性，但 pH>10 时有较大的碱误差，即显示的 pH 过低。现在，人们在玻璃液中加入锂化合物，使得薄膜玻璃有较宽的 pH 范围，且碱误差很小。泡内装入 pH 一定的缓冲溶液或盐酸溶液（$0.1\ mol\cdot L^{-1}$）作为内参比溶液，并插入一根 Ag-AgCl 电极作为内参比电极。玻璃电极使用前需在水中浸泡 24 小时，水中的 H^+ 和玻璃膜表面的 Na^+ 交换，在表面形成水合硅胶层。将玻璃泡浸入待测溶液中，水合硅胶层表面与溶液中的 H^+ 活度不同，H^+ 发生扩散迁移，达平衡时产生一定的相界电势。玻璃膜电极的电势是玻璃膜内侧和膜外侧表面相界电势的加和，由于玻璃膜内参比溶液的 pH 一定，因此，整个玻璃膜电极的电势与待测溶液的 pH 有关，其电极电势为

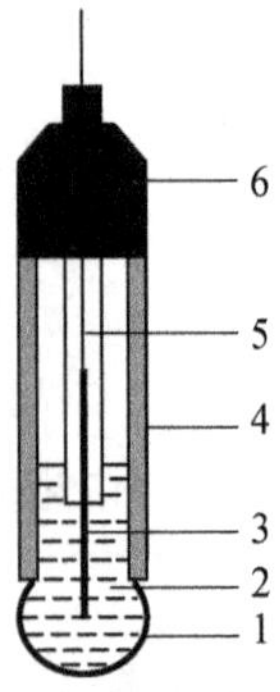

图 5-13 玻璃电极

1. 玻璃膜球；2. 内充液；3. 银-氯化银电极；4. 玻璃电极杆；5. 导线；6. 绝缘帽

$$\varphi_{玻}=\varphi_{玻}^{\ominus}-\frac{RT}{F}\ln\frac{1}{a_x(H^+)}=\varphi_{玻}^{\ominus}-\frac{2.303RT}{F}\text{pH}$$

式中，$\varphi_{玻}^{\ominus}$ 为玻璃电极的标准电极电势，对给定电极为一常数。将玻璃电极与甘汞电极组成如下电池：

Ag(s) | AgCl(s) | KCl(0.1 mol·kg^{-1}) | 玻璃膜 | 待测溶液($a(H^+)$) ‖ 摩尔甘汞电极

298.15 K 时，电池电动势为

$$E = \varphi_{甘汞} - \varphi_{玻璃} = 0.280\,1 - (\varphi_{玻璃}^{\ominus} - 0.059\,13\ \text{pH})$$

整理后，可得

$$\text{pH} = \frac{E - 0.280\,1 + \varphi_{玻璃}^{\ominus}}{0.059\,13} \tag{5-39}$$

显然，若 $\varphi_{玻璃}^{\ominus}$ 已知，由电池电动势可以很容易地计算出溶液的 pH。但不同的玻璃电极，由于膜的组成及制备方法的不同，其 $\varphi_{玻璃}^{\ominus}$ 不相同。因此，实际测量时通常先用 pH 已知的标准缓冲溶液标定出玻璃电极的 $\varphi_{玻璃}^{\ominus}$，然后再测定未知溶液的 pH。

设 pH_s 和 pH_x 分别为标准缓冲溶液和待测溶液的 pH，则由式(5-39)可以推得用玻璃电极测定溶液 pH 的计算公式为

$$\text{pH}_x = \text{pH}_s + \frac{(E_x - E_s)F}{2.303RT} \tag{5-40}$$

5.7.4 电势滴定

以滴定过程中电动势的突变来指示终点的分析方法称为**电势滴定(potentiometric titrations)**。电势滴定和前面介绍的电导滴定都属于电化学分析法，适用于那些指示剂难以监控滴定终点的反应，操作十分简便。

将一支对待分析离子可逆的电极插入该离子的溶液中并与参比电极(如甘汞电极)组成电池。在滴定过程中，随着滴定液的加入，溶液中待分析离子的浓度不断变化，电池电动势也随之改变，记录所加入的滴定液体积 V 及对应的电池电动势 E，作 E-V 图。在接近滴定终点时，少量滴定液就能引起电动势的突变，从而可定出终点。

5.8 电极的极化和超电势

5.8.1 分解电压

将电流通入电解质溶液，在两电极上将分别发生氧化、还原反应，这种电能转化为化学能的过程称为**电解(electrolysis)**。理论上，根据电极上发生的反应，可以求得电解顺利进行所需的理论**分解电压(decomposition voltage)**，而外加电压只要稍大于理论分解电压就能使电解进行。但是，实际电解时，由于电极的极化，测得的分解电压会较大地偏离理论分解电压。下面以硫酸水溶液的电解为例加以说明。

如图 5-14 所示，在硫酸水溶液中插入两根铂电极，逐渐增加外加电压，并记录电路

中通过的电流。以电流对电压作图，可得如图 5-15 所示的电流-电压曲线。由图可见，曲线的开始阶段，随着电压的增大，电流的增加很小，此时观察不出电解现象。当电压增大到一定值后，电流突然呈快速的线性增加，同时电解质溶液连续不断发生电解，电极上有气泡逸出，这一临界电压值就是实际分解电压，也就是使电解质溶液发生电解所必需的最小电压。分解电压可以由直线反向延伸至电流为零处得到。

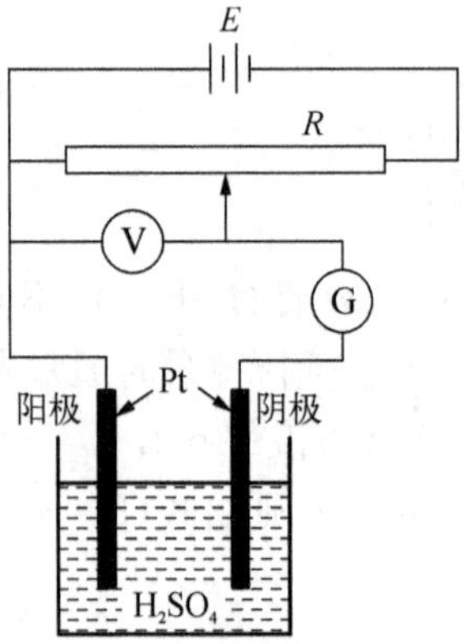

图 5-14 分解电压测定装置示意图

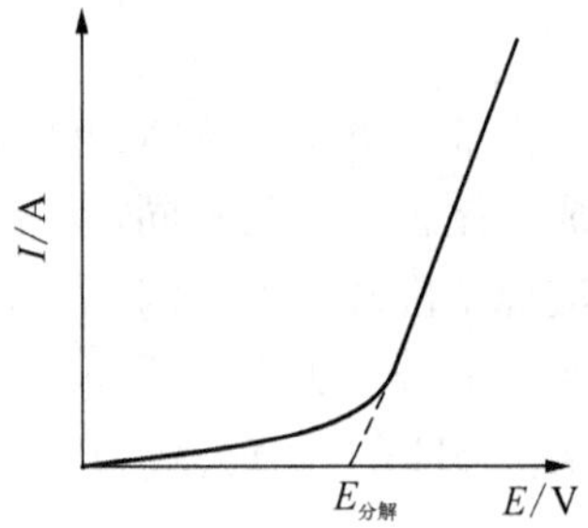

图 5-15 电流-电压曲线图

电解时，外加电压必须要加到一定值后电解才能进行，这是因为当电解池中通入电流后，两电极上发生的反应为

阴极　$2H^+(a) + 2e^- \longrightarrow H_2(p)$

阳极　$H_2O(l) \longrightarrow 2H^+(a) + \frac{1}{2}O_2(p) + 2e^-$

电解反应　$H_2O(l) \longrightarrow H_2(p) + \frac{1}{2}O_2(p)$

最初在电极上产生的氢气和氧气，由于压力较低无法逸出，而是分别吸附在电极表面，与溶液中的离子一起构成了氢电极和氧电极，组成如下电池

$$Pt \mid H_2(p) \mid H_2SO_4(m) \mid O_2(p) \mid Pt$$

该原电池的可逆电动势 $E_{可逆}$ 为 1.23 V，与外加于电解池上的电压相抗衡，阻碍了电解的进行，而该电动势数值就是电解进行的理论分解电压。显然，理论分解电压的大小由两电极的电极电势大小所决定。但是，实际电解时，由于电极的极化，电极电势将偏离平衡值，所测得的分解电压将大于理论值，约为 1.7 V。表 5-5 给出了一些酸碱溶液的 $E_{分解}$、$E_{可逆}$ 及它们之间的偏差情况。

表 5-5 电解质溶液的分解电压(Pt 电极)

电解质溶液	实际分解电压 $E_{分解}$/V	电解产物	理论分解电压 $E_{理论}$/V	$(E_{分解}-E_{理论})$/V
HNO_3	1.69	H_2+O_2	1.23	0.46
H_2SO_4	1.67	H_2+O_2	1.23	0.44
H_3PO_4	1.69	H_2+O_2	1.23	0.47

续 表

电解质溶液	实际分解电压 $E_{分解}/V$	电解产物	理论分解电压 $E_{理论}/V$	$(E_{分解}-E_{理论})/V$
NaOH	1.70	H_2+O_2	1.23	0.46
KOH	1.67	H_2+O_2	1.23	0.44
$NH_3 \cdot H_2O$	1.74	H_2+O_2	1.23	0.51

5.8.2 电极的极化

1. 电极的极化和超电势

电解时,电极上有电流通过,电极将偏离平衡状态,电极电势也随之偏离可逆值,且偏离程度随着电极上电流密度的增加而增大。电极在有电流通过时的电极电势与可逆电极电势的偏差现象称为**电极的极化(polarization of electrode)**,极化的程度可以用**超电势(overpotential)**或过电势来度量,其符号为 η,即

$$\eta = |\varphi_{不可逆} - \varphi_{可逆}| \tag{5-41}$$

无论是电解池还是原电池,电极的极化,将使阴极电势偏低,阳极电势偏高。即

$$\begin{aligned}\varphi_{不可逆,阴极} &= \varphi_{可逆} - \eta \\ \varphi_{不可逆,阳极} &= \varphi_{可逆} + \eta\end{aligned} \tag{5-42}$$

超电势的大小与流过电池的电流密度 i 有关,它们之间的关系可以用电流密度与电极电势的关系曲线(即极化曲线,图 5-16)来反映。

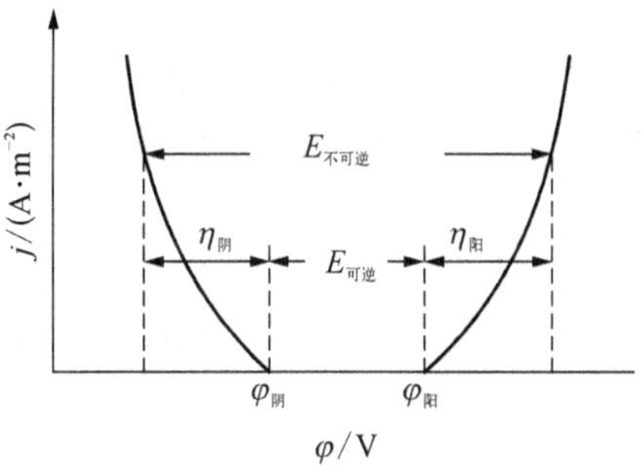

(a) 电解池

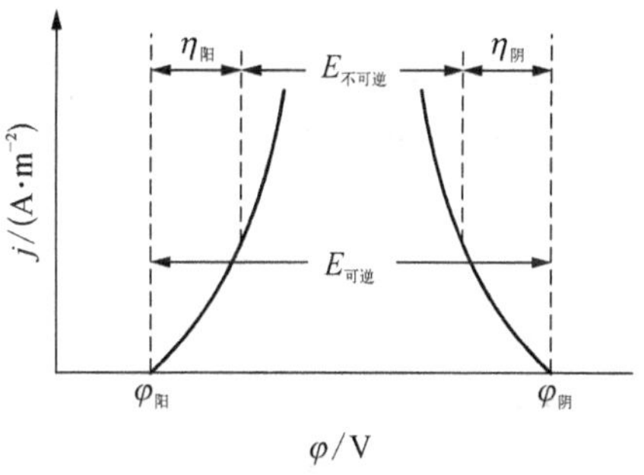

(b) 原电池

图 5-16 电流密度与电极电势的关系

由图可见,超电势的存在使得电解池的槽电压增大,而且电流密度越大,其不可逆程度亦越大,消耗电能也越多。对原电池而言,超电势的存在使得电池的输出电压变小,能做的电功减小,而且电流密度的增加,将增加电池的不可逆程度。所以,从能量消耗的角度来看,电极极化是不利的。但人们也可利用电极的极化,在电解时有选择地获得所希望的电解产物。如氢的超电势很高,可以使很多活泼的金属元素,如 Fe、Zn、Ni 等,在阴极上电解还原,进行电镀或制备金属。

2. 电极极化的原因

电极极化现象产生的原因主要有浓差极化和电化学极化。

(1) 浓差极化

考虑这样的情况，将两个银电极插入硝酸银溶液中进行电解，阴极的电极反应为 $Ag^+ + e^- \longrightarrow Ag$，阳极的电极反应为 $Ag \longrightarrow Ag^+ + e^-$。随着电解的进行，阴极附近的 Ag^+ 不断沉积到电极上，阳极附近不断有 Ag^+ 析出。如果 Ag^+ 在溶液中的扩散速度较慢，阴极附近不能及时补充到 Ag^+，阳极附近的 Ag^+ 又不能及时扩散到本体溶液中，则电极附近 Ag^+ 浓度与本体溶液中的 Ag^+ 浓度将不一致，从而导致电极电势偏离 $\varphi_{可逆}$，产生**浓差极化(concentration polarization)**。浓差极化所形成的超电势称为**浓差超电势(concentration overpotential)**。

设本体溶液中 Ag^+ 浓度为 m，阴极附近 Ag^+ 浓度为 m'，电极在有电流及没有电流通过时的电极电势可计算为

$$\varphi_{可逆,阴} = \varphi^{\ominus}(Ag^+/Ag) - \frac{RT}{F}\ln\frac{1}{m(Ag^+)}$$

$$\varphi_{不可逆,阴} = \varphi^{\ominus}(Ag^+/Ag) - \frac{RT}{F}\ln\frac{1}{m'(Ag^+)}$$

因为 $m'(Ag^+) < m(Ag^+)$，浓差超电势为

$$\eta = \varphi_{可逆,阴} - \varphi_{不可逆,阴} = \frac{RT}{F}\ln\frac{m(Ag^+)}{m'(Ag^+)} \tag{5-43}$$

因此，浓差极化的结果将使阴极电势偏低。同理可以证明，浓差极化的结果将使阳极电势偏高。

浓差极化不仅将增加电解过程中电能的损耗，而且还将影响成品的质量，一般可用搅拌或升温的方法来降低它。但是，浓差极化也可用于定性或定量分析，如极谱分析等。

(2) 电化学极化

在浓差极化已被降至最小的情况下，要使电解发生，外加电压仍需比理论分解电压高很多才能进行，造成这一现象的原因是电极上存在**电化学极化(electrochemical polarization)**。

在电流作用下，电极上将发生由多步骤组成的氧化还原反应。如果其中某一步骤的进行需要较高的活化能，反应比较缓慢，则电极的带电程度将改变，从而导致电极电势偏离 $\varphi_{可逆}$，产生电化学极化。电化学极化所形成的超电势称为**电化学超电势(electrochemical overpotential)**，它的数值大小反映了电极的极化程度。

一般来说，金属析出的电化学超电势较小，但是当有气体析出时，电化学超电势却相当大，而且同一气体在不同电极上逸出时，其超电势的数值相差很大。1905 年塔费尔(Tafel)提出了氢超电势和电流密度之间的经验式，称为塔费尔公式：

$$\eta = a + b\ln j \tag{5-44}$$

式中，j 为电流密度，单位为 A/m^2；a、b 为经验常数。氢气在不同电极上析出时，a 的值相

差很大，而 b 值较为接近。表 5-6 列出了当电流密度较小时 H_2 和 O_2 在不同电极上的超电势值。

表 5-6 电流密度较小时 H_2 和 O_2 在一些电极上的超电势值

电 极	η_{H_2}/V	η_{O_2}/V	电 极	η_{H_2}/V	η_{O_2}/V
铂黑	0.000	0.3	Ni	0.2～0.4	0.05
Pt	0.000	0.4	Cu	0.4～0.6	—
Au	0.02～0.1	0.5	Cd	0.5～0.7	0.4
Fe	0.1～0.2	0.3	Zn	0.6～0.8	—
光亮铂	0.2～0.4	0.5	Hg	0.8～1.0	—
Ag	0.2～0.4	0.4	Pb	0.9～1.0	0.3

由表中数据可见，在 Pt 等贵金属材料上氢超电势最小，尤其是镀了铂黑的 Pt 电极上，氢超电势很小，所以标准氢电极中的铂电极要镀上铂黑；其次为 Au、Fe、Ag、Ni 等；而在 Cd、Zn、Hg、Pb 等上氢超电势较大。利用氢超电势，可以使比氢活泼的金属先在阴极析出，这在电镀工业上是很重要的。

3. 超电势的测定

测定超电势，实际上就是测定有电流通过电极时的电极电势。由电流密度 j 对电极电势作图，可得极化曲线。测定超电势和极化曲线的装置见图 5-17。图中电极 1 为待测电极，电极 2 为辅助电极，G 为电流计。具体测定方法为：用对消法先测出待测电极的可逆电极电势，然后由小至大不断改变电流密度，再测定不同电流密度下的电极电势值。若测定时充分搅拌溶液，则超电势值将不包括浓差超电势，而仅为电化学超电势。以电流密度 j 对电极电势作图，即得电极 1 的极化曲线。

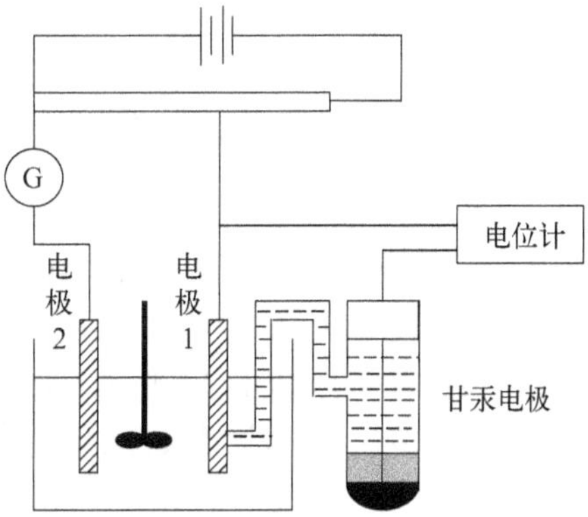

图 5-17 测定超电势和极化曲线的装置

案例 5-1

意大利解剖学家和生理学家伽伐尼(Galvani)是最早对生物电现象进行实验研究的科学家之一，他的著名的“蛙腿实验”被认为是电化学的起源。1780 年，伽伐尼在解剖青蛙的实验中发现，当蛙腿碰触到金属物体后会剧烈抽搐，如同还有生命一般。Galvani 将此现象解释为“生物电”，即电信号产生自大脑分泌的一种流体，通过神经传导激发肌肉组织的反应。然而，伽伐尼的这一见解受到了物理学家伏打(Volta)的质疑，通过实验提出了“动物电”实际上是两种不同金属与蛙腿上的湿物质接触产生的“接触电”，属于物理现象，并发明了著名的伏打电池。事实上，伽伐尼和伏打的观点均不够全面，蛙腿抽动现象是由生物电和金属电共同引起的。

问题：

(1) 生物电现象有什么重要作用？

(2) 如何证明生物电现象的存在？

5.9 生物电化学

生命现象中蕴含着众多的电化学问题，如由氧化还原蛋白质和酶组成的呼吸链电子传递系统、神经细胞在外界刺激下的细胞膜电势变化等。生物电化学是应用电化学的原理和实验方法来研究生物体系在分子和细胞水平上的电荷和能量传输的运动规律及其对生物体系活动功能的影响，是生命科学最基础的学科之一。

5.9.1 细胞膜和膜电势

心脏跳动、血液流动、肌肉收缩、神经传导等是生命体系的重要生物电现象特征，它们的产生是以细胞水平的生物电现象为基础的，因此，研究细胞的生物电现象至关重要。

1. 细胞膜

细胞膜是一种特殊的半透膜，由双亲分子卵磷脂以亲水链指向水相，疏水链相向的方式构成类脂双层的生物膜骨架，其中镶嵌不同结构和生理功能的蛋白质分子。这些蛋白质分子部分或全部镶嵌在细胞膜中或内外两侧，有的完全外露于类脂双层的内外两侧。细胞膜的许多重要生物学功能大多由这些膜蛋白来执行。例如，有的蛋白质具有酶的功能，能催化实现细胞内外的化学反应；有的蛋白质则由于结构排列疏密不同而形成孔穴，成为离子通道；有的蛋白质可将细胞内肌动蛋白与细胞外基质蛋白相连；有的作为受体蛋白，能与信息传递物质（激素或递质）进行特异性结合，并引起细胞反应。

2. 膜电势

细胞膜内、外充满着含有 Na^+、K^+、Cl^- 及其他离子的电解质溶液，而各种离子在细胞膜两侧的浓度并不相同。例如，正常生理条件下，细胞内的 K^+ 浓度远高于细胞外的浓度，细胞内 Na^+ 的浓度则比细胞外低得多，细胞外 Cl^- 的浓度也比细胞内的浓度为高。但是，不同条件下，细胞膜对各种离子的通透性有严格的选择性。因此，随着离子的扩散在细胞膜两侧将产生电势差，导致生物电现象的产生。

静息时，细胞膜上的 K^+ 通道部分开放，即细胞膜对 K^+ 有通透性。由于浓度差的存在，K^+ 必然会向膜外扩散，而膜内带负电荷的大分子有机磷酸和蛋白质离子不能随之移出细胞。因此，随着 K^+ 的外流，膜内积聚较多的负电荷，膜外则积聚较多的正电荷，在膜两侧产生阻碍离子继续扩散的电场力。当电场力与扩散力相等时，扩散达到动态平衡，即 K^+ 在两相中的化学势相等，同时，在膜两侧形成一稳定的内负外正的电势差即**膜电势（membrane potential）**或**静息电势（resting potential）**。若设法将细胞内、外液组成电池，则膜电势大小可以用能斯特方程计算。

$$\mathrm{Ag(s)} \mid \mathrm{AgCl(s)} \mid \mathrm{KCl(aq)} \mid 内液(\beta 相) \underset{细胞膜}{\vdots} 外液(\alpha 相) \mid \mathrm{KCl(aq)} \mid \mathrm{AgCl(s)} \mid \mathrm{Ag(s)}$$

$$E = \varphi_{\alpha} - \varphi_{\beta} = \frac{RT}{F}\ln\frac{a_{\beta}(K^+)}{a_{\alpha}(K^+)} \tag{5-45}$$

按生物化学惯例，则常表示为

$$\Delta\varphi = \varphi_{内} - \varphi_{外} = \frac{RT}{F}\ln\frac{a_{外}(K^+)}{a_{内}(K^+)} \tag{5-46}$$

由上式可以计算不同细胞的膜电势，一般在 −50 ～−100 mV 范围内。如神经细胞的膜电势约为 −91 mV，静止肌肉细胞的膜电势约为 −90 mV，肝细胞的膜电势约为 −40 mV。

如果细胞受到某种刺激（电、化学、热或机械刺激），膜的通透性将发生变化，细胞膜对 Na^+ 的通道被暂时打开，且通透性超过 K^+。于是，在浓度差的驱动下，细胞外的 Na^+ 扩散进入细胞内，形成内正外负的膜电势，或称**动作电势（action potential）**：

$$\Delta\varphi = \varphi_{内} - \varphi_{外} = \frac{RT}{F}\ln\frac{a_{外}(Na^+)}{a_{内}(Na^+)} \tag{5-47}$$

在细胞受到刺激的情况下，膜电势可以由静息电势快速上升，并逆转成正电势，随后又迅速恢复至静息电势水平。动作电势一般只持续 0.001 s，在图形上出现尖峰状曲线，而峰电势就是动作电势。动作电势会产生电流沿细胞膜迅速传播，用电子仪器检测的体表电势曲线就是动作电势传导到体表的结果。如心电图（electrocardiogram，ECG）就是运用微电极技术记录心脏微小电脉冲的变化所产生的心肌细胞内外电势差，以了解心脏是否正常运作。肌电图（electromyogram，EMG）就是将肌肉兴奋时产生的动作电势引导出来，对运动神经、肌肉疾患的诊断有一定的帮助。脑电图则是监测头皮两点间的电势差，反映了大脑皮层神经细胞自发性电活动情况，可以对脑部某些疾病做出诊断或获取有价值的诊断信息。

5.9.2 生物分子的电化学研究

在生命现象中的电化学过程研究中，DNA 和氧化还原蛋白的电化学研究是目前较为关注的研究热点。

1. DNA 的电化学研究

生命体的重要组成部分脱氧核糖核酸（DNA）是生物的基本遗传物质，其结构、形态和碱基序列的确定，以及 DNA 损伤和基因诊断等，DNA 和其他各类金属离子、金属螯合物、小分子物质等相互作用的机理研究等都可以借助于电化学方法加以实现。DNA 电化学研究采用的方法主要有各种极谱、伏安法、电位法、阻抗法和电化学发光法等。

随着研究的不断深入，小分子（尤其是抗癌药物）与 DNA 相互作用的研究越来越受到人们的重视。电化学方法因简便快速而较多地被用于研究 DNA、蛋白质和药物之间相互作用机制、形成复合物的性质、结合常数、结合位点大小等，可以加速药物发现和药物开发过程。循环伏安法是一种在一定电位下测量体系电流的电化学研究方法，实验的工作环境是在三电极（如以铂电极作为工作电极，铂丝作为辅助电极，Ag - AgCl 作为参比电极的三电极系统）电解池里进行，电极上能交替发生不同的还原和氧化反应，通过记录电流-电势曲线(循环伏安曲线),由曲线形状可以判断电极反应的可逆程度,中间体、相界吸附或新相形成的可能性,以及偶联化学反应的性质等。如小分子电位向正方向移动,表明小分子与DNA发生嵌插作用,即小分子插在DNA的碱基对之间;若电位向负极方向移动,表明小分子与DNA骨架上带的负电荷的磷酸基发生静电作用。用循环伏安法、微分脉冲伏安法和交流阻抗法研究某配合物与DNA在pH7.2的Tris-HCl缓冲溶液中的相互作用,结果配合物中心离子的循环伏安曲线上呈现一对准可逆的氧化还原波,DNA与配合物作用后,配位中心离子的氧化还原峰电流明显降低,扩散系数减小,电化学反应阻抗增大,电位峰向负方向位移,表明该配合物与DNA的作用方式为静电结合。

2. 氧化还原蛋白的电化学研究

氧化还原蛋白(包括酶)在生命的代谢过程中起着重要作用,许多涉及氧化还原蛋白质的化学反应都发生在带电荷的生物膜上或其附近,因而其电子的传递必然会受到电场的作用和影响。这种电场的作用和影响与电化学研究中的工作电极表面或其附近的情况十分相似。利用电化学的手段研究氧化还原蛋白和酶在电极上的电化学行为,可以理解和认识它们在生命体内的电子转移机制和生理作用,因而具有重要的理论意义和实际意义。

蛋白质的空间结构庞大,电活性中心深埋于多肽键的内部,与电极表面的直接电子交换较难进行,且蛋白质在电极表面的强吸附将造成电极钝化和蛋白质的变性,难以得到有效的电极响应,影响了蛋白质在裸电极上的电化学行为。因此,在氧化还原蛋白质的电化学研究中,蛋白质在电极表面取向以实现蛋白质-电极直接电极传递十分重要。目前采取的途径是在电极表面设计固定上一些有特定功能的官能团,已用的修饰电极有蛋白质膜修饰电极、自组装单层膜修饰电极、生物膜模拟修饰电极、堆积双层膜修饰电极、无机材料双层膜修饰电极、LB膜修饰电极等,这些修饰电极的构造目的都是使蛋白质的构象和空间取向等利于使电活性中心更加接近于电极表面,从而实现两者之间的直接电子转移。近年来,通过构筑纳米粒子-蛋白质/酶的组装体系,实现氧化还原蛋白质/酶的直接电化学并在此基础上形成生物传感器成为研究的热点。

5.9.3 生物电化学传感器

案例5-2

现代战争往往是在核、化、生武器威胁下进行的战争,生物传感器是一类重要的化学和生物战剂侦检器材,其研究和应用得到了世界各国的高度重视。比如,R. F. Taylor等人受美陆军和空军委托,从事受体用于生物战剂免疫检测的研究,成功地发展了两种受体生物传感器:烟碱乙酰胆碱受体(nAChR)生物传感器和某种麻醉剂受体(OpR)生物传感器,它们能在10 s内侦检出10^{-9}浓度级的生化战剂的类型,包括委内瑞拉马脑炎病毒、黄热病毒、炭疽杆菌、流感病毒等。近年来,美陆军医学研究和发展部研制的酶免疫生物传感器具有初步鉴定多达22种不同生物战剂的能力。美海军研究出DNA探针生物传感器,在海湾沙漠风暴作战中用于检测生物战剂。

地雷是现代战争中经常使用的一种爆炸性武器，具有直接的杀伤、破坏作用。迄今为止，尚有上亿枚地雷埋于地下而未被发现，这些地雷将成为世界安全问题的隐患之一。因此快速、高效的检测手段，对有效控制和打击恐怖活动，维护世界和平十分重要。炸药的主要成分是硝基化合物，可以从地雷中散发出来，在地表有一定的浓度，电化学传感器可以通过信号报告器将化合物的化学信号转化为电信号对微量硝基化合物进行检测。有一种新型嗅觉扫雷仪器，传感器部分有三个电极，在一定的电压下，当在空气中探测到 TNT 等爆炸物质的特定化学气味后，会在电极之间引起化学反应，导致电极的电流强度增大，从而发出警报。电流强度越大，则表明 TNT 成分浓度越高，即离地雷位置越近。例如，日军用一种荧光熄灭生物传感器，探测空气和水中 TNT 爆炸物，在空气中可以检测 TNT 10 $g \cdot ml^{-1}$浓度，在水中可以检测 10 $g \cdot ml^{-1}$浓度，响应时间在 1 min 内。

问题：

(1) 电化学传感器的工作原理是什么？

(2) 电化学传感器在生物医药学、军事领域有什么重要意义？

电化学传感器实际上是各种不同的专用电极，通过敏感材料与被测物质接触时发生的反应，转换成电讯号而测定特定物质的浓度。例如，案例中的扫雷传感器。当敏感材料为生物活性物质时，构成的传感器为生物电化学传感器。生物电化学传感器由两部分构成：① 固定化的生物敏感材料构成的识别元件或感受器，被固定化制成膜并与信号转换器结合使用；② 信号转换器，称为基础电极或内敏感器，它是一个电化学监测元件。当被检测物质扩散到固定化生物敏感膜层，经分子识别，发生生物化学反应，产生的信息被相应的基础电极（如氧电极、氨电极、二氧化碳电极）所感应，导致电流或电位的变化，从而达到检测的目的。

生物传感器具有选择性好、灵敏度高、分析速度快、成本低、可重复连续使用和可高度自动化、微型化与集成化的特点，在近几十年获得了蓬勃而迅速的发展。根据生物活性物质的不同，生物传感器分为酶传感器、微生物传感器、细胞传感器、组织传感器和免疫传感器等。由于涉及的是生物活性物质，生物传感器主要用于临床医学、遗传工程、食品工业、环境监测、军事医学和生物武器等领域。

在临床医学中，酶传感器是最早研制且应用最多的一种，并经过了三代的发展，成为目前最成熟的一类生物传感器，可用于检测尿素、葡萄糖、青霉素、抗坏血酸、肌酸酐和磷脂等。第一代葡萄糖酶电极是将葡萄糖氧化酶(GOD)涂在氧电极上，在酶的作用下，葡萄糖分子发生氧化反应，电活性物质(O_2、H^+ 和 H_2O_2)的量的变化通过信号转换器被转换成可检测的电流或电位的变化，从而间接测定出葡萄糖的浓度。这种酶传感器是通过氧来沟通与电极之间的电子通道。第二代酶传感器采用氧化还原电子媒介体在酶的氧化还原活性中心与电极之间传递电子，避免了对氧的依赖性及电极活性的干扰。而第三代酶电极传感器则可实现酶的氧化还原活性中心和电极表面的直接电子交换。例如，有研究者将葡萄糖氧化酶固定在包含有金纳米粒的壳聚糖膜中，然后固定在纳米碳管修饰的玻碳电极表面，用于检测葡萄糖，检出限为 2×10^{-5} mol·L^{-1}。直接电化学酶传感器的研究不仅可以获得酶的动力学和力学的重要参数，而且对于人们了解酶的结构以及各种理化性质以及探索酶在生命体中的生理作用和作用机制都具有重要的意义。

酶传感器也是现有神经毒剂测定和报警的主要手段。例如沙林毒剂的酶检测，一些欧美军队和我国使用的酶自侦报警器都是利用酶生物传感器制作的，依据的原理是神经性毒剂抑制胆碱酯酶。

由于酶很容易失去生物活性，因而酶传感器的稳定性较差，使用寿命短，应用上受到一定的限制。近年来，随着生物固定化技术的发展，制成了微生物传感器，具有稳定性好，使用寿命较长，灵敏度高等优点，只是响应时间较长。微生物传感器利用固定化微生物代谢消耗溶液中溶解氧或产生一些电活性物质并放出光和热的原理实现待测物质的定量测定。微生物传感器特别适用于需辅酶和辅酶再生系统参与的生物反应测定，在生化需氧量和生物毒性等综合指标的监测上也有独特的优势。在医学领域，微生物传感器还可用于致癌物质的测定，某些特定微生物传感器还能进行致癌物质的筛选。

随着生物技术、生物材料科学及其他相关学科的不断发展和相互结合，生物传感器已经从酶传感器和组织传感器发展到特异性更加突出的免疫传感器和基因传感器。免疫传感器是基于抗体为生物检测器，兼具有免疫反应的高选择性和电化学分析的高灵敏性，可实现对化合物、酶或蛋白质等物质的定性和定量分析。电化学 DNA 生物传感器是将单链 DNA 探针固定在电极上，借助能够识别 DNA 的指示剂，通过换能器将电极表面发生的杂交反应导出。电化学 DNA 生物传感器能够快速地、直接地识别特定序列的 DNA，具有选择性好、种类多、测试费用低及简便、快速、灵敏的特点，在生物武器、遗传工程、环境检测和临床医学等领域也都具有重要的应用价值。

生物传感器是一个非常活跃的工程技术研究领域，可以相信，随着相关学科的发展，生物传感器将得到进一步蓬勃发展。

（崔黎丽）

思考题

1. 构成化学能和电能相互转化的装置有哪些？它们的化学能和电能的相互转化关系是什么？

2. 电解池和原电池中正极和负极、阴极和阳极是如何定义的？

3. 电解质溶液的电导率和摩尔电导率与浓度为何呈不同的变化规律？其中强电解质和弱电解质的导电行为与浓度的关系又如何？

4. 电解质溶液的电导测定有何意义？

5. 为什么要引入平均活度、平均活度因子、平均质量摩尔浓度的概念？三者之间有何关系？

6. 满足可逆电池的条件是什么？研究可逆电池有何意义？

7. 为什么要定义标准氢电极的电极电势为零。处理电化学问题时只需要相对电极电势吗？

8. 为什么盐桥能消除液体接界电势？能消除到什么程度？

9. 测量电池电动势时要注意哪些问题？电池电动势测量有哪些应用？

10. 为什么电极极化总是使得阳极的电极电势减小，阴极的电极电势增加？

习 题

1. 判断下列说法是否正确。

(1) 无论是原电池还是电解池，在电场作用下，溶液内部阳离子总是向阴极迁移。

(2) 某溶液中含有多种电解质溶液，则各种离子迁移数的总和应为 1。

(3) 在温度和浓度一定的情况下，当某正离子的运动速率为定值时，其迁移数也为定值。

(4) 在一定温度下，当电解质溶液浓度被稀释时，强电解质的摩尔电导率增大，弱电解质的摩尔电导率减小。

(5) 无限稀释时，NaCl、$CaCl_2$、$AlCl_3$三种溶液中，Cl^-的摩尔电导率都相同。

(6) 克尔劳许的电解质溶液摩尔电导率与浓度的关系式适用于强电介质和弱电解质的无限稀溶液。

2. 298.15 K 时，电导池内盛满电导率为 0.141 14 $S \cdot m^{-1}$的 0.010 $mol \cdot L^{-1}$ KCl 水溶液，测得其电阻为 112.3 Ω。若将该电导池改充 0.1 $mol \cdot L^{-1}$的 $AgNO_3$溶液，测得其电阻为 101.2 Ω，试计算：(1) 该电导池的电导池常数；(2) 待测液的电导率；(3) 待测液的摩尔电导率。

3. 298.15 K 时，LiCl 和 KCl 的无限稀释摩尔电导率 Λ_m^∞ 分别为 115.0×10^{-4} $S \cdot m^2 \cdot mol^{-1}$和 149.9×10^{-4} $S \cdot m^2 \cdot mol^{-1}$，$Li^+$和 K^+的迁移数分别为 0.330 和 0.491。试求 298.15 K 和无限稀释时，(1) LiCl 溶液中 Li^+和 Cl^-的摩尔电导率；(2) LiCl 溶液中 K^+和 Cl^-的摩尔电导率。

4. 298.15 K 时，在一电导池内充以电导率为 0.141 1 $S \cdot m^{-1}$的 0.01 $mol \cdot L^{-1}$ KCl 溶液，测得电阻为 262 Ω。若将 0.01 $mol \cdot L^{-1}$的醋酸溶液盛满该电导池，测得溶液的电阻为 2 220 Ω。(1) 试计算该条件下醋酸溶液的电离度和电离平衡常数。(2) 若在该电导池内充以纯水，测得电阻为 1.852×10^5 Ω，试计算水的电导率。(3) 若扣除水对醋酸溶液电导率的影响，试计算醋酸溶液的电离度为多少？判断水的电导率对醋酸溶液的电离度计算是否有影响？

5. 298.15 K 时，纯水的电导率为 5.5×10^{-6} $S \cdot m^{-1}$，求纯水在该温度下的离子浓度和水的活度积。已知 298.15 K 时 $\lambda_m^\infty(H^+) = 349.8\times10^{-4}$ $S \cdot m^2 \cdot mol^{-1}$，$\lambda_m^\infty(OH^-) = 198.0\times10^{-4}$ $S \cdot m^2 \cdot mol^{-1}$。

6. 298.15 K 时，测得 $SrSO_4$饱和水溶液电导率为 1.482×10^{-2} $S \cdot m^{-1}$，已知该温度

时水的电导率为 $1.52\times10^{-4}\ S\cdot m^{-1}$，$\Lambda_m^{\infty}[\frac{1}{2}Sr(NO_3)_2]$ 为 $1.310\times10^{-2}\ S\cdot m^2\cdot mol^{-1}$，$\Lambda_m^{\infty}\left(\frac{1}{2}H_2SO_4\right)$ 为 $4.295\times10^{-2}\ S\cdot m^2\cdot mol^{-1}$，$\Lambda_m^{\infty}(HNO_3)$ 为 $4.211\times10^{-2}\ S\cdot m^2\cdot mol^{-1}$。计算该温度下 $SrSO_4$ 在水中的溶解度及标准溶度积。

7. 试分析 NaOH 及 NH_4OH 滴定 HAc 时溶液电导率的变化情况，并作出相应的滴定曲线示意图。

8. 分别计算浓度为 $0.5\ mol\cdot kg^{-1}$ 的 $CaCl_2(\gamma_{\pm}=0.510)$、$0.01\ mol\cdot kg^{-1}$ 的 $ZnSO_4(\gamma_{\pm}=0.387)$ 和 0.01 m $K_4Fe(CN)_6(\gamma_{\pm}=0.571)$ 的离子平均质量摩尔浓度、离子平均活度以及电解质的活度。

9. 298.15 K 时，在 $0.01\ mol\cdot kg^{-1}$ 的水杨酸(HA)溶液中含有 $0.01\ mol\cdot kg^{-1}$ 的 KCl 和 $0.01\ mol\cdot kg^{-1}$ 的 Na_2SO_4。已知水杨酸在此温度下的 $K_c=1.06\times10^{-5}$，求此混合溶液的离子强度。

10. 一溶液含有 $0.001\ mol\cdot kg^{-1}$ NaCl 和 $0.003\ mol\cdot kg^{-1}$ Na_2SO_4，根据德拜-休克尔极限定律，计算 298.15 K 时该溶液的(1) 离子强度；(2) 各离子的活度因子；(3) 各盐离子的平均活度。

11. 试写出下列各电池的电极反应和电池反应：

(1) $Pt\ |\ H_2(p)\ |\ HCl(a)\ |\ Cl_2(p)\ |\ Pt$

(2) $Pb(s)\ |\ PbSO_4(s)\ |\ SO_4^{2-}(a_1)\ \|\ Cu^{2+}(a_2)\ |\ Cu(s)$

(3) $Ag\ |\ AgCl(s)\ |\ KCl(a)\ |\ Hg_2Cl_2(s)\ |\ Hg(l)$

(4) $Pt\ |\ H_2(p_1)\ |\ H^+(aq)\ |\ Sb_2O_3(s)\ |\ Sb(s)$

(5) $Ag\ |\ AgI(s)\ |\ CdI_2(a)\ |\ Cd$

(6) $Pt\ |\ O_2(p_1)\ |\ KOH(a)\ |\ O_2(p_2)\ |\ Pt$

12. 将下列化学反应设计成原电池：

(1) $2Ag^+(a_1)+H_2(p)\longrightarrow 2Ag+2H^+(a_2)$

(2) $2Fe^{3+}(a_1)+Sn^{2+}(a_3)\longrightarrow 2Fe^{2+}(a_2)+Sn^{4+}(a_4)$

(3) $Zn+Hg_2SO_4(s)\longrightarrow ZnSO_4(a)+2Hg(l)$

(4) $AgCl(s)+I^-(a_1)\longrightarrow AgI(s)+Cl^-(a_2)$

(5) $Pb(s)+Hg_2Cl_2(s)\longrightarrow PbCl_2(s)+2Hg(l)$

(6) $PbO(s)+H_2(p)\longrightarrow Pb(s)+H_2O(l)$

(7) $PbSO_4\longrightarrow Pb^{2+}(a_1)+SO_4^{2-}(a_2)$

(8) $H_2(p_1)+1/2O_2(p_2)\longrightarrow H_2O(l)$

13. 写出下面电池在通过 2 F 电量时的电极反应、电池反应，并计算 298.15 K 时电池电动势。若通过 1 F 电量时，电池电动势为多少？已知电池的标准电动势为 0.440 2 V。

$$Fe(s)\ |\ Fe^{2+}(a=0.1)\ \|\ H^+(a=0.05)\ |\ H_2(100\ kPa)\ |\ Pt$$

14. 298.15 K 时，有反应 $Pb(s)+Cu^{2+}[a(Cu^{2+})]\longrightarrow Pb^{2+}[a(Pb^{2+})]+Cu(s)$，试为该反应设计电池。(1) 若已知该反应的标准电动势为 0.463 V，试计算该电池反应的平衡

常数。(2) 若 $a(Cu^{2+})=0.02$，$a(Pb^{2+})=0.1$，试计算此时的电池电动势，并判断电池反应的方向。

15. 298.15 K 时，反应 $Ag+\frac{1}{2}Hg_2Cl_2(s)\longrightarrow AgCl(s)+Hg(l)$ 的 $\Delta_r H_m=5\ 356$ J，电动势为 0.045 5 V，求此电池的吉布斯能变化及电池的温度系数。

16. 298.15 K 和 100 kPa 下，有过程 $Ag^+(a_1=1)\longrightarrow Ag^+(a_2=0.1)$。(1) 为该过程设计电池；(2) 计算此电池的电池电动势。(3) 计算该过程的 ΔG、$\Delta G^{\ominus}$、ΔS、ΔH 及 Q_r。

17. 根据标准电极电势及电极反应的能斯特方程，计算下列电极的电极电势。将每组电极组成电池后计算电池电动势，并写出电池表达式和电池反应。(1) $Fe^{2+}(a=1)$、$Fe^{3+}(a=0.1)$，$Cl^-(a=0.001)$、AgCl、Ag；(2) $OH^-(a=2)$、$Zn(OH)_2$-Zn，$OH^-(a=2)$、HgO、Hg。

18. 将一 Pt 片插入含有 $Fe^{3+}(a=0.3)$ 和 $Fe^{2+}(a=0.2)$ 的溶液中，另将一铊片插入含有 $Tl^+(a=0.1)$ 的溶液中，由此所构成的两电极组成电池后，试计算 298.15 K 时的电池电动势及反应达平衡时的平衡常数。已知 $\varphi^{\ominus}(Fe^{3+}/Fe^{2+})=0.76V$，$\varphi^{\ominus}(Tl^+/Tl)=-0.34$ V。

19. 试将反应 $Cu+Cu^{2+}(a_1)\longrightarrow Cu^+(a_2)$ 设计成电池并计算其 $E^{\ominus}$ 和 298.15 K 时电池反应的平衡常数。已知 $\varphi^{\ominus}(Cu^{2+}/Cu)=0.337$ V，$\varphi^{\ominus}(Cu^+/Cu)=0.521$ V。

20. 298.15 K 时，下列电池的电动势分别为 $E_1=0.937\ 0$ V，$E_2=0.926\ 6$ V，以及 $\Delta_f G_m^{\ominus}(H_2O)=-2.37\times10^5\ J\cdot mol^{-1}$。试求 FeO(s) 的 $\Delta_f G_m^{\ominus}(FeO)$。

(1) Fe | FeO(s) | NaOH($m=0.05\ mol\cdot kg^{-1}$) | HgO(s) | Hg(l)

(2) Pt | $H_2(p^{\ominus})$ | NaOH($m=0.05\ mol\cdot kg^{-1}$) | HgO(s) | Hg(l)

21. 298.15 K 时，电池 Pt|H_2(100 kPa)|HCl($m=0.5$)|Cl_2(100 kPa)|Pt 的电动势 $E=1.488\ 1$ V，求 HCl 在溶液中的离子平均活度系数。已知 $\varphi^{\ominus}(Cl^-/Cl_2)=1.358$ V。

22. 298.15 K 时，在一有玻璃电极的电池中加入 pH=4.00 的缓冲溶液时，测得电动势为 0.112 2 V，求电动势为 0.247 1 V 时溶液的 pH。

23. 298.15 K 时，将一定量的电流通入 250 ml 0.1 $mol\cdot L^{-3}$ 的 $CuBr_2$ 水溶液中，析出了 1.550 g Cu。试求算电解最初和最后的理论分解电压(近似地将浓度作为活度计算)。已知 $\varphi^{\ominus}(Cu^{2+}/Cu)=0.337$ V，$\varphi^{\ominus}(Br^-/Br_2)=1.065$ V。

24. 氢气在镍电极上的超电势 $\eta_{H_2}=0.35$ V。298 K 时，欲电解一含有 $10^{-5}\ mol\cdot kg^{-1}$ Ni^{2+} 的溶液，为不使 H_2 析出，溶液的 pH 应控制在多少？已知 $\varphi^{\ominus}(Ni^{2+}/Ni)=-0.250$ V。

第6章 化学动力学

内容提要 本章内容包括化学反应速率的表示方法、反应速率的测定、质量作用定律、反应条件(如浓度、温度、催化剂、介质、辐射等)对反应速率的影响、典型的复杂反应及反应速率理论简介。

首先介绍化学反应速率的概念,从分子水平出发,介绍了基元反应、反应分子数的概念,阐述了质量作用定律;再从外因出发,重点探讨了反应条件(如浓度、温度、催化剂、介质、辐射等)对反应速率影响以及典型的复杂反应;简介了反应速率理论。

化学热力学和**化学动力学(chemical kinetics)**是物理化学的两大组成部分,前者解决化学反应的可能性问题,后者解决化学反应的现实性问题。换言之,一个指定条件下的化学反应能否进行,如果能够进行的话,进行的最大限度是多少,外界条件对反应进行的限度有着怎样的影响,这一系列问题,化学热力学能够阐明。但是一个热力学允许的反应是否一定能在指定条件下真正实现,热力学并不能回答。所以对一个化学反应,除需要研究反应的方向和限度外,还需要研究反应机理和反应速率的问题,这只能由化学动力学阐明。

化学动力学是研究化学反应的速率和机制的科学。其基本任务是:① 研究反应条件(如浓度、压力、温度、催化剂、溶剂等)对反应速率的影响;② 研究反应的具体过程,即反应机理。

6.1 化学反应速率及速率方程

6.1.1 反应速率的表示方法

反应速率(reaction rate)在不同情况下可用不同的方法表示。在**均相反应(homogeneous reaction)**中,反应速率一般以在单位时间、单位体积内反应物量的减少或生物量的增加来表示。在等容条件下,体积 V 为常数,因此反应速率也可用在单位时间内反应物或产物的浓度变化来表示。如在等容条件下,组分 B 的反应速率 r_B 表示为

$$r_B = \pm \frac{1}{V}\frac{dn_B}{dt} = \pm \frac{d\left(\frac{n_B}{V}\right)}{dt} = \pm \frac{dc_B}{dt} \qquad (6-1)$$

在化学反应中，每一反应组分物质的量或浓度，都严格地按照方程式中各组分的计量系数成比例地改变，不论用哪一个组分的物质的量或浓度变化来表示反应速率都是等效的。

例如，对于恒容反应：

$$aA + dD \longrightarrow gG + hH$$

式中 a、d、g、h 分别为各反应组分计量系数的绝对值。若用不同组分的浓度变化表示，其反应速率有

$$r_A = -\frac{dc_A}{dt} \quad r_D = -\frac{dc_D}{dt} \quad r_G = \frac{dc_G}{dt} \quad r_H = \frac{dc_H}{dt}$$

它们之间的关系为

$$r = \frac{r_A}{a} = \frac{r_D}{d} = \frac{r_G}{g} = \frac{r_H}{h} \tag{6-2}$$

显然，如果反应式中各组分的计量系数不同，用不同的组分所表示的反应速率在数值上是不等的。

此外，反应速率也可用反应进度的概念来表示，此时反应速率 r 可定义为：单位时间、单位体积内反应进度的变化，即

$$r = \frac{1}{V}\frac{d\xi}{dt} \tag{6-3}$$

对于上述反应，反应进度的变化与各反应组分物质的量的变化关系为

$$d\xi = \frac{-dn_A}{a} = \frac{-dn_D}{d} = \frac{dn_G}{g} = \frac{dn_H}{h}$$

则 r 可表示为

$$r = \frac{1}{V}\frac{d\xi}{dt} = -\frac{1}{a}\frac{dc_A}{dt} = -\frac{1}{d}\frac{dc_D}{dt} = \frac{1}{g}\frac{dc_G}{dt} = \frac{1}{h}\frac{dc_H}{dt} \tag{6-4}$$

r 为整个反应的反应速率，这种以反应进度随时间的变化率定义的反应速率，其值只有一个，与反应体系中选择何种物质表示反应速率无关，而与方程式的写法有关。这与用不同组分浓度的变化表示的反应速率是不同的。

例如，合成氨的反应：$N_2 + 3H_2 \longrightarrow 2NH_3$，根据式(6-2)，反应速率 r 可表示为

$$r = \frac{r(N_2)}{1} = \frac{r(H_2)}{3} = \frac{r(NH_3)}{2}$$

而根据式(6-4)，反应速率 r 可表示为

$$r = -\frac{dc(N_2)}{dt} = -\frac{1}{3}\frac{dc(H_2)}{dt} = \frac{1}{2}\frac{dc(NH_3)}{dt}$$

对于气相反应,压力的测定比浓度更容易,因此也可用参加反应的各物质的分压代替浓度。对于上述反应,根据式(6-4),反应速率 r' 可表示为

$$r' = -\frac{dp(N_2)}{dt} = -\frac{1}{3}\frac{dp(H_2)}{dt} = \frac{1}{2}\frac{dp(NH_3)}{dt}$$

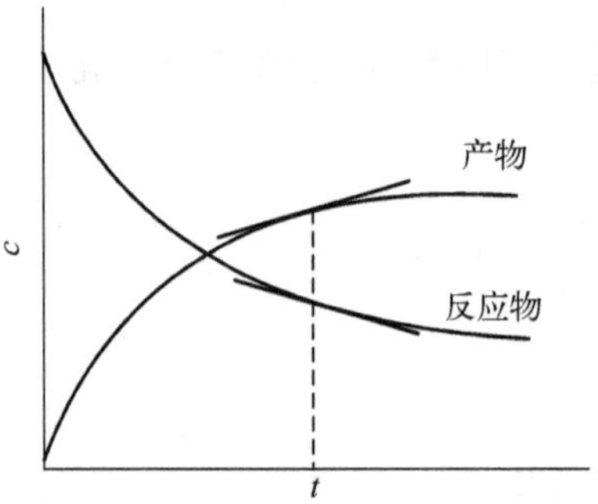

图 6-1　反应组分浓度随时间变化曲线

6.1.2　反应速率的测定

测定反应速率是化学动力学研究中极为重要的一步。由反应速率的定义式(6-1)可知,测定反应速率即是测定 $\frac{dc_B}{dt}$,通过测定在不同 t 时刻某一组分 B 的浓度 c_B,绘出 c_B- t 曲线,曲线上对应 t 时刻切线的斜率即为这一时刻的反应速率。如图 6-1 所示。

测定反应速率的关键是测定浓度,浓度的测定可采用方便易行的方法,概括起来分为化学法和物理法。

化学法就是利用化学分析的方法测定反应进行到某一时刻时反应物或产物的浓度,因此必须在这一时刻取出定量的样品。由于反应体系中各物质的浓度时刻都在变化,取样时必须立即停止反应,或使其速率降至可以忽略的程度。为此,常采用骤冷、冲淡、加入阻化剂或移出催化剂等方法使反应停止。此方法的特点是可以直接得出浓度随时间变化的绝对值,但操作繁琐,须有合适的方法使反应停止。

物理法就是测定反应进行到某一时刻某一组分的物理量,并且此物理量必须与该组分的浓度呈单值函数关系,并能准确地反映该组分浓度的变化。这些物理量有压力、折光率、旋光度、吸光度、电导率、电导、电动势、介电常数、黏度等。用该方法时不必使反应停止,不必取出样品,可以直接在反应系统中连续测定,易于实现自动监测。因此该方法简便快捷,对反应系统无干扰,但须选择能准确反映系统中组分浓度变化的合适物理量。

6.1.3　基元反应与反应分子数

1. 基元反应与非基元反应

由反应物微粒(分子、原子、离子或自由基等)一步碰撞就直接生成产物的反应,称为**基元反应(elementary reaction)**。由多个基元反应组成的反应称为非基元反应,也称**复杂反应(complex reaction)**或**总包反应(overall reaction)**。

长期以来,人们一直认为 HI 的合成反应是基元反应:

$$H_2(g) + I_2(g) \longrightarrow 2HI(g) \tag{1}$$

经研究证明,该反应不能一步完成,而是经历以下两个步骤:

$$I_2 + M \rightleftharpoons 2I\cdot + M \tag{2}$$

$$2I\cdot + H_2 \longrightarrow 2HI \tag{3}$$

式中 M 为第三分子，起能量传递作用。I· 表示外层含有一个成单电子的自由碘原子。反应(2)和反应(3)都是一步完成，都是基元反应。从微观角度看，基元反应相当于组成化学反应的基本单元。基元反应表明了从反应物到生成物所经历的实际过程，即**反应机理(reaction mechanism)**，也称为反应历程。反应(1)为复杂反应。

2. 反应分子数

参加基元反应的反应物的微粒数之和称为**反应分子数(molecularity of reaction)**。反应分子数只能是正整数。根据反应分子数的不同，可以把基元反应分为单分子反应、双分子反应和三分子反应。

顺丁烯二酸的异构化反应是单分子反应：

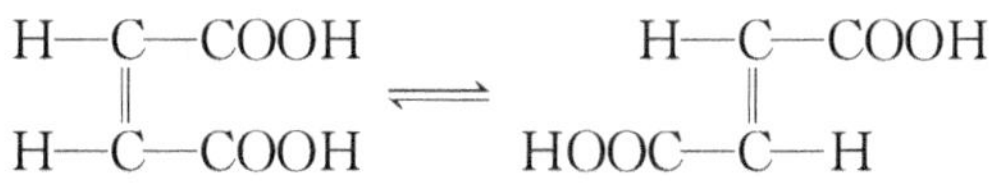

乙酸的酯化为双分子反应：

$$CH_3COOH + C_2H_5OH \rightleftharpoons CH_3COOC_2H_5 + H_2O$$

三分子反应较为少见，一般只存在于自由基反应中：

$$2I\cdot + H_2 \longrightarrow 2HI$$

更多分子同时碰撞且发生反应的可能性很小，目前尚未发现更多分子数的反应。对于复杂反应，无反应分子数可言。

6.1.4 反应速率方程与反应级数

1. 反应速率方程

大量的实验事实表明，反应速率与各反应物组分浓度之间具有密切关系。温度一定时，反应速率与各反应物组分浓度之间的函数关系式可以微分形式表示。例如对于反应：

$$aA + dD \longrightarrow gG + hH$$

$$r = f(c) = kc_A^{\alpha}c_D^{\beta} \qquad (6-5)$$

式(6-5)称为反应的微分速率方程或**速率方程(rate equation)**。

对指定反应系统，速率方程的形式并不是唯一的，也可以用积分形式表示，即

$$c = f(t) \qquad (6-6)$$

式(6-6)称为反应的积分速率方程或动力学方程(kinetic equation)。

必须指出的是，无论是微分速率方程还是积分速率方程都需要由实验来确定。同一反应体系得到的速率方程式的形式也与实验条件密切相关。

例如反应： $H_2(g) + Br_2(g) \longrightarrow 2HBr(g)$

如果考察的是整个反应过程中的动力学行为，得到的速率方程为

$$r = \frac{kc(H_2)c^{1/2}(Br_2)}{1 + \dfrac{c(HBr)}{k'c(Br_2)}}$$

如果考察的仅仅是反应初期的动力学行为，则得到的速率方程为

$$r = kc(\mathrm{H_2})c^{1/2}(\mathrm{Br_2})$$

如果控制反应物的浓度 $c(\mathrm{H_2}) \gg c(\mathrm{Br_2})$，得到的速率方程为

$$r = k'c(\mathrm{H_2})$$

2. 基元反应的速率方程——质量作用定律

基元反应是反应机理最为简单的反应，是构成复杂反应的基本单元。1869 年，挪威的两位科学家古德贝格(Guldberg)和瓦格(Waage)根据大量的实验结果，提出了只有基元反应才普遍遵循的定律：在恒温下，基元反应的反应速率与各反应物浓度幂的乘积成正比，各浓度幂中的指数等于基元反应方程中各相应反应物的系数，这就是**质量作用定律(law of mass action)**。显然，对于复杂反应，只有分解为若干个基元反应后，才能对每个基元反应逐个运用质量作用定律。

对于基元反应 $a\mathrm{A} + d\mathrm{D} \longrightarrow \mathrm{P}$，根据质量作用定律可得其速率方程为

$$r = kc_\mathrm{A}^a c_\mathrm{D}^d$$

式中，k 为比例常数，称作**反应速率常数(reaction rate constant)**，它在数值上相当于各反应物浓度都为单位浓度时的反应速率，故 k 又称为比速率。k 的量纲根据速率方程中浓度项上幂次的不同而不同，k 值与反应条件如温度、浓度、催化剂、反应介质等有关，可通过实验测定。

3. 反应级数

复杂反应的速率方程由实验确定。在速率方程式中，多数情况下具有反应物浓度幂乘积的形式，但各浓度幂中的指数不一定等于计量方程式中相应的系数，有的则完全没有这种幂乘积的形式。例如氢与氯、溴、碘三种卤素的气相反应，尽管它们具有相似的计量方程，但却具有完全不同的速率方程和浓度幂乘积形式：

(1) $\mathrm{H_2} + \mathrm{I_2} \longrightarrow 2\mathrm{HI}$　速率方程为　$r = kc(\mathrm{H_2})c(\mathrm{I_2})$

(2) $\mathrm{H_2} + \mathrm{Cl_2} \longrightarrow 2\mathrm{HCl}$　速率方程为　$r = kc(\mathrm{H_2})c^{1/2}(\mathrm{I_2})$

(3) $\mathrm{H_2} + \mathrm{Br_2} \longrightarrow 2\mathrm{HBr}$　速率方程为　$r = \dfrac{kc(\mathrm{H_2})c^{1/2}(\mathrm{Br_2})}{1 + \dfrac{c(\mathrm{HBr})}{k'c(\mathrm{Br_2})}}$

在具有反应物浓度幂乘积的速率方程中，各反应物浓度幂中的指数，称为该反应物的级数；所有反应物级数的代数和，称为该反应的总级数，或**反应级数(reaction order)**。上述反应方程式(1)和(2)的反应级数分别为 2 和 1.5，方程式(3)的速率方程由于不具有反应物浓度幂乘积的形式，所以无反应级数可言。

反应级数与反应分子数是两个不同的概念。反应分子数是参加基元反应的反应物的微粒数之和，其值只能是正整数，目前已知的反应分子数只有 1、2 和 3。反应级数是具有浓度幂乘积的速率方程中，各反应物浓度幂中的指数和，其值可以是整数，也可以是分数、零，甚至负数。

一般基元反应的反应分子数与反应级数是一致的，但也有例外。复杂反应的反应分

子数与反应级数则没有必然联系。

6.2 简单级数的反应

简单级数的反应指微分速率方程符合式(6-5),即反应速率方程具有反应物浓度幂的形式,且各反应的级数都为正整数或零的反应。本节讨论一级、二级和零级反应。

6.2.1 一级反应

反应速率与反应物浓度的一次方成正比的反应是**一级反应(first order reaction)**。

设有一级反应

$$A \rightarrow P$$

其速率方程为

$$r = -\frac{dc_A}{dt} = k_A c_A \tag{6-7}$$

将上式用定积分形式表示,得到

$$\int_{c_{A,0}}^{c_A} -\frac{dc_A}{c_A} = \int_0^t k_A dt$$

积分后,得

$$\ln\frac{c_{A,0}}{c_A} = k_A t \tag{6-8}$$

式中,$c_{A,0}$ 为 $t=0$ 时反应物 A 的初始浓度;c_A为反应进行到 t 时刻反应物 A 的浓度。式(6-8)为一级反应的动力学方程,该方程也可写作指数形式,即

$$c_A = c_{A,0} e^{-k_A t} \tag{6-9}$$

由式(6-9)可以看出,反应物的浓度随时间呈指数减小,只有当 $t=\infty$ 时,才有 $c_A=0$,所以从理论上说,一级反应需要无限长的时间才能反应完全。

一级反应具有下述特点:

1) 反应速率常数 k 的量纲是(时间)$^{-1}$,单位为 s^{-1}(或 min^{-1}, h^{-1}, d^{-1}等)。

2) 式(6-8)可改写为

$$\ln c_A = \ln c_{A,0} - k_A t$$

可以看出,$\ln c_A$ 与 t 为线性关系,直线的斜率为 $-k$,截距为 $\ln c_{A,0}$,如图 6-2 所示。

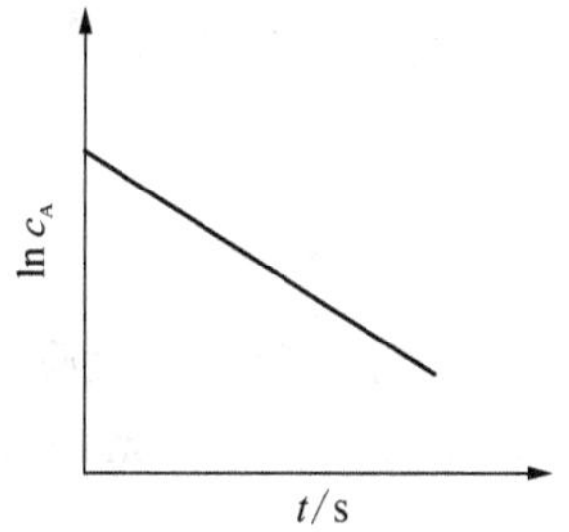

图 6-2 一级反应的 ln c-t 曲线

3) 反应物消耗一半$\left(即\ c_A = \frac{c_{A,0}}{2}\right)$所需时间,称为

半衰期(half life),用 $t_{1/2}$ 表示。将 $c_A=\frac{c_{A,0}}{2}$ 代入(6-8),得

$$t_{1/2}=\frac{\ln 2}{k_A}=\frac{0.693}{k_A}$$

即等温下,一级反应的半衰期为常数,与反应物浓度无关。

一级反应很常见,许多热分解反应、分子重排反应、放射性元素的蜕变等都符合一级反应规律。许多药物,如单室模型药物在生物体内的吸收、分布、代谢和排泄过程,也常近似地被看做一级反应。

例 6-1 某药物在人体内代谢过程为一级反应,若上午 8 时注射后经过 4 h、12 h 时分别测得血中该药浓度为 4.80 mmol·L^{-1}、2.22 mmol·L^{-1},若需维持疗效,血中药物浓度应保持为 3.7 mmol·L^{-1}。试问:(1) 该药物在血液中的半衰期为多少?(2) 若需维持疗效,应在何时注射第二针?

解:(1) 该药物在人体内代谢过程为一级反应,满足一级反应速率方程,即

$$k_A=\frac{1}{t}\ln\frac{c_{A,0}}{c_A}$$

设注射后 4 h 为起始点(t=0),则其余时间点为(t-4),则有

$$k_A=\frac{1}{t}\ln\frac{c_{A,0}}{c_A}=\frac{1}{8}\ln\frac{4.80}{2.22}=9.64\times10^{-2}\ \text{h}^{-1}$$

$$t_{1/2}=\frac{0.693}{k_A}=\frac{0.693}{0.0964}=7.19\ \text{h}$$

即该药物在血液中的半衰期为 7.19 h

(2) 当浓度为 3.7 mmol·L^{-1}时,有

$$t'=\frac{1}{k_A}\ln\frac{c_{t=4}}{c_{t=t}}=\frac{1}{9.64\times10^{-2}}\ln\frac{4.80}{3.70}=2.7\ \text{h}$$

则有

$$t=4+2.7=6.7\ \text{h}$$

从 8:00 算起,应在约 6.7 h 后注射第二针。

6.2.2 二级反应

反应速率与一种反应物浓度的平方成正比,或与两种反应物浓度的乘积成正比的反应都是**二级反应(second order reaction)**。有时也把前者称为纯二级反应,后者称为混二级反应。

若纯二级反应的计量方程为

$$2A \rightarrow P$$

则反应速率方程为

$$r = -\frac{dc_A}{dt} = k_A c_A^2 \qquad (6-10)$$

将上式用定积分形式表示，得到

$$\int_{c_{A,0}}^{c_A} -\frac{dc_A}{c_A^2} = \int_0^t k_A dt$$

积分后得

$$\frac{1}{c_A} - \frac{1}{c_{A,0}} = k_A t \qquad (6-11)$$

此式即为符合式(6－10)的二级反应的积分速率方程。

若混二级反应的计量方程为

$$A + D \longrightarrow P$$

则反应速率方程为

$$\gamma = -\frac{dc_A}{dt} = k_A c_A c_D \qquad (6-12)$$

其定积分式有以下两种情况：

1）当两种反应物初始浓度相等，即 $c_{A,0} = c_{D,0}$，则反应在任一时刻两反应物浓度相等，$c_A = c_D$。此时的积分结果与式(6－11)相同。

2）当两种反应物初始浓度不相等，即 $c_{A,0} \neq c_{D,0}$，则反应在任一时刻 $c_A \neq c_D$，$r = -\frac{dc_A}{dt} = k_A c_A c_D$。令经过 t 时刻后，反应物 A、D 消耗掉的浓度为 x，即 $c_A = c_{A,0} - x$，$c_D = c_{D,0} - x$，则有

$$dc_A = d(c_{A,0} - x) = -dx$$

将上式代入式(6－12)，得

$$\frac{dx}{dt} = k_A (c_{A,0} - x)(c_{D,0} - x)$$

移项后对等式两端作定积分，得

$$\int_0^x -\frac{dx}{(c_{A,0} - x)(c_{D,0} - x)} = \int_0^t k_A dt$$

积分后得

$$\frac{1}{c_{A,0} - c_{D,0}} \ln \frac{c_{D,0}(c_{A,0} - x)}{c_{A,0}(c_{D,0} - x)} = k_A t \qquad (6-13)$$

或

$$\frac{1}{c_{A,0}-c_{D,0}}\ln\frac{c_{D,0}c_A}{c_{A,0}c_D}=k_A t \tag{6-14}$$

上述两式即为符合式(6－12)的二级反应的积分速率方程。

二级反应具有下述特点：

1) 反应速率常数 k 的量纲是(浓度)$^{-1}$·(时间)$^{-1}$，单位为 $mol^{-1}\cdot L\cdot s^{-1}$ 或 $mol^{-1}\cdot m^3\cdot s^{-1}$ 等。

2) 式(6－11)可改写为

$$\frac{1}{c_A}=\frac{1}{c_{A,0}}+k_A t \tag{6-15}$$

由式(6－15)可以看出，$1/c_A$ 与 t 为线性关系，直线的斜率为 k_A，截距为 $1/c_{A,0}$。

式(6－14)可改写为

$$\ln\frac{c_{D,0}c_A}{c_{A,0}c_D}=(c_{A,0}-c_{D,0})k_A t \tag{6-16}$$

由式(6－16)可以看出，以 $\ln\frac{c_{D,0}c_A}{c_{A,0}c_D}$ 对 t 作图，可得一条过原点的直线，直线的斜率为 $(c_{A,0}-c_{D,0})k_A$。

3) 将 $c_A=\frac{c_{A,0}}{2}$ 代入式(6－15)，得纯二级反应及反应物初始浓度相等的混二级反应的半衰期为

$$t_{1/2}=\frac{1}{k_A c_{A,0}} \tag{6-17}$$

上式表明，纯二级反应及反应物初始浓度相等的混二级反应的半衰期与反应物初始浓度成反比。

对于反应物初始浓度不相等的混二级反应，由于 $c_{A,0}\neq c_{D,0}$，A 和 D 半衰期不同，应分别将 $c_A=\frac{1}{2}c_{A,0}$ 和 $c_D=\frac{1}{2}c_{D,0}$ 代入式(6－16)，分别得到：

$$t_{1/2,A}=\frac{1}{k_A(c_{A,0}-c_{D,0})}\ln\frac{c_{D,0}}{2c_{D,0}-c_{A,0}}$$

$$t_{1/2,D}=\frac{1}{k_A(c_{A,0}-c_{D,0})}\ln\frac{2c_{A,0}-c_{D,0}}{c_{A,0}}$$

二级反应很多，其中包括大量的双分子反应。溶液中的许多有机反应都是二级反应。

例 6－2 乙酸乙酯的皂化反应为二级反应：$CH_3COOC_2H_5 + NaOH \longrightarrow CH_3COONa + C_2H_5OH$，设 298.15 K 下，乙酸乙酯与氢氧化钠的初始浓度都是 0.010 0 $mol\cdot L^{-1}$，反应 20 min 后，氢氧化钠的浓度降低了 0.005 66 $mol\cdot L^{-1}$。求该温度下反应的速率常数和半衰期。

解：(1) 反应为纯二级反应，乙酸乙酯与氢氧化钠的初始浓度相同，因此可用式(6-11)作相应的计算，即

$$k_A = \frac{1}{t}\left(\frac{1}{c_A} - \frac{1}{c_{A,0}}\right) = \frac{1}{20} \times \left(\frac{1}{0.01 - 0.0566} - \frac{1}{0.01}\right)$$

$$= 6.52\ mol^{-1} \cdot L \cdot min^{-1}$$

(2) 由式(6-17)得

$$t_{1/2} = \frac{1}{k_A c_{A,0}} = \frac{1}{6.52 \times 0.01} = 15.3\ min$$

6.2.3 零级反应

反应速率与反应物浓度无关的反应为**零级反应(zero order reaction)**。零级反应的微分速率方程为

$$r = -\frac{dc_A}{dt} = k_A \tag{6-18}$$

将上式用定积分形式表示，得到

$$\int_{c_{A,0}}^{c} -dc_A = \int_0^t k_A dt$$

积分后得

$$c_{A,0} - c_A = k_A t \tag{6-19}$$

零级反应具有下述特点：

1) 反应速率常数 k_A 的量纲是(浓度)·(时间)$^{-1}$，单位为 $mol \cdot L^{-1} \cdot s^{-1}$或 $mol \cdot m^{-3} \cdot s^{-1}$。

2) 式(6-19)可改写为

$$c_A = c_{A,0} - k_A t$$

可以看出，c_A 与 t 为线性关系，直线斜率为 $-k_A$，截距为 $c_{A,0}$。

3) 将 $c_A = \frac{c_{A,0}}{2}$ 代入式(6-19)，得其半衰期为

$$t_{1/2} = \frac{c_{A,0}}{2k_A} \tag{6-20}$$

上式表明，零级反应的半衰期与反应物初始浓度成正比。

某些光化学反应、表面催化反应、电解反应都是零级反应，它们的反应速率分别只与光强度、表面状态、通过的电量有关。近年来发展的一些缓释长效药，其释药速率在相当长的时间范围内比较恒定，也属于零级反应。如女性避孕药左旋18-甲基炔诺酮，将其制

成长效缓释埋植剂，研究证明该埋植剂具有零级释放动力学特征，在体内长期维持稳定的药物释放量，每根 30 cm 长的埋植剂在体内每天释药约 21 μg，预期一次植入两根可有效地避孕两年。混悬液中的药物降解也可视为零级反应，因为在混悬液中，药物的降解主要发生在液相中，因而与药物在溶液中的溶解量有关，而在一定的温度下，药物的溶解度是一常数。

例 6-3 已知在 298.15 K 时 α-氨苄青霉素的溶解度为 12 g·L^{-1}。现有一浓度为 25 g·L^{-1}的该药物的混悬液，药物零级降解的速率常数为 2.2×10^{-6} g·L^{-1}·s^{-1}，求该混悬液的有效期 $t_{0.9}$。

解： 药剂学上常用药物降解 10%所需的时间来评价药物的稳定性，用 $t_{0.9}$表示。根据式(6-19)，可得到零级反应的 $t_{0.9}$为

$$t_{0.9}=\frac{c_{A,0}-c_A}{k_A}=\frac{0.1c_{A,0}}{k_A}$$

将题中数据代入上式得

$$t_{0.9}=\frac{0.1c_{A,0}}{k_A}=\frac{0.1\times 25}{2.2\times 10^{-6}}=1.14\times 10^{6}\ \mathrm{s}=13.2\ \mathrm{d}$$

上述简单级数反应的特点常用来作为判断反应动力学规律的依据，现将几种典型的简单级数反应的速率方程和特征列于表 6-1 中。

表 6-1 简单级数反应的速率方程和特征

反应级数	微分速率方程	积分速率方程	$t_{1/2}$	线性关系	k 的量纲
0	$-\frac{dc_A}{dt}=k_A$	$c_{A,0}-c_A=k_At$	$\frac{c_{A,0}}{2k_A}$	$\frac{1}{c_A}$-t	(浓度)·(时间)$^{-1}$
1	$-\frac{dc_A}{dt}=k_Ac_A$	$\ln\frac{c_{A,0}}{c_A}=k_At$	$\frac{\ln 2}{k_A}$	$\ln c_A$-t	(时间)$^{-1}$
2	$-\frac{dc_A}{dt}=k_Ac_A^2$	$\frac{1}{c_A}-\frac{1}{c_{A,0}}=k_At$	$\frac{1}{kc_{A,0}}$	$\frac{1}{c_A}$-t	(浓度)$^{-1}$·(时间)$^{-1}$
2	$-\frac{dc_A}{dt}=k_Ac_Ac_D$	$\frac{1}{c_{A,0}-c_{D,0}}\ln\frac{c_{D,0}(c_{A,0}-x)}{c_{A,0}(c_{D,0}-x)}=k_At$	对 A、D 不同	$\ln\frac{c_{D,0}\cdot c_A}{c_{A,0}\cdot c_D}$-$t$	(浓度)$^{-1}$·(时间)$^{-1}$
n ($n\neq1$)	$-\frac{dc_A}{dt}=k_Ac_A^n$	$\frac{(1/c_A^{n-1}-1/c_{A,0}^{n-1})}{n-1}=k_At$	$\frac{2^{n-1}-1}{(n-1)k_Ac_{A,0}^{n-1}}$	$\frac{1}{c_A^{n-1}}$-t	(浓度)$^{1-n}$·(时间)$^{-1}$

6.3 反应级数的测定

反应级数是速率方程的重要动力学参数。对于简单级数的反应，反应级数不仅可以表明浓度对反应速率的影响，而且可以为研究反应机理提供帮助。测定反应级数常用以下几种方法。

6.3.1 积分法

积分法(integration method)也称**尝试法(trial method)**。首先假设该反应是某级数反应,然后用两种方法进行尝试。一是将不同时刻 t 的反应物浓度 c 代入其速率方程中,计算速率常数,若为常数,则反应就是对应级数的反应。二是利用该级数反应的线性关系作图,若得直线,则反应就是该级数反应。当反应级数是简单整数时,积分法比较简便。但是,不够灵敏,特别是实验浓度不够广时,常难以区分究竟是几级反应。当级数是分数或负数时也不适用。

6.3.2 微分法

微分法(differential method)就是用速率方程的微分形式来确定反应级数的方法。设某反应的微分速率方程为

$$r_A = -\frac{dc_A}{dt} = k_A c_A^n \tag{6-21}$$

测定不同时刻反应物的浓度 c_A,作 c_A-t 曲线,见图 6-3(a)。在不同浓度处作曲线的切线,切线斜率的绝对值即为此时的反应速率 $-dc_A/dt$。在曲线上任意取两点,则

$$-\frac{dc_{A,1}}{dt} = kc_{A,1}^n \tag{6-22-a}$$

$$-\frac{dc_{A,2}}{dt} = kc_{A,2}^n \tag{6-22-b}$$

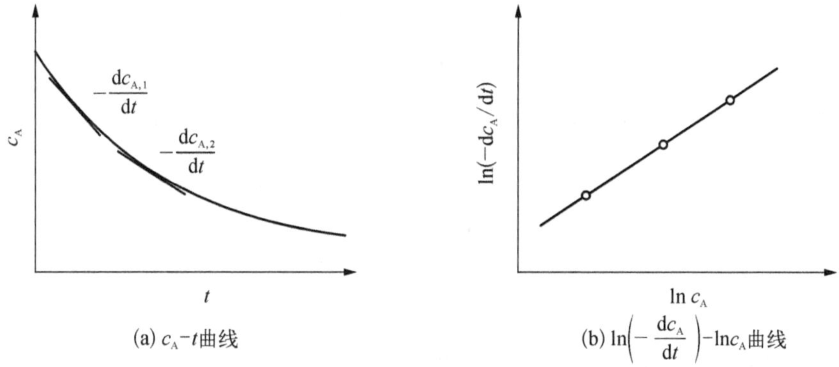

图 6-3 微分法测定反应级数

将式(6-22-a)和(6-22-b)的两边都分别取对数后相减即得反应级数 n,即

$$n = \frac{\ln\left(-\frac{dc_{A,1}}{dt}\right) - \ln\left(-\frac{dc_{A,2}}{dt}\right)}{\ln c_{A,1} - \ln c_{A,2}}$$

用上述方法求出若干个 n,然后取平均值。

另外，对式(6-21)两端取对数得

$$\ln\left(-\frac{dc_A}{dt}\right)=\ln k_A+n\ln c_A$$

以 $\ln(-dc_A/dt)$ 对 $\ln c_A$ 作图得一直线，见图 6-3(b)，其直线的斜率即为反应级数 n。此法比两点法准确。

用微分法确定反应级数，不仅适用于整数级数的反应，也适用于分数级数的反应。

6.3.3 半衰期法

半衰期法(half-life method)就是根据半衰期 $t_{1/2}$ 与反应物浓度的关系来确定反应级数的方法。半衰期法也是一种积分法。若反应微分速率方程为

$$r_A=-\frac{dc_A}{dt}=k_A c_A^n$$

当 $n=1$ 时，半衰期与初始浓度无关。当 $n\neq1$ 时，则半衰期 $t_{1/2}$ 与反应物初浓度的关系为

$$t_{1/2}=\frac{k}{c_{A,0}^{n-1}}$$

若以两个不同初浓度 $c_{A,0}$ 和 $c'_{A,0}$ 的溶液进行实验测得其半衰期分别为 $t_{1/2}$ 和 $t'_{1/2}$，则

$$\frac{t_{1/2}}{t'_{1/2}}=\left(\frac{c'_{A,0}}{c_{A,0}}\right)^{n-1}$$

或

$$n=1+\frac{\ln(t_{1/2}/t'_{1/2})}{\ln(c'_{A,0}/c_{A,0})}$$

由两组数据即可求得反应级数 n。如果实验数据较多，也可用作图法，即

$$\ln t_{1/2}=(1-n)\ln c_{A,0}+\text{常数}$$

由 $t_{1/2}$-$\ln c_{A,0}$图中直线的斜率可求得反应级数 n。

6.3.4 孤立法

当速率方程式中包括不止一种物质，如

$$\frac{dc}{dt}=k_A c_A^{\alpha} c_B^{\beta} c_D^{\gamma}$$

这时往往采用孤立法，即除了使一种物质的浓度变化外(如 c_A)，其他物质的浓度均大大过量(如 c_B和 c_D)，因而 c_B和 c_D在反应过程中可以视为不变，此时速率方程变为

$$-\frac{dc}{dt}=k' c_A^{\alpha}$$

这样，可以应用上述几种方法求出反应对 A 的级数 α。类似地，可依次求出反应对 C 和 D 的级数，从而求出反应的总级数。

6.4 温度对反应速率的影响

案例 6-1

药物在贮存过程中常因温度、光照、空气的影响而发生潮解、氧化等反应致使其含量逐渐降低，药效减小，甚至变质失效，其中尤以温度的影响更为显著。为了考察药物在室温下放多久其含量仍在合格范围内，惯用的方法是用留样观察法，即将药物在室温放置，定期检查含量等各项指标至不合格为止，从而得到药物的贮存期。这个方法简单，得到的贮存期准确，仍是目前常用的方法。但是用这种方法获得贮存期需要的时间太长，对于稳定的药物常常需放置数年，因此更适于对老产品的质量考察。而对于筛选新处方，研究新制剂，考察新药物，常用加速试验的方法预测药物的贮存期。

问题：

(1) 什么是药物的贮存期？预测药物的贮存期有什么意义？

(2) 预测药物贮存期的实验原理是什么？

前面在等温条件下讨论了反应物浓度对反应速率的影响。对大多数化学反应来说，温度对反应速率的影响比浓度的影响更为显著。在讨论温度对反应速率的影响时，需排除浓度对反应速率的影响。因此，通常讨论速率常数与温度之间的关系。

6.4.1 阿伦尼乌斯经验公式

1884 年范特霍夫根据实验事实总结出了温度对反应速率影响的近似规则：温度每升高 10 K，反应速率大约增加 2～4 倍，用公式可以表示为

$$\frac{k_{T+10\ \mathrm{K}}}{k_T} = 2 \sim 4$$

根据这个规则只可粗略地估计出温度对反应速率的影响，该规则称为范特霍夫近似规则。

1889 年阿伦尼乌斯(Arrhenius)根据大量的实验数据，提出了速率常数与温度之间的关系式，即著名的**阿伦尼乌斯**公式(**Arrhenius equation**)，可表示为

$$k = A \cdot e^{-\frac{E_a}{RT}} \tag{6-23}$$

式中，k 是温度为 T 时反应的速率常数；A 为**指前因子**(**pre-exponential factor**)或频率因子；E_a为阿伦尼乌斯活化能，简称**活化能**(**activation energy**)；R 为气体常数。

阿伦尼乌斯公式也可用微分式表示为

$$\frac{\mathrm{d}\ln k}{\mathrm{d}T}=\frac{E_a}{RT^2} \tag{6-24}$$

该式表明，反应速率随温度的变化率与活化能 E_a 成正比，活化能越高，反应速率随温度的升高增加越快，对温度越敏感。如果温度变化范围不大，在这个温度区间内，E_a 可以看作与温度无关的常数，对式(6-24)作不定积分，可以得到阿伦尼乌斯公式的不定积分式，即

$$\ln k=-\frac{E_a}{RT}+\ln A \tag{6-25}$$

式(6-25)表明，如果用 $\ln k$ 对 $1/T$ 作图，从直线斜率可以得到阿伦尼乌斯活化能 E_a。

若对式(6-24)作定积分，可以得到阿伦尼乌斯公式的定积分式，即

$$\ln\frac{k_2}{k_1}=-\frac{E_a}{R}\left(\frac{1}{T_2}-\frac{1}{T_1}\right) \tag{6-26}$$

由式(6-26)可以在已知活化能的情况下，由某一温度下的反应速率常数，求算一定温度范围内任一温度下的反应速率常数，或已知两个温度下的速率常数，求算反应的活化能。

例 6-4 反应 $2NO_2(g)\longrightarrow 2NO(g)+O_2(g)$ 的活化能为 $114\ \mathrm{kJ\cdot mol^{-1}}$。在 600.15 K 时，$k=0.75\ \mathrm{mol^{-1}\cdot L\cdot s^{-1}}$。计算 700.15 K 时的 k 值。

解： 根据式(6-25)，可得

$$\ln\frac{k_2}{k_1}=\frac{114\times10^3}{8.314}\left(\frac{1}{600.15}-\frac{1}{700.15}\right)=3.26$$

$$\frac{k_2}{k_1}=26.13$$

$$k_2=k_1\times26.13=0.75\times26.13=19.6\ \mathrm{mol^{-1}\cdot L\cdot s^{-1}}$$

阿伦尼乌斯公式最初是从气相反应中总结出来的，后来发现它也适用于液相反应或固相催化反应。它的应用范围相当广泛，既适用于基元反应，也适用于一些具有反应物浓度幂乘积形式的总包反应，但此时的 E_a、A 及 k 皆为对总包反应而言的表观参数。

温度对反应速率的影响是比较复杂的，并非所有化学反应都符合或近似符合阿伦尼乌斯公式。如果作 $k-T$ 的关系图，可以得到如图 6-4 所示的五种类型的关系曲线。

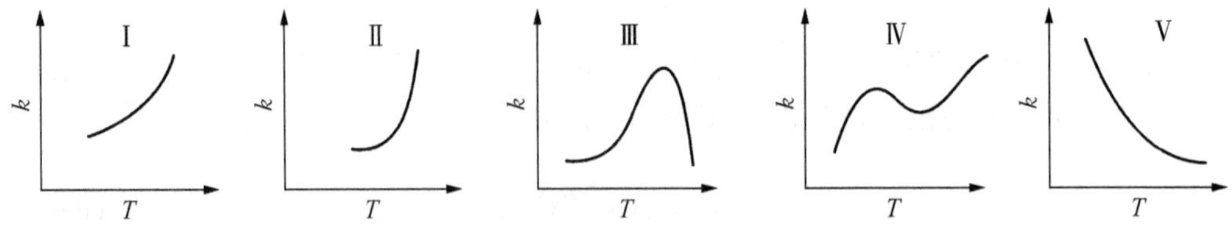

图 6-4 反应速率与温度关系的五种类型

第Ⅰ种类型符合阿伦尼乌斯公式，大部分反应属于这一类型。第Ⅱ～Ⅳ种类型不多，不符合阿伦尼乌斯公式。第Ⅱ类主要为一些爆炸反应，第Ⅲ类属一些酶催化反应，第Ⅳ类

则多为有机物加氢、脱氢反应。第Ⅴ类较为反常，温度升高反应速率反而下降的反常情况，如 $2NO + O_2 \longrightarrow 2NO_2$ 反应即属此类型。

6.4.2 活化能和活化分子

阿伦尼乌斯经验公式的提出，极大地促进了化学动力学的发展。为了解释这个经验公式，阿伦尼乌斯提出了活化分子与活化能的概念。

对于基元反应，活化能可以被赋予明确的物理意义。阿伦尼乌斯认为，基元反应分子相互作用的首要条件是必须相互碰撞，但不是每次碰撞都能发生反应，只有两个相碰撞的分子具有足够大的能量，才能发生有效碰撞。能发生有效碰撞的分子称为活化分子。活化分子比一般分子的平均能量所高出的能量称为反应的活化能。托尔曼（Tolman）曾证明，基元反应的活化能是活化分子的平均能量与所有反应物分子的平均能量之差，即

$$E_a = \overline{E}_a - \overline{E} \tag{6-27}$$

式中，E_a表示活化能；$\overline{E}_a$ 表示活化分子的平均能量；$\overline{E}$ 表示反应物分子的平均能量。

活化能的概念可以通过化学反应的能量变化来说明，如图 6-5 所示，图中 A 为反应物，P 为产物。由反应物 A 生成产物 P 时，中间要经过一个活化状态 A′。从化学反应的实质看，要使反应分子接近并起反应，必须具有足够的能量克服分子间、来自电子云以及原子核间的排斥力，并使旧键逐渐断裂，新键逐渐生成，最后生成产物 P。从 A 到 P，A 必须跨过一个能垒，成为具有活化能 E_a的活化分子，反应才能正向进行。同理，对于逆反应，从 P 到 A，P 也必须跨过一个能垒，成为具有活化能 E_a'的活化分子，反应才能逆向进行。E_a为正反应的活化能，E_a'则为逆反应的活化能，两者之差即为反应热。若为等压反应，此能量为 ΔH；若是等容反应，此能量为 ΔU。

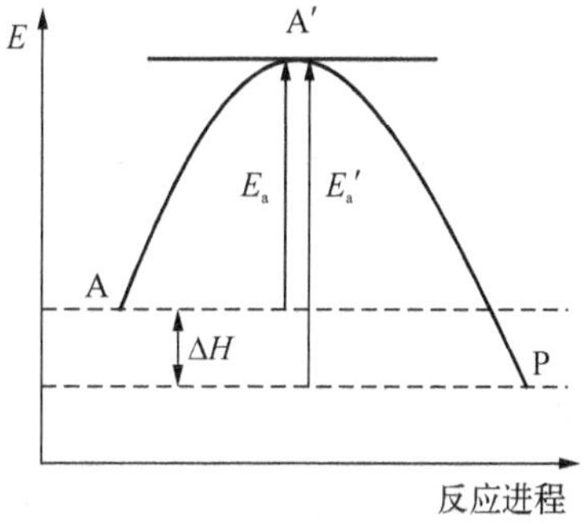

图 6-5 活化能示意图

阿伦尼乌斯曾将他的公式与范特霍夫等容方程相比较。对一等容条件下对峙进行的基元反应，令 k_1、k_2 分别为正、逆反应的速率常数，根据质量作用定律，平衡常数 $K_c = k_1/k_2$，由图 6-5 可知，$\Delta U = E_{a1} - E_{a2}$。根据阿伦尼乌斯公式，有

$$\frac{\mathrm{d}\ln k_1}{\mathrm{d}T} = \frac{E_{a1}}{RT^2} \qquad \frac{\mathrm{d}\ln k_2}{\mathrm{d}T} = \frac{E_{a2}}{RT^2}$$

两式相减，得

$$\frac{\mathrm{d}\ln(k_1/k_2)}{\mathrm{d}T} = \frac{(E_{a1} - E_{a2})}{RT^2}$$

将 $K_c = k_1/k_2$ 和 $\Delta U = E_{a1} - E_{a2}$ 代入上式，得范特霍夫等容方程，即

$$\frac{\mathrm{d}\ln K_c}{\mathrm{d}T} = \frac{\Delta U}{RT^2} \tag{6-28}$$

以上讨论并不是很严密，活化能 E_a 在阿伦尼乌斯公式中是与温度无关的常数，而 ΔU 或 ΔH 都与温度有关。更精密的实验表明，活化能也受温度影响，只是影响程度不大而已。若温度变化范围很大，则用下式更能符合实验数据。

$$k = A'T^n \exp\left(\frac{-E'_a}{RT}\right) \tag{6-29}$$

式中 A'、n 和 E'_a 都是经验常数。

阿伦尼乌斯活化能只对基元反应才有明确的物理意义。对总包反应而言，E_a 只是一个表观参数，它是构成总包反应的各基元反应活化能的组合。表观活化能虽无明确的物理意义，但仍可以认为是阻碍反应进行的一个能量因素。

活化能是一个重要的动力学参数，其大小对反应速率的影响很大。从图 6-7 可以看出，活化能越大，需要跨过的能垒越高，反应阻力就越大，反应速率就越慢；反之，反应速率越快。降低反应的活化能，可以显著提高反应速率。对于一般的化学反应，活化能的数值约为 40～400 kJ · mol^{-1}。

6.5 典型的复杂反应

前面讨论了具有简单级数的反应，实际上许多反应都不是单一的过程，而是多个反应过程复合的结果。两个或两个以上的基元反应可组合成复杂的反应，其组合方式可分为对峙反应、平行反应、连续反应和链反应。

6.5.1 对峙反应

正、逆两个方向都能进行的反应称为**对峙反应(opposing reaction)**，又称为可逆反应或对行反应。严格说来，任何反应都是对峙反应。只是当逆向反应速率相比于正向反应速率可忽略不计时，动力学上才将此反应作为单向反应来处理。本节所要讨论的是正、逆反应速率相差不太大的对峙反应。

最简单的对峙反应是正、逆反应都是一级反应，称为 1-1 级对峙反应。

$$\mathrm{A} \underset{k_2}{\overset{k_1}{\rightleftharpoons}} \mathrm{D}$$

正反应速率为

$$r_1 = k_1 c_\mathrm{A}$$

逆反应速率为

$$r_2 = k_2 c_\mathrm{D}$$

对峙反应的总反应速率是正向反应速率与逆向反应速率之差，即

$$r = -\frac{\mathrm{d}c_\mathrm{A}}{\mathrm{d}t} = r_1 - r_2 = k_1 c_\mathrm{A} - k_2 c_\mathrm{D}$$

设反应物 A 的初始浓度为 $c_{A,0}$，则 t 时刻，反应物 A 和 D 的浓度分别为 c_A 和 $c_D = c_{A,0} - c_A$，代入上式得

$$-\frac{dc_A}{dt} = k_1 c_A - k_2(c_{A,0} - c_A) = (k_1 + k_2)c_A - k_2 c_{A,0} \tag{6-30}$$

当反应达平衡时，正、逆反应速率相等，总反应速率为零，此时反应物和产物的浓度分别趋于平衡浓度 $c_{A,e}$ 和 $c_{D,e}$，即

$$-\frac{dc_{A,e}}{dt} = k_1 c_{A,e} - k_2 c_{D,e} = 0$$

$$k_1 c_{A,e} = k_2 c_{D,e} = k_2(c_{A,0} - c_{A,e})$$

$$(k_1 + k_2)c_{A,e} = k_2 c_{A,0} \tag{6-31}$$

于是，得到

$$K_c = \frac{k_1}{k_2} = \frac{c_{D,e}}{c_{A,e}}$$

上式表明，对峙反应的平衡常数就等于正、逆向反应速率常数之比，与反应计量方程式的书写方式无关。将式(6-31)代入式(6-30)，得

$$-\frac{dc_A}{dt} = (k_1 + k_2)(c_A - c_{A,e}) \tag{6-32}$$

当 $c_{A,0}$ 一定时，$c_{A,e}$ 为常量，则

$$\frac{dc_A}{dt} = \frac{d(c_A - c_{A,e})}{dt}$$

代入式(6-32)，得

$$-\frac{d(c_A - c_{A,e})}{dt} = (k_1 + k_2)(c_A - c_{A,e}) \tag{6-33}$$

式(6-33)经整理后积分，得

$$\ln\frac{c_{A,0} - c_{A,e}}{c_A - c_{A,e}} = (k_1 + k_2)t \tag{6-34}$$

即

$$\ln(c_A - c_{A,e}) = -(k_1 + k_2)t + \ln(c_{A,0} - c_{A,e}) \tag{6-35}$$

式(6-35)即为 1-1 级对峙反应的速率方程。

以 $\ln(c_A - c_{A,e})$ 对 t 作图可得一直线，由直线的斜率可求得 $(k_1 + k_2)$，再由平衡常数 $K_c = \frac{k_1}{k_2}$，联立可分别求得 k_1 和 k_2。

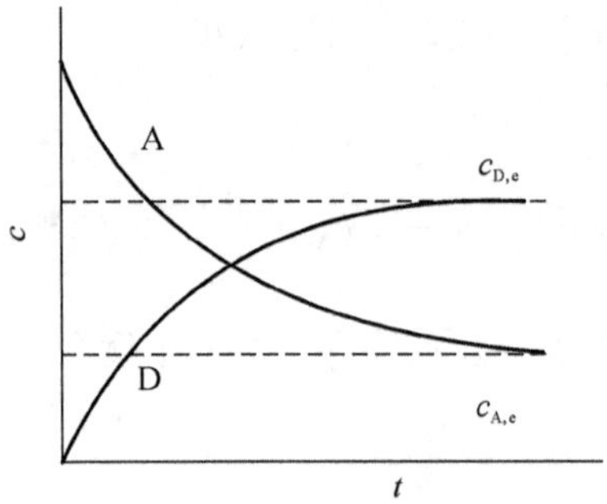

图 6-6　1-1级对峙反应的 c-t 曲线

若将 A 和 D 的浓度对时间作图，可得图 6-6 所示曲线。随着反应时间的延长，c_A 不可能减少至零，c_D 也不可能增加至 A 的初始浓度 $c_{A,0}$，当反应足够长时间后，两者的浓度都趋于它们的平衡浓度 $c_{A,e}$ 和 $c_{D,e}$。因此，反应不可能进行完全，这是对峙反应的动力学特征。

对峙反应很常见，具体实例有葡萄糖的变旋反应、酸与醇的酯化反应、γ-丁基转变为内酯的反应等。

例 6-5　某对峙反应 $A \underset{k_2}{\overset{k_1}{\rightleftharpoons}} D$，其中 $k_1 = 0.006\ \text{min}^{-1}$，$k_2 = 0.002\ \text{min}^{-1}$。如果反应开始时系统中只有 A，求达到 A 和 D 的浓度相等需多长时间？

解：先求出 $c_{A,e}$，再求反应至 $c_A = c_D = \dfrac{c_{A,0}}{2}$ 所需的时间 t。

$$K_c = \frac{k_1}{k_2} = \frac{c_{D,e}}{c_{A,e}} = \frac{c_{A,0} - c_{A,e}}{c_{A,e}} = \frac{0.006}{0.002} = 3$$

$$c_{A,e} = \frac{1}{4}c_{A,0}$$

将 $c_{A,e} = \dfrac{1}{4}c_{A,0}$ 和 $c_A = \dfrac{1}{2}c_{A,0}$ 代入式(6-34)得

$$\ln\frac{c_{A,0} - \dfrac{1}{4}c_{A,0}}{\dfrac{1}{2}c_{A,0} - \dfrac{1}{4}c_{A,0}} = (0.006 + 0.002)t$$

$$t = 137\ \text{min}$$

6.5.2　平行反应

反应物同时进行两个或两个以上不同的且相互独立的反应称为平行反应(parallel reaction)。一般将速率较大的或生成目标产物的反应称为主反应，其他反应称为副反应。例如，某一温度下，甲苯的硝化反应，可同时生成邻、间、对硝基甲苯。

最简单的平行反应是两个反应都是一级反应，即

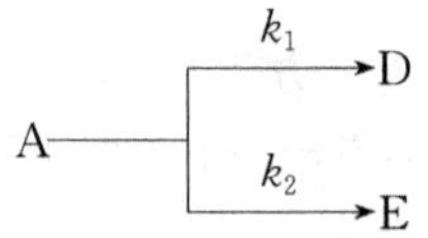

设反应物 A 的初始浓度为 $c_{A,0}$，则 t 时刻，反应物 A 的浓度为 c_A，两一级反应的速率分别

为

$$\frac{dc_D}{dt}=k_1c_A$$

$$\frac{dc_E}{dt}=k_2c_A$$

平行反应的总反应速率是各反应的反应速率之和，于是

$$-\frac{dc_A}{dt}=k_1c_A+k_2c_A=(k_1+k_2)c_A$$

对上式整理并作定积分，得

$$\ln\frac{c_A}{c_{A,0}}=-(k_1+k_2)t \tag{6-36}$$

或

$$\ln c_A=-(k_1+k_2)t+\ln c_{A,0} \tag{6-37}$$

以 $\ln c_A$ 对 t 作图可得一直线，直线的斜率为 $-(k_1+k_2)$，截距为 $\ln c_{A,0}$。

将式(6-37)中的 c_A 值代入产物D的生成速率表式中，得

$$\frac{dc_D}{dt}=k_1c_A=k_1c_{A,0}e^{-(k_1+k_2)t}$$

将上式定积分，得

$$c_D=\frac{k_1}{k_1+k_2}c_{A,0}[1-e^{-(k_1+k_2)t}] \tag{6-38}$$

同理可得

$$c_E=\frac{k_2}{k_1+k_2}c_{A,0}[1-e^{-(k_1+k_2)t}] \tag{6-39}$$

将式(6-38)与式(6-39)相除，得

$$\frac{c_D}{c_E}=\frac{k_1}{k_2} \tag{6-39}$$

即在任一时刻，各反应产物的浓度之比等于各支反应的速率常数之比，与时间无关，这是平行反应的特征。一级平行反应中，各物质浓度与时间的关系如图6-7所示。

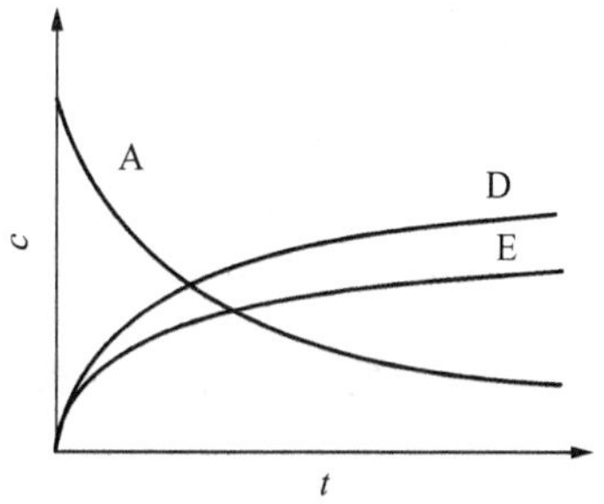

图6-7 一级平行反应的 $c-t$ 曲线

一般平行反应的活化能不同，所以可以通过选择适当的催化剂、溶剂或改变温度，改变各支反应的相对反应速率，使我们所需要的其中某一反应加速，其余的副

反应减慢，从而提高目标产物的含量。

6.5.3 连续反应

一个化学反应要经过连续的几步才能得到产物，并且前一步的产物为后一步的反应物，则该反应称为**连续反应(consecutive reaction)**。如放射性核素的衰变就属于连续反应。

最简单的连续反应为两个连续的一级反应：

$$\mathrm{A} \xrightarrow{k_1} \mathrm{D} \xrightarrow{k_2} \mathrm{E}$$

反应速率分别为

$$-\frac{\mathrm{d}c_\mathrm{A}}{\mathrm{d}t} = k_1 c_\mathrm{A} \tag{6-40a}$$

$$\frac{\mathrm{d}c_\mathrm{D}}{\mathrm{d}t} = k_1 c_\mathrm{A} - k_2 c_\mathrm{D} \tag{6-40b}$$

$$\frac{\mathrm{d}c_\mathrm{E}}{\mathrm{d}t} = k_2 c_\mathrm{D} \tag{6-40c}$$

对式(6-40a)移项积分后得到

$$c_\mathrm{A} = c_{\mathrm{A},0} e^{-k_1 t} \tag{6-41}$$

将式(6-41)代入式(6-40b)，积分可得

$$c_\mathrm{D} = \frac{c_{\mathrm{A},0} k_1}{k_2 - k_1}(e^{-k_1 t} - e^{-k_2 t}) \tag{6-42}$$

由反应的计量方程可知，$c_\mathrm{E} = c_{\mathrm{A},0} - c_\mathrm{A} - c_\mathrm{D}$，将式(6-41)和(6-42)代入后，可得

$$c_\mathrm{E} = c_{\mathrm{A},0}\left[1 - \frac{1}{k_2 - k_1}(k_2 e^{-k_1 t} - k_1 e^{-k_2 t})\right] \tag{6-43}$$

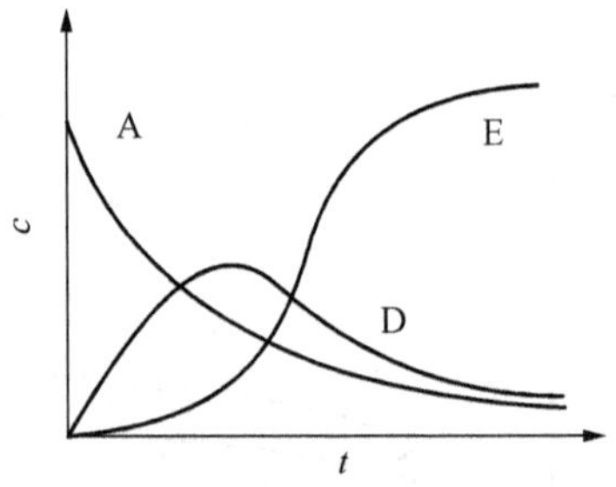

图 6-8 连续反应的 $c-t$ 曲线

式(6-41)、式(6-42)和式(6-43)中 c_A、c_D 和 c_E 与时间的关系如图 6-8 所示。由图可见，反应物浓度 c_A 随时间增长而减小，符合一级反应速率方程；最终产物浓度 c_E 随时间增长而增大；中间产物 c_D 开始随时间增长而增大，经过某一极大值后则随时间增长而减小。这是连续反应的特征。

令中间产物的浓度所能达到的极大值为 $c_{\mathrm{D,max}}$，所对应的反应时间为 t_max。对式(6-42)求导数并令其为零，即

$$\frac{\mathrm{d}c_\mathrm{D}}{\mathrm{d}t} = \frac{c_{\mathrm{A},0} k_1}{k_2 - k_1}(k_2 e^{-k_2 t} - k_1 e^{-k_1 t}) = 0$$

解之，得

$$t_{max}=\frac{\ln(k_2/k_1)}{k_2-k_1} \tag{6-44}$$

$$c_{D,max}=c_{A,0}\left(\frac{k_1}{k_2}\right)^{\frac{k_2}{k_2-k_1}} \tag{6-45}$$

长链脂肪酸在生物体内的氧化反应就是连续反应，每反应一步，碳链就缩短一段。在正常情况下，虽然每天有几百克的脂肪酸被氧化，但只有极少量的中间产物被发现。当患糖尿病时，连续反应的某些环节发生障碍，反应速率大大降低，某些中间产物就会积累起来，它们在血液、组织和尿中都会被发现。式(6-44)和(6-45)就可用于计算药物在体内代谢最大血药浓度所需的时间。即把药物在体内的吸收和消除两个过程近似地看成为一个连续反应，而 k_1 作为一级吸收常数，k_2 作为一级消除常数，从而可求出达到最大血药浓度的时间和相应的最大血药浓度。

例 6-6 已知 2,3-4,6-二丙左罗糖酸在酸性溶液中水解生成抗坏血酸的反应是一级连续反应：2,3-,4,6 二丙左罗糖酸 $\xrightarrow{k_1}$ 抗坏血酸 $\xrightarrow{k_2}$ 分级产物，在一定条件下测得 323.15 K 时的 $k_1=0.42\times10^{-2}\ \text{min}^{-1}$，$k_2=0.20\times10^{-4}\ \text{min}^{-1}$，求：323.15 K 时生成抗坏血酸的最佳反应时间及相应的最大产率。

解：将实验数据代入式(6-44)和(6-45)，得

$$t_{max}=\frac{\ln(k_2/k_1)}{k_2-k_1}=\frac{\ln(0.20\times10^{-4}/0.42\times10^{-2})}{0.20\times10^{-4}-0.42\times10^{-2}}=1\ 279.4=21.3\ \text{h}$$

$$c_{D,max}=c_{A,0}\left(\frac{k_1}{k_2}\right)^{\frac{k_2}{k_2-k_1}}=1\times\left(\frac{0.42\times10^{-2}}{0.20\times10^{-4}}\right)^{\frac{0.20\times10^{-4}}{0.20\times10^{-4}-0.42\times10^{-2}}}=0.975\ \text{mol}\cdot\text{L}^{-1}$$

即最大产率为 97.5%。

6.5.4 链反应

有一类化学反应，一旦由某种外因(如光、热、辐射等)引发，反应即可通过低浓度、高活性的链载体(如自由基、原子)的生成，使链载体参与循环反应并导致产物和新的链载体的生成，直至整个反应结束。由于这类反应具有链式机理，故称为**链反应(chain reaction)**。自由基或原子能够不断生成是链反应得以维持的根本原因。由于自由基或原子本身具有未成对电子，所以它是高活性粒子，能引起稳定分子间发生化学反应。链反应是化学反应的重要类型，有机反应中的聚合、氧化、燃烧等都是链反应，它还是导致光化学烟雾和臭氧层破坏的基础反应。

链反应通常由**链引发(chain initiation)**、**链传递(chain propagation)**、**链终止(chain termination)**三个步骤组成。

1) 链引发　用光、热或辐射等方法，将反应物裂解为自由基(或原子)的过程称为

链引发。这一过程所需的活化能较高，约在 200～400 kJ · mol^{-1}，与反应物分子的化学键能为同一数量级。此步骤是链反应最困难的阶段。

2）链传递　自由基非常活泼，一经生成就立刻同其他物质发生反应，在生成产物的同时，又生成新的自由基，如此循环不断地进行下去，称为链传递。链传递是链反应的主体。链传递反应的活化能一般小于 40 kJ · mol^{-1}。

3）链终止　自由基相互结合成稳定分子，或与器壁及第三物种（M）碰撞消耗能量而失去活性，使这一条链终止反应，称为链终止。链终止反应的活化能很小或为零。

根据链传递步骤的不同，链反应可分为直链反应和支链反应两类。直链反应的传递方式是消耗一个自由基（原子），再产生一个自由基（原子），如此这般稳步前进。如果消耗一个自由基，可以产生两个自由基，如此 1 变 2，2 变 4，4 变 8，……，使自由基不断增加，反应速率迅速增加，甚至达到爆炸的程度，这种反应称为支链反应，这种爆炸称为支链爆炸，如图 6－9 所示。

在链反应中多数属于直链反应，在传递过程中自由基或原子的数目不变，所以直链反应开始后很快达到稳定，此时链引发速率与断链速率相等。反应 $H_2 + Cl_2 \longrightarrow 2HCl$ 就是一个典型的直链反应：

链引发：　$Cl_2 \xrightarrow{h\nu} 2Cl\cdot$

链传递：

$$Cl\cdot + H_2 \xrightarrow{k_1} HCl + H\cdot$$

$$H\cdot + Cl_2 \xrightarrow{k_2} HCl + Cl\cdot$$

链终止：

$$2Cl\cdot + M \longrightarrow Cl_2 + M$$

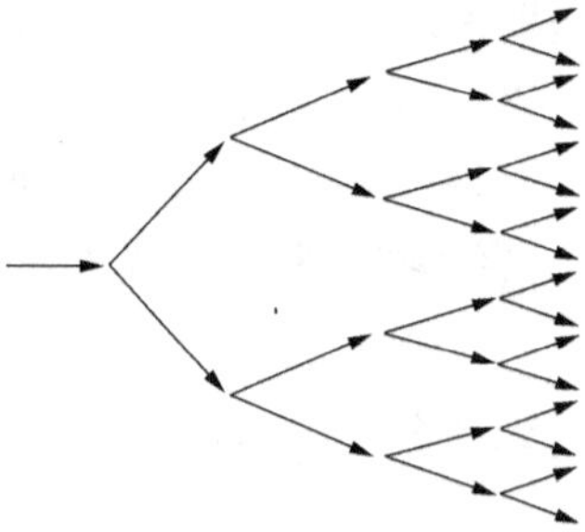

图 6－9　支链反应示意图

6.5.5　复杂反应的近似处理

严格来说，一个反应的速率方程是由反应机理决定的。因此，弄清楚反应的机理，就能够通过机理推导出速率方程。但是在研究对峙反应、平行反应和连续反应等复杂反应时，由于反应机理比较复杂，常出现多种中间产物，要进行动力学研究，就必须列出多个微分方程。从数学上严格求解多个联立的微分方程，是十分困难、甚至不可能的。因此，在动力学研究中，通常重点研究控制总反应速率的主要反应步骤，而忽略一些次要因素，为此常采用稳态近似和平衡态近似两种简化方法进行近似处理。

1. 稳态近似

在连续反应 $A \xrightarrow{k_1} D \xrightarrow{k_2} E$ 中，当 $k_2 \gg k_1$ 时，则可以认为中间产物 D 一旦生成，就立刻进行下一步反应生成最终产物 E。最终产物 E 的生成速率取决于第一步反应的速率，式（6－42）和（6－43）可简化为

$$c_E = c_{A,0}(1 - e^{-k_1 t})$$

$$c_D = \frac{k_1}{k_2}c_A$$

将 c_D 表达式代入式(6-40b)中，得

$$\frac{dc_D}{dt} = k_1c_A - k_2c_D = 0$$

上式说明，当 $k_2 \gg k_1$ 时，反应过程中 D 的浓度始终很小，因而其浓度随时间的变化率也非常小，近似地等于常数。这就是对中间产物 D 作**稳态(steady state)**近似，这样的简化处理方法称为稳态近似，常用于研究链反应。图 6-10 是 $k_2 \gg k_1$ 时，连续反应中各组分的浓度随时间的变化关系。

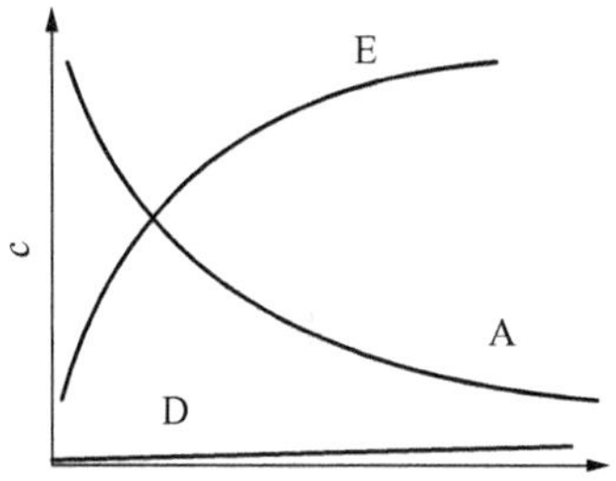

图 6-10 $k_2 \gg k_1$ 的连续反应 $c-t$ 曲线

2. 平衡态近似

在连续反应中，如果在满足稳定态条件的基础上，再假定 $k_{-1} \gg k_2$，即中间产物 D 逆转成反应物 A 的速率远大于其转变成产物 E 的速率，那么总反应的速率就等于最慢一步的速率，其他步骤都处于近似的**平衡态(equilibrium state)**，这样的简化处理方法称为平衡态近似。最慢的一步称为反应的速控步骤。例如，在下列反应中：

(1) $$A \underset{k_{-1}}{\overset{k_1}{\rightleftharpoons}} D$$

(2) $$D \xrightarrow{k_2} E$$

根据平衡态近似，反应(1)处于近似的化学平衡，正、逆向反应速率近似相等，即

$$k_1c_A = k_{-1}c_D$$

则有

$$\frac{c_D}{c_A} = \frac{k_1}{k_{-1}} = K$$

$$c_D = Kc_A = \frac{k_1}{k_{-1}}c_A$$

总反应的速率等于速控步骤的速率，即

$$\frac{dc_E}{dt} = k_2c_D = \frac{k_1 k_2}{k_{-1}}c_A$$

设 $k = \frac{k_1 k_2}{k_{-1}}$，得速率方程为

$$\frac{dc_E}{dt} = kc_A$$

显然，利用平衡态近似可大大简化求解过程。

例 6-7 反应 A→C 的机理为：$A \underset{k_{-1}}{\overset{k_1}{\rightleftharpoons}} B \xrightarrow{k_2} C$。若 $t=0$ 时，$c_A = c_{A,0}$，$c_B = c_C = 0$，试讨论稳态近似和平衡态近似的使用条件。

解：中间产物 B 的浓度随时间的变化率为

$$\frac{dc_B}{dt} = k_1 c_A - (k_2 + k_{-1}) c_B$$

若满足稳态近似，则有

$$\frac{dc_B}{dt} \approx 0$$

即

$$k_1 c_A = (k_2 + k_{-1}) c_B$$

$$c_B = \frac{k_1 c_A}{k_2 + k_{-1}}$$

且此时 c_B 应较小，即要求 $k_1 \ll k_2 + k_{-1}$，此即为稳态近似的使用条件。

若平衡态近似，则有

$$c_B = \frac{k_1}{k_{-1}} c_A$$

根据稳态近似的讨论，要使上式，须要满足 $k_{-1} \gg k_2$，此即为平衡态近似的使用条件，当然也必须满足稳态近似的条件。

6.6 光化反应

在光的照射下才能进行的化学反应称为**光化反应(photochemical reaction)**，能引发光化学反应的光辐射波长范围约在 100～1 000 nm，它包括紫外线、可见光和近红外线。光化学反应现象早已为人们所熟悉，例如植物在阳光下进行的光合作用就是典型的光化学反应。光合作用可表示为

$$CO_2 + H_2O \xrightarrow[\text{叶绿素}]{h\nu} \frac{1}{6} C_6H_{12}O_6 + O_2$$

相对于光化学反应，普通的化学反应可称为热反应。

6.6.1 光化反应的特点

根据热力学第二定律，在等温等压和不做非体积功的条件下，热化学反应总是朝着系统吉布斯能降低的方向进行；而光化反应进行的方向与系统的吉布斯能增减没有必然的

联系。因为在光化反应中，环境以光的形式对系统做了非体积功。例如植物在阳光下进行的光合作用就是一个吉布斯能升高的反应，而光化链反应 $H_2+Cl_2 \longrightarrow 2HCl$ 则是一个吉布斯能降低的反应。若切断光源，反应则向吉布斯能降低的方向进行，只是在常温常压下其速率可能慢得难以察觉。

热反应的反应速率一般随温度升高而增大；而光化反应的反应速率受温度影响较小。在热反应中，反应所需的活化能来源于分子的热运动，因而反应速率对温度的变化十分敏感，即有较大的温度系数。而在光化反应中，活化能来源于光量子，反应速率主要取决于光的强度而受温度影响较小，它可以在热反应不能发生的条件下引起化学变化。例如某些反应物，即使在液氮或液氦下冻成固体时也可以光解。一般来说，温度升高 10 K，光化反应的速率增大 0.1～1 倍，也有负温度系数的光化反应。光化反应的活化过程完全不依赖于温度，温度对光化反应速率的影响，发生在继活化过程之后进行的热反应中。

光化反应比热反应更具有选择性。光化反应的活化能来源于光量子，而物质对光量子的吸收是有选择性的。特定的物质吸收特定频率（或波长）的光量子，因而不同的频率的光可以有选择地引发不同的化学反应。而加热混合物，所有组分的平动能都增加，因而具有较低的选择性。

由于光化学反应比热反应具有许多独特的优点，所以在军事、医学、航空等领域有着广泛的应用。

6.6.2 光化学基本定律

光化学反应与光的吸收密切相关，有着重要的规律和定律。

1. 光化学第一定律

只有被系统吸收的光才有可能引起光化学反应。这一定律是 1818 年由格罗杜斯(Grotthus)和德拉波(Draper)提出的，故又称为格罗杜斯-德拉波定律。

光化学反应一般分两个阶段进行，第一阶段为**初级过程(primary process)**，第二阶段为**次级过程(secondary process)**。初级过程必须在光的照射下才能进行，是反应物分子或原子吸收光能被活化成为激发态的分子或原子。随后为次级过程，即活化分子或原子与其他分子发生反应，或将能量传递给低能量分子而失活，或发生其他一系列的热反应。如 HI 在波长为 250 nm 光照下的光化分解反应：

初级过程
$$HI \xrightarrow{h\nu} H\cdot + I\cdot$$

次级过程
$$H\cdot + HI \longrightarrow H_2 + I\cdot$$
$$2I\cdot + M(\text{低能}) \longrightarrow I_2 + M(\text{高能})$$

次级过程是系统在吸收光能后继续进行的一系列过程，它不需要光能，是两个很快的热反应（也称黑暗反应）。在极短的时间内(10^{-8} s)，高能量的质点与一般分子发生反应。这两个阶段是连续进行并难以区分。

2. 光化学第二定律

在光化反应的初级过程中，被活化的分子数或原子数等于被吸收的光量子数。这是

20 世纪初由爱因斯坦提出的，称为**光化学当量定律**。近年来，使用激光后发现，光化学反应的初级过程中有多光子吸收现象，即一个分子可吸收多个光量子而成为活化分子。这种情况只有高强度激光照射下才会出现，在一般光源强度下仍遵守光化学当量定律。

分子或原子对光的吸收或发射都是量子化的。根据量子学说，光量子的能量 ε 与光的频率 ν 成正比，即

$$\varepsilon = h\nu = \frac{hc}{\lambda}$$

式中，h 为普朗克常数，$h=6.626\times10^{-34}$ J·s；c 为真空中的光速，$c=2.998\times10^{8}\mathrm{m\cdot s^{-1}}$；$\lambda$ 为真空中的波长。

活化 1 mol 分子或原子需要吸收 1 mol 光量子，1 mol 光量子所具有的能量称为 1 爱因斯坦，用 E 表示，显然

$$E = Lh\nu = \frac{Lhc}{\lambda} = \frac{6.022\times10^{23}\times6.626\times10^{-34}\times2.998\times10^{8}}{\lambda} = \frac{0.1196}{\lambda}\ \mathrm{J\cdot mol^{-1}}$$

式中，L 为阿伏伽德罗常数；λ 的单位为 m。

光可以直接被反应物吸收而引起化学反应，也可以被反应体系中其他物质吸收而间接地引起化学反应。后者称为光敏反应(或感光反应)，吸收光而间接引起反应的物质称为光敏剂(或感光剂)，光敏剂本身在反应前后不发生变化。例如，植物在阳光下进行的光合作用就是一个光敏反应，CO_2 和 H_2O 分子都不能直接吸收波长为 400～700 nm 的可见光，而必须依赖叶绿素这一反应中的光敏剂。

研制开发合适的光敏剂对合理利用太阳能有重大意义。例如，水分解成氢气和氧气，所需要的能量约 286 kJ·mol^{-1}，太阳能足以将水分解。可是，在阳光照射下的水丝毫看不到氢气和氧气的生成，关键是缺乏光敏剂。若能研制出这类合适的光敏剂，人们将得到一个取之不尽的清洁能源。目前，这类光敏剂的研制已有较快的进展。

6.6.3 量子效率

在光化反应中，系统吸收一个光量子而使一个分子或原子活化，但并不意味着一定能使一个分子或原子发生光化反应，有可能引起多个分子或原子发生反应，也可能不发生反应而以各种形式释放出能量而重新回到基态。在光化反应中，将发生反应的分子数与被吸收的光量子数之比称为**量子效率(quantum efficiency)**，也称**量子产率(quantum yield)**，用符号 Φ 表示，即

$$\Phi = \frac{\text{发生反应的分子数}}{\text{被吸收的光量子数}}$$

根据光化学当量定律，光化学初级过程的量子效率为 1，但一般光化学反应常伴有复杂的次级过程，而由于活化分子所进行的次级过程不同，Φ 值差别很大。例如，HI 的光化学分解反应：

初级过程(光化学反应)：$\mathrm{HI} \xrightarrow{h\nu} \mathrm{H\cdot} + \mathrm{I\cdot}$

次级过程(热反应)：$H\cdot + HI \longrightarrow H_2 + I\cdot$

次级过程(热反应)：$2I\cdot + M$(低能)$\longrightarrow I_2 + M$(高能)

总反应：$2HI \xrightarrow{h\nu} H_2 + I_2$

即一个光量子能使两个 HI 分子分解，故 $\Phi = 2$。

若次级反应为链反应，则 Φ 值可能很大，例如，H_2 和 Cl_2 的气相光化学反应，Φ 高达 10^6。若次级反应中包括消化作用，则 Φ 可能小于 1，如 CH_3I 的光解反应，$\Phi = 0.01$。

例 6-8 肉桂酸在光照下溴化生成二溴桂酸。在温度为 303.6 K，用波长为 435.8 nm，强度为 0.001 4 J·s^{-1}的光照射 1 105 s 后，有 7.5×10^{-5} mol 的 Br_2 发生了反应。已知溶液吸收了入射光的 80.1%，求量子效率。

解：入射光的爱因斯坦值为

$$E = \frac{0.119\ 6}{\lambda} = \frac{0.119\ 6}{4.358\times10^{-7}} = 2.744\times10^5\ \text{J}\cdot\text{mol}^{-1}$$

吸收的光量子的量为

$$\frac{0.001\ 4\times0.801\times1\ 105}{2.744\times10^5} = 4.515\times10^{-6}\ \text{mol}$$

量子效率为

$$\Phi = \frac{7.5\times10^{-5}}{4.515\times10^{-6}} = 16.6$$

有的药物对热很稳定，而对光不稳定，其贮存期主要取决于光照度。在光源一定时，药物在光照射下的含量下降程度与入射光的照度和时间的乘积(累积光量)有关。研究药物在光照射下的稳定性和预测其贮存期，就需要在较高的照度下测定药物含量的变化，找出药物含量与累积光量的关系，由此计算得到在自然贮存条件下的药物贮存期。

6.7 溶液中的反应

在溶液中进行的反应有很多，据估计，90%以上的均相反应都是在溶液中进行的。溶液中的反应与气相反应相比，最大的不同是有大量的溶剂存在。因此，溶液中的反应比气相反应复杂得多。最简单的情况是溶剂分子对反应物分子是惰性的，它仅仅作为反应介质，此时，溶液中反应的动力学规律与气相中的反应相近。N_2O_5 在一些溶剂中的分解反应就是这种情况，如表 6-2 所示。除此之外，溶剂对反应体系有两个方面的影响：物理效应和化学效应。物理效应指溶剂的解离作用、传能作用和介电性质的影响等。化学效应则指溶剂的催化作用，甚至溶剂本身参与到反应中。因此，研究溶液中的反应主要是研究溶剂效应。

表 6-2 N_2O_5在不同溶剂中分解的数据(298.15 K)

溶剂	$k/10^{-5}s^{-1}$	$\ln A$	$Ea/(kJ\cdot mol^{-1})$
气相	3.38	31.3	103.3
CCl_4	4.09	31.3	101.3
$CHCl_3$	3.72	31.3	102.5
$C_2H_2Cl_2$	4.79	31.3	102.1
CH_3NO_2	3.13	31.1	102.5
Br_2	4.27	30.6	100.4

6.7.1 笼效应

在气相反应中,分子之间有着较大的间隙而自由地运动着。但溶液中进行的反应却与之不同,溶液中分子之间的空隙很小,每个分子的运动都受到相邻溶剂分子的阻碍,即反应分子被关在溶剂分子形成的"笼"中而不能自由运动,只能来回运动,与"笼壁"发生反复多次的碰撞,经过多次来回的碰撞后,分子有可能从"笼"中挤出,但很快又进入另一个"笼"中,这种现象称为**"笼效应"(cage effect)**,见图 6-11。由于笼效应的存在,减少了不同"笼子"中反应物分子 A 与 D 之间的碰撞机会。但当两个反应物偶然进入同一个"笼子"之后,则可在笼中停留较长时间,发生多次碰撞。据估算,在水溶液中,一对无相互作用的分子被关在同一"笼子"中的持续时间约为10^{-12}~10^{-11} s,在此期间约进行 100~1 000 次碰撞。然后偶尔挤出这个"笼子",扩散进入到另一个"笼"中。可见溶液中分子的碰撞与气相中分子的碰撞不同,后者的碰撞是连续进行的,而前者是间断式的,一次碰撞中包含了多次的碰撞。但是就单位时间单位体积内反应物分子之间的总碰撞次数而言,溶液中的反应与气相反应大致相当。由于反应物分子穿过"笼子"所需的活化能(扩散活化能)一般小于 20 $kJ\cdot mol^{-1}$,而大多数化学反应的活化能在 40~400 $kJ\cdot mol^{-1}$之间,故扩散作用一般不影响反应速率。但对于活化能很小(速率很快)的反应,如溶液中的某些离子反应和自由基复合反应,则反应速率受到反应分子扩散速率的控制。若溶剂仅作为介质,同一反应在气、液相中速率接近。

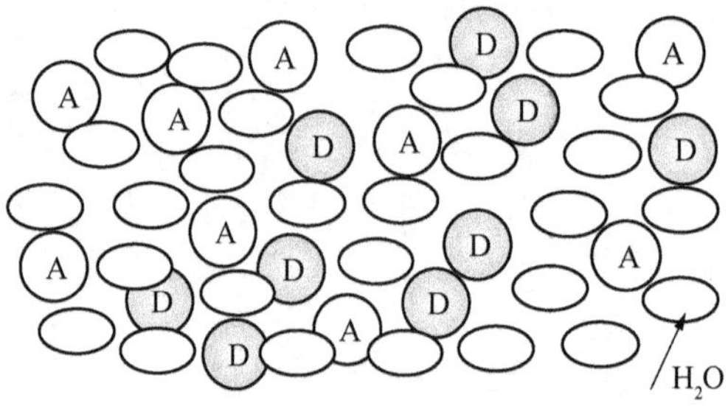

图 6-11 笼效应示意图

在更多的情况下,溶剂分子与反应物分子之间存在着相互作用,对反应速率产生显著的影响,因此选择合适的溶剂,有时既可加速主反应的进行,又能抑制副反应的发生。

6.7.2 溶剂性质对反应速率的影响

溶剂对反应速率的影响极其复杂,一般具有以下几个方面的规律。

1. 溶剂极性的影响

实验表明,如果产物的极性大于反应物的极性,则在极性溶剂中的反应速率比在非极

性溶剂中的大;反之,如果产物的极性小于反应物的极性,则在极性溶剂中的反应速率比在非极性溶剂中的小。如反应:

$$C_2H_5I + (C_2H_5)_3N \longrightarrow (C_2H_5)_4NI$$

生成物是季铵盐,其极性远远大于反应物,因此该反应在不同的极性溶剂中进行,随着溶剂极性的增加,反应速率逐渐加快。

2. 溶剂介电常数的影响

介电常数对于离子或极性分子之间的反应影响较大。一般来说,溶剂的介电常数越大,离子之间的相互作用力就越小,因此,同种电荷离子之间的反应,在介电常数较大的溶剂中进行,能增加反应速率;反之,异种电荷离子之间的反应或离子与极性分子之间的反应,在介电常数较小的溶剂中进行,反应速率相对较大。

例如,对于苄基溴的水解,OH^-离子有催化作用,这是一个正负离子间的反应:

$$C_6H_5CH_2^+ + H_2O \xrightarrow{OH^-} C_6H_5CH_2OH + H^+ + Br^-$$

该反应在介电常数较小的溶剂中,异号离子容易相互吸引,故反应速率较大。加入介电常数比水小的物质如甘油、乙醇、丙二醇等,能加快该反应的进行。

3. 溶剂化的影响

物质的溶剂化将使其能量降低,因此,反应物与过渡态的溶剂化将影响反应的活化能。若过渡态的溶剂化作用比反应物大,则反应的活化能降低,从而使反应速率加快;反之,若反应物的溶剂化作用大于过渡态,则反应的活化能升高,从而使反应速率降低。

4. 离子强度的影响

在稀溶液中,如果作用物都是电解质,则反应速率与溶液的离子强度有关。在稀溶液中离子反应的速率与溶液离子强度之间存在如下关系,即

$$\ln k = \ln k_0 + 2z_A z_B A\sqrt{I} \tag{6-46}$$

式中,z_A、z_B分别为反应物A、B离子电荷数,I为离子强度,k_0为离子强度为零时(无限稀释时)的速率常数,A为与溶剂和温度有关的常数,对298.15 K的水溶液而言,$A = 1.172$。

由式(6-46)可知,同种电荷离子之间的反应,增加溶液的离子强度,可以加快反应速率;反之,异种电荷离子之间的反应,增加溶液的离子强度,则使反应速率降低。

6.8 催化反应

6.8.1 催化作用的基本概念

能够改变化学反应速率,而本身的质量及化学组成在反应前后保持不变的物质称为

催化剂(catalyst),这种现象称为**催化作用(catalysis)**。

催化反应中的催化剂可以是人为加入的,也可以是在反应过程中自发产生的产物或中间产物,后一种现象称为自催化作用(autocatalysis),起催化作用的产物或中间产物称为**自催化剂(autocatalyst)**。例如酸性 $KMnO_4$溶液氧化 $H_2C_2O_4$的反应,开始反应进行得很慢,$KMnO_4$不褪色,但是经过一段时间后,$KMnO_4$褪色很快,这是由于反应生成的 Mn^{2+}具有自动催化作用的缘故。反应式为

$$2KMnO_4 + 3H_2SO_4 + 5H_2C_2O_4 = 2MnSO_4 + K_2SO_4 + 8H_2O + 10CO_2$$

有时反应体系中一些偶然的杂质、尘埃或反应容器壁等,也具有催化作用。如在 473.15 K,玻璃容器中进行的溴与乙烯的气相加成反应中,玻璃容器壁就具有催化作用。

根据反应物、产物和催化剂相态的异同,催化作用可分为**均相催化(homogeneouscatalysis)**和**多相催化(heterogeneous catalysis)**两类。均相催化指催化剂和反应物在同一个相中的催化反应。如脂的水解在加入酸或碱后,反应速率即加快,属于均相催化。多相催化指催化剂在反应系统中自成一相的催化反应,反应发生在两相的界面,多见于固相催化剂催化气相或液相反应,如气-固催化反应,催化剂为固相,反应物为气相。还有一种性质特殊的酶催化作用,可因酶所处的状态不同而视为单相催化或多相催化。单相催化具有较高的催化活性和较高的选择性,而多相催化的催化活性和选择性较差。但单相催化的最大缺点是在反应后,催化剂难以从系统中分离出来。目前人们正在积极研究单相催化剂的"固载化"或"多相化",试图将单相催化剂担载在固相载体上,使其既保持高活性和高选择性的优点,又易于与反应系统分离以便重复使用,与之相反,为提高固相催化剂的催化活性和选择性,也在进行固相催化剂的单相化研究。

从化学反应动力学角度来看,催化剂与浓度、温度一样是影响化学反应速率的一种因素,但催化作用尤为显著。据统计,现代化学工业产品 80%以上都要依靠催化反应获得,生物体内的各种生化反应是靠酶催化来进行的。研制新的催化剂是化学领域的一个重要课题。

均相催化作用、多相催化作用和酶催化作用的机理各不相同,但它们具有共同的基本特征:

1) 催化剂参与了化学反应,并在生成产物的同时,催化剂得到再生。因此在反应前后催化剂的质量及化学组成不变,而其物理性质可能发生变化,如外观、晶形等。

2) 催化剂不改变化学平衡,也不能使热力学上不可能实现的反应发生。从热力学可知,一个反应的平衡常数取决于该反应的标准摩尔吉布斯能变 $\Delta_r G_m^\ominus$。由于催化剂的存在不会改变反应系统的始态和终态,也就不会改变系统的状态函数,所以反应的平衡常数 K 也保持不变。催化剂对正、逆反应都发生同样的影响,对正反应优良的催化剂也应该对逆反应有着同样的催化作用。

3) 催化剂具有选择性。通常一种催化剂只能催化一种或少数几种反应,同样的反应物选择不同的催化剂可以得到不同的产物。例如乙醇的分解在不同催化剂的作用下将有以下几种情况:

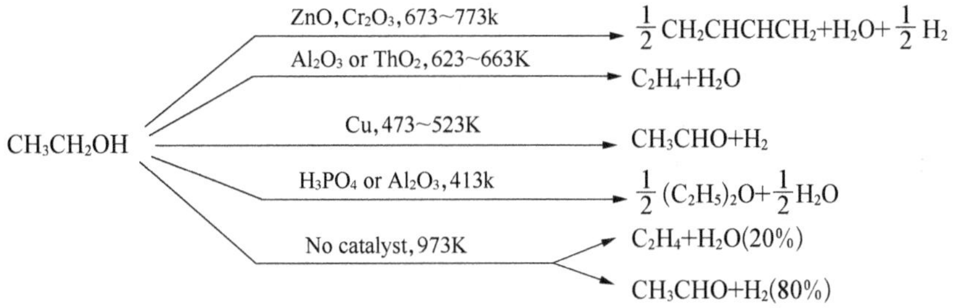

各种催化剂都有选择性，只是强弱不同而已。一般来说，它们的选择性强弱顺序为：酶催化剂＞配合物催化剂＞金属催化剂和酸碱催化剂。催化剂的选择性对生产实际有重要意义，尤其是在一些手性化合物的合成中。工业上常用下式来定义催化剂的选择性，即

$$\text{选择性} = \frac{\text{转化为目的的产物的原料量}}{\text{原料转化总量}} \times 100\%$$

4）催化剂对系统中存在的某些少量杂质很敏感。若这些物质能使催化剂的活性、选择性、稳定性增强则称为**助催化剂（catalytic accelerator）**或**促进剂（promoter）**，而能使催化剂的上述性质减弱则称为阻化剂或**抑制剂（inhibitor）**。如果这些物质能使催化剂的活性严重降低甚至完全丧失，这种少量的杂质称为催化剂的毒物，这种现象称为催化剂中毒。如合成氨原料中的 O_2、$H_2O(g)$、CO、CO_2、C_2H_2、PH_3、As 和 S 等都是催化剂 Fe 的毒物。催化剂的中毒可以是永久性的，也可以是暂时性的。对于后者，只需将毒物除去，即可恢复催化剂的效力。

研究表明，催化剂能加速反应的原因在于催化剂降低了反应的活化能 Ea 或增大了指前因子 A。由表 6－3 可以看出，催化反应和非催化反应的活化能有很大的差别。

表 6－3　催化反应和非催化反应的活化能

反　　应	$E_a/(kJ\cdot mol^{-1})$ 非催化反应	$E_a/(kJ\cdot mol^{-1})$ 催化反应	催化剂
碘化氢的分解	184.1	104.6	Au
水的分解	244.8	134.0	Pt
蔗糖在盐酸溶液中的分解反应	107.1	39.3	转化酶
二氧化硫的氧化反应	251.0	62.76	Pt
合成氨	334.9	167.4	$Fe-Al_2O_3-K_2O$

催化剂降低反应的活化能是由于催化剂与反应物分子形成了不稳定的中间化合物或络合物，或产生了物理或化学的吸附作用，然后中间产物继续反应生成产物并释放出催化剂，改变了反应途径，降低了表观活化能，使反应速率显著增大。

例如，某一反应

$$A + B \xrightarrow{k} AB$$

因催化剂参与反应，其催化机制可表达为

（1）　$$A + K \underset{k_2}{\overset{k_1}{\rightleftharpoons}} AK\ (\text{快平衡})$$

(2) $$AK + B \xrightarrow{k_3} AK \quad (慢反应)$$

式中,K 为催化剂,AK 为反应物与催化剂生成的中间产物。

设第一步反应是快速平衡,第二步反应是速率控制步骤。则总反应的表观速率常数、表观活化能和表观指前因子分别为

$$\frac{dc_{AB}}{dt} = \frac{k_1 k_3}{k_2} c_K c_A c_B = k' c_A c_B$$

$$E'_a = E_{a1} + E_{a3} - E_{a2}$$

$$A' = \frac{A_1 A_3}{A_2} c_K$$

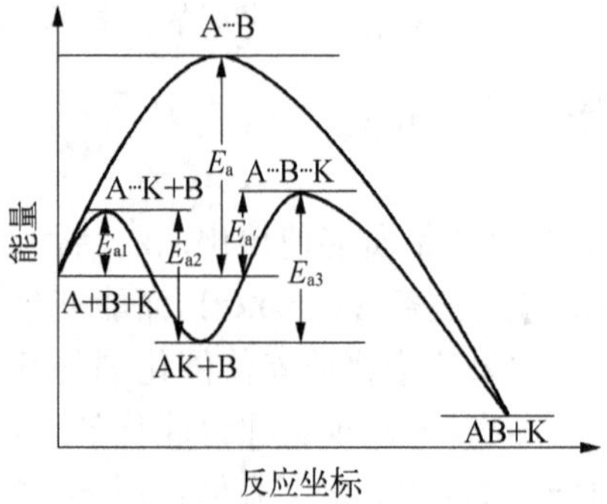

图 6-12　催化反应活化能与反应途径

图 6-12 为上述反应机制中活化能的示意图。图中 E_a 为非催化反应的活化能,E'_a 为催化反应的活化能,各曲线上的峰代表活化分子的平均能量。由于催化剂参与了反应,改变了原来的反应途径,致使反应的活化能显著降低,多数催化剂能使反应的活化能降低 80 kJ·mol^{-1} 以上。

研究发现,有些催化反应,活化能降低并不显著,但反应速率却有很大改变,这是由于指前因子 A 的增加,从而使反应速率加快。

例 6-9　在 294.15 K,无酶存在的条件下,尿素的水解反应 $CO(NH_2)_2 + H_2O \longrightarrow 2NH_3 + CO_2$ 的活化能为 126 kJ·mol^{-1},当有尿素酶存在时,反应的活化能降为46 kJ·mol^{-1}。计算:(1) 由于酶的作用反应速率增加为原速率的多少倍(设指前因子 A 不变)。(2) 无酶存在时,温度要升高到多少方能达到酶促反应的速率。

解:(1) 根据阿伦尼乌斯不定积分式 $\ln k = -E_a/RT + \ln A$,得到

$$\ln \frac{k_2}{k_1} = \frac{E_{a,1} - E_{a,2}}{RT} = \frac{(126-46) \times 10^3}{8.314 \times 294.15}$$

$$k_2/k_1 = 1.6 \times 10^{14}$$

因此,有酶存在时,速率增加为原来的 1.6×10^{14} 倍。

(2) 根据阿伦尼乌斯公式的定积分式,有

$$\ln \frac{k_2}{k_1} = \frac{E_a}{R}\left(\frac{1}{T_1} - \frac{1}{T_2}\right)$$

$$\ln 1.6 \times 10^{14} = \frac{126 \times 10^3}{8.314} \times \left(\frac{1}{294.15} - \frac{1}{T_2}\right)$$

$$T_2 = 805.4\ \mathrm{K}$$

即无酶存在时,需升温至 805 K 左右才能达到酶促反应的速率。

6.8.2　酸碱催化反应

酸碱催化反应是溶液中最常见和最重要的一种催化反应，例如，酯的水解反应、醇醛缩合反应、脱水反应、水合反应、聚合反应等，它们大多可被酸或碱所催化。酸碱催化反应通常是离子型反应，其本质是质子的转移。

酸碱催化分为两类：**专属酸碱催化**(**specific acid-base catalysis**)和**广义酸碱催化**(**general acid-base catalysis**)。专属酸碱催化特指以 H^+ 或 OH^- 为催化剂的反应。例如，蔗糖转化与淀粉水解都是以 H^+ 为催化剂，过氧化氢分解与醇醛缩合则是以 OH^- 为催化剂，而阿司匹林和普鲁卡因的水解则既可被 H^+ 催化，又可被 OH^- 催化。

广义酸碱催化指以广义酸碱为催化剂的催化反应。凡是在溶液中能给出质子的广义酸，原则上都能起酸催化作用，而能接受质子的广义碱都能起碱催化作用。酸催化剂的催化能力取决于它给出质子的能力，即酸性的强度，酸性越强，催化能力也越强。碱催化剂的催化能力取决于它接受质子的能力，即碱性的强度，碱性越强，催化能力也越强。

通常，广义酸催化反应的作用机理可用下面的通式表示：

$$\text{S(反应物)} + \text{HA(酸催化剂)} \longrightarrow \text{SH}^+ + \text{A}^- \quad \text{(慢)}$$

$$\text{SH}^+ + \text{A}^- \longrightarrow \text{P(产物)} + \text{HA(酸催化剂)} \quad \text{(快)}$$

即在酸催化反应中，反应物 S 接受酸催化剂中的质子 H^+ 形成不稳定的中间物 SH^+，然后质子从中间物转移而生成产物 P 并重新得到酸催化剂 HA。通常反应的速率取决于第一步，即催化剂把质子转移给反应物，因此催化剂的效率与其失去质子的能力，即酸的强度有关，可用酸的解离常数 K_a 来衡量。

而广义碱催化反应的作用机理可用下列通式表示：

$$\text{HS(反应物)} + \text{B(碱催化剂)} \longrightarrow \text{S}^- + \text{HB} \quad \text{(慢)}$$

$$\text{S}^- + \text{HB} \longrightarrow \text{P(产物)} + \text{B(碱催化剂)} \quad \text{(快)}$$

同样，碱催化反应中，反应速率取决于第一步，即催化剂获取质子，催化剂的效率与其获取质子的能力，即碱的强度有关，可用碱的解离常数 K_b 来衡量。

布朗斯特(Brönsted)用实验证实了酸或碱的催化常数 k_a 或 k_b 与酸或碱的解离常数 K_a 或 K_b 之间存在如下关系，即

$$k_a = G_a K_a^{\alpha} \quad k_b = G_b K_b^{\beta} \tag{6-47}$$

或

$$\lg k_a = \lg G_a + \alpha \lg K_a \quad \lg k_b = \lg G_b + \beta \lg K_b \tag{6-48}$$

式中，G_a、G_b、α、β 为经验常数，与反应种类和条件有关。k_a 或 k_b 越大，表示催化剂的活性越高。

有些反应，例如很多药物的水解反应，既可被酸催化，又可被碱催化。其反应速率可表示为

$$-\frac{dc_S}{dt}=k_0c_S+k(H^+)c(H^+)c_S+k(OH^-)c(OH^-)c_S$$

式中,k_0表示在溶剂参与下反应自身的速率常数;$k(H^+)$ 和 $k(OH^-)$ 分别为酸和碱催化常数;c_S表示反应物浓度;$c(H^+)$ 和 $c(OH^-)$ 分别表示 H^+ 离子和 OH^- 离子的浓度。

令 k 为上述反应的总速率常数,则有

$$k=k_0+k(H^+)c(H^+)+k(OH^-)c(OH^-) \tag{6-49}$$

在水溶液中,上式也可表达为:

$$k=k_0+k(H^+)c(H^+)+k(OH^-)\frac{K_W}{c(H^+)} \tag{6-50}$$

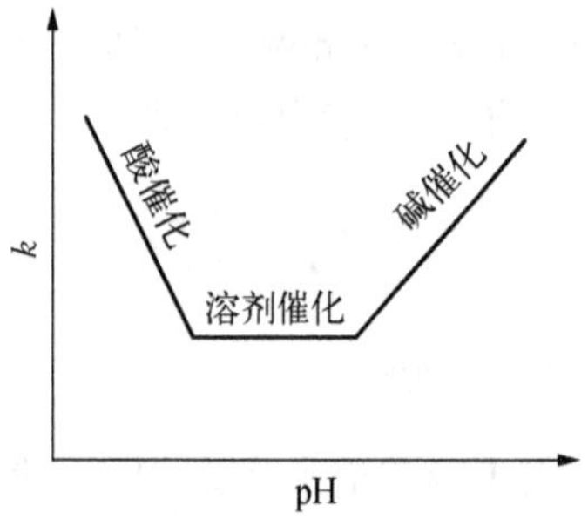

图 6-13 反应速率常数 k 与 pH 的关系

上式表明,pH 对溶液中进行的酸碱催化反应速率有影响。若以 k 对 pH 作图,可得图 6-13。

由图可见,当溶液的 pH 较小时,反应以酸催化为主,$k\approx k(H^+)c(H^+)$,即图中曲线的左段;当 pH 较大时,反应以碱催化为主,$k\approx k(OH^-)c(OH^-)$,即图中曲线的右段;pH 居中时,酸或碱催化作用都不大,主要为溶剂催化,$k\approx k_0$,即图中曲线的中段。

许多药物在溶液中的失效是由专属酸碱催化引起的,催化反应速率最慢(即药物最稳定)的 pH 用$(pH)_m$表示,如图 6-13 曲线的最低点所对应的 pH。寻找药物$(pH)_m$的方法有两种。一种是实验测定法,即配制各种 pH 的药物溶液,测定其 k 值,以 k(或 $\lg k$)对 pH 作图,从图中找出 k 最小时的 pH,如图 6-13 曲线的最低点。另一种方法是计算法,通过实验经如下简单计算得到。

对式(6-50)两端对 $c(H^+)$微分,并令其为零,则有

$$\frac{dk}{dc(H^+)}=k(H^+)-\frac{k(OH^-)-K_W}{c^2(H^+)}=0$$

整理后可得

$$(pH)_m=\frac{1}{2}[\lg k(H^+)-\lg k(OH^-)-\lg K_W] \tag{6-51}$$

式中不同温度下的 K_W可查手册,$k(H^+)$、$k(OH^-)$可从实验数据求得。

例 6-10 葡萄糖的变旋异构反应是酸催化反应。试从下列观察到的一级速率常数求算实验条件下的 k_0和 $k(H^+)$。

$c(H^+)/mol\cdot L^{-1}$	0.004 8	0.024 7
$k/10^{-3}min^{-1}$	6.00	8.92

解: 在酸催化反应中可忽略 OH^- 的催化作用,则反应的速率常数计算公式为

$$k = k_0 + k(H^+)c(H^+)$$

将题给数据分别代入上式，得

$$6.00 \times 10^{-3} = k_0 + 0.0048\,k(H^+)$$
$$8.92 \times 10^{-3} = k_0 + 0.0247\,k(H^+)$$

两式联立解得

$$k_0 = 5.29 \times 10^{-3}\ \mathrm{min^{-1}}$$
$$k(H^+) = 0.147\ \mathrm{mol^{-1} \cdot L \cdot min^{-1}}$$

6.8.3 酶催化反应

生物体内的千万种化学反应是维持生命活动的基本要素，这些反应的顺利进行依赖于高效、特异的生物催化剂——**酶(enzyme)**。酶是蛋白质，具有一般催化剂所没有的生物大分子特性，因此酶催化具有以下显著的特点：

1) 高度的催化活性　　酶的催化活性非常高，通常是普通催化剂的 $10^8 \sim 10^{12}$ 倍。例如，脲酶催化尿素的水解速率是 H^+ 催化作用的 7×10^{12} 倍；α-胰凝乳蛋白酶对苯酰胺的水解速率是 H^+ 催化作用的 6×10^6 倍。酶的催化效率可用酶的**转换数(turnover number)**来表示。酶的转换数指在酶被底物饱和的条件下，每个酶分子每秒钟将底物转换为产物的分子数。

2) 高度的特异性　　酶对所催化的底物具有较严格的选择性，一种酶通常只对一种反应具有催化效果，酶的这种特异性称为酶的**特异性(specificity)**。例如，脲酶仅能催化尿素水解生成氨和二氧化碳，而对其他尿素的取代物(如甲脲)则无作用。糖代谢的酶类仅作用于 D-葡萄糖及其衍生物，对 L-葡萄糖及其衍生物则无作用；蛋白质代谢的酶类也仅作用于 L-氨基酸，对 D-氨基酸则无作用。但也有些酶对一类化合物或一种化学键有选择性，如酯酶可催化任何有机酯(包括脂类化合物)的水解；蔗糖酶不仅可催化蔗糖的水解，也可使棉子糖中的同一糖苷键水解。

3) 反应条件温和　　温度对酶促反应速率具有双重影响。一方面温度升高可加快酶促反应的速率，但同时也增加酶变性的可能。因此酶催化反应一般在常温下进行，介质为中性或者近中性，反应的浓度往往比较低。

酶对外界条件很敏感，高温、强酸、强碱、紫外线、重金属盐都能使酶失去活性。例如氰化物和砷化物就是许多酶催化剂的毒物，CN^- 离子可与酶分子中的过渡金属络合，使酶丧失催化活性，从而造成生物的死亡。

酶催化反应的机理很复杂，目前多采用米歇尔斯-门顿(Michaelis - Menten)提出的机理。该机理认为：在酶催化反应中，酶 E 与底物 S 先形成一种不稳定的中间产物 ES，即酶-底物复合物，这是一步快反应，然后酶-底物复合物再生成产物 P，并释放出酶 E，这是一步慢反应，控制了总反应速率。其过程可表示为

$$S+E \underset{k_2}{\overset{k_1}{\rightleftharpoons}} ES \xrightarrow{k_3} E+P$$

根据稳态近似法，可以求得中间产物 ES 的浓度为

$$c_{ES}=\frac{k_1 c_E c_S}{k_2+k_3}=\frac{c_E c_S}{K_m} \tag{6-52}$$

此式称为米歇尔斯-门顿公式，其中 $K_m=\frac{k_2+k_3}{k_1}$。式(6-52)表明 $K_M=\frac{c_E c_S}{c_{ES}}$，$K_M$可以看作是酶-底物复合物的不稳定常数。

酶催化反应的速率方程为

$$r=\frac{dc_P}{dt}=k_3 c_{ES}=\frac{k_3 c_{ES} c_S}{K_M+c_S} \tag{6-53}$$

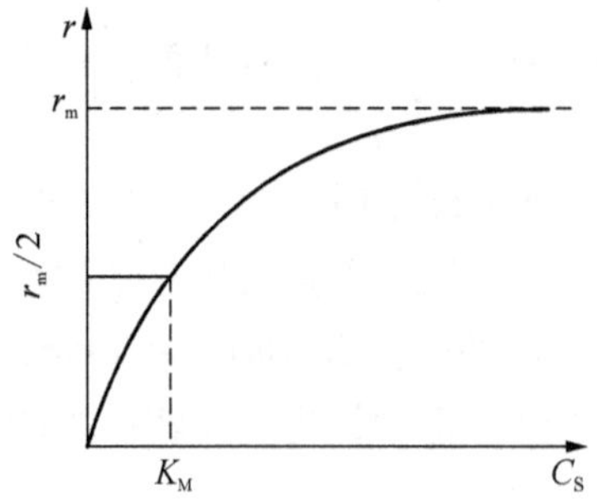

图 6-14　典型的酶催化反应速率曲线

该式又称米氏方程，式中 K_M称为米氏常数(Michaelis constant)。图 6-14 为典型的酶催化反应速率曲线。当底物浓度很小时，即 $c_S \ll K_M$，反应呈现一级反应规律；当底物浓度很大时，即 $c_S \gg K_M$，反应呈现零级反应规律，此时的反应速率最大，如图中 r_m。当 $r=\frac{1}{2}r_m$ 时，$K_m=c_S$，表明米氏常数等于最大速率一半时的底物浓度。

K_M是酶催化反应的特性常数，它反映了酶与底物的亲和力，其值越小，酶的活性越高。大多数纯酶的 K_M值在 $10^{-1}\sim10^{-4}$ mol·L^{-1}之间，其大小与酶的浓度无关。不同的酶 K_M不同，同一种酶催化不同的反应时 K_M也不同。

6.9　反应速率理论简介

人们通过实验已经测出了许多化学反应的速率常数，并对温度与反应速率的关系也有了一定程度的了解，但是如何从理论上对这些宏观规律加以阐释，这是人们一直以来希望解决的问题，是化学动力学研究的一个活跃领域。为了探讨化学反应速率的内在规律，自 20 世纪以来，先后建立了碰撞理论、过渡态理论和单分子反应理论等。本节简要介绍碰撞理论和过渡态理论。

6.9.1　碰撞理论

1918 年路易斯在阿伦尼乌斯活化能概念的基础上，结合气体分子运动论，对气相的双分子反应做出阐述，建立了基元反应速率的**碰撞理论(collision theory)**。

1. 碰撞理论的基本要点

碰撞理论由四点基本假设：

1）分子必须经过碰撞才能发生反应，但并不是每次碰撞都能发生反应。

2）相互碰撞的一对分子必须具有足够高的能量，并超过某一临界值才能发生反应。这样的分子称为活化分子，活化分子间的碰撞称为**有效碰撞(effective collision)**。

3）单位时间、单位体积内发生的有效碰撞次数就是化学反应的速率。

4）分子是无内部结构的刚性球体，除碰撞外分子间不存在相互作用。这一点显然不符合实际情况，只是为了使问题简化所做的假设。

2. 分子碰撞频率

以双分子基元反应为例：

$$A + B \rightarrow P$$

式中，A、B代表反应物分子，P代表产物分子。单位时间、单位体积内分子A和B的碰撞次数为**碰撞频率(collision frequency)**，根据分子运动论，假设分子为刚性球体，两种不同物质分子AB之间的碰撞频率Z_{AB}为

$$Z_{AB} = N_A N_B (r_A + r_B)^2 \sqrt{\frac{8\pi RT}{\mu}} \tag{6-54}$$

式中r_A、r_B分别表示A、B分子的半径，R为气体常数，T为热力学温度，μ称为A、B分子的折合摩尔质量，$\mu = \dfrac{M_A M_B}{M_A + M_B}$，$N_A$、$N_B$分别表示单位体积中A、B分子的个数。常温下，$Z_{AB}$约等于$10^{35}\ m^{-3} \cdot s^{-1}$。

3. 有效碰撞分数

根据碰撞理论基本假设，相互碰撞的一对分子必须具有足够高的能量，该能量指的是反应分子在质心连线方向上的相对平动能。只有当反应分子的相对平动能超过某一临界值时才能发生反应，碰撞理论中将其表示为

$$\varepsilon_c L = E_c$$

式中，ε_c为化学反应的临界能，E_c为反应的活化能，其意义为反应物分子碰撞时所需质心连线上相对平动能的最低值。根据玻兹曼能量分布定律，能量超过E_c的分子数N_i在总分子数N中所占的比例为

$$\frac{N_i}{N} = \exp\frac{-E_c}{RT} \tag{6-55}$$

式中，$\dfrac{N_i}{N}$称为**有效碰撞分数(effective collision fraction)**。

4. 碰撞理论基本公式

对于A+B→AB的基元反应，碰撞理论认为反应速率等于单位体积、单位时间内的有效碰撞次数，即有效碰撞频率。

$$r = -\frac{\mathrm{d}N_A}{\mathrm{d}t} = Z_{AB}\frac{N_i}{N} \tag{6-56}$$

将式(6-54)和(6-55)代入上式，并将式中单位体积内气体分子数 N 改用物质的量浓度 $c(c = N/L)$ 表示，得反应速率方程为

$$-\frac{\mathrm{d}c_A}{\mathrm{d}t} = Lc_Ac_B(r_A + r_B)^2\sqrt{\frac{8\pi RT}{\mu}}\exp\frac{-E_c}{RT} \tag{6-57}$$

对双分子反应，按质量作用定律，其速率方程应为

$$-\frac{\mathrm{d}c_A}{\mathrm{d}t} = k_Ac_Ac_B \tag{6-58}$$

比较式(6-57)和式(6-58)，得双分子反应速率常数为

$$k_A = L(r_A + r_B)^2\sqrt{\frac{8\pi RT}{\mu}}\exp\frac{-E_c}{RT} \tag{6-59}$$

对于特定的反应，r_A、r_B和 μ 都是常数。等温下，$L(r_A + r_B)^2\sqrt{8\pi RT/\mu}$ 也为常数，令其为 Z_{AB}^0，则式(6-59)可写为

$$k = k_A = Z_{AB}^0\exp\frac{-E_c}{RT} \tag{6-60}$$

Z_{AB}^0 称为频率因子，其物理意义是当反应物为单位浓度时，在单位时间、单位体积内以物质的量表示的 A、B 分子相互碰撞次数(摩尔次数)。

式(6-60)为碰撞理论基本公式，它与阿仑尼乌斯公式 $k = A\exp[-E_a/(RT)]$ 在形式上极为相似。频率因子 Z_{AB}^0 相当于阿仑尼乌斯公式中的指前因子 A，这也是为何 A 也被称为频率因子的原因所在。E_c相当于阿仑尼乌斯公式中的活化能 E_a。

严格来说，Z_{AB}^0 和 E_c 的物理意义与阿伦尼乌斯公式中的 A 和 E_a 并非一致。将 Z_{AB}^0 中与温度有关的项分离出来，表达为 $Z_{AB}^0 = Z'\sqrt{T}$，则式(6-60)可写作

$$k = Z'\sqrt{T}\exp\frac{-E_c}{RT} \tag{6-61}$$

将等式两端取对数后，对 T 微分，得

$$\frac{\mathrm{d}\ln k}{\mathrm{d}T} = \frac{RT/2 + E_c}{RT^2}$$

与阿仑尼乌斯公式的微分形式相比较，得

$$E_a = E_c + \frac{RT}{2} \tag{6-62}$$

可见，E_c并不等于 E_a，E_c与温度无关，但 E_a与温度有关，只是通常情况下，E_a或 E_c都远大于 $RT/2$，因此近似认为 $E_a \approx E_c$。

对分子结构比较简单的反应来说，碰撞理论计算所得的反应速率常数与实验值能较好地符合，但对大多数反应来说，理论计算所得的速率常数常大于实验值。为纠正这一偏差，可在式(6-62)中引入一校正因子 P，得

$$k = PZ_{AB}^{\ominus}\exp\frac{-E_c}{RT} \tag{6-63}$$

P 为实验常数，称为**几率因子**(**probability factor**)，或空间因子、**方位因子**(**steric factor**)。对于简单分子，$P=1$；对于复杂分子，$P<1$，一般在 10^{-9} 到 1 之间。

碰撞理论成功地解释了阿仑尼乌斯公式中 $\ln k$ 与 $1/T$ 的线性关系，同时也指出了较高温度时可能出现偏差的原因。但碰撞理论仍有如下问题未能解决：

1) 欲求反应速率常数，必须知道阈值 E_c，而 E_c 的获得还需要通过实验活化能 E_a 求得，碰撞理论本身不能算出来，这就失去了从理论上预示 k 的意义，所以碰撞理论还是半经验性的理论。

2) 碰撞理论假设分子是刚性球碰撞，没有考虑碰撞时分子内部结构，不能说明分子碰撞的方位和取向，因而对几率因子 P 未能做出令人信服的解释。

6.9.2 过渡态理论

化学反应总是伴随着旧键的断裂和新键的生成，要成功地计算速率常数，必须考虑分子之间的相互作用。20 世纪 30 年代，在统计力学和量子力学发展的基础上，埃林(Eyring)和波兰尼(Polanyi)等人提出了反应速率的**过渡态理论**(**transition state theory, TST**)，又称**活化络合物理论**(**activated complex theory**)。该理论考虑了空间结构、能量重新分配等影响因素，根据反应物和过渡态活化络合物的某些性质，如振动频率、质量、核间距离等，即可计算反应速率常数 k。故该理论又称为**绝对反应速率理论**(**absolute rate theory, ART**)。

1. 过渡态理论的基本要点

过渡态理论的基本要点由以下四点组成：

1) 反应系统的势能是原子间相对位置的函数。

2) 在由反应物生成产物的过程中，分子要经历一个价键重排的过渡阶段。处于这一过渡阶段的分子称为**活化络合物**(**activated complex**)或**过渡态**(**transition state**)。

3) 活化络合物的势能高于反应物或产物的势能。此势能是反应进行时必须克服的势垒，但它又较其他任何可能的中间态的势能低。

4) 活化络合物与反应物分子处于某种平衡状态。总反应速率取决于活化络合物的分解速率。

2. 活化络合物

设有双分子反应：

$$A + BC \rightleftharpoons [A\cdots B\cdots C]^{\neq} \rightarrow AB + C$$

当原子 A 接近 BC 分子时，BC 键拉长而减弱；当 A 与 B 逐渐靠近，将成键而未成键时，B—C 键变得更长，将断裂而未断裂，这样就形成了中间过渡状态 $[A\cdots B\cdots C]^{\neq}$，称为活化

络合物。这种活化络合物极不稳定，一方面它可能分解为反应物 A 和 BC，另一方面又可能分解为产物 AB 和 C。相比来说，活化络合物分解为产物的过程为慢步骤，反应物 A 和 BC 与活化络合物之间存在快速平衡。

3. 过渡态的反应势能模型

过渡态理论在描述反应进行时采用了反应体系势能面的物理模型。原子间的相互作用表现为原子间有势能 E_P，势能 E_P是原子之间距离 r 的函数，即 $E_P=E(r)$。例如在单原子分子 A 与双原子分子 BC 碰撞生成产物 AB 和 C 的过程中，A、B、C 三原子间相互作用的势能与它们之间的距离 r_{AB}、r_{BC}、r_{AC}(或与 r_{AB}、r_{BC}及其夹角 θ)有关，即

$$E_P = f(r_{AB},\ r_{BC},\ r_{AC})$$

或

$$E_P = f(r_{AB},\ r_{BC},\ \theta)$$

若要用图形表达势能 E_P与三个独立变量 r_{AB}、r_{BC}、r_{AC}(或与 r_{AB}、r_{BC}、θ)之间的关系，则要制成四维图形，这是不现实的。因此，为了简化，一般令 θ 为常数，则

$$E_P = f(r_{AB},\ r_{BC})$$

这样，E_P与 r_{AB}、r_{BC}之间的关系就可以用一个三维立体图形表达。

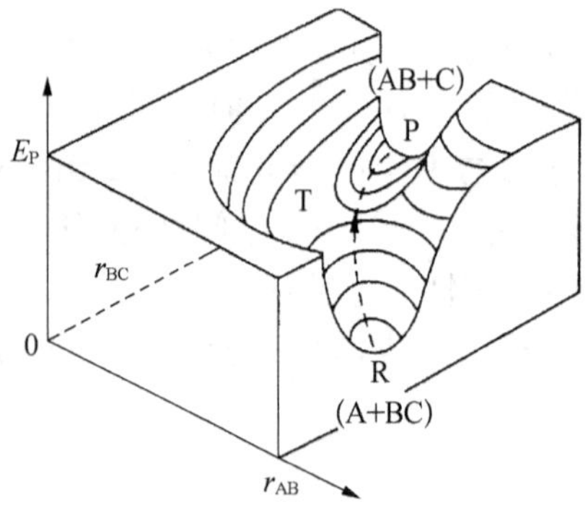

图 6-15　A+BC⟶AB+C 反应势能面示意图

根据量子力学理论或经验公式可计算出 E_P，以 E_P对 r_{AB}、r_{BC}作图。显然给定一个 θ 值，就应有一个相应的势能面。对于上述双分子反应，A 原子沿双原子分子 BC 连心线方向从 B 原子侧(即 $\theta=\pi$)与 BC 分子碰撞时，对反应最为有利。图 6-15 为此过程中体系势能 E_P与原子间距离 r_{AB}、r_{BC}之间的关系。体系处于 r_{AB}、r_{BC}平面上的某一位置时所具有的势能，由这一点的高度表示。r_{AB}、r_{BC}平面上所有各点的高度汇集成一个马鞍形的曲面，称为**势能面(potential energy surface)**。图中势能面上的各曲线，是曲面上高度相等(势能相等)各点的连线，称为等势线。

由图 6-15 可见，反应物(A+BC)和产物(AB+C)分别处于势能面上的低谷 R 点和 P 点。显然，由 R 点到 P 点，可以有多种不同途径，但沿着途径 RTP 来进行，反应所需克服的势垒最小，T 点称为**鞍点(saddle point)**，途径 RTP 称为反应坐标，与 T 点相应的构型称为活化络合物或过渡态。

若以反应坐标为横坐标，势能为纵坐标，作平行于反应坐标的势能面的剖面图，如图 6-16 所示。E_b是活化络合物与反应物两者最低势能的差值。势能垒的存在从理论上表明了实验活化能 E_a的实质。

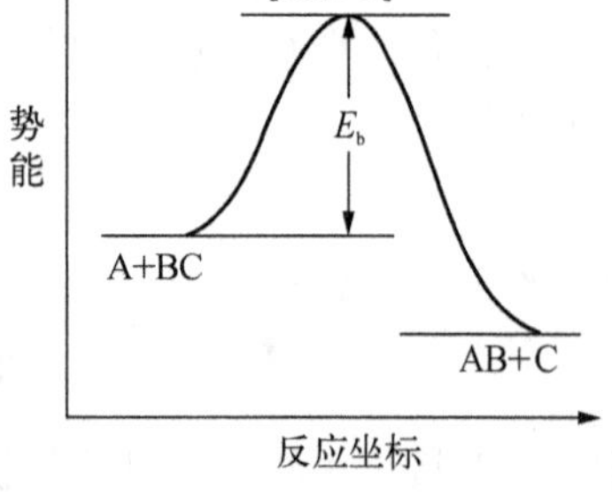

图 6-16　势能面的剖面图

4. 过渡态理论的基本公式

过渡态理论认为，活化络合物很不稳定，它与反应物之间很快建立热力学平衡，然后再转化为产物。因此，有

$$K^{\neq}=\frac{c_{ABC^{\neq}}}{c_A c_{BC}} \tag{6-64}$$

式中 $K^{\neq}$ 表示反应物和活化络合物之间反应的平衡常数。由于活化络合物很不稳定，沿反应坐标方向的每一次振动都会导致它分解成为产物。若以 $\nu^{\neq}$ 表示其伸缩振动频率，则分解速率为

$$-\frac{dc_{ABC^{\neq}}}{dt}=\nu^{\neq}c_{ABC^{\neq}} \tag{6-65}$$

根据量子理论，$\nu=\frac{k_B T}{h}$，(h 为普朗克常数，k_B为玻耳兹曼常数)，再将式(6-64)代入式(6-65)，得

$$r=-\frac{dc_{ABC^{\neq}}}{dt}=\frac{k_B T}{h}K^{\neq}c_A c_{BC}$$

通常每消耗一个活化络合物分子 ABC，也将消耗一个 A 分子，故上式也可写作

$$r=-\frac{dc_A}{dt}=\frac{k_B T}{h}K^{\neq}c_A c_{BC} \tag{6-66}$$

将此式与双分子基元反应速率方程 $r=-dc_A/dt=kc_A c_{BC}$ 相比较，得

$$k=\frac{k_B T}{h}K^{\neq}=\frac{RT}{Lh}K^{\neq} \tag{6-67}$$

这就是由过渡态理论得出的计算反应速率常数的基本公式。在等温下，式中各项除 $K^{\neq}$ 外皆为常数，与具体的反应无关。只要能计算出 $K^{\neq}$，就能求出速率常数 k。

$K^{\neq}$ 可以借助热力学公式：$\Delta G^{\neq}=-RT\ln K^{\neq}$，由标准状态下，反应物生成活化络合物这一过程中体系的状态函数 G 的增量 $\Delta G^{\neq}$ 计算得到。将 $\Delta G^{\neq}=-RT\ln K^{\neq}=\Delta H^{\neq}-T\Delta S^{\neq}$ 经整理后代入式(6-67)，得

$$k=\frac{RT}{Lh}\exp\frac{\Delta S^{\neq}}{RT}\exp\frac{-\Delta H^{\neq}}{RT} \tag{6-68}$$

式中，$\Delta H^{\neq}$、$\Delta S^{\neq}$ 分别表示在标准状态下，由反应物生成活化络合物这一过程中体系的状态函数 H、S 的增量，分别称为活化焓和活化熵。

式(6-68)为过渡态理论的热力学公式，原则上只要知道活化络合物的结构，计算出 $\Delta G^{\neq}$、$\Delta H^{\neq}$、$\Delta S^{\neq}$，即可求出 $k^{\neq}$ 和 $K^{\neq}$。但因活化络合物的结构很难确定，使这一理论的应用受到限制。因此，对速率理论的完善还有待深入地探讨和研究。

案例 6-2

飞秒化学(femtochemistry)是研究以飞秒(fs, 10^{-15} s)作为时间尺度的超快化学反应过程的学科,是分子反应动态学与激光化学范畴的新学科分支。

在基元反应的过渡态理论中,活化络合物十分重要,但其寿命极短。分子内部能量的传递都是在瞬间完成,时间间隔在皮秒(ps, 10^{-12} s)和飞秒的量级。通常电子学方法仅能测到纳秒(ns, 10^{-12} s)的量级。飞秒时间的分辨是通过脉冲宽度小到 6 fs 的超短激光的光程差来实现的。在 1 fs 时间内,光只能走 0.3 μm 的距离。若将飞秒激光分为两束,让它们走过不同的距离,并对光路作十分精确的控制(达 μm 量级),就可产生控制 fs 量级的时间延迟。通常第一束激光用于启动化学反应,叫泵浦光,第二束光叫探测光,它经过不同延时之后再作用于体系,相当于在反应启动后在不同时刻给体系照"快照",可得到反应过程演变的信息。改变探测光的波长,还可以得到反应中不同物种或能量的信息。

1987 年,泽维尔(Zewail)首次利用飞秒激光技术探测了以下光解反应

$$ICN \xrightarrow{h\nu} I + CN$$

这是人类第一次直接从实验上观察到化学反应的过程。为此,泽维尔获得了 1999 年的诺贝尔化学奖。

(赵先英)

思 考 题

1. 对 1-1 级的平行反应,若要改变两产物的浓度[B]、[C]的比值,采用改变反应时间的办法是否可行? 为什么?

2. 工厂中用 Cl_2 和 H_2 合成 HCl 时采用的装置都是两条管子分别引出 H_2 和 Cl_2,若改用一管子引出 H_2 和 Cl_2 混合气体来燃烧,行不行? 为什么?

3. 若一个反应为零级反应,则表明参与反应的所有物质均不影响反应速率。这种说法对吗? 为什么?

4. 任何化学反应的速率常数都可以应用碰撞理论和过渡态理论的有关公式计算。这种说法对吗? 为什么?

5. 现在已有科学家成功地用水光解制备了氢气和氧气。为什么阳光照在水面上看不到有丝毫的氢气和氧气生成?

6. 在相同温度下的两个反应,若 $E_{a2} > E_{a1}$,温度的改变对那一个反应的影响大?

7. 光化学反应对于温度为什么不如热反应敏感? 为什么还与温度有关?

习　题

1. 某放射性元素经 14 天后，活性降低了 6.85%。试求：(1) 该放射性元素的半衰期；(2) 若要分解掉 90%，需经多长时间？

2. 已知某药物在体内的代谢过程为某简单级数反应，给某病人在上午 8 时注射该药物，然后分别经过不同时刻 t 测定药物在血液中的浓度 c（以 $mmol \cdot L^{-1}$ 表示），得到如下数据：

t/h	4	8	12	16
$c/(mmol \cdot L^{-1})$	0.480	0.326	0.222	0.151

如何确定该药物在体内代谢过程的反应级数？该反应的速率常数和半衰期分别是多少？

3. 蔗糖在酸催化的条件下，水解转化为果糖和葡萄糖，经实验测定对蔗糖呈一级反应特征：

$$\underset{\text{蔗糖(右旋)}}{C_{12}H_{22}O_{11}} + H_2O \xrightarrow{H^+} \underset{\text{果糖(右旋)}}{C_6H_{12}O_6} + \underset{\text{葡萄糖(左旋)}}{C_6H_{12}O_6}$$

这种实验一般不分析浓度，而是用旋光仪测定反应过程中溶液的旋光度。反应开始时，测得旋光度 $\alpha_0 = 6.60°$。在 $t = 8$ min 时，测得旋光度 $\alpha_t = 3.71°$。到 t_∞ 时，即蔗糖已水解完毕，这时旋光度 $\alpha_\infty = -1.98°$。由于葡萄糖的左旋大于果糖的右旋，所以最后溶液是左旋的。试求该水解反应的速率系数和半衰期。

4. 氯化醇和碳酸氢钠反应制取乙二醇：

$$CH_2OHCH_2Cl(A) + NaHCO_3(B) \longrightarrow CH_2OHCH_2OH + NaCl + CO_2$$

已知该反应的速率方程为：$-\dfrac{dc_A}{dt} = kc_Ac_B$，且测得在 355.15 K 时反应的速率常数 $k = 5.20\ mol^{-1} \cdot L \cdot h^{-1}$。试计算在该温度时：(1) 如果溶液中氯乙醇、碳酸氢钠的初始浓度相同，$c_{A,0} = c_{B,0} = 1.2\ mol \cdot L^{-1}$，氯乙醇转化 95%需要多少时间？(2) 在同样初始浓度的条件下，氯乙醇转化率达到 99.75%需要多少时间？(3) 若溶液中氯乙醇和碳酸氢钠的开始浓度分别为 $c_{A,0} = 1.2\ mol \cdot L^{-1}$，$c_{B,0} = 1.5\ mol \cdot L^{-1}$，氯乙醇转化 99.75%需要多少时间？

5. 某蛋白质 P 在某分子伴侣 C 帮助下进行折叠。未折叠的蛋白 P_u 先与 C 生成中间产物 PC（该过程为平衡过程，正向和逆向反应速率常数分别为 k_1 和 k_{-1}），中间产物 PC 经过分解形成折叠的蛋白 P_f，该步反应很慢，折叠过程可表示为：

$$P_u + C \underset{k_{-1}}{\overset{k_1}{\rightleftharpoons}} PC \xrightarrow{k_2} P_f + C$$

推导其折叠动力学方程。

6. 已知某药物分解反应为一级反应，在 373.15 K 时测得该药物的半衰期为 170 d。该药物分解 20%为失效，已知 283.15 K 时其有效期为 2a(按 700 d 计)。若改为室温下(298.15 K)保存，该药物的有效期为多少天?

7. 对于一级反应，试证明转化率达到 87.5%所需时间为转化率达到 50%所需时间的 3 倍。对于二级反应情况又如何?

8. 某连续反应 $A \xrightarrow{k_1} B \xrightarrow{k_2} C$，其中 $k_1=0.1\ \text{min}^{-1}$，$k_2=0.2\ \text{min}^{-1}$。反应刚开始时 A 的浓度为 $1\ \text{mol} \cdot \text{L}^{-1}$，B、C 的浓度均为 0。求：(1) 当 B 的浓度达到最大时的时间 $t_{\max}$。(2) 该时刻 A、B、C 的浓度分别为多少?

9. 某物质 A 的分解是二级反应。恒温下反应进行到 A 消耗掉初浓度的 1/3 所需要的时间是 2 min，求 A 消耗掉初浓度的 2/3 所需要的时间。

10. 在某化学反应中随时检测物质 A 的含量，1 h 后，发现 A 已作用了 75%。

(1) 若该反应对 A 来说是一级反应，试问 2 h 后 A 还剩多少没有作用?

(2) 若该反应对 A 来说是零级反应，求 A 完全作用所需的时间?

11. 某化合物 A 能分解成 B 和 C。用作图法分析在某温度下所得的下列数据，判断该反应是对峙、平行或连续反应，并写出反应式。

t/h	0	10	20	30	40	50	60	∞
$c_A/(\text{mol} \cdot \text{L}^{-1})$	1	0.368	0.135	0.049 8	0.018 3	0.006 74	0.002 43	0
$c_B/(\text{mol} \cdot \text{L}^{-1})$	0	0.156	0.399	0.604	0.748	0.842	0.903	1
$c_C/(\text{mol} \cdot \text{L}^{-1})$	0	0.476	0.466	0.346	0.234	0.151	0.095	0

12. 某一级反应在 340 K 时完成 20%需时间 3.2 min，而在 300 K 时同样完成 20%需时间 12.6 min，试计算该反应的活化能。

13. 醋酸酐的分解是一级反应，其速率常数 k/s^{-1} 与温度 T/K 有如下关系：$\lg K = 12.041\,4 - 7.537 \times 10^3/T$。欲使此反应在 10 分钟内转化率达到 90%，应如何控制温度?

14. 根据如下的气相反应相关数据

$$2NO + O_2 \underset{k'}{\overset{k}{\rightleftharpoons}} 2NO_2$$

T/K	600	645
$k/(\text{L} \cdot \text{mol}^{-1}\text{min}^{-1})$	6.62×10^5	6.81×10^5
$k'/(\text{L} \cdot \text{mol}^{-1} \cdot \text{min}^{-1})$	8.40	40.8

求：(1) 两个温度下的平衡常数。(2) 正向反应和逆向反应的活化能。

15. 青霉素 G 的分解为一级反应，实验测得有关数据如下：

T/K	310	316	327
k/h^{-1}	2.16×10^{-2}	4.05×10^{-2}	0.119

求反应的活化能和指数前因子 A。

16. 反应 $A \underset{k_2}{\overset{k_1}{\rightleftharpoons}} G$，在 298.15 K，$k_1=2.0\times10^{-2}\ \text{min}^{-1}$，$k_2=5.0\times10^{-3}\ \text{min}^{-1}$，温度增加到 310.15 K 时，$k_1$ 增加为原来的四倍，k_2 增加为原来的二倍，计算：(1) 298.15 K 时平衡常数。(2) 若反应由纯 A 开始，问经过多长时间后，A 和 G 浓度相等？(3) 正、逆反应的活化能 E_{a1}、E_{a2}。

17. 碘化氢分解反应：$2HI \longrightarrow H_2+I_2$，已知临界能 $E_c=183.92\ \text{kJ}\cdot\text{mol}^{-1}$，HI 的分子直径 $d=3.5\times10^{-10}$ m，摩尔质量为 127.9 mol^{-1}。试由碰撞理论计算在不同温度下 HI 分解的速率常数 k 并和下列实验数据相比较。

T/K	556	666	781
$k/\text{mol}^{-1}\cdot\text{m}^3\cdot\text{s}^{-1}$	3.52×10^{-10}	2.20×10^{-7}	3.95×10^{-5}

18. 已知某气相反应 $A \underset{k_{-1}}{\overset{k_1}{\rightleftharpoons}} B+C$，在 298.15 K 时的 k_1 和 k_{-1} 分别为 0.2 s^{-1} 和 $3.938\times10^{-3}\ \text{Pa}^{-1}\cdot\text{s}^{-1}$，在 308.15 K 时正逆反应的速率常数 k_1 和 k_{-1} 均增加为原来的 2 倍。求：(1) 298.15 K 时的平衡常数 K_C。(2) 正逆反应的活化能。(3) 反应的热效应 Q。

19. 物质 X 分解属于平行反应，分别得到物质 A 和 B，其速率常数分别为：$k_1=10^{11}\exp(-3\ 608.37/T)$ 和 $k_2=10^{10.52}\exp(-2\ 405.58/T)$。试计算：(1) 生成 A 反应的活化能比生成 B 反应的活化能大多少？(2) 在任一时刻 A 与 B 的产率相同，则温度为多少？

20. 在 294.15 K，一级反应 $A \longrightarrow C$ 直接进行时，A 的半衰期为 1 000 min，若温度升高 45.76 K，则反应开始 0.1 min 后 A 的浓度降到初始浓度的 1/1 024，改变反应条件，使该反应分两步进行：$A \underset{k_{-1}}{\overset{k_1}{\rightleftharpoons}} A^*$，$A^* \xrightarrow{k_2} C$。已知两步的活化能分别为 $E_1=125.52\ \text{kJ}\cdot\text{mol}^{-1}$，$E_{-1}=120.3\ \text{kJ}\cdot\text{mol}^{-1}$ 及 $E_2=167.36\ \text{kJ}\cdot\text{mol}^{-1}$，试计算 500 K 时反应是直接进行的速率较快还是分步进行的速率较快？快多少倍？

21. 已知反应 $C \longrightarrow B$ 在一定范围内，其速率常数与温度的关系为：

$$\lg k=-\frac{400}{T}+7.0\ (k\ \text{的单位为}\ \text{min}^{-1})$$

(1) 求反应的活化能和指前因子 A。(2) 若反应在 30 s 时 C 反应 50%，问反应温度应控制在多少度？(3) 若此反应为可逆反应：$C \rightleftharpoons B$，且正逆反应都是一级，在某一温度时 $k_1=10\ \text{min}^{-1}$，平衡常数 $K=4$，如果开始只有 C，其初始浓度为 0.01 $\text{mol}\cdot\text{L}^{-1}$，求 30 min 后 B 的浓度。

22. 茵栀黄注射液的有效期预测。该注射液是茵陈、山栀和黄芩经提取后制成的复方静脉注射液。注射液中黄芩不稳定，所以以其主要成分黄芩甙的含量作为质量控制标准。用薄层色谱法结合紫外分光光度法测定含量。加速试验在 373.15 K、363.15 K、353.15 K 和 343.15 K 遮光进行。实验结果下表所示：

茵栀黄注射液在不同温度下时间 t 与含量 c 的关系

373.15 K		363.15 K		353.15 K		343.15 K	
t/h	c/%	t/h	c/%	t/h	c/%	t/h	c/%
0	100.00	0	100.00	0	100.00	0	100.00
1	94.80	6	85.93	12	92.06	24	94.67
3	86.42	10	82.10	24	82.56	36	92.11
5	77.12	20	67.74	36	78.03	55	88.20
7	69.23	25	61.32	48	71.84	72	84.74
10	58.14			60	66.24	96	80.62

注射液降解至10%即失效，求该注射液在室温(298.15 K)下的贮存期 $t_{0.9}$。

23. 一氯乙酸在水溶液中进行分解，反应式如下：

$$ClCH_2COOH + H_2O \longrightarrow CH_2OHCOOH + HCl$$

今用 $\lambda=2\,537$ Å 的光照射浓度为 0.5 $mol \cdot L^{-1}$ 的一氯乙酸样品 1 L，照射时间为 t，样品吸收的能量 ε 及 $c(Cl^-)$ 的实验结果如下：

t/min	ε/J	$c(Cl^-)\times 10^5/mol \cdot L^{-1}$
837	34.36	2.325

当用同样的样品在暗室中进行实验时，发现每分钟有 3.5×10^{-10} $mol \cdot L^{-1}$ 的 Cl^- 生成。试计算该反应的量子效率 Φ。

第7章　表面现象

内容提要　本章介绍了表面张力与表面吉布斯能等重要的基本概念，以及气-液、液-液、液-固和气-固界面常见表面现象和一些基本规律。主要内容包括：弯曲液面的附加压力（杨-拉普拉斯公式）以及饱和蒸气压（开尔文公式）；溶液的表面吸附（吉布斯吸附等温式）；液体的铺展与固体表面的润湿；气体在固体表面的吸附平衡、吸附等温线、吸附理论；固体自溶液中的吸附；表面活性剂的结构、特性及其重要作用。简介了亚稳态、表面膜、几种常见的固体吸附剂和微粉学的一些基本概念。

密切接触的两相之间存在一个约有几个分子厚度的过渡区，称为**界面**(**interface**)。根据接触两相物质聚集状态的不同，界面可分为气-液、气-固、液-液、液-固和固-固界面几种类型。其中一相为气相的界面习惯上称为**表面**(**surface**)，但在使用界面和表面这两个名词时往往不作严格区分，常统称为表面。**表面现象**(**surface phenomena**)指在相界面上发生的一些行为和现象。

表面现象广泛存在于日常生活、生命现象以及临床治疗的过程中。表面物理化学的原理在石油、化工、食品、医药、材料、农业、矿冶、环保等各个领域有着广泛的应用。药物的生产、保存、使用等过程便涉及不同层次的表面物理化学问题，如生产乳剂、混悬剂、气雾剂的过程中出现的粒子大小、带电性质、吸附情况、稳定时间等都与表面现象有关。再如生物医用材料的表面性能对其生物相容性、治疗效果具有显著影响。

案例 7－1

药物的溶解性是影响药物生物利用度的重要因素之一，许多有很强生物活性的药物因在水中溶解度小而难以被机体吸收，导致生物利用度较差。因此，如何提高药物的溶解度和吸收率，已成为药剂学研究的热点和难点。其中可选方法之一是减小药物粒径（即提高药物的分散度），不仅可提高溶解度，而且能减少用药剂量而保持同样的疗效。比如，将难溶药物地高辛进行微粉化处理，控制其平均粒径在 3.7 μm 左右，即可有效提高地高辛在胃肠液中的溶解度，从而促进药物的吸收。又如阿司匹林药物的粒子大小与血药浓度关系也十分密切，其粒径为 5 μm 时比粒径为 110～900 μm 时溶解速度快，血药浓度也高。

问题：

(1) 相同质量的情况下，药物粒径变小，其表面积将如何变化？

(2) 药物粒径减小，为何能提高药物的溶解度？
(3) 药物的粒径减小到什么程度才会显著增大其溶解度？

7.1 表面吉布斯能与表面张力

7.1.1 表面积

对于一定量的凝聚态物质，分散程度越高则表面积越大，其表面性质越显著。通常以单位质量物质所具有的表面积 a_s 表示多相分散系统的分散程度，称为**比表面（specific surface area）**，定义为

$$a_s = \frac{A}{m} \tag{7-1}$$

式中，A 为物质的表面积；m 为物质的质量；a_s 的单位为 $m^2 \cdot kg^{-1}$ 或 $m^2 \cdot g^{-1}$。

也常用单位体积物质所具有的表面积来表示物质的分散度，即

$$a_V = \frac{A}{V}$$

式中，V 为物质的体积；a_V 的单位为 m^{-1}。

例 7-1 把某药物制备成粉末剂型，通过应用新的制备技术后，药物粒子的粒径从 $r_1 = 10^{-4}$ m 减小至 $r_2 = 10^{-6}$ m，设药物粒子为球形，试计算同等质量的新旧药物粉末表面积 A_2 和 A_1 之比。

解： 质量相同，总体积也相同，设为 $V_总$，球形粒子的表面积和体积为

$$A = 4\pi r^2,\ V = \frac{4}{3}\pi r^3$$

$$\frac{A_2}{A_1} = \frac{A_{r_2} \cdot n_{r_2}}{A_{r_1} \cdot n_{r_1}} = \frac{4\pi {r_2}^2 \cdot \dfrac{V_总}{\frac{4}{3}\pi {r_2}^3}}{4\pi {r_1}^2 \cdot \dfrac{V_总}{\frac{4}{3}\pi {r_1}^3}} = \frac{r_1}{r_2} = 100$$

显然，分散的粒子越细小，粒子数量越多，体系的比表面积就越大，则表面效应越显著。通常表面在整个系统的性质中所占比重很小，往往被忽略，但对于高度分散的系统，其表面性质对整个系统的影响则是不容忽视的。

7.1.2 表面吉布斯能

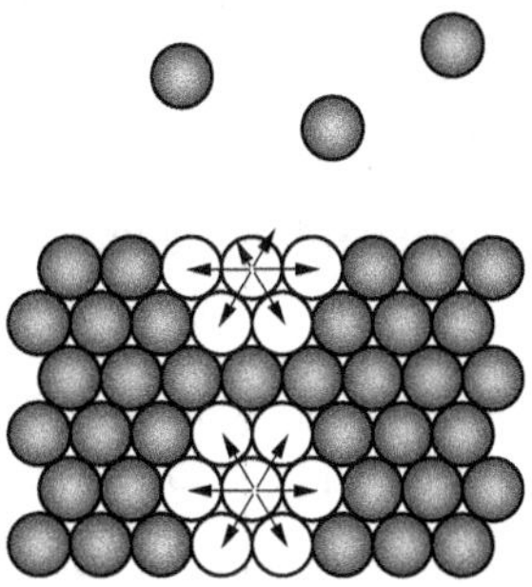

图 7-1 液体表面与体相内部分子受力示意图

处于界面的分子和体相内部分子受力情况不同。如图 7-1 所示为液体及其蒸气所形成的界面，液相密度大，分子间距离近，分子间作用力大，体相内每个分子受到周围分子的吸引力是对称的，因此能相互抵消，合力为零。而气相密度比液相密度小得多，液相表面层的分子受到液相分子的吸引力大，而受到气相分子的吸引力小，其合力垂直于表面并指向液体内部。体相内部的分子在体相内部移动时无需消耗功，但若把液体内部的一个分子拉至表面层，必须对系统做功以克服该分子所受到的体相内部分子对其产生的净吸引力，所做的功转变为表面分子的势能，因此，表面层的分子比体相内部的分子具有更高的能量。

在温度、压力和组成确定的条件下，可逆增大表面积 dA 时，环境对系统所做的功称为表面功，这是一种非体积功。表面功的大小与 dA 成正比，即

$$\delta W'_{r} = \sigma dA \tag{7-2}$$

式中，σ 为比例系数，即在等温、等压和定组成条件下，可逆地增加单位表面积环境对系统所做的表面功。由热力学第二定律可以得到

$$(dG)_{T,\,p,\,n_B} = \delta W'_{r} \tag{7-3}$$

因此，

$$(dG)_{T,\,p,\,n_B} = \sigma dA \tag{7-4}$$

$$\sigma = \left(\frac{\partial G}{\partial A}\right)_{T,\,p,\,n_B} \tag{7-5}$$

σ 称为**表面吉布斯能(surface Gibbs energy)**，单位为 $J \cdot m^{-2}$。式(7-5)是 σ 的热力学定义，其物理意义为：在等温、等压和定组成条件下，增加单位表面积时系统吉布斯能的增量。也可以把表面吉布斯能理解为单位面积表面的分子比其处于体相内部时所高出的那一部分吉布斯能。一个高度分散的系统，表面积很大，蓄积了大量的能量，这正是引起各种表面现象的根本原因。

7.1.3 表面张力

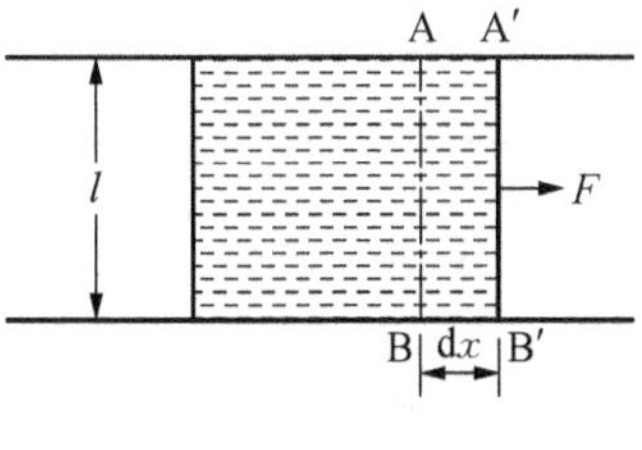

图 7-2 表面张力示意图

由式(7-4)可知，$dA<0$，则 $dG<0$，即表面积减小的过程是自发过程。液膜自动收缩、液滴自动缩成球形以及毛细现象等，表明有一种使液体表面收缩的作用力。假设做这样一个实验，用细铁丝做成一个一边可以滑动的矩形框，浸入肥皂液中取出使之在框架上形成一层肥皂液膜(图 7-2)，若在可滑动边 AB 上施加一个向右的

力 F，AB 边向右滑动，使液膜面积增大。而一旦撤去该力，AB 边就会自动向左滑动使液膜缩小。

垂直作用于表面上单位长度线段上的表面收缩力，称为**表面张力(surface tension)**或**界面张力(interfacial tension)**。注意，表面张力的方向与表面相切，而不是指向液体内部。

在图 7-2 所示的肥皂膜实验中，如果金属丝的长度为 l，作用力为 F，AB 边在可逆的情况下向右移动的距离为 dx，肥皂膜的表面积增加了 dA。因为液膜具有正反两个表面，所以共增加面积为 $2l \cdot dx$。在此过程中，环境对液体所做的表面功为 $\delta W'_r = F dx$，该表面功即增加表面积 dA 而引起的表面吉布斯能的增量。即

$$\delta W'_r = F dx = dG_{T,p}$$

由式(7-4)可知，$\delta W'_r = \sigma dA = dG_{T,p}$，整理得

$$F dx = dG_{T,p} = \sigma dA = 2\sigma l dx$$

$$\sigma = \frac{F}{2l} \tag{7-6}$$

由此可见，σ 就是与表面平行、垂直作用于单位长度上的使表面收缩的力，即表面张力，单位为 $N \cdot m^{-1}$。因此，σ 既是表面吉布斯能，也是表面张力，这两个概念是分别用热力学和力学方法讨论同一个表面现象时采用的物理量，虽然物理意义不同，但它们是完全等价的，具有等价的量纲和相同的数值。表面张力是系统的强度性质，是表面现象中最重要的物理量，是产生一切界面现象的根本原因。液体表面张力可以通过实验测定，通常有毛细管上升法、最大泡压法、滴重(体积)法、吊片法等。由于固体表面不能任意移动，迄今尚无直接测定固体表面张力的方法。表 7-1 给出了一些物质的表(界)面张力数据。

表 7-1　一些物质的表(界)面张力(293.15 K)

液体/空气	$\sigma/(N \cdot m^{-1})$	液体/液体	$\sigma/(N \cdot m^{-1})$
水/空气	72.75×10^{-3}	苯/水	35.0×10^{-3}
苯/空气	28.88×10^{-3}	四氯化碳/水	45.0×10^{-3}
乙醇/空气	22.27×10^{-3}	橄榄油/水	22.8×10^{-3}
乙二醇/空气	46.0×10^{-3}	液体石蜡/水	53.1×10^{-3}
甘油/空气	63.0×10^{-3}	乙醚/水	9.7×10^{-3}
丙酮/空气	23.7×10^{-3}	正丁醇/水	1.8×10^{-3}
液体石蜡/空气	33.1×10^{-3}	正庚烷/水	5.02×10^{-3}
棉籽油/空气	35.4×10^{-3}	乙醇/汞	364.3×10^{-3}
橄榄油/空气	35.8×10^{-3}	正庚烷/汞	378×10^{-3}
蓖麻油/空气	39.8×10^{-3}	苯/汞	357×10^{-3}
汞/空气	484×10^{-3}	水/汞	375×10^{-3}

7.1.4　表面的热力学关系式

对高度分散的系统，考虑表面效应对系统状态函数的贡献时，多组分系统的热力学函数基本关系式可表示为

$$dU = TdS - pdV + \sigma dA + \sum_B \mu_B dn_B \tag{7-7}$$

$$dH = TdS + Vdp + \sigma dA + \sum_B \mu_B dn_B \tag{7-8}$$

$$dF = - SdT - pdV + \sigma dA + \sum_B \mu_B dn_B \tag{7-9}$$

$$dG = - SdT + Vdp + \sigma dA + \sum_B \mu_B dn_B \tag{7-10}$$

则可得

$$\sigma = \left(\frac{\partial U}{\partial A}\right)_{S,V,n_B} = \left(\frac{\partial H}{\partial A}\right)_{S,p,n_B} = \left(\frac{\partial F}{\partial A}\right)_{T,V,n_B} = \left(\frac{\partial G}{\partial A}\right)_{T,p,n_B} \tag{7-11}$$

因此，σ是在指定变量和组成不变的条件下，增加单位表面积时系统热力学函数的增值。

组成不变的系统在等容或等压条件下有

$$(dF)_{V,n_B} = - SdT + \sigma dA \tag{7-12}$$

$$(dG)_{p,n_B} = - SdT + \sigma dA \tag{7-13}$$

由麦克斯韦关系式得

$$\left(\frac{\partial S}{\partial A}\right)_{T,V,n_B} = -\left(\frac{\partial \sigma}{\partial T}\right)_{A,V,n_B} \tag{7-14}$$

$$\left(\frac{\partial S}{\partial A}\right)_{T,p,n_B} = -\left(\frac{\partial \sigma}{\partial T}\right)_{A,p,n_B} \tag{7-15}$$

对于组成不变的等容系统，由式(7-7)可得

$$\left(\frac{\partial U}{\partial A}\right)_{T,V,n_B} = T\left(\frac{\partial S}{\partial A}\right)_{T,V,n_B} + \sigma$$

将式(7-14)代上式，得

$$\left(\frac{\partial U}{\partial A}\right)_{T,V,n_B} = \sigma - T\left(\frac{\partial \sigma}{\partial T}\right)_{A,V,n_B} \tag{7-16}$$

对于组成不变的等压系统，由式(7-8)和式(7-15)可得

$$\left(\frac{\partial H}{\partial A}\right)_{T,p,n_B} = \sigma - T\left(\frac{\partial \sigma}{\partial T}\right)_{A,p,n_B} \tag{7-17}$$

表面张力随温度升高而降低，故由式(7-16)和式(7-17)可知，增大表面积时，系统的热力学能和焓都增加，其增量可以通过表面张力及其随温度的变化率进行计算。

7.1.5 影响表面张力的因素

表面张力的大小主要与物质种类、共存的另一种物质以及温度有关，具体分析如下：

1）物质本性的影响　由于表面张力的产生是由物质内部的分子间引力所引起，因此物质分子间作用力越大，表面张力越大。气相分子间作用力远远小于液体，表面张力主要取决于液体和固体分子间的作用力。而固体分子间作用力远大于液体分子间作用力，因此，固体的表面张力也比液体表面张力大很多。一般不同分子间作用力的物质的表面张力之间存在如下关系：金属键分子＞离子键分子＞极性分子＞非极性分子。

2）共存相的影响　表面张力的大小还和形成相界面的另一相有关，同一种物质与不同性质的其他物质接触时，界面层中的分子所处力场不同，界面张力有明显差别，这可以从表 7-1 的数据中看出。

3）温度的影响　一般温度升高，物质的表面张力会下降。因为温度升高，分子的热运动加剧，分子间的相互作用力减弱，同时升高温度也会使两相之间的密度差减小。

4）压力的影响　压力对表面张力的影响相对较小，但一般来说，压力增加，气相密度增加，表面分子受力不均匀程度减小，同时气体溶解度和表面吸附增加，使表面张力降低。

5）溶液组成的影响　组成不同的系统，分子间力不同，因此会影响表面张力的大小。

7.2　弯曲液面的特性

案例 7-2

给病人作静脉注射时，应特别注意不能在注射器中留有气泡，以免在微血管中发生栓塞。此外，潜水员从深水中上来，或病人和工作人员从高压氧仓中出来，都应有适当的缓冲时间，否则在高压时溶于血液中的过量气体，在正常压强下会迅速释放出来形成气泡，容易发生气体栓塞，危害生命健康。

问题：

(1) 微血管中的气泡液面有何特点？

(2) 为什么在血液中存在气泡时易发生气体栓塞？

7.2.1　弯曲液面的附加压力

1. 弯曲液面的附加压力

由于存在表面张力，在弯曲表面下的液体与水平液面受到的压力情况不同。在液体表面取一小块圆形面积进行分析，表面张力作用于圆周边界线，力的方向与液面相切且和圆周线相垂直。对于水平液面，作用于圆周各方向的表面张力相互抵消，合力为零，此时液面下的液体所受到的压力 p_r 与液面上压力 p_0 相等，$p_r = p_0$，见图 7-3(a)。对于凸液面，在表面张力的作用下，产生了一个指向液体内部的合力 Δp，导致液体内部分子受到的压力大于外部压力，即 $p_r = p_0 + \Delta p$，见图 7-3(b)。而对于凹液面，表面张力的合力指向液体外部，液体内部分子受到的压力小于外部压力，即 $p_r = p_0 - \Delta p$，见图 7-3(c)。此处

的 Δp 即为弯曲液面内外存在的压力差，称为**附加压力(excess pressure)**。若考虑附加压力的方向，则 p_r、p_0、Δp 三者间的关系为

$$p_r = p_0 + \Delta p$$

附加压力的方向始终指向曲率中心，对于凸液面，Δp 为正值，对于凹液面 Δp 为负值。

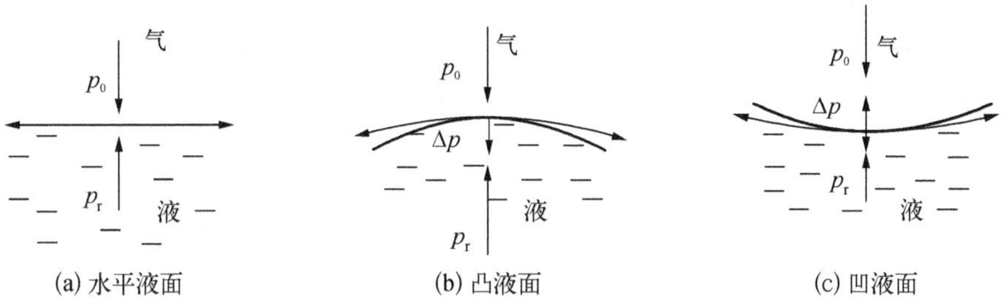

图 7-3　三种液面的附加压力示意图(剖面)

2. 杨-拉普拉斯公式

弯曲液面的附加压力与液面的曲率半径以及液体的表面张力有关。设有一充有液体的毛细管，其下端有一半径为 r 的球形液滴和管内液体处于平衡状态(见图 7-4)，此时液滴内部的压力 $p_r = p_0 + \Delta p$。向下移动活塞使毛细管中液体减少 dV，则液滴体积相应增大 dV，其表面积增加 dA。由于液体内外存在压力差，环境对系统所做的净功为克服附加压力而做的体积功，用于克服表面张力使液体表面积增大，即体积功等于表面功，故有

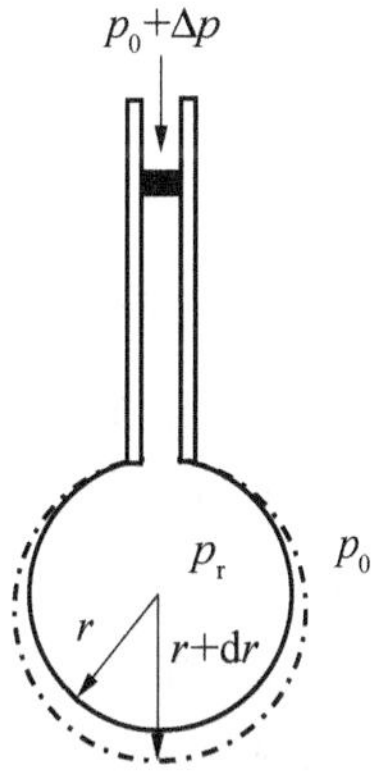

图 7-4　附加压力与曲率半径的关系

$$(p_r - p_0)dV = \Delta p dV = \sigma dA$$

对于球形液滴，其表面积 $A = 4\pi r^2$，$dA = 8\pi r dr$；球体积 $V = \frac{4}{3}\pi r^3$，$dV = 4\pi r^2 dr$。因此，上式可变化为

$$\Delta p = \frac{2\sigma}{r} \qquad (7-18)$$

该式表明，附加压力与液体的表面张力成正比，与曲率半径成反比。曲率半径越小，附加压力的数值越大。液滴越小，附加压力数值越大，要注意凹液面的曲率半径为负值，计算得到的附加压力也是负值。对于平面液体，曲率半径无穷大，故附加压力 $\Delta p = 0$。

对于一个任意曲面，可用两个曲率半径来描述。1805 年杨-拉普拉斯(Young - Laplace)导出了附加压力和表面张力及曲率半径的关系式为

$$\Delta p = \sigma\left(\frac{1}{r_1} + \frac{1}{r_2}\right) \qquad (7-19)$$

该式称为**杨-拉普拉斯公式(Young - Laplace equation)**。对于球形表面，$r_1 = r_2 = r$，即得到式(7-18)；对于圆柱形曲面，$r_1 = \infty$，则 $\Delta p = \frac{\sigma}{r}$；若为肥皂泡这样的球形液膜，需注意

液膜有内外两个表面，均会产生指向球心的附加压力，泡内气体的压力比泡外压力大，其 $\Delta p = 2 \times \frac{2\sigma}{r} = \frac{4\sigma}{r}$。

用杨一拉普拉斯公式可以解释一些常见现象，如为什么自由液滴和气泡都呈球形。不规则形状液滴表面各点曲率半径不同，受到的附加压力大小和方向都不同（见图 7－5），这些力的共同作用最终会使液滴变成表面积最小的球形。液体在细管中流动时，如果管中有气泡，液体的流动将受到阻碍，气泡多时可发生栓塞，这种现象称为气体栓塞，通常是由于气泡两端曲率半径不同而产生阻碍液体流动的附加压力所致。因此临床上注射药液时要防止气泡进入血液中。

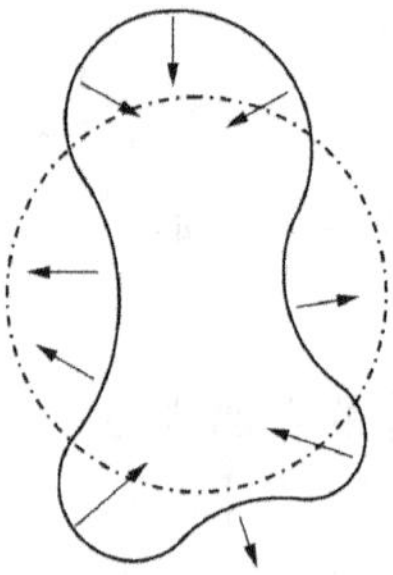

图 7－5　不规则形状液滴上的附加压力

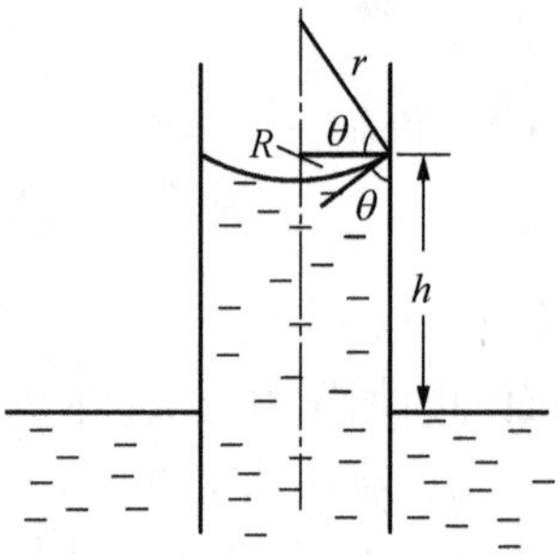

图 7－6　毛细现象示意图

3. 毛细现象

将毛细管插入液面后发生的液面沿毛细管上升或下降的现象，称为**毛细现象**(**capillary phenomenon**)。毛细现象是证明表面张力存在的一个典型例子，正是由于存在表面张力，弯曲液面产生的附加压力使得液体沿毛细管上升或下降。毛细管上升法也是测定液体的表面张力的常用方法之一。

当液体能润湿毛细管壁，形成凹液面，接触角（润湿和接触角的概念见本章第六节）$\theta < 90°$，毛细管内液面上升；当液体不能润湿毛细管壁，则形成凸液面，$\theta > 90°$，毛细管内液面下降，低于正常液面。设把半径为 R 的毛细管插入表面张力为 σ 的润湿性液体中，在毛细管中形成球形凹液面，其曲率半径为 r，见图 7－6。在附加压力的作用下，毛细管中的液面上升，当附加压力 Δp 等于毛细管内高度为 h 的液柱产生的静压力 $p_{静}$ 时达到平衡，液面不再上升。

由于 $\rho_{液} \gg \rho_{气}$，因此 $p_{静} = (\rho_{液} - \rho_{气})hg \approx \rho_{液}hg$，又有 $\Delta p = \frac{2\sigma}{r}$，$r\cos\theta = R$，代入平衡条件 $p_{静} = \Delta p$，即

$$\rho_{液}hg = \frac{2\sigma\cos\theta}{R}$$

可得

$$h = \frac{2\sigma\cos\theta}{\rho_{液}gR} \qquad (7-20)$$

若液体与毛细管壁完全润湿，$\theta = 0°$，则(7—20)式简化为

$$h = \frac{2\sigma}{\rho_{液} g R} \tag{7-21}$$

在一定温度下，毛细管越细，液体的密度越小，液体对管壁润湿得越好，液体在毛细管中上升得越高。物料堆积存在的毛细间隙也会产生毛细现象，如土壤中的水分会沿着毛细间隙上升至地表，棉布纤维有许多毛细间隙而能吸水。植物把根部的水送上几米甚至几十米高的树叶中，也与毛细现象原理有关。

7.2.2 弯曲液面的饱和蒸气压

1. 弯曲液面的饱和蒸气压——开尔文公式

在一定温度 T 下，任一纯液体与其饱和蒸气达到平衡时，液体所受压力为 p_0，其蒸气的压力即为该温度下纯液体的饱和蒸气压 p^*，此时气液两相化学势相等

$$\mu(\mathrm{l}) = \mu(\mathrm{g}) \tag{7-22}$$

如果把液体分散成半径为 r 的小液滴，在建立新的平衡后，由于弯曲液面受到了附加压力，此时球形液滴受到的压力为 $p_\mathrm{r} = p_0 + \Delta p$，其饱和蒸气压因此发生变化为 p_r^*，此时气相和液相的化学势仍然相等。

$$\mu(\mathrm{l}) + \mathrm{d}\mu(\mathrm{l}) = \mu(\mathrm{g}) + \mathrm{d}\mu(\mathrm{g}) \tag{7-23}$$

由式(7-22)和式(7-23)得

$$\mathrm{d}\mu(\mathrm{l}) = \mathrm{d}\mu(\mathrm{g})$$

即

$$\left(\frac{\partial \mu(\mathrm{l})}{\partial p(\mathrm{l})}\right)_T \mathrm{d}p(\mathrm{l}) = \left(\frac{\partial \mu(\mathrm{g})}{\partial p(\mathrm{g})}\right)_T \mathrm{d}p(\mathrm{g})$$

由于 $\left(\frac{\partial \mu(\mathrm{l})}{\partial p(\mathrm{l})}\right)_T = V_\mathrm{m}(\mathrm{l})$，$\left(\frac{\partial \mu(\mathrm{g})}{\partial p(\mathrm{g})}\right)_T = V_\mathrm{m}(\mathrm{g})$，代入上式得

$$V_\mathrm{m}(\mathrm{l})\mathrm{d}p(\mathrm{l}) = V(\mathrm{g})\mathrm{d}p(\mathrm{g}) = RT\mathrm{d}\ln p(\mathrm{g})$$

设液体的偏摩尔体积 $V_\mathrm{m}(\mathrm{l}) = \frac{M}{\rho}$ 与压力无关，并把蒸气视为理想气体，对上式进行积分，得

$$V_\mathrm{m}(\mathrm{l}) \int_{p_0}^{p_0+\Delta p} \mathrm{d}p(\mathrm{l}) = RT \int_{p^*}^{p_\mathrm{r}^*} \mathrm{d}p(\mathrm{g})$$

得

$$\frac{M}{\rho}\Delta p = RT \ln \frac{p_\mathrm{r}^*}{p^*}$$

设液滴为球形，将 $\Delta p = \frac{2\sigma}{r}$ 代入，得

$$\ln\frac{p_r^*}{p^*}=\frac{2\sigma M}{\rho RTr} \tag{7-24}$$

式中，M 为液体的摩尔质量；ρ 为液体的密度。

式(7-24)称为**开尔文公式(Kelvin equation)**，给出了在指定温度下液体的蒸气压和曲率半径之间的关系。对于凸面液体，$r>0$，其蒸气压大于正常蒸气压，曲率半径越小，蒸气压越大。对于凹面液体，$r<0$，其蒸气压小于正常蒸气压，曲率半径的绝对值越小，蒸气压越小。

由式(7-24)还可推导出曲率半径分别为 r_1、r_2 的液滴(气泡)饱和蒸气压的关系，即

$$\ln\frac{p_{r_2}^*}{p_{r_1}^*}=\frac{2\sigma M}{\rho RT}\left(\frac{1}{r_2}-\frac{1}{r_1}\right) \tag{7-25}$$

表7-2给出了不同半径的凸面和凹面液体的饱和蒸气压与正常蒸气压的比值(注意小气泡的 r 在计算时取负值)。从表中数据可见，当液体的曲率半径较大时，蒸气压的改变并不明显，曲率半径小于 10^{-8} m 时，饱和蒸气压的变化已相当显著。

表7-2　293.15 K 时水滴(气泡)半径与相对蒸气压关系

r/m		10^{-5}	10^{-6}	10^{-7}	10^{-8}	10^{-9}
p_r^*/p^*	小液滴	1.000 1	1.001	1.011	1.114	2.950
	小气泡	0.999 9	0.996 9	0.989 1	0.897 7	0.339 0

2. 开尔文公式应用举例

1) 微小晶体的溶解度　开尔文公式也适用于固体溶质的溶解度，只需把式中的蒸气压用溶质的饱和浓度(活度)替换即可得到

$$\ln\frac{a_r}{a}=\frac{2\sigma_{s-l}M}{\rho RTr} \tag{7-26}$$

式中，a_r 和 a 分别为微小晶体和普通晶体在饱和溶液中的活度，实际工作中通常直接用饱和浓度代替；σ_{s-l} 为晶体与溶剂的固液界面张力；ρ 为晶体密度；M 为晶体的摩尔质量；r 为微小晶体的半径。

由式(7-26)可知，在一定温度下，晶体粒径越小，其溶解度越大。实验室制备晶体时，若希望晶体颗粒大一些，可采用陈化的方法，即将新生成沉淀的饱和溶液长时间放置，使小晶粒逐渐溶解，而较大的晶体变得更大。

2) 毛细管凝结(capillary condensation)　硅胶、分子筛等多孔性物质可作为干燥剂，其原理在于这类物质含有许多毛细孔道，与其相润湿的液体可在这些孔道内形成凹液面。在一定温度下，即使液体的蒸气分压低于其正常的饱和蒸气压，但只要对于孔道内的凹液面是过饱和时，蒸气分子就会自发地在这些毛孔内凝结成液体，这样就达到了干燥的目的。

3) 喷雾干燥　液滴越小，饱和蒸气压越大，液体蒸发速度越快，干燥效率就越高。这就是制药工艺中常用的喷雾干燥法原理。通过一个喷雾装置，把药物溶液雾化成很细

的液滴，再使液滴与热空气接触，由于半径小、蒸气压和比表面积大，干燥时间一般只需要几秒到几十秒，达到快速干燥。这种干燥方式对一些受热不稳定的药物生产非常有用。

7.2.3 亚稳态和新相生成

有时一些系统所处的状态属于热力学不稳定状态，但它们又能在一定条件下较长时间内稳定存在，这种状态被称为**亚稳态**(**metastable state**)或介稳状态，如过饱和蒸气、过热液体、过冷液体和过饱和溶液等现象。这些亚稳态存在，是由于新相种子生成困难而引起的。新生成的相要经历从无到有、从小到大的过程，在初始阶段曲率半径极小，具有很大的表面能。根据开尔文公式可知，这些新相粒子的蒸气压或溶解度等与正常状态有很大差异，因此不利于新相的生成。而新相一旦生成，亚稳态就会很快转变为稳定状态。因此，只要为即将形成的新相提供新相种子或形成新相的核，就可以破坏系统所处的亚稳态。这一原理在医药检验和药品精制中常会用到。

1. 过饱和蒸气

按照相平衡条件，在大于饱和蒸气压的条件下仍不凝结为液体或固体的蒸气，称为**过饱和蒸气**(**supersaturated vapor**)。新生成的凝聚相极其微小，根据开尔文公式可知其蒸气压远大于该物质的正常蒸气压。以气体液化为例，如图 7-7，温度为 T_1 时达到其饱和蒸气压 p^*，但仍小于将要形成的微小新相颗粒的饱和蒸气压 p_r^*，所以无法凝聚。天空乌云密布却没有下雨就是这个道理。要使之凝结，一种方法是降低温度至 T_2，使体系蒸气压对新生相而言也达到饱和；另一种方法是提供新相中心。灰尘等杂质、容器等固体的粗糙表面都能成为饱和蒸气凝聚时的新相中心，使新生相从一开始就具有较大的曲率半径。目前人工降雨或降雪就是根据这一原理，往往采取既降温又提供新相中心的办法，向云层中撒入固体颗粒(如 AgI)，同时向云层喷撒干冰，促使已经饱和的水蒸气凝结成雨或雪。

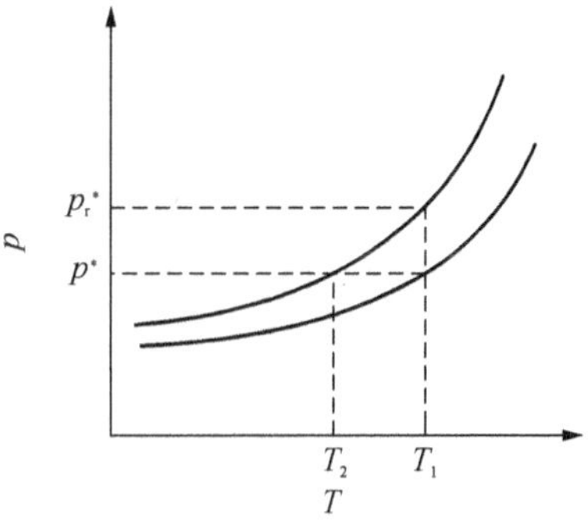

图 7-7 过饱和蒸气相图

2. 过热液体与暴沸

一定压力下的液体，其温度高于该压力下的沸点而不沸腾，称为**过热液体**(**superheated liquid**)。过热液体处于亚稳状态，一旦底部液体出现气泡，它们就瞬间扩大上冲，气泡破裂，液体四溅，这种现象称为**暴沸**(**bumping**)。

欲使液体中新生成的微小气泡能存在，其蒸气压需承受住三种压力之和：大气压 p_{atm}、液体的静水压 $p_{静}$ 和附加压力 Δp。$p_{静}$ 一般较小，p_{atm} 变化也不大，因此产生过热暴沸的主要原因是液体内生成的微小蒸气泡曲率半径很小，产生的附加压力较大。小气泡曲率半径越小，气泡内的饱和蒸气压就越小，而凹液面产生的附加压力越大，因此小气泡很难存在。只有继续升高温度，使其蒸气压增大到和外界压力相等时，液体才会沸腾。

例 7-2 在 101.325 kPa、373.15 K 的纯水中，离液面 0.02 m 处有一个半径为 10^{-6} m 的气泡。已知水的密度为 958.4 $kg \cdot m^{-3}$，表面张力为 58.9×10^{-3} $N \cdot m^{-1}$，水

的气化热为 40.66 kJ·mol^{-1}。试求：(1) 气泡内水的蒸气压 p_r。(2) 气泡是否能存在？(3) 设水在沸腾时初始形成的气泡半径为 10^{-6} m，温度为多少才会沸腾？

解：(1) 把题给数据代入开尔文公式，得

$$\ln\frac{p_r^*}{p^*}=\frac{2\sigma M}{\rho RT\text{r}}$$

$$\ln\frac{p_r^*}{101.325}=\frac{2\times 58.9\times 10^{-3}\times 18.015\times 10^{-3}}{958.4\times(-10^{-6})\times 8.314\times 373.15}=-7.14\times 10^{-4}$$

$$p_r^*=99.929\ \text{kPa}$$

(2) 气泡承受的压力有大气压 p_{atm}，水柱的静水压 $p_{静}$ 及凹液面引起的附加压力 Δp。

$$\Delta p=\frac{2\sigma}{r}=\frac{2\times 58.9\times 10^{-3}}{10^{-6}}=117.8\ \text{kPa}$$

$$p_{静}=\rho gh=958.4\times 9.81\times 0.02\times 10^{-3}=0.188\ \text{kPa}$$

气泡存在所需克服的压力为

$$\begin{aligned}p&=p_{atm}+\Delta p+p_{静}\\&=101.325+117.8+0.188\\&=219.31\ \text{kPa}\gg p_r^*=99.929\ \text{kPa}\end{aligned}$$

由此可见，小气泡受到的压力远远大于气泡内的蒸气压，因此不可能存在。

(3) 根据克劳修斯-克拉贝龙方程，有

$$\ln\frac{p_2}{p_1}=\frac{-\Delta_{vap}H}{R}\left(\frac{1}{T_2}-\frac{1}{T_1}\right)$$

$$\ln\frac{219.3}{101.325}=\frac{-40.66\times 10^3}{8.314}\left(\frac{1}{T_2}-\frac{1}{373.15}\right)$$

解得 $T_2=396.50$ K

在实验或生产中暴沸不仅会产生损失，还可能带来危险。要防止液体出现过热现象，关键在于促使新相气泡顺利产生。常在加热前在液体中加入沸石、碎瓷片或毛细管等多孔性物质，当加热时，储存于这些多孔物质中的气体受热逸出，在液体中连续生成小气泡，作为新相种子。这样克服了小气泡难以生成的困难，大大降低液体的过热程度，能有效防止暴沸发生。此外在加热时搅拌不仅能使液体受热均匀，还有利于气泡形成，也可防止暴沸。

3. 过冷液体

一定压力下的液体，其温度低于该压力下的凝固点而不凝固，称为**过冷液体**(**supercooled liquid**)。如纯液体静止冷却结晶时，往往会出现过冷现象。产生过冷液体同

样是由于新生相(晶体微粒)难以生成所致。晶体颗粒在液相中析出时形成凸面,根据开尔文公式,刚刚生成的晶体颗粒越小,其溶解度越大,因此晶核难以形成。只有使液体进一步冷却到凝固点以下一定程度之后,晶核才能形成。可通过加强搅拌促使新相晶核产生,或在液体冷却到凝固点附近时加入少量晶种作为新相种子,使晶体顺利析出,从而有效避免过冷现象。

4. 过饱和溶液

一定温度、压力下的溶液,其溶质浓度超过该条件下的溶解度而不析出,称为**过饱和溶液(supersaturated solution)**。溶液结晶时常会出现过饱和现象。其原因以及防止措施与液体过冷时基本一样,由于开始析出的微小晶体的溶解度大于正常溶解度,且晶体越小溶解度越大,所以新生相微小晶体难于存在,只有增加溶液的过饱和程度才能使晶体自动析出。如果过饱和程度太大,会生成大量过于细小的晶体颗粒,造成过滤和洗涤困难。加入晶种可以帮助结晶析出,并得到较大颗粒的晶体。

7.3　溶液的表面吸附

7.3.1　溶液的表面张力与表面吸附

1. 溶液的表面张力

由于有溶质分子存在,溶液的表面张力与纯溶剂是不一样的,且表面张力的变化随溶质性质和溶液浓度的不同呈现不同的变化规律。在此以最常用的溶剂——水为例,在一定温度下,测出各种不同溶质水溶液在不同浓度下的表面张力,并对浓度作图,所得曲线称为溶液**表面张力等温线(surface tension isotherm curve)**,大致可得如下三大类型:

1) 第一种类型　如图7-8中的曲线Ⅰ所示,溶液表面张力随浓度增大而增大,接近线性关系。如无机盐、不挥发性的酸、碱以及甘露醇、甘油、蔗糖等,这类溶质分子对于水分子的吸引力较强,此时在增加单位表面积所做的功中,还必须包括克服静电引力所消耗的功,即把这些高度水化的离子或分子拉到表面所需的功较大,故溶液的表面张力升高,这些物质被称为**非表面活性物质(surface inactive agent)**。

2) 第二种类型　如图7-8中的曲线Ⅱ所示,表面张力随溶质浓度的增加而降低,属于这类的溶质有醇、醛、酸、酯等大部分有机化合物,有较强极性,与水分子作用力较弱,随着浓度上升,溶液表面张力缓慢降低。

3) 第三种类型　如图7-8中的曲线Ⅲ所示,肥皂、八碳以上直链有机酸的碱金属盐类、高碳直链烷基硫酸盐或磺酸盐等,加入水中后,溶液表面张力在开始时急剧下降,达到一定浓度后,溶液表面张力变化不大,甚至有的情况下,表面张力下降至最低点后又缓慢上升,具有这种性质的物质称**表面活性剂(surfactant)**。

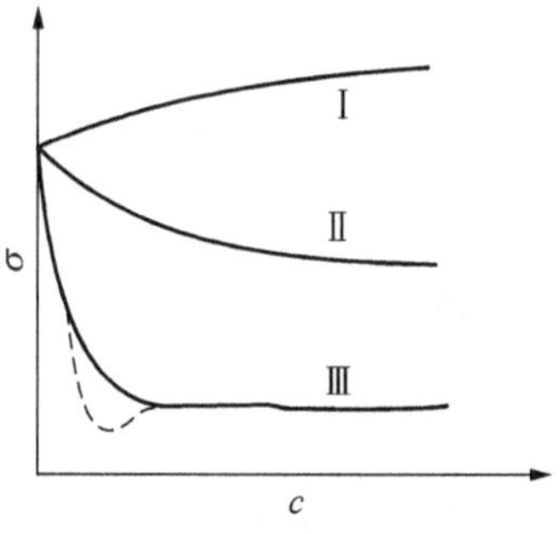

图7-8　溶液的表面张力等温线类型

物质能降低水的表面张力的性质称为表面活性，从广义上说上述第二类、第三类物质都是**表面活性物质(surface active agent)**，但一般只将能显著降低水的表面张力的物质即第三类物质称为表面活性剂。

2. 溶液表面吸附

对于一定温度、压力下的纯液体，σ 是一定值，只能通过缩小表面积来降低表面能。而对于溶液，除通过缩小表面积外，还可通过调节表面层与本体浓度尽量减小表面张力，进而降低表面能。若溶质为表面活性物质，这类物质能显著降低表面张力，则表面层将富集溶质，使表面层的浓度大于本体中的溶液；反之，若溶质为非表面活性物质，加入后使表面张力增大，则溶质倾向于更多地进入溶液内部，使其在表面层的浓度小于本体中的溶液。但表面层与本体存在浓度差会引起溶质由高浓度向低浓度扩散。当这两种相反的过程达到平衡后，表面层与本体维持一恒定的浓度差不再变化，这种现象称为溶液的**表面吸附(surface adsorption of solution)**。溶质为表面活性物质时，表面层的浓度大于本体浓度，称为正吸附；溶质为非表面活性物质时，表面层浓度小于本体浓度，称为负吸附。

7.3.2 吉布斯吸附等温式

1. 吉布斯吸附等温式的导出

1878 年吉布斯用热力学方法导出了一定温度下，联系溶液的表面张力、溶液浓度和吸附量的微分方程，通常称为吉布斯吸附等温式。下面简要介绍其推导过程。

设溶液中只含有一种溶质，溶液上方的气相由溶剂和溶质的蒸气组成，即一个二组分两相系统。用 1 表示溶剂，2 表示溶质，α、β 分别表示气相和液相，表面层用 γ 相表示。表面层是只有几个分子厚度的薄层，其组成是连续变化的。

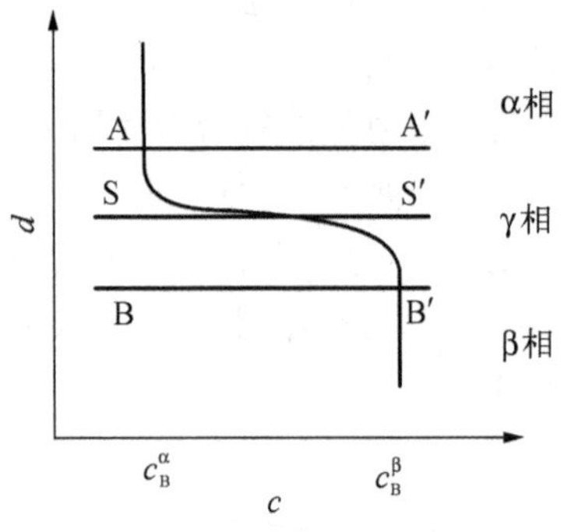

图 7-9 两相界面层结构示意图

如图 7-9 所示的溶液表面结构示意图中，纵坐标为与界面层的距离(d)，横坐标为组分 B 的浓度。设两相间组成的变化都发生在 AA′平面和 BB′平面之间的区域内，从 AA′平面以上为组成均匀的 α 相，任一组分 B 的浓度为 c_B^α；从 BB′平面以下为组成均匀的 β 相，各组分浓度为 c_B^β。SS′平面是吉布斯在两相交界区划定的一个理想的几何平面，称吉布斯面。作为 α 相和 β 相的分界面，它与 AA′、BB′平面相平行。假定从 SS′至 α 相和 β 相内部组成都是均匀的，从 α 相至 β 相在 SS′平面上组成发生突变，由 c_B^α 变为 c_B^β。SS′平面被称为吉布斯面或表面相(γ 相)。根据吉布斯面，系统中 B 组分物质的量 n'_B 可计算为

$$n'_B = n_B^\alpha + n_B^\beta = c_B^\alpha V^\alpha + c_B^\beta V^\beta \tag{7-27}$$

式中，n_B^α、n_B^β 分别为 B 组分在 α 相和 β 相中的物质的量；V^α、V^β 分别为 α 相和 β 相的体积。

吉布斯把 B 组分实际物质的量 n_B 和计算的物质的量 n'_B 之间的差值全部归结到 γ 相，

即B物质在吉布斯表面的吸附量 n_B^γ 为

$$n_B^\gamma = n_B - n'_B = n_B - (c_B^\alpha V^\alpha + c_B^\beta V^\beta) \tag{7-28}$$

需要注意的是，如何选定吉布斯面很关键。对于同一个吉布斯面，不同组分的表面吸附量不同；而对于同一组分，吉布斯面选择的位置不同，表面吸附量也不同。吉布斯把溶剂的表面吸附量为0(即 $n_1^\gamma = 0$)的位置选择为SS′平面。

图7-10(a)是表面层中溶剂的浓度变化示意图，选择的SS′平面位置使ASD和B′S′D的面积相等时，$n_1^\gamma = 0$。图7-10(b)是溶液表面发生正吸附时，表面层中溶质的浓度变化示意图，图中阴影部分为溶质在γ相中的吸附量 n_2^γ。

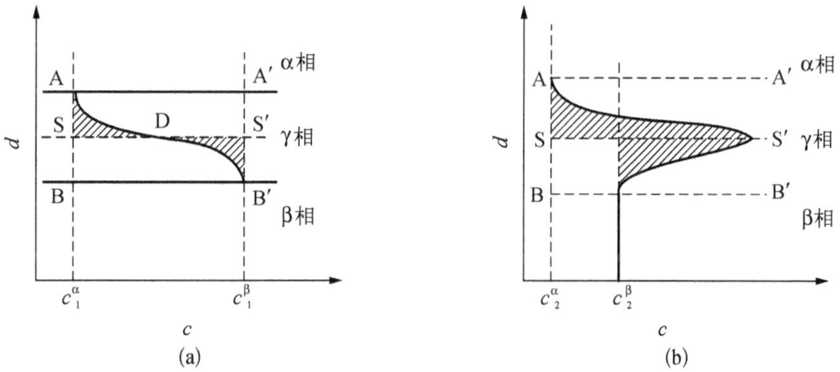

图7-10 溶液表面吸附量示意图

单位表面积上的B组分的吸附量称**表面超量(surface excess)**，用符号 Γ_B表示，即

$$\Gamma_B = \frac{n_B^\gamma}{A} \tag{7-29}$$

式中，A 为溶液的表面积；Γ_B的单位为 $mol \cdot m^{-2}$，其物理意义是：在单位面积的表面层中，所含溶质的物质的量与同量溶剂在溶液本体中所含溶质物质的量的差值。

根据式(7-10)，对于等温等压下的二组分溶液，γ相的吉布斯能变化为

$$dG = \sigma dA + \mu_1^\gamma dn_1^\gamma + \mu_2^\gamma dn_2^\gamma \tag{7-30}$$

式中，μ_1^γ、μ_2^γ 分别为溶剂和溶质在γ相中的化学势。在等温、等压和定组成条件下，σ 和 μ_B^γ 均为常数，对上式积分得

$$G = \sigma A + \mu_1^\gamma n_1^\gamma + \mu_2^\gamma n_2^\gamma \tag{7-31}$$

再对式(7-31)全微分，得

$$dG = \sigma dA + A d\sigma + \mu_1^\gamma dn_1^\gamma + n_1^\gamma d\mu_1^\gamma + \mu_2^\gamma dn_2^\gamma + n_2^\gamma d\mu_2^\gamma \tag{7-32}$$

由式(7-30)和式(7-32)式，可得

$$A d\sigma + n_1^\gamma d\mu_1^\gamma + n_2^\gamma d\mu_2^\gamma = 0 \tag{7-33}$$

因为 $n_1^\gamma = 0$，$\Gamma_2 = \frac{n_2^\gamma}{A}$，平衡时表面层和本体中的化学势相等，即 $\mu_2^\gamma = \mu_2$，则由式(7-33)可得

$$d\sigma = -\Gamma_2 d\mu_2$$

或

$$\Gamma_2 = -\left(\frac{\partial \sigma}{\partial \mu_2}\right)_T$$

由于吉布斯面选择是以溶剂表面吸附量为零为标准，因此其他组分在表面相的吸附量并非是其绝对表面吸附量，只能是相对于溶剂的吸附量。在二组分系统中，溶质的相对吸附量记作 $\Gamma_{2,1}$，即

$$\Gamma_{2,1} = -\left(\frac{\partial \sigma}{\partial \mu_2}\right)_T$$

又因为 $d\mu_2 = RT\ln a_2$，代入上式得

$$\Gamma_{2,1} = -\frac{1}{RT}\left(\frac{\partial \sigma}{\partial \ln a_2}\right)_T \tag{7-34a}$$

或

$$\Gamma_{2,1} = -\frac{a_2}{RT}\left(\frac{\partial \sigma}{\partial a_2}\right)_T \tag{7-34b}$$

式(7-34)即为**吉布斯吸附等温式(Gibbs adsorption isotherm)**；$\left(\frac{\partial \sigma}{\partial a}\right)_T$ 称为**表面活度(surface activity)**，即温度一定时，表面张力随系统活度的变化率。对于理想液态混合物或稀溶液，可以用溶质浓度 c 代替活度 a，并略去下标，则吉布斯吸附等温式为

$$\Gamma = -\frac{1}{RT}\left[\frac{\partial \sigma}{\partial \ln(c_r)}\right]_T \tag{7-35}$$

或

$$\Gamma = -\frac{c_r}{RT}\left[\frac{\partial \sigma}{\partial c_r}\right]_T \tag{7-36}$$

2. 吉布斯公式的意义

根据吉布斯公式可知，当 $\left[\frac{\partial \sigma}{\partial c_r}\right]_T > 0$ 时，$\Gamma < 0$，即溶液的表面张力随溶质的浓度增加而增大，溶液表面必然发生负吸附，溶质在表面层的浓度小于体相浓度；当 $\left[\frac{\partial \sigma}{\partial c_r}\right]_T < 0$ 时，$\Gamma > 0$，溶液的表面张力随溶质浓度增加而下降，溶液表面发生正吸附，溶质在表面层的浓度大于体相浓度；若 $\left[\frac{\partial \sigma}{\partial c_r}\right]_T = 0$，说明溶液表面没有吸附效果。

用热力学原理推导出的吉布斯吸附公式，原则上对于任何两相的界面都适用，但是实际上它不能适用于固体表面的吸附，因为固体的表面张力数据难以测定。

3. 吉布斯公式的应用

运用吉布斯公式计算溶质在溶液表面的吸附量并绘制表面吸附等温线，需求出 $d\sigma/dc_r$ 值，常用的方法有以下两种：

1）数学解析法　　利用溶液表面张力 σ 和浓度 c 之间关系的经验公式，将公式对浓度微分，求得 $d\sigma/dc_r$。

2）实验方法　　测定不同浓度溶液的表面张力 σ，以 σ 对 c_r 作图，再在曲线上作指定浓度点的切线，求出斜率，即该浓度对应的 $\left[\frac{\partial\sigma}{\partial c_r}\right]_T$，再用吉布斯公式可求出不同浓度时溶液的表面吸附量，进而可绘制 $\Gamma - c_r$ 曲线。

7.4 表 面 膜

7.4.1 液体的铺展

一种液体在另一种不互溶的液体表面自动展开成膜的过程称为**铺展(spreading)**。设液体 A 在与它不互溶的液体 B 表面铺展，形成了液体 A 的表面（铺展前液体 A 的表面可以忽略）和液体 A、B 之间的界面，而液体 B 的表面消失（见图 7－11）。在等温等压下，可逆铺展单位表面积时系统表面吉布斯能变化为

$$\Delta G_{T,p} = \sigma_A + \sigma_{A-B} - \sigma_B \tag{7-37}$$

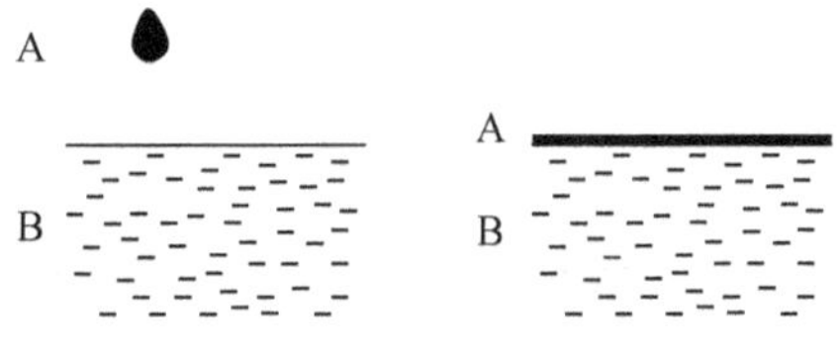

(a) 铺展前　　(b) 铺展后

图 7－11　液体 A 在液体 B 表面的铺展示意图

若 $\Delta G_{T,P} \leqslant 0$，液体 A 可在液体 B 表面铺展。常用**铺展系数(spreading coefficient)** S 判断液体能否铺展，即

$$S = -\Delta G_{T,p} = \sigma_B - \sigma_A - \sigma_{A-B} \tag{7-38}$$

当 $S \geqslant 0$ 时，液体 A 可以在液体 B 表面铺展；$S < 0$ 时，液体 A 不能在液体 B 表面铺展，液滴呈球形或透镜状。如液体 A、B 并非完全不互溶，则应改用相互饱和后的表面张力 σ'_A 和 σ'_B 数据计算 S。

例 7－3　293.15 K 时，一滴己醇滴在洁净的水面上，己醇在水面上最终呈何种形状？已知：$\sigma_{水} = 72.8 \times 10^{-3}\ N \cdot m^{-1}$，$\sigma_{己醇} = 24.8 \times 10^{-3}\ N \cdot m^{-1}$，$\sigma_{己醇-水} = 6.8 \times 10^{-3}\ N \cdot m^{-1}$，己醇与水相互饱和后，$\sigma'_{水} = 28.5 \times 10\ N \cdot m^{-1}$，$\sigma'_{己醇} = \sigma_{己醇}$，$\sigma'_{己醇-水} = \sigma_{己醇-水}$。

解： $S_{己醇,水} = \sigma_{水} - \sigma_{己醇} - \sigma_{己醇-水} = (72.48 - 24.8 - 2.8) \times 10^{-3}$

$= 41.2 \times 10^{-3}\ \mathrm{N \cdot m^{-1}} > 0$

因此开始时己醇在水面上铺展成膜。当己醇与水相互饱和后，铺展系数为

$$S'_{己醇,水} = \sigma'_{水} - \sigma'_{己醇} - \sigma'_{己醇-水} = (28.5 - 24.8 - 2.8) \times 10^{-3}$$

$$= -2.9 \times 10^{-3}\ \mathrm{N \cdot m^{-1}} < 0$$

在水面上铺展的己醇最终又缩回成透镜状液滴。

7.4.2 不溶性表面膜

1765 年，富兰克林(Flanklin)观察到油滴在水面上能铺展形成厚度约为 2.5 nm 的油膜，相当于一个分子的厚度。后来研究表明，很多水不溶性物质能在水面上铺展成膜，称**表面膜(surface membrane)**。在适当的条件下，具两亲结构的不溶性表面活性物质可以形成一个分子厚度的膜，分子的极性基在水中，非极性基向外。这种膜被称为**单分子层表面膜(monomolecular film 或 monolayer)**。

用来制备不溶性表面膜的成膜材料通常为疏水基团较大的两亲分子，如碳原子数大于 16 的脂肪酸和脂肪醇等。天然的或合成的大分子化合物，如蛋白质、聚乙烯醇、聚丙烯酸酯等，也是常见的成膜材料。制备单分子表面膜时，一般先把成膜材料溶于某种溶剂中，制成铺展溶液，均匀地滴加到底液上使之铺展，挥发去溶剂后，在底液表面上便形成了一层单分子表面膜。

7.4.3 表面压及测定

若在洁净的水面上有两根平行靠近的火柴棒，在它们之间的水面上加一滴油，则油膜可以展开并将原本靠近的火柴棒推开，说明展开的油膜对水面上漂浮的火柴棒产生了一种推力。这种不溶性膜对单位长度浮物所产生的推力称为**表面压(surface pressure)**，用 π 表示，它与表面张力的关系推导如下。

设水面浮物长度为 l，则油膜对浮物施加的力为 πl，若浮物被推动的距离为 $\mathrm{d}x$，则膜所做的功为 $\pi l \mathrm{d}x$，同时膜面积增加 $l\mathrm{d}x$，而洁净水面则减少了 $l\mathrm{d}x$。设水和油的表面张力分别为 σ_0 和 σ，则此过程系统吉布斯能降低了 $(\sigma_0 - \sigma) l \mathrm{d}x$，系统表面吉布斯能的降低全部用于扩大油膜表面积做功，则

$$\pi l \mathrm{d}x = (\sigma_0 - \sigma) l \mathrm{d}x$$

$$\pi = \sigma_0 - \sigma \tag{7-39}$$

该式表明膜的表面压数值等于水和油的表面张力之差。由于 $\sigma_0 - \sigma > 0$，浮物被推向纯水一边。

1917 年朗缪尔(Langmuir)设计了用于测定表面压的膜天平，见图 7-12。在涂有石蜡的浅盘 A 上放一片装有扭力丝的憎水薄浮片 C，浮片两端用涂了凡士林的细金属丝连

在盘上。实验时在盘中盛满水，并使水面略高于盘边，再用滑尺 B 刮去水的表层，重复多次直至水面干净。把溶解在挥发性溶剂中的成膜物质溶液滴加在浮片 C 和滑尺 B 之间，溶剂挥发后，水面上便形成了单分子膜。成膜时作用于浮片上的压力可通过扭丝旋转的度数测得。移动滑尺改变膜的面积，可测量相对应的表面压数据，从而得到一系列表面压 π。根据成膜物质的量可知膜中的分子数，由膜面积可求得每个成膜分子占有的面积 a。用 π 对 a 作图，可以进一步研究表面膜的性质。膜天平法也是测定表面张力的常用方法。

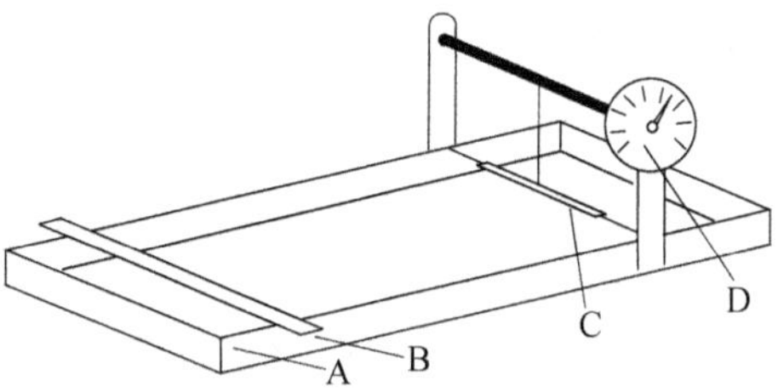

图 7-12　膜天平示意图

A. 盛水的长盘；B. 滑尺；C. 浮片；D. 扭力天平

7.4.4　不溶性表面膜的一些应用

1. 测定蛋白质摩尔质量

在一定温度下把蛋白质铺展成单分子膜，当表面浓度较低时，成膜分子所占面积大，分子间的相互作用较小，膜的行为特征与气体类似，膜状态方程可表示为

$$\pi A_s = nRT = \frac{m}{M}RT \tag{7-40}$$

式中，A_s为膜面积，n 为蛋白质的物质的量，m 为蛋白质的质量，M 为蛋白质的摩尔质量。

用式(7-40)可测定蛋白质的摩尔质量，结果与渗透压法、黏度法或超离心法测定结果相符，其优点是所需样品量极少，简单快速，适于测定相对分子质量小于 25 000 的蛋白质。

2. 抑制液体蒸发

在水面形成单分子膜可以抑制湖泊和水库中的水分蒸发，可使蒸发速度下降 40%～90%，对于干旱缺水地区，膜的这一应用具有重要意义。

3. 制备 LB 膜

朗缪尔(Langmuir)和他的学生布洛杰特(Blogett)将不溶性单分子表面膜转移到固体基质上，制备得到多分子层膜，称为 Langmuir-Blogett(LB)膜。LB 膜的厚度为零点几纳米到几个纳米，具有高度各向异性。利用这种膜转移技术可以进行分子组装，开发新型光电子器件。

4. 膜的化学反应

一个化学反应在不溶性膜上进行时与在溶液体相中进行区别很大，反应速率不同，有时反应产物也不同，由于反应物和产物的吸附作用以及表面电荷等因素的影响，甚至会使化学平衡的位置发生变化。

固体表面不均匀，给复相化学反应研究工作带来不便，而利用膜反应来进行复相化学反应动力学的研究则可避免这一问题。

7.4.5 生物膜

许多生命过程是在动物体内的各种膜上进行的，在细胞内不断发生着酶催化反应，同时又通过细胞膜与外部交流。**生物膜(biomembrane 或 biological membrane)**如细胞膜是具有特殊功能的半透膜，完成能量传递、物质运输、信息传递等多种功能。生物膜主要由脂质、蛋白质和糖类等物质组成，其中蛋白质对生物膜的功能起着主要作用，如细胞与环境之间的物质、能量和信息交换，几乎都与细胞膜中的蛋白质相关。蛋白质大致可分为如下几类：① 通道蛋白：能选择性使特定的物质通过蛋白质；② 受体：主要分布在细胞膜表面，接受细胞环境中特异的化学性刺激；③ 酶：种类较多，主要分布于膜内。此外，免疫功能也与膜蛋白有关系。不同细胞有其特有的蛋白质，这是决定细胞具有特异性功能的物质基础。

运送物质是细胞膜的主要功能之一，如 O_2、CO_2、维生素、各种供能物质、代谢产物、合成新物质的原料等。物质运送又分为被动运送和主动运送两种方式。被动运送是物质从高浓度一侧，通过膜运送到低浓度的一侧，这是一个自发过程，不需外界提供能量。主动运送，指细胞膜通过特定的通道或载体把特定的分子或离子转运到膜的另一侧。主动运送具有选择性，通道或载体能识别这些特定分子或离子，并能对抗浓度梯度，因此是一种耗能过程，如 Na^+、K^+离子的主动运送，动物细胞的细胞外液和内液中的 Na^+、K^+浓度差别较大，正常的肌肉细胞膜内 K^+浓度约为膜外的 30 倍，膜外 Na^+浓度约为膜内 Na^+浓度的 12 倍。大量研究证明，细胞膜结构中有一种特殊的蛋白质，它能催化 ATP 水解，利用 ATP 释放出的能量，进行对 Na^+、K^+的主动运送。

对生物膜进行模拟，是当今化学家(生物化学家)的重要任务之一。模拟生物膜就是通过在大分子材料上引入各种功能性基团来模拟生物膜的功能。如聚对羟基苯乙烯分子带有酚酞基团，将它与乙酸纤维素共混制成仿生大分子薄膜，在一定条件下能像生物膜一样使 Na^+、K^+离子选择性地通过，进入高浓度的一侧。

脂质体(liposomes)是人工制备的类脂质双分子层膜小囊，在研究中作为细胞膜结构的模拟物，自 20 世纪 70 年代开始用作药物载体，成为药物新剂型的研究热点之一，目前在应用方面已取得很大进展。

7.5 表面活性剂

表面活性剂具有显著降低溶剂(通常指水)表面张力的作用，在日用化工、纺织、石油，食品加工、农业、医药等各行业有着极为广泛的应用，以改善生产工艺、提高产品质量、节约能源等，并已扩展到电子技术、生物技术、新型材料等高新技术领域。

7.5.1 表面活性剂分类

通常根据表面活性剂的化学结构特点进行分类，一般分为四类：阴离子型、阳离子型、两性型和非离子型表面活性剂。(见表 7-3)。

表 7-3 表面活性剂的分类

分类	实 例		
阴离子表面活性剂	R—COONa 羧酸盐	$C_{17}H_{35}COONa$	硬脂酸钠
	R—OSO_3Na 硫酸酯盐	$C_{12}H_{25}OSO_3Na$	十二烷基硫酸钠
	R—SO_3Na 磺酸盐		十二烷基苯磺酸钠
	R—OPO_3Na_2 磷酸酯盐	$C_{16}H_{33}OPO_3Na_2$	十六醇磷酸酯二钠盐
阳离子表面活性剂	R—NH_2·HCl 伯胺盐		
	R—$NH(CH_3)$·HCl 仲胺盐		
	R—$N(CH_3)_2$·HCl 叔胺盐		
	R—$N^+(CH_3)_3$·Cl^- 季胺盐	$[C_{12}H_{25}-N^+(CH_3)_2-CH_3]+Cl^-$	十二烷基三甲基氯化铵
两性表面活性剂	R—$NHCH_2$—CH_2COOH 氨基酸型	$C_{12}H_{25}NHCH_2CH_2COONa$	十二烷基氨基丙酸钠
	R—$N^+(CH_3)_2CH_2$—CH_2COOH 甜菜碱型	$[C_{12}H_{25}-N^+(CH_3)_2-CH_3COO]^-$	月桂基二甲基甜菜碱
非离子表面活性剂	R—O—$(CH_2CH_2O)_nH$ 聚氧乙烯型	$CH_3(CH_2)_{11}O(CH_2CH_2O)_n$	聚氧乙烯十二烷基醇醚
	R—$COOCH_2C(CH_2OH)_3$ 多元醇型	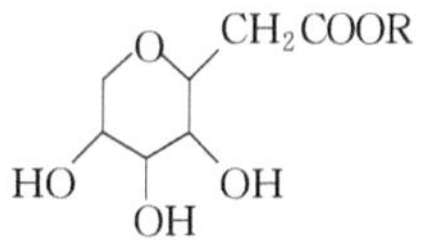	司盘(span)类
		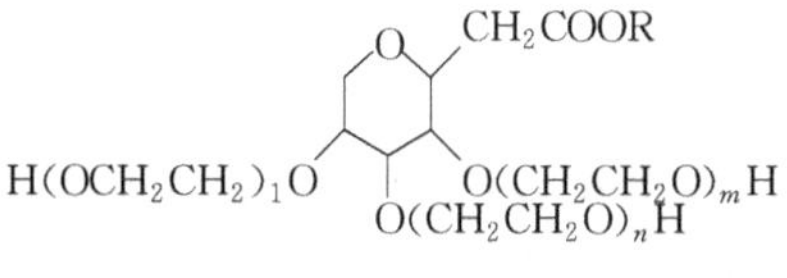	吐温(tween)类
	聚氧乙烯整体共聚物	$HO-(CH_2CH_2O)_a-(CH_2CH_2CH_2O)_b-(CH_2CH_2O)_c-H$	普朗尼克(plurонics)类

阴离子表面活性剂一般为长链有机酸的盐类或长链醇的多元酸酯盐，水溶性好，表面活性高，应用广泛，多作为润湿剂、洗涤剂、乳化剂等。

阳离子表面活性剂几乎都是含氮的化合物，其中以季铵盐用途最广。这类表面活性剂易吸附于固体表面，大多有毒，常用作矿物浮选剂、杀菌剂、抗静电剂、纤维柔软剂等。

两性表面活性剂易溶于水，难溶于有机溶剂，其性质受 pH 变化的影响较大，毒性小，安全性高，与各种表面活性剂相容性好，如起泡剂、护发剂、杀菌剂等。

非离子表面活性剂稳定性高，不易受酸、碱、盐等组分的影响，其亲水部分由一定数量的含氧基团组成，一般为聚氧乙烯或多元醇，这类表面活性剂毒性较小，常用于食品、化妆品和医药领域。

其他分类方法还有：① 按来源可分为天然和合成表面活性剂；② 按溶解性可分为水溶性和油溶性表面活性剂；③ 按相对分子质量可分为低分子表面活性剂和大分子表面活性剂；④ 按用途分种类较多，如润湿剂、乳化剂、起泡剂等。

大分子表面活性剂、氟表面活性剂、硅表面活性剂，以及 Gemini 型和 Bola 型等新型表面活性剂统称为特种表面活性剂，具有独特的性能。

7.5.2 表面活性剂的结构及其在溶液表面的定向排列

表面活性剂之所以能显著降低表(界)面张力，原因是它们具有两亲结构，即一端为极性的亲水基团，一端为非极性的疏水基团。疏水基多数呈长链状，被形象地比作“尾巴”，而亲水基则被比作“头”，见图 7－13(a)。表面活性剂的非极性部分结构变化主要是长链结构的不同，对表面活性剂性质影响不大；而它的极性部分，亲水基团的种类和结构对表面活性剂的性质影响较大。表面活性剂的疏水基必须足够大，如碳链长度大于 8 个碳的正构烷基，才能显示表面活性剂的特性。近 20 年来相继开发了一些具有特殊结构的新型表面活性剂，如同时具有两条疏水链和两个亲水基团的 Gemini 表面活性剂(即孪连表面活性剂)，以及一条疏水链同时连接两个亲水基的 Bola 型表面活性剂，见图 7－13(b)、7－13(c)。

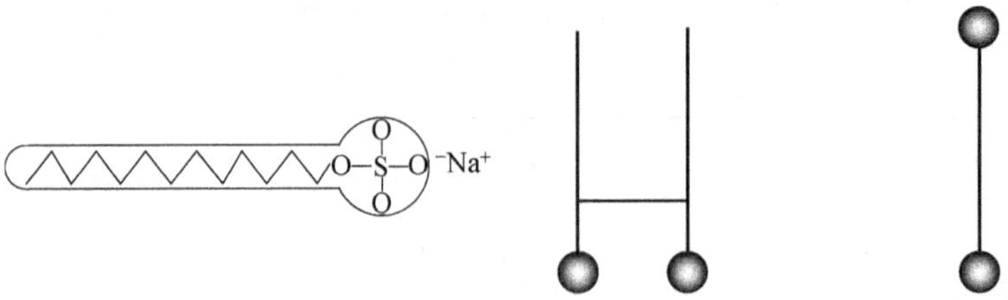

(a) 普通表面活性剂　　(b) Gemini 型表面活性剂　　(c) Bola 型表面活性剂

图 7－13　几种类型表面活性剂结构示意图

表面活性剂分子能定向排列在两相界面上，使界面的不饱和力场得到一定程度的平衡，从而降低表面张力，这种现象称为分子定向平衡。由于表面活性剂分子具有两亲结构，使其极易被吸附在溶液表面。在水溶液中，表面活性剂分子的疏水基有强憎水性，倾向于离开水相指向气相；而另一端的极性基团具有亲水作用，在水分子的作用下插入水中。当溶液浓度较低时，这些被吸附在溶液表面的分子极性端插入水中，非极性端斜躺在溶液表面。随着溶液浓度的增加，表面吸附量逐渐加大，直至达到一个极限值 Γ_m，吸附在溶液表面的分子在表面定向排列成单分子膜(见图 7－14)。实验测定同系物分子在吸附层中的截面积相同，证明了吸附层中的分子是直立在溶液表面的。表面活性剂分子在液-液、液-固和气-固等界面发生定向排列时，亲水基团朝向极性大的一相，疏水基则朝向极性小的一相。表面活性剂分子在界面定向排列，减小了两相的接触面积，从而能使界面张力显著降低。

利用表面活性剂在表面定向排列可测定分子的横截面积。表面活性剂溶液在达到饱

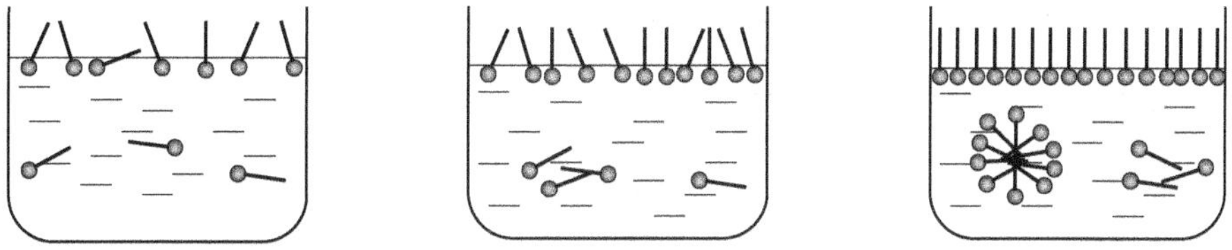

图 7-14 表面活性剂溶液浓度和分子在溶液中的状态

和吸附时，它在表面层中的浓度远远大于体相内的浓度，故饱和吸附量 Γ_m 可视为单位表面上溶质的总量，可根据 Γ_m 计算被吸附分子的横截面积 A，即分子在液面的投影面积

$$A = \frac{1}{\Gamma_m \cdot L} \tag{7-41}$$

式中，L 为阿伏伽德罗常数。用这种方法计算所得分子截面积比用其他方法得到的结果略大。主要原因有以下几点：分子的热运动使溶液表面的分子不可能排列得非常整齐；极性基团的溶剂化作用使表面层夹杂有溶剂分子；表面层中的分子和水面并不是完全垂直的。

7.5.3 表面活性剂的亲水亲油平衡值

1. 表面活性剂的亲水亲油平衡值

表面活性剂分子是既亲水又亲油的两亲分子，其亲水亲油性是由分子中的亲水基团和亲油基团的相对强弱决定的，它们之间的平衡关系对表面活性剂的性能影响很大。当表面活性剂分子中的亲水基团的极性越强而亲油的碳氢链越短，整个分子的亲水性就越强；如果分子中的亲水基团的极性越弱而碳氢链越长，整个分子的亲油性就越强。1949年，格里芬(Griffin)提出用**亲水亲油平衡值(hydrophile and lipophile balance value，HLB)**来表征非离子表面活性剂的亲水亲油的相对强弱。规定以完全疏水的石蜡 HLB=0，完全亲水的聚乙二醇 HLB=20 作为标准，按亲水性强弱确定其他表面活性剂的 HLB 值，HLB 值越小，表面活性剂亲油性越强，反之则亲水性越强。后来这一方法又扩展至离子型表面活性剂，并规定十二烷基硫酸钠 HLB=40。

HLB 值是反映表面活性剂性能的一个重要参数，不同 HLB 值的表面活性剂用途不同，在选择使用表面活性剂时一般可通过查阅表面活性剂手册获得。表 7-4 列出了一些表面活性剂的 HLB 值和用途，但由于 HLB 值的计算和测定都是经验性的，在实际应用中不能作为选择和应用表面活性剂的唯一依据，还需结合实际效果来确定。

表 7-4 一些表面活性剂的 HLB 值及其应用

名　称	化学组成	HLB 值	应用范围
石　蜡	碳氢化合物	0	
油　酸	直链脂肪酸	1	HLB 1～3，消沫剂

续表

名称	化学组成	HLB值	应用范围
Span 65	失水山梨醇三硬脂酸酯	2.1	
Span 80	失水山梨醇单油酸酯	4.3	HLB 3～8，W/O乳化剂
Span 40	失水山梨醇单棕榈酸酯	6.7	
阿拉伯胶	阿拉伯胶	8.0	
Span 20	失水山梨醇单月桂酸酯	8.6	HLB 7～11，润湿剂，铺展剂
明胶	明胶	9.8	
甲基纤维素	甲基纤维素	10.5	
Myrj 45	聚氧乙烯硬脂酸酯	11.1	HLB 8～16，O/W乳化剂
PEG 400 mono stearate	聚氧乙烯单硬脂酸酯	11.6	
Atlas G－1794	聚氧乙烯蓖麻油	13.3	
Tween 80	聚氧乙烯失水山梨醇单硬脂酸单酯	14.9	HLB 12～15，去污剂
Plurnics F68	聚醚 F68	16	
Tween 20	聚氧乙烯失水山梨醇月桂酸单酯	16.7	HLB 16以上，增溶剂
油酸钠	油酸钠	18	
聚乙二醇	聚乙二醇	20	
油酸钾	油酸钾	20	
十二烷基硫酸钠	十二烷基硫酸钠	40	

2. HLB值的测定和计算

有很多方法可测定表面活性剂HLB值，如表面张力法、浊度法、临界胶束浓度法、乳化法、滴定法、气相色谱法、核磁共振法等。这些方法大多比较繁琐，往往还需要有精密的测量仪器，花费时间也比较长。浊度法相对简便易行，根据表面活性剂在水中的溶解情况可估算表面活性剂HLB值的范围(见表7-5)。

表7-5　表面活性剂的HLB值与其在水中性质的对应关系

HLB值范围	加入水中后的性质
1～4	不分散
3～6	分散得不好
6～8	剧烈振荡后成不稳定乳状分散体
8～10	稳定乳状分散体
10～13	半透明至透明的分散体
>13	透明溶液

此外，戴维斯(Davies)把表面活性剂分子分解成一些基团，每一个基团对HLB值都有一定的贡献，表面活性剂的HLB值是这些基团HLB值的总和。若已知这些基团的HLB值，利用下式可计算出表面活性剂的HLB值，即

$$\text{HLB值} = 7 + \sum(\text{各个基团的 HLB 值}) \tag{7-42}$$

表 7-6 一些基团的 HLB 值

基团名称	HLB 值	基团名称	HLB 值
$—SO_4Na$	38.7	—OH(失水山梨醇环)	0.5
—COOK	21.1	$—(C_2H_4O)—$	0.33
—COONa	19.1	—CH—	−0.475
$—SO_3Na$	11	$—CH_2—$	−0.475
—N(叔胺—)	9.4	$—CH_3$	−0.475
酯(失水山梨醇环)	6.8	=CH—	−0.475
酯(自由)	2.4	$—(C_3H_6O)—$	−0.15
—COOH	2.1	$—CF_3$	−0.87
—OH(自由)	1.9	$—CF_2—$	−0.87
—O—	1.3		

例 7-4 利用表 7-6 数据计算十二烷基磺酸钠的 HLB 值。

解: 把十二烷基磺酸钠分解得到如下基团:$—SO_3Na$、$—CH_3$和 11 个$—CH_2—$,将各基团的 HLB 值数据代入式(7-42),得

$$\text{HLB} = 7 + 11 + 12 \times (-0.475) = 12.3$$

应该指出,这种方法所得结果并不十分准确,但基础数据较全,在新结构的表面活性剂设计及性能预测等方面仍有较大应用价值。

HLB 值具有加和性,含有两种或两种以上组成的混合表面活性剂 HLB 等于各个表面活性剂 HLB 值的质量分数加和。

$$\text{HLB}_{\text{A+B}} = \frac{\text{HLB}_{\text{A}} \cdot m_{\text{A}} + \text{HLB}_{\text{B}} \cdot m_{\text{B}}}{m_{\text{A}} + m_{\text{B}}} \tag{7-43}$$

式中,m_A、m_B分别为表面活性剂 A 和 B 的质量。计算结果虽然较为粗略,但完全可满足一般应用的需要。

7.5.4 胶束

1. 胶束的形成和临界胶束浓度

在表面活性剂的低浓度水溶液中,表面活性剂分子主要分布在溶液表面层,使水和空气接触面减少,还有少量分子在体相内部以单个分子或离子的状态存在。当表面活性剂浓度增大到一定程度时,溶液表面达到饱和吸附,表面活性剂分子在溶液体相内部形成疏水基向内、亲水基向外的多分子聚集体(见图 7-13),称作**胶束(micelle)**或胶团。形成胶束所需的表面活性剂最低浓度称为**临界胶束浓度(critical micelle concentration,CMC)**。溶液浓度达到 CMC 后,由于表面层已经饱和,继续增大表面活性剂的浓度,只会改变体相内部胶束的形态,使胶束增大或增加胶束的数目,溶液中表面活性剂单个分子的数目不再增加。所形成胶束不具表面活性,不能继续降低表面张力。

表面活性剂形成胶束后,疏水基团完全包在胶束内部,几乎和水隔离,亲水基团则朝外,这样与水几乎没有相斥作用,因此胶束溶液是热力学稳定系统。

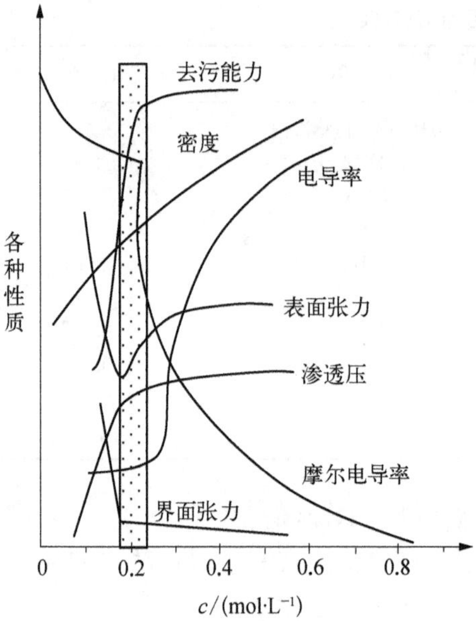

图 7-15 十二烷基硫酸钠溶液在胶束形成前后各种性质的变化

一般离子型表面活性剂的 CMC 值约为 10^{-2}～10^{-4} mol·L^{-1}，非离子型表面活性剂的 CMC 值更小，可以低至 10^{-6} mol·L^{-1}。CMC 值和表面活性剂分子的结构有关，亲水性强的分子 CMC 值较大，憎水性强的分子 CMC 值较小。同系物分子中，碳氢链的碳原子数越多，CMC 值越小。此外温度、电解质和有机物等对 CMC 值都会有影响。

CMC 也是表面活性剂性质的一个重要数据。当表面活性剂溶液达到 CMC 后，不仅表面张力不再下降，溶液的电导率、渗透压、光学性质、增溶作用及去污能力等随浓度的变化关系曲线都有一个明显的转折点，见图 7-15。

2. 胶束的结构

当表面活性剂溶液的浓度达到 CMC 时，分子在溶液体相中开始形成胶束。浓度较低时胶束通常为球形，随着浓度增大，可形成板层状、肠状（棒状）胶束等更复杂的形状（图 7-16）。聚集成胶束的表面活性剂单体数目称为聚集数。离子型表面活性剂形成的胶束聚集数约为 40～100，少数大于 1 000；非离子型表面活性剂胶束聚集数一般较大，如月桂醇聚氧乙烯醚在 25℃时的聚集数达 5 000。

胶束粒子很小，其大小与胶体粒子相近。球形胶束的直径约为 3 nm，大约为两个分子疏水链的长度。胶束表面是溶剂化的极性基团，内核为疏水基部分近似呈液态，整个胶束就像一个包着极性外壳的小油滴。离子型表面活性剂形成的胶束，表面层除了极性基团和被结合的水分子外，还有一部分被结合的反离子，胶束周边还有一个含有反离子的扩散层。聚氧乙烯非离子表面活性剂的胶束表面层较厚，表面层中结合了大量的溶剂化水。形成胶束的溶液具有增溶作用。

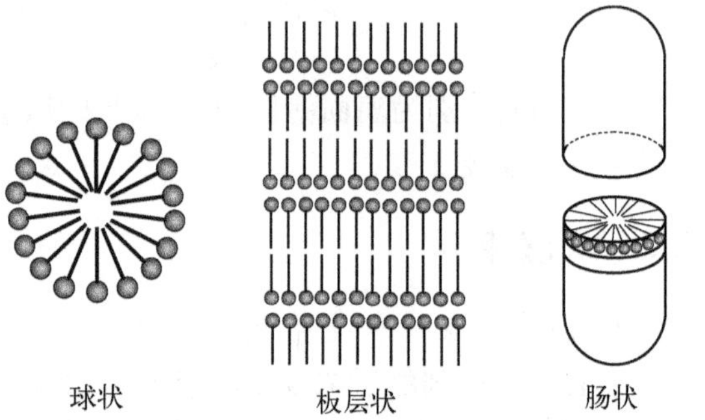

图 7-16 几种胶束形状

7.5.5 表面活性剂的几种重要作用

表面活性剂在工业生产和日常生活中有着广泛应用，下面介绍其几种重要作用。

1. 增溶作用

不溶或微溶于水的非极性有机化合物在浓度大于临界胶束浓度的表面活剂性溶液中的溶解度会显著增加，这种现象称作**增溶作用(solubilization)**。例如，室温下苯在水中的溶解度仅为 0.09%(体积分数),加入油酸钠后可使其溶解度增大至 10%。

增溶作用是通过胶束实现的。起到增溶作用的表面活性剂称为**增溶剂(solubilizer)**,被增溶的物质称为**增溶物(solubilized material)**或**增溶质(solubilizate)**。在一定量的增溶剂中,溶解增溶物的饱和浓度称为增溶量,单位增溶剂浓度所具有的增溶量即为该表面活性剂胶束的增溶能力。作为增溶剂的表面活性剂 HLB 值应在 15 以上,但在选择增溶剂时往往还需要考虑增溶物的结构。

增溶主要有以下四种基本方式,实际上增溶时经常是多种方式同时发生。

1) 内部溶解型　不易极化的饱和脂肪烃、环烷烃等化合物,一般被增溶在胶束的内核部分,相当于溶解在"液烃"中,见图 7-17(a)。

2) 外壳溶解型　容易极化的化合物如短链芳烃在量少时被吸附在胶束表面,量多时插入表面活性剂分子"栅栏"中,直至进入胶束内核,见图 7-17(b)。

3) 插入型　烃链较长的极性分子如醇、胺和脂肪酸等,增溶时插入胶束的表面活性剂分子之间,分子的非极性碳氢链插入胶束内部,极性部分则留在表面活性剂分子的极性基之中,形成"栅栏"结构,见图 7-17(c)。

4) 吸附型　一些较小极性的分子既不溶于水也不溶于烃,如苯二甲酸二甲酯等,增溶时吸附于胶束表面,见图 7-17(d)。一些相对分子质量较大的极性物质,无法进入胶束内部,也只能吸附在胶束表面上。

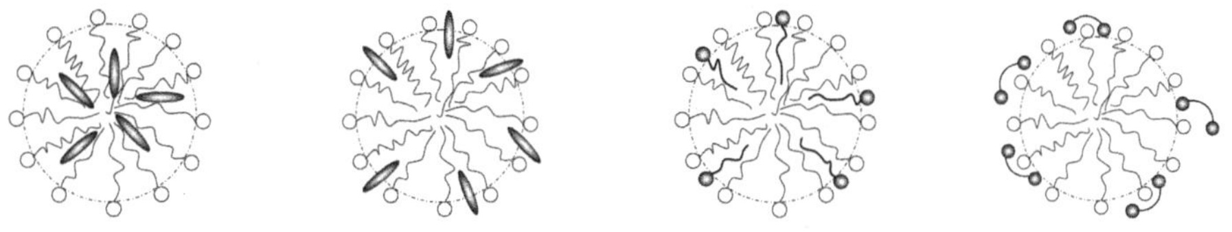

(a) 内部溶解型　(b) 外壳溶解型　(c) 插入型　(d) 吸附型

图 7-17　几种增溶方式示意图

增溶与真正的溶解不同。真正的溶解是使溶质分散成分子或离子,而增溶后的溶液依数性无明显变化,表明被增溶的物质并不是以单个分子的形式分散在水中。增溶作用和乳化作用也完全不相同。乳化是通过借助乳化剂使不溶液体分散到另一液体中形成热力学不稳定的多相系统,而增溶使整个系统的吉布斯能下降,是一个自发过程,形成的溶液是热力学稳定系统。

制药工业中常用吐温类、聚氧乙烯蓖麻油等作增溶剂。如一些挥发油、脂溶性维生素、甾体激素类、抗生素类和磺胺类等许多难溶性药物都可通过增溶作用制成浓度较高的澄清液,可内服、外用或注射。

2. 润湿作用

在生产和生活中,常需改变液体对某一固体的润湿性能,如把不润湿改变为润湿,或把润湿变成不润湿,这些改变借助表面活性剂都可以实现。表面活性剂分子能在固液界面定向排列,在疏水表面上,表面活性剂分子疏水基与表面有较强的相互作用,而极性基团则向外,这样就形成了亲水的"新表面",液体便能较好地润湿表面了,这种作用称为**润湿作用(wetting action)**,见图 7-18(a)。反之,在润湿性固体表面上,表面活性剂的极性

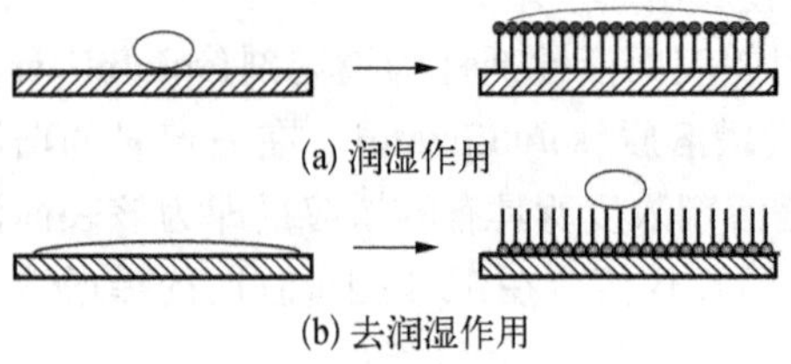

图 7-18 表面活性剂的润湿作用和去润湿作用

基与固体表面有较强的吸附作用，非极性基朝外，这样便使与水润湿良好的表面变为不润湿的表面，见图 7-18(b)。该过程称为**去润湿作用**(**revers wetting action**)或**憎水化**(**hydrophobic action**)。

一般选择 HLB 值在 7～11 之间的表面活性剂作为润湿剂。润湿过程常选用阴离子型和非离子型的表面活性剂，如十二烷基苯磺酸钠、油酸丁酯硫酸钠、十二醇硫酸钠等。非离子表面活性剂对酸、碱、盐都不敏感，起泡较少。去润湿过程中常选用二甲基二氯硅烷、植物油、氯化十二烷基吡啶、油酸等表面活性剂。

表面活性剂的润湿作用应用非常广泛。如在药物制剂中，表面活性剂作为外用软膏基质可使药物与皮肤很好地润湿，有利于药物吸收；制备混悬剂时，加入表面活性剂使粒子表面易被润湿从而使之分散均匀。在针剂安瓿内壁涂上二甲基二氧硅烷，使玻璃内壁成为憎水表面，使用针剂时药液就不易残留粘附在玻璃内壁上了。在片剂中添加表面活性剂可以改善药物颗粒表面的润湿性，有利于压片。

在农药中加入润湿剂能提高农药对农作物枝叶和虫体表面的润湿程度，增加农药对这些表面的接触面积和接触时间，增强杀虫效果。在防水布的制备过程中，通过对纤维织物进行防湿剂处理，使防水布表面去润湿，达到既防水又透气的效果。还有采矿中的泡沫浮游选矿法、开采石油中的注水采油等都应用了与润湿有关的原理。

3. 乳化作用

使一种或几种液体以微小液滴形式均匀地分散在另一种不互溶的液体之中，形成高度分散体系的作用称为**乳化作用**(**emulsification**)，得到的分散系称为**乳状液**(**emulsion**)。乳状液在医药上用途广泛，如口服液、静脉注射液等。

乳状液为不稳定的多相系统，分散的小液珠有自动聚结而使体系分层的趋势。为制得稳定的乳状液，必须加入少量的表面活性剂作为**乳化剂**(**emulsifying agent**)。这些乳化剂分子在两相界面上定向排列，大大降低界面张力，同时在液滴周围形成具有一定机械强度的保护膜，使乳状液变得稳定。离子型表面活性剂还可以在液滴外形成双电层结构，阻碍小液滴相互靠拢，提高乳状液的稳定性。乳化剂的用量一般为 1%～10%，可选阴离子型、阳离子型或非离子型表面活性剂，目前以阴离子型表面活性剂应用最普遍。非离子型表面活性剂因具有不怕硬水、不受介质 pH 的影响等优点，发展很快。实际应用中常使用复合乳化剂，效果比单一乳化剂好。

4. 起泡作用

泡沫(**foam**)是气体分散在液体中的分散体系，气体为分散相，液体为分散介质，形成的是热力学不稳定体系。使用表面活性剂作为**起泡剂**(**foaming agent**)以形成较稳定泡沫的过程称为起泡。起泡剂能显著降低气-液界面张力，同时在气泡的液膜上形成双分子层，疏水基伸向气相，亲水基在液膜内形成水化层，使液相黏度增高，从而使液膜稳定并具有一定的机械强度，因此可提高泡沫的稳定性。

起泡剂的碳氢链宜长，一般碳原子数为 12～14 较好。选用非离子型表面活性剂作为起泡剂，其 HLB 值一般应在 8～18。起泡作用常用于泡沫灭火、矿物浮选分离等。在医学上进行 X 线透视检查时则常用起泡剂使胃充气扩张。

5. 洗涤作用

洗涤是将浸在某种介质中的固体表面的污垢去除的过程。表面活性剂的洗涤作用比较复杂，与增溶、润湿、乳化和起泡作用都有关系。例如，去除油脂污垢，水中加入洗涤剂后，洗涤剂分子的憎水基团吸附在污物和固体表面，使 $\sigma_{污物-水}$ 和 $\sigma_{固体-水}$ 降低，再通过机械搅动等方法使污物从固体表面脱落，洗涤剂分子在污物表面形成吸附膜而使之悬浮于溶液中，同时在洁净的固体表面形成吸附膜，防止污物重新沉积。去污性能以非离子型表面活性剂为最强，其次是阴离子型表面活性剂。肥皂是一种良好的洗涤剂，但酸性溶液和硬水会显著影响其去污性能。以烷基硫酸盐、烷基芳基磺酸盐和聚氧乙烯型非离子表面活性剂等为原料制成的各种合成洗涤剂具有更强的去污能力，近几十年来发展迅速。

7.6 固体表面的润湿

7.6.1 固体的润湿

润湿(wetting)指液体与固体接触时发生的一种界面现象，通常指固体表面的气体被液体取代。润湿过程非常重要，没有润湿就没有生命。许多工业生产过程也与润湿有关，如制剂中悬浊液的制备，用于皮肤、黏膜的外用制剂，都需考虑润湿性能。但有时也需要反润湿，如选矿、防水织物等。

润湿过程可分为三类：**沾湿(adhesional wetting)**、**浸湿(immersional wetting)**和**铺展润湿(spreading wetting)**。沾湿指固体和液体通过接触使部分气-液界面和气-固界面消失，形成固液界面的过程，见图 7-19(a)；浸湿则指固体浸入液体中，使气-固界面消失，形成固-液界面的过程，见图 7-19(b)；而铺展润湿指液体在固体表面铺展，取代原来的气-固界面，形成固-液界面和气-液界面的过程，见图 7-19(c)。

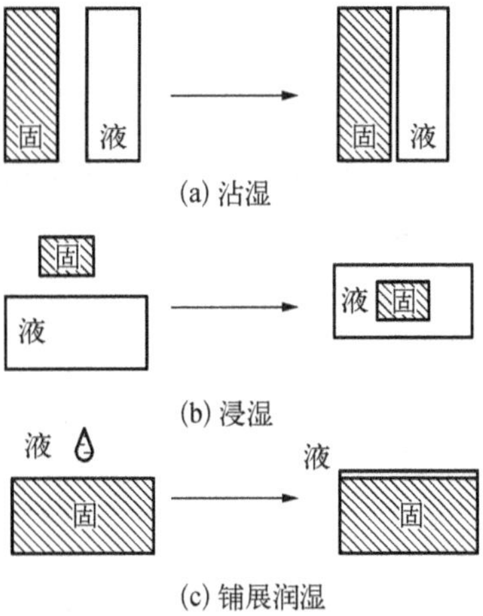

图 7-19 三种润湿类型示意图

若沾湿、浸湿和铺展润湿过程的表面吉布斯能变化分别用 $\Delta G_{沾湿}$、$\Delta G_{浸湿}$ 和 $\Delta G_{铺展}$ 表示，则等温等压下，可逆润湿单位表面积时，三种过程的表面吉布斯能变化为

$$\Delta G_{沾湿} = \sigma_{s-l} - \sigma_{l-g} - \sigma_{s-g} \tag{7-44}$$

$$\Delta G_{浸湿} = \sigma_{s-l} - \sigma_{s-g} \tag{7-45}$$

$$\Delta G_{铺展} = \sigma_{s-l} + \sigma_{l-g} - \sigma_{s-g} \quad (7-46)$$

式中，σ_{s-l}、σ_{l-g}、σ_{s-g}分别为固-液、气-液和气-固界面张力。

$\Delta G \leqslant 0$时，液体可以润湿固体表面，三种润湿的难易程度可以由吉布斯能的降低多少来衡量，其中铺展润湿的标准最高，能铺展润湿则必能沾湿和浸湿。与液体的铺展相似，可以用铺展系数S来判断液体在固体表面的铺展润湿。若$S \geqslant 0$，可以铺展湿润，即

$$S = -\Delta G_{表,s} = \sigma_{s-g} - \sigma_{s-l} - \sigma_{l-g}$$

由于σ_{s-l}、σ_{s-g}数据无法直接测定，上述几个润湿判断公式只是理论分析，在实际应用中，是用接触角来判断润湿状态的。

7.6.2 接触角

100多年前，人们发现润湿现象与接触角有关，并设计了测定接触角的实验方法，这样就把热力学判据转化成为直观简单的接触角判据。如图7-20，当液滴落在固体表面上，达到平衡时，在固、液、气三相交界点做气-液界面的切线，此切线与固-液交界线之间的夹角称为**接触角(contact angle)**。接触角的大小由三相交界处三种界面张力的大小决定，即

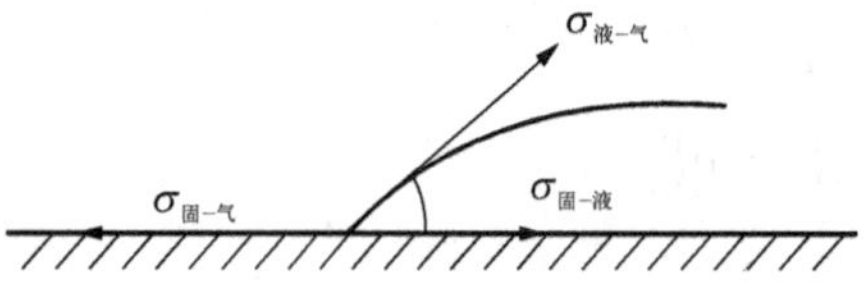

图7-20　接触角示意图

$$\sigma_{s-g} = \sigma_{s-l} + \sigma_{l-g}\cos\theta \quad (7-47)$$

该式称为**杨氏公式(Young equation)**。将该式代入(7-44)、(7-45)和(7-46)式，可得

$$\Delta G_{沾湿} = -\sigma_{l-g}(1+\cos\theta) \quad (7-48)$$

$$\Delta G_{浸湿} = -\sigma_{l-g}\cos\theta \quad (7-49)$$

$$\Delta G_{铺展} = -\sigma_{l-g}(\cos\theta - 1) \quad (7-50)$$

这样，只要测出液体的界面张力和接触角，即可判断能否润湿。实际上只需测出接触角即可判断润湿状态，即ΔG是否小于零，取决于接触角。根据三种润湿的条件，由式(7-48)、式(7-49)和式(7-50)可以分别确定沾湿的接触角范围为$\theta \leqslant 180°$，浸湿的接触范围为$\theta \leqslant 90°$，铺展润湿的接触角范围为$\theta = 0°$。

通常，人们按以下标准判断润湿程度：$\theta < 90°$为润湿，$\theta \geqslant 90°$为不润湿，$\theta = 0$为完全润湿，$\theta = 180°$为完全不润湿。

表7-7列出了一些药物及辅料粉末与水的接触角。

表7-7　一些药物及辅料粉末与水的接触角

物　质	接触角	物　质	接触角
咖啡因	43°	磺胺嘧啶	71°
氨茶碱	47°	硼酸	74°
茶　碱	48°	非那西丁	78°
异烟肼	49°	安定	83°
地高辛	49°	戊巴比妥	86°

续 表

物 质	接触角	物 质	接触角
磺胺噻唑	53°	消炎痛	90°
磺胺甲基嘧啶	58°	硬脂酸	98°
碳酸钙	58°	水杨酸	103°
氯霉素	59°	硬脂酸钙	115°
强的松	63°	硬脂酸铝	120°
巴比妥	70°	硬脂酸镁	121°

7.7 固体表面吸附

案例 7－3

在第一次世界大战中，化学毒气首次被用于现代战争，促进了防毒面具的发展。目前防毒面具已被广泛用于保护工人、消防员、防化部队等人群免受有毒烟雾的伤害。防毒面具的主要功能是过滤有害气体和粉尘，其中最关键的部分是滤毒罐。在滤毒罐中填充有以超细纤维材料和活性炭、活性炭纤维等吸附材料为核心的过滤材料。其中，活性炭是早期防毒面具主要采用的过滤材料。活性炭对各种有毒气体均有一定的吸附作用，只是有的吸附作用强，而有的比较弱。目前，活性炭仍是防毒面具中常用的过滤材料之一。如一些军用防毒面罩的滤毒罐中就装填有优质活性炭-催化剂和高效滤纸，能够过滤除一氧化碳以外的各种有毒气体和粒子气溶胶。

问题：

(1) 若希望提高滤毒罐中过滤材料的性能，可考虑从哪些方面加以改进？

(2) 是否戴上了防毒面具即能保证在有毒气体环境中很长时间都不会中毒？

固体表面的原子受力不对称，有剩余力场的存在，也有表面张力和表面能。但由于固体的非流动性，不能像液体一样通过缩小表面积来降低表面吉布斯能，只能对接触表面的气体或液体分子产生**吸附(adsorption)**，改善受力不均衡的情况，使表面吉布斯能降低。具有吸附能力的固体称为**吸附剂(adsorbent)**，被吸附的物质称为**吸附质(adsorbate)**。吸附剂的表面性质、组成、结构及吸附质的性质对吸附都有影响。

7.7.1 物理吸附和化学吸附

气体或液体分子在固体表面的吸附行为可以分为**物理吸附(physical adsorption)**和**化学吸附(chemical adsorption)**两种。两者的区别主要在于固体表面和吸附分子间的作用力性质的不同。

物理吸附和气体在固体表面发生的液化相类似，吸附的产生源于固体表面与被吸附分子之间的范德华引力，所以吸附一般无选择性，可以是单分子层或多分子层。吸附和脱附速率都很快，且不受温度影响，低温即能发生。在实际工作中，常采用低温高压的吸附条件，再通过升温减压脱附。

化学吸附类似于气体分子与固体表面分子发生化学反应，源于吸附分子与固体表面形成了化学键作用。这种吸附具有较高的选择性，并总是单分子层吸附，不易脱附。化学吸附需要活化能，因此一般需要较高的温度。化学吸附在许多应用科学中都有涉及，如化学工业中的复相催化就与化学吸附密切相关。

表 7-8 列出了这两种吸附的主要区别。

需注意，这两种吸附并不是独立的，有时也可能同时发生物理吸附和化学吸附。例如，O_2在金属钨上的吸附，一部分是以原子态被吸附（化学吸附），还有一部分则是以分子状态被吸附（物理吸附）。有的吸附体系在不同温度下，发生不同类型的吸附。如 H_2在镍上的吸附，低温时发生物理吸附，而高温时发生化学吸附。

表 7-8　物理吸附与化学吸附的比较

	物理吸附	化学吸附
吸附力	范德华力	化学键力
吸附热	较小，接近于液化热	较大，接近于化学反应热
吸附选择性	无选择性	有选择性
吸附稳定性	不稳定，易解吸	比较稳定，不易解吸
吸附分子层	单分子层或多分子层	单分子层
吸附速率	较快，不受温度影响	较慢，温度升高，速率加快，需要活化能

7.7.2　吸附等温线

1. 吸附平衡与吸附量

气相的分子可能被吸附到固体表面上来，已被吸附的分子也可以脱附（或称解吸）而重新回到气相。在一定温度和气相压力下，若单位时间内被吸附到固体表面上的气体量与脱附而重新返回气相的气体量相等，吸附速率与脱附速率相等时即达到**吸附平衡(adsorption equilibrium)**，此时吸附在固体表面上的气体量不再随时间而变化。达到吸附平衡时，单位质量吸附剂所能吸附气体的物质的量 x 或这些气体在标准状态下所占体积 V 称为吸附量，以 Γ 表示，即

$$\Gamma = \frac{x}{m} \text{或} \Gamma = \frac{V}{m} \tag{7-51}$$

式中，m 为吸附剂的质量，x 和 V 分别为吸附质的物质的量和体积。吸附量可通过实验直接测定。

2. 吸附曲线

实验表明，对指定的吸附剂和吸附质，达到平衡时，吸附量只是温度和气体压力的函数，即

$$\Gamma = f(T,\ p)$$

若上式的三个变量中固定其中一个变量，反映其他两个变量之间的函数关系称为吸附曲线。按固定变量不同，有如下三种吸附曲线：

1）吸附等压线　　吸附质平衡分压一定时，吸附温度 T 和吸附量 Γ 之间的关系曲线，称为**吸附等压线（adsorption isobar）**。由于吸附是放热过程，升高温度将使吸附量降低。对于物理吸附，吸附量随温度升高而下降的规律明显，如图 7－21(a)所示。而化学吸附吸附速率慢，在低温时很难达到平衡，随着温度升高，吸附速率加快，吸附量增加，达到平衡后吸附量又随温度升高而下降，如图 7－21(b)所示为 CO 在钯表面的吸附。因此，可以通过吸附等压线来判断吸附类型。

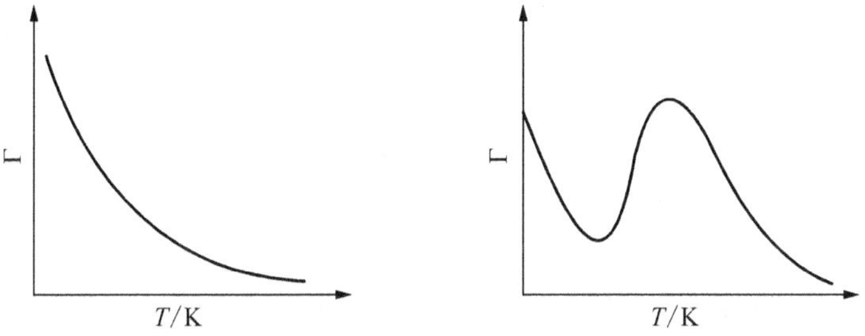

(a) 物理吸附　　(b) 化学吸附

图 7－21　吸附等压线

2）吸附等温线　　温度恒定时，吸附质平衡分压 p 与吸附量之间的关系曲线，称为**吸附等温线（adsorption isotherm）**。从大量实验总结得出的吸附等温线大致有五种类型，见图 7－22。图中纵坐标为吸附量，横坐标为相对压力 p/p^*，其中 p 是吸附平衡时的气体压力，p^* 为该温度下被吸附物质的饱和蒸气压。除Ⅰ型为单分子层吸附外，其余均为多分子层吸附。例如，低温时氮在活性炭上的吸附、氨在细孔硅胶上的吸附属于Ⅰ型；低温下 CO_2 在硅胶上的吸附属于Ⅱ型；低温下 Br_2 在硅胶上的吸附属于Ⅲ型；室温下苯蒸气在氧化铁凝胶上的吸附属于Ⅳ型；373.15 K 时水蒸气在活性炭上的吸附属于Ⅴ型。

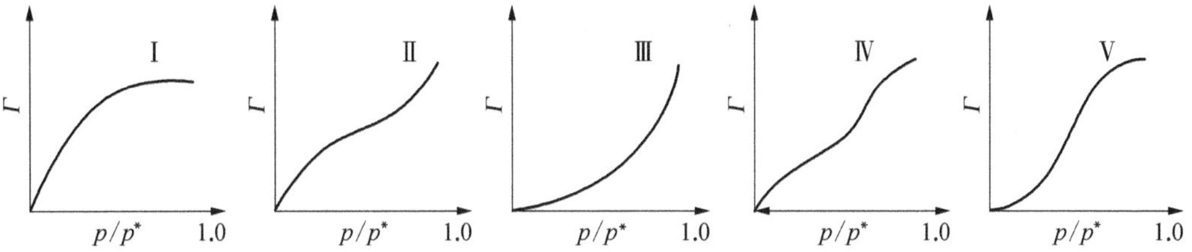

图 7－22　吸附等温线类型

吸附等温线是三种吸附曲线中最常用的，从上述五种类型等温吸附线可以得到吸附剂表面性质、孔的分布情况等有用的信息。

3）吸附等量线　　吸附量一定时，描述吸附温度 T 与吸附质平衡分压 p 之间的关系曲线，称为**吸附等量线（adsorption isostere）**。通过实验绘出等量线后，可由斜率求得吸附热。吸附热一般为负值，即吸附过程放热。由吸附热数值大小可判断吸附作用的强弱。

三种吸附曲线之间是相互联系的，由其中一组吸附曲线可得到另外两种吸附曲线。

通常先由实验测得一组吸附等温线，再画出相应的吸附等压线和等量线。

7.7.3 几个重要的吸附等温式

前已述及，在三种吸附曲线中，以吸附等温线最为常用，并导出了很多描述这些等温线的公式。这里只介绍描述单分子层吸附（图 7-22Ⅰ）的朗缪尔公式和弗伦德利希（Freundlich）公式，以及描述多分子层吸附的 BET 公式。

1. 朗缪尔单分子层吸附等温式

（1）朗缪尔单分子层吸附等温式

1916 年，朗缪尔根据大量的实验事实，首先提出了最简单的**单分子层吸附理论（monolayer adsorption theory）**。他认为：① 气体分子只有碰撞到空白固体表面才可能被吸附，而已经吸附了气体的固体表面不能再吸附其他气体分子，即只发生单分子层吸附。② 表面是均匀的，且被吸附的分子间不存在相互作用力，气体的吸附、解吸附不受周围被吸附分子的影响，也不受吸附位置的影响。③ 吸附平衡是动态平衡，此时单位时间内吸附到固体表面的气体分子数与脱离表面的气体分子数相等，吸附速率与脱附速率相等。

基于以上假设，设在一定温度下，θ 为固体的**表面覆盖率（coverage of surface）**，则 $(1-\theta)$ 表示尚未被覆盖的分数。根据假设①，吸附速率 $\nu_{吸附}$ 与 $(1-\theta)$ 和被吸附气体的分压 p 成正比，所以吸附速率为

$$r_{吸附} = k_1 p(1-\theta)$$

根据假设②，脱附速率 $r_{脱附}$ 与 θ 成正比，即解吸速率为

$$r_{脱附} = k_2 \theta$$

式中，k_1、k_2 均为比例常数。当达到吸附平衡时，$r_{吸附} = r_{脱附}$，即

$$k_1 p(1-\theta) = k_2 \theta$$

整理上式，可得

$$\theta = \frac{k_1 p}{k_2 + k_1 p}$$

令 $b = \dfrac{k_1}{k_2}$，得

$$\theta = \frac{bp}{1+bp} \tag{7-52}$$

式中，b 称为**吸附系数（adsorption coefficient）**，其值越大，表示固体表面吸附气体能力越强。式（7-52）即为**朗缪尔吸附等温式（Langmuir adsorption isotherm）**，它指出了吸附平衡时固体表面覆盖率 θ 与气体压力 p 之间的定量关系。

（2）朗缪尔吸附等温式的物理意义及应用

由（7-52）式可以看出：

1）当压力足够低或吸附很弱时，$bp \ll 1$，$\theta \approx bp$，即 θ 与 p 成直线关系，这与第Ⅰ类吸附

等温线的低压部分相对应。

2）当压力足够高或吸附很强时，$bp \gg 1$，$\theta \approx 1$，此时吸附量与压力无关，表明单分子层吸附达到完全饱和，与第Ⅰ类吸附等温线的高压部分（水平段）相对应。

3）当压力适中时，θ 与 p 呈曲线关系。$\theta = \dfrac{bp}{1+bp} = bp^n (0 < n < 1)$，与第Ⅰ类吸附等温线的中压部分相对应。

以 Γ_m 表示饱和吸附量，Γ 为压力 p 时的吸附量，把 $\theta = \dfrac{\Gamma}{\Gamma_m}$ 代入(7-54)式得

$$\frac{\Gamma}{\Gamma_m} = \frac{bp}{1+bp} \tag{7-53}$$

实际应用时常以 V_m 表示饱和吸附时的气体体积，V 为分压 p 时吸附气体的体积，则表面被覆盖的分数 $\theta = \dfrac{V}{V_m}$，代入(7-54)式得

$$\frac{V}{V_m} = \frac{bp}{1+bp} \tag{7-54}$$

整理后得

$$\frac{p}{V} = \frac{1}{bV_m} + \frac{p}{V_m} \tag{7-55}$$

这是用饱和吸附量表示的朗缪尔吸附等温式。若以 $\dfrac{p}{V}$ 对 p 作图得一直线，其斜率为 $\dfrac{1}{V_m}$，截距为 $\dfrac{1}{bV_m}$，可求出吸附系数 b 和饱和吸附量 V_m。

朗缪尔吸附等温式形式简单，使用方便，较好地解释了第Ⅰ类型吸附等温线。朗缪尔第一次对固气吸附机制作了形象的描述，为以后其他一些吸附等温式的建立奠定了基础。但其基本假设过于理想化，与实际偏离较大，因此对于多分子层吸附，或对吸附分子间作用力较强的单分子层吸附不能给予解释，适用范围较窄。

例 7-5 273.15 K 时，实验测得 NH_3 在 1 kg 活性炭上的吸附数据如下，体积已换算成标准状况。试用作图法求朗缪尔吸附等温式中的常数 b 和 V_m 的值。

$p\times10^{-3}$/Pa	0.524 0	1.730 5	3.058 4	4.534 3	7.496 7
$V\times10^{3}/m^3$	0.987	3.043	5.082	7.047	10.310

解： 数据处理如下：

$p\times10^{-3}$/Pa	0.524 0	1.730 5	3.058 4	4.534 3	7.496 7
$\dfrac{p}{V}\times10^{-6}(Pa\cdot m^{-3})$	0.530 9	0.568 7	0.601 8	0.643 4	0.727 1

$$\frac{p}{V}=\frac{1}{bV_m}+\frac{p}{V_m}$$

以 $\frac{p}{V}$ 对 p 作图得一直线(见图 7-23),直线斜率为 27.9 m^{-3},截距为 0.5176×10^6 Pa·m^{-3},可得:

$$V_m=\frac{1}{斜率}=\frac{1}{27.9}=3.58\times10^{-2}m^3$$

$$b=\frac{斜率}{截距}=\frac{27.9}{0.5176\times10^6}=5.39\times10^{-4}Pa^{-1}$$

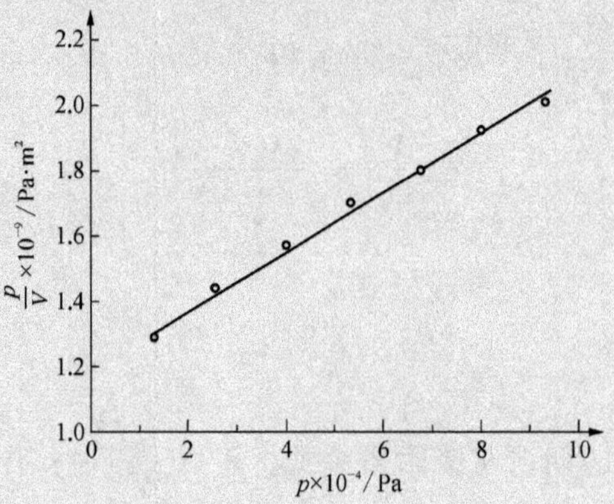

图 7-23 $\frac{p}{V}$ 与 p 关系图

2. 弗伦德利希吸附等温式

由于朗缪尔吸附等温式适用范围较窄,大多数系统不能完全用朗缪尔吸附等温式来表征。因此,很多人又提出了其他一些等温式,如弗伦德利希等温式,它是弗伦德利希对 CO 在炭上、乙醇在硅胶上的吸附等温线等实验结果进行分析归纳后提出的经验公式,即

$$\frac{x}{m}=kp^{\frac{1}{n}} \tag{7-56}$$

式中,x 为吸附气体的质量;m 为吸附质的质量;$\frac{x}{m}$ 为平衡压力 p 时的吸附量;k 和 n 是与吸附剂、吸附质种类以及温度等有关的常数。

将式(7-56)取对数,得

$$\ln\frac{x}{m}=\ln k+\frac{1}{n}\ln p \tag{7-57}$$

以 $\ln\frac{x}{m}$ 对 $\ln p$ 作图,由所得直线的斜率和截距可分别求得 n 及 k 值。弗伦德利希吸附等温式形式简单，使用方便，应用较为广泛，包括物理吸附和化学吸附，甚至溶液吸附都可用。但它仅适用于第Ⅰ类等温线中间部分的吸附情况，高压部分往往结果较差。此外，弗伦德利希吸附等温式中的常数 k、n 没有明确的物理意义，也无法由该式推测吸附机制。

3. BET 公式——多分子层吸附理论

实验表明，大多数固体对气体的吸附是多分子层吸附。在朗缪尔吸附理论的基础上，1938 年布龙瑙尔(Brunauer)、埃梅特(Emmett)和特勒(Teller)三人提出了多分子层的气固吸附理论，简称 BET 吸附理论。他们对朗缪尔理论加以发展，如图 7-24 所示，假设吸附为多分子层，第一层吸附未饱和之前，也可能发生多分子层吸附；第一层吸附是固体表面分子与吸附质分子之间的分子间力，从第二层以后的各层吸附是吸附质分子之间的分子间力，因此第一层和其他各层的吸附热不同，第二层以后各层的吸附热相同，接近于气体的凝聚热；吸附和解吸附均发生在最外层；当吸附达到平衡时，吸附量等于各层吸附量的总和。

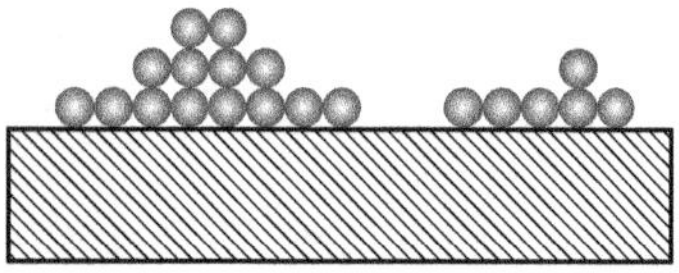

图 7-24 多分子层吸附示意图

基于上述假定，用统计方法得出等温时，吸附量 V 和平衡压力 p 之间的关系为

$$V = V_m \frac{Cp}{(p^* - p)[1 + (C-1)p/p^*]} \tag{7-58}$$

式中，V_m 为固体表面上铺满单分子层时所需气体的体积，p^* 为实验温度下气体的饱和蒸气压，C 是与吸附热有关的常数。式(7-58)为 **BET 吸附等温式(BET adsorption isotherm)**。BET 公式适用于单分子层及多分子层吸附，能对第Ⅰ～Ⅲ类三种吸附等温线给予说明，其主要应用是测定固体吸附剂的比表面。BET 理论是目前最成功的物理吸附理论，在相对压力 p/p^* 为 0.05～0.35 时，大多数吸附实验结果与 BET 理论相符合。对式(7-58)进行整理，得

$$\frac{p}{V(p^* - p)} = \frac{1}{V_m C} + \frac{C-1}{V_m C} \cdot \frac{p}{p^*} \tag{7-59}$$

以 $\frac{p}{V(p^* - p)}$ 对 $\frac{p}{p^*}$ 作图得一直线，斜率为 $\frac{C-1}{V_m C}$，截距为 $\frac{1}{V_m C}$，可得 $V_m = \frac{1}{斜率 + 截距}$。设吸附质分子的截面积 A，则由 V_m 可计算固体吸附剂的比表面 a_s，即

$$a_s = \frac{V_m L}{22.4 \times 10^{-3}} \cdot \frac{A}{m} \tag{7-60}$$

式中，m 为固体吸附剂的质量；L 是阿伏伽德罗常数；V_m 为换算为标准状况下(101.325 kPa、273.15 K)的体积，单位为 m^3。固体吸附剂和催化剂的比表面积是吸附机制和催化性能研究中的重要参数，对固体比表面的测定发展了多种方法，但 BET 法因其

简便可靠，相对误差较小，仍是目前公认的经典方法。

例 7-6 微球硅酸铝在 77.15 K 时吸附 N_2，测得每千克吸附剂的吸附量 V(已换算成标准状况)与 N_2 平衡压力的数据为：

p/kPa	8.699	13.64	22.11	29.92	38.91
$V\times10^3/(m^3\cdot kg^{-1})$	115.58	126.3	150.69	166.38	184.42

已知 77.15 K 时 N_2 的饱和蒸气压为 99.13 kPa，每个分子的截面积为 1.62×10^{-19} m^2。试用 BET 公式计算该硅酸铝的比表面。

解：BET 吸附等温式为 $\dfrac{p/p_s}{V(1-p/p_s)}=\dfrac{C-1}{V_mC}\cdot\dfrac{p}{p_s}+\dfrac{1}{V_mC}$

根据题给数据，处理如下：

p/p^*	0.087 76	0.137 6	0.223 1	0.301 9	0.392 5
$\dfrac{p/p^*}{V(1-p/p^*)}$/kg·m^{-3}	0.832 4	1.263	1.905	2.599	3.504

$$\frac{p/p^*}{V(1-p/p^*)}\sim p/p^* \text{ 的线性回归方程为}$$

$$\frac{p/p^*}{V(1-p/p^*)}=8.651\ 0p/p^*+0.043\ 4(r=0.998\ 5,\ n=5)$$

$$V_m=\frac{1}{\text{截距}+\text{斜率}}=\frac{1}{0.043\ 4+8.651\ 0}=0.115\ 0\ \mathrm{m^3}$$

$$\begin{aligned}a_s&=\frac{V_mL}{22.4\times10^{-3}}\cdot\frac{A}{m}\\&=\frac{0.115\ 0}{22.4\times10^{-3}}\times6.023\times10^{23}\times1.62\times10^{-19}\\&=5.01\times10^5\ \mathrm{m^2\cdot kg^{-1}}\end{aligned}$$

7.7.4 固体自溶液中吸附

固体在溶液中的吸附应用广泛，如胶体的稳定，糖液脱色，水的净化及色谱分析等。固体在溶液中会同时吸附溶质和溶剂，因此固体在溶液中的吸附比较复杂，至今尚无完善的吸附理论。但是，人们在长期的实践中总结出了一些规律，通常极性吸附剂易从非极性溶剂的溶液中优先吸附极性组分，非极性吸附剂易从极性溶剂的溶液中优先吸附非极性组分；溶质在溶剂中的溶解度越小越易被吸附；随着温度升高，大多数溶质的吸附量是减小的。

1. 吸附特点

固体自溶液中的吸附，至少需考虑三种作用力：固体表面与溶质之间的作用力、固体表面与溶剂之间的作用力和溶质与溶剂之间的作用力。溶液中的吸附可以看成是溶质与溶剂分子争夺固体表面的净结果。若固体表面上的溶质浓度比溶液本体大，则为正吸附，反之则为负吸附。

吸附质分子在溶液中的扩散速率慢，而且固体表面通常有一层液膜，溶质分子必须穿过这层膜才能被吸附。因此，固体在溶液中的吸附速率一般比在气体中吸附速率慢得多，多孔固体的吸附速率更慢，需要更长的时间才能达到吸附平衡。

2. 吸附量的测定

将定量的吸附剂与一定量已知浓度的溶液相混合，在一定温度下振摇达到平衡。澄清后，测定溶液的浓度，可以计算每克吸附剂所吸附溶质的量 $\Gamma_{表观}$，即

$$\Gamma_{表观}=\frac{x}{m}=\frac{(c_0-c)V}{m} \tag{7-61}$$

式中 c_0 和 c 分别表示吸附前后的溶液的浓度；V 为溶液的体积；m 为吸附剂的质量。注意，用式(7-61)计算吸附量时并未考虑对溶剂的吸附，因此通常称为**表观吸附量**(**apparent adsorption quantity**)或**相对吸附量**(**relative adsorption quantity**)。由于吸附剂对溶剂和溶质同时吸附，要测定吸附量的绝对值极为困难。在稀溶液中由于溶剂被吸附而引起的浓度变化很小，可以忽略。

3. 吸附等温线

以表观吸附量对溶液浓度作图，可以得到多种类型的吸附等温线，如图7-25。

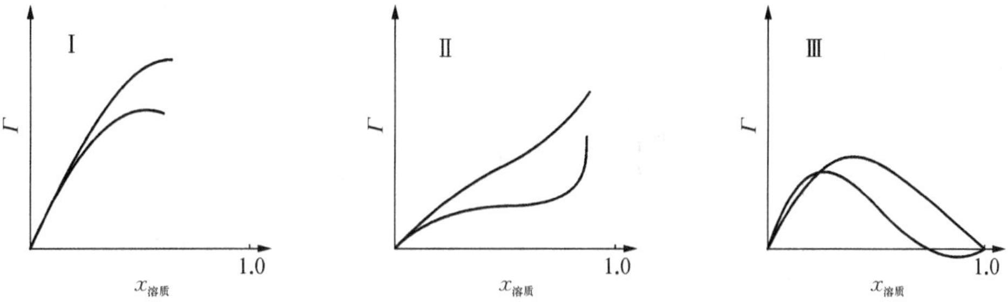

图7-25 固体自溶液中吸附的几种吸附等温线

一些固体在非电解质稀溶液中的吸附，例如，活性炭从水中吸附低级脂肪酸、高岭土从水溶液中吸附番木鳖碱等，其等温线的形状和气固吸附很相似(见图7-25中第Ⅰ类型等温线)，可用弗伦德利希公式、朗缪尔公式和BET公式处理，以浓度代替原公式中压力即可。但是使用这些公式只是由于它们和实验数据相符合，没有任何理论意义。

第Ⅱ类型溶液吸附等温线与固气吸附等温线Ⅱ、Ⅲ型相似，如石墨和炭黑从水中吸附苯酚、戊酸等。

第Ⅲ类型溶液吸附等温线比较特殊(见图7-25中第Ⅲ类型等温线)。一种是倒U型，如硅胶在苯-甲苯溶液中吸附苯，吸附量开始时随着溶液浓度增加逐渐增大，达到最大值后又逐渐下降，最后为零。另一种是S型的，如活性炭自苯-甲醇溶液中吸附苯，吸附量不仅出现了极大值，还出现了负值，最后回升到零点。出现表观吸附量为零，是由于吸附

剂对溶剂和溶质同时吸附后，溶液浓度与原溶液的浓度相同；表观吸附量为负，则是由于浓度较高时，溶剂被吸附反而使溶液浓度增大所致。

7.7.5 几种重要的固体吸附剂

尽管几乎任何固体表面对任何气体分子都或多或少存在吸附作用，但并非任何固体都可用作吸附剂。有应用价值的吸附剂应具备下列条件：吸附能力强，比表面积大；不与吸附质和其他相接触的介质发生化学反应；机械强度好，热稳定性高；易于再生；能够规模化生产，价格低廉。

常用的吸附剂有活性炭、硅胶、活性氧化铝和分子筛等，在药物研究、药剂生产过程，如产品干燥、分离提纯等过程中有重要应用。表 7－9 列举了常用吸附剂的一些参数及操作条件等，其中分子筛以 A 型沸石分子筛为例。比表面积是吸附剂最主要的性能指标。这些常用吸附剂之所以有巨大的比表面积，是因为它们具有大量微孔结构。下面对几种常见的吸附剂作简要介绍。

表 7－9 常用吸附剂的一些性能参数及操作温度

吸附剂种类	活性炭	硅胶	活性氧化铝	分子筛(A 型沸石)
比表面积/($m^2\cdot g^{-1}$)	500～1 500	500～600	250～300	800～1 000
平均孔径/nm	1.5～2.5	2.2	1.8～4.8	0.4～0.5
操作温度上限/K	423	673	773	873
再生温度/K	373～413	393～423	473～523	473～573

1) 活性炭　活性炭表面一般为非极性，对非极性有机物质有很强的亲和性。目前已发展了许多活性炭生产的新工艺，而研制具有特殊吸附性能的活性炭已成为重要的研究方向之一。由于活性炭价廉易得，吸附性能优越，在食品、制药、环保、化工等行业应用广泛。活性炭可作为口服紧急解毒药，而血液净化是活性炭作为吸附剂之一在医学上的典型应用。

2) 硅胶　硅胶有天然的，也有人工合成的。天然的多孔 SiO_2 通常称为硅藻土，人工合成的称为硅胶，可由水玻璃制取。人工合成多孔硅胶杂质少，化学稳定性较高，耐热耐磨性好。硅胶能吸附 50%(质量分数)的水分，吸水后会放出大量吸附热。在实际应用中，硅胶吸附的水分不应超过本身重量的 6%～8%。硅胶的缺点是吸附的水汽在凝成水滴或遇到液态水时，颗粒容易破碎。

3) 活性氧化铝　活性氧化铝由三水合铝[$Al(OH)_3$]或三水铝矾土加热脱水而成。活性氧化铝对水有较强的亲和力，而再生温度又比分子筛低得多。活性氧化铝具有很高的表面硬度和抗压强度，在静压力作用下不易破碎，在交变压力作用下不易磨损。

4) 分子筛　分子筛泛指具有均一微孔且能选择性吸附直径小于其孔径分子的一大类吸附剂。常用的沸石分子筛是结晶硅铝酸盐的多水化合物，其主要特点是具有单一的表面孔径，比其孔径小的分子可以通过微孔进入孔穴内，吸附于孔穴表面，并在一定条件下解吸出来；比其孔径大的分子则不能进入，故能按分子直径不同使混合物分离开来，分子筛由此而得名。分子筛对极性分子尤其对水有极大的亲和力，比表面积大，可用于深度干燥。分子筛的缺点是机械强度有限，抗水滴性能不强，在压力作用下容易破碎，再生能耗也比氧化铝高。

7.8 微粉学基础知识

微粉学是研究粉体所表现的基本性质及其应用的科学。粉体的基础是粒子(particles)。在制剂中,微粉粒子的大小通常在微米级左右。药剂中粉末、颗粒、胶束、混悬剂等粗分散体系粒子大小都在此范围内。剂型的制备、性质和药效都与粒子大小、粒度分布、表面积、孔隙率、流动、混合等性质密切相关。在临床上这些剂型涉及口服、注射、透皮给药等途径。

7.8.1 粒子的大小与形状

1. 粒子径

粒子大小是在空间范围所占据的线性尺寸,是决定粉体其他性质的最基本性质。通常组成粉体的各个粒子的形态、大小不同,而且不规则,很难像球体、立方体等规则粒子以特征长度表示其大小。对于一个不规则粒子,其粒子径的测定方法不同,其测定值和物理意义也不同。

粒子径表示法较多,如:长径、短径、定方向径、外接圆径、比表面积径、等效球径和筛分径等。粒径的测定方法有显微镜法、筛分法、库尔特计数法、沉降法、比表面积法等。

药物的粒径大小会影响药物的混合、分散性以及混合操作的难易程度,甚至还可能与毒性大小有关。

2. 粒度分布

通常微粒是多分散性的,因此不仅需要知道单个粒子的大小,还需知道样品中每种粒子存在的分数,即粒径分布,并由此计算样品的平均粒径。粒度分布可用简单的表格、绘图和函数等形式表示。频率分布和累积分布是常用的粒度分布的表示方式。频率分布表示各个粒径的粒子群在全体粒子群中所占的百分数(微分型),累积分布表示小于或大于某粒径的粒子群在全体粒子群中所占的百分数(积分型)。百分数的基准可用个数基准、质量基准、体积基准、面积基准和长度基准等。测定基准不同,粒度分布曲线大不一样,因此表示粒度分布时必须注明测定基准。不同基准的粒度分布理论上可以互相换算。在制药工业的粉体处理中实际应用较多的是质量基准分布和个数基准分布。

3. 粒子的形状

粒子形状指一个粒子的轮廓或表面上各点所构成的图像,常见的粒子形状有球形、立方形、片状、柱状、鳞状、粒状、棒状、针状、块状、纤维状等。

7.8.2 微粉的物态特征

1. 比表面积

单位重量微粉所具有的总的表面积称比表面积。由于微粉表面粗糙且有很多缝隙和微孔,所以有很大的比表面积。无孔实心微粒的比表面积可通过微粉粒径求得,而多孔微粉的比表面积则需用较复杂的吸附法或透过法测定。

比表面积是表征粉体中粒子粗细的一种量度，也是表示固体吸附能力的重要参数，可用于计算无孔粒子和高度分散粉末的平均粒径。比表面积不仅对粉体性质，而且对制剂性质和药理性质都有重要意义。直接测定粉体比表面积的常用方法有气体吸附法和气体透过法。

2. 密度

粉体的密度指单位体积粉体的质量，根据计算时体积是否包含颗粒间空隙、颗粒内空隙，又分为真密度、颗粒密度和松密度三种。真密度指粉体质量除以真体积(不包括颗粒内外空隙的固体体积)而求得的密度，计算时要除去微粒本身空隙和粒子间的空隙所占的体积。颗粒密度是多孔性粒子的密度，其体积包括粒子骨架体积及粒子内部孔及裂隙的体积，计算时要除去粒子间的空隙所占的体积。松密度指粉体质量除以该粉体所占容器的体积而求得的密度，也称为堆密度。根据松密度，药物粉末分为轻质和重质。

3. 空隙率

空隙率是微粉内空隙与微粉间空隙所占容积与微粉总容积之比。空隙率大表示物料疏松多孔，为轻质粉末。

7.8.3 粉体的流动性

粉体的流动性对药物制剂的质量控制很重要，对片剂、颗粒剂、胶囊剂等制剂的重量差异以及正常的操作影响较大。一般以休止角或流速来表示微粉的流动性。

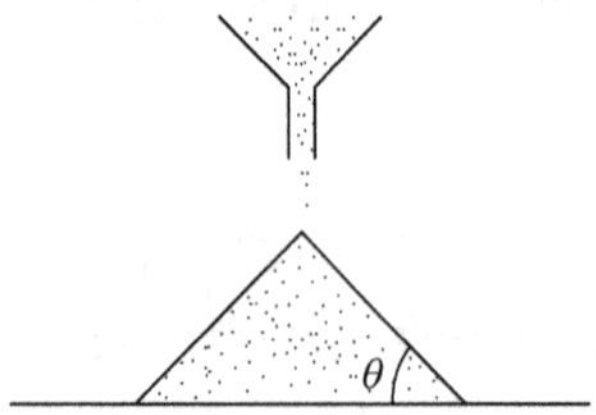

图 7-26 休止角示意图

1. 休止角

在粉体堆上，粉末下滑的表面与水平面之间的最大可能角度，即为休止角，见图 7-26。休止角越小，流动性越好。

2. 流出速度

将物料加入漏斗中，记录全部物料流出所需的时间。所需时间越短，流动性越好。粉体的流动性受粒子的形状、大小、表面状态、密度、空隙率等因素的影响。

7.8.4 微粉的吸湿性和润湿性

微粉的吸湿性指固体表面吸附水分的现象。空气相对湿度显著影响微粉的吸湿，当空气中水蒸气分压大于微粉本身(由吸附水或结晶水)产生的水蒸气压时，则发生吸湿或潮解，反之发生风化或干燥(微粉中水分向空气扩散)。粉体的润湿性对片剂、颗粒剂等固体制剂的崩解性、溶解性有重要意义。

(林德昌)

思 考 题

1. 纯液体、溶液和固体自发降低表面能各有哪些途径？

2. 为什么气泡和小液滴总是呈球形？

3. 在管径粗细不均的毛细管中分别装有少量液体，如图 7－27a(润湿)、b(不润湿)，液体平衡时的位置应在何处？

图 7－27

4. 如图 7－28 所示，毛细管中分别装有少量润湿和不润湿液体时，当加热其一端时，毛细管中的液体将会如何移动？

图 7－28

5. 曾有人基于毛细现象设计了如图 7－29 所示的“永动机”，认为液体能沿着毛细管 A 自动上升，再从 B 端滴下，推动涡轮 C 转动，如此可以往复不停。这种“永动机”为什么没能成功？

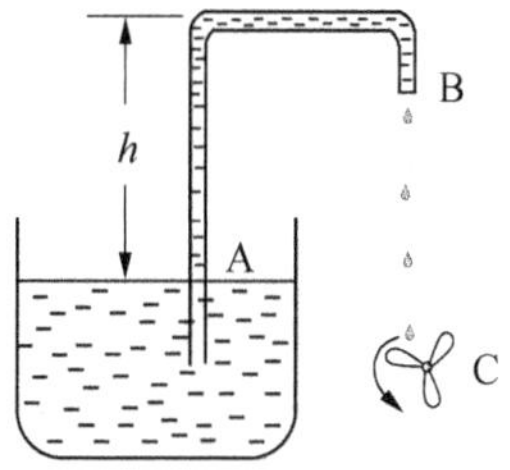

图 7－29

6. 为何小晶粒熔点低于大块固体，而溶解度又大于大晶粒？

7. 欲把一杀虫剂粉末分散至适当液体中制成混悬喷洒剂，现有 A、B、C 三种液体供选，它们与药粉及虫体表皮之间的界面张力关系如下：

$$\sigma_{粉} > \sigma_{A-粉}，\sigma_{虫} < \sigma_{虫-A} + \sigma_{A}$$
$$\sigma_{粉} < \sigma_{B-粉}，\sigma_{虫} > \sigma_{虫-B} + \sigma_{B}$$
$$\sigma_{粉} < \sigma_{C-粉}，\sigma_{虫} > \sigma_{虫-C} + \sigma_{C}$$

试从润湿原理选择最合适的液体，并简要说明理由。

8. 为什么可用接触角来判断固体表面的润湿状况？

9. 表面活性剂为什么能显著降低表(界)面张力？

10. 朗缪尔提出的单分子层吸附理论有哪些局限性？

习　　题

1. 在 293.15 K 时，把半径为 1 mm 的球形水滴分散成半径为 1 μm 的球形小水滴，比表面为原来的多少倍？表面吉布斯能增加了多少？此过程环境至少需做功多少？已知 293.15 K 时水的表面张力为 $72.88\times10^{-3}\ N\cdot m^{-1}$。

2. 将 $10^{-3}\ m^3$ 油状药物分散水中，制成油滴半径为 10^{-6} m 的乳状液。已知油水界面

张力为 $65\times10^{-3}\ \mathrm{N\cdot m^{-1}}$，求分散过程需作多少功？增加的表面吉布斯能为多少？如果加入适量表面活性剂后，油水界面张力下降至 $30\times10^{-3}\ \mathrm{N\cdot m^{-1}}$，则此分散过程所需的功比原来过程减少了多少？

3. 常压下，水的表面张力 $\sigma(\mathrm{N\cdot m^{-1}})$ 与温度 $T(\mathrm{K})$ 的关系可表示为

$$\sigma=(75.64-0.004\ 95\ T)\times10^{-3}。$$

若在 298.15 K 时，使一定量的纯水可逆地增大 0.1 $\mathrm{m^2}$ 表面积时，求体系的 W，Q，ΔS，ΔG 和 ΔH。

4. 证明药粉 S 在两种不互溶的液体 A 和 B 中的分布：

(1) 当 $\sigma_{\text{S-B}}>\sigma_{\text{S-A}}+\sigma_{\text{A-B}}$，S 分布在液体 A 中

(2) 当 $\sigma_{\text{A-B}}>\sigma_{\text{S-A}}+\sigma_{\text{S-B}}$，S 分布在 A、B 界面上。

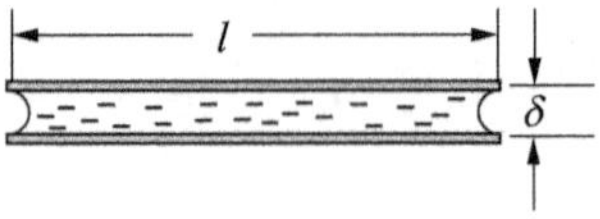

图 7-30

5. 如图 7-30 所示两块平行的玻璃板之间形成一薄水层，假设水对玻璃板完全润湿，试分析为何在垂直玻璃平面的方向上要把两块玻璃分开较为困难的原因。若薄水层厚度 $\delta=10^{-6}$ m，水的表面张力为 $72\times10^{-3}\ \mathrm{N\cdot m^{-1}}$，玻璃板边长 $l=0.01$ m，求两块玻璃板之间的作用力。

6. 已知某温度下汞的密度为 $1.36\times10^{4}\ \mathrm{kg\cdot m^{-3}}$，表面张力为 0.47 $\mathrm{N\cdot m^{-1}}$，重力加速度 $g=9.8\ \mathrm{m\cdot s^{-2}}$，汞对玻璃表面完全不润湿（$\theta=180°$），若将直径为 0.100 mm 的玻璃毛细管插入汞中，管内汞面会下降多少？

7. 将内半径分别为 5×10^{-4} m 和 3×10^{-4} m 的两支毛细管同时插入密度为 900 $\mathrm{kg\cdot m^{-3}}$ 的某液体中，两管中液面高度相差 1.0 cm。设接触角为 0°，求该液体的表面张力。

8. 在 298.15 K 时，水的密度为 1 000 $\mathrm{kg\cdot m^{-3}}$，表面张力为 $72.75\times10^{-3}\ \mathrm{N\cdot m^{-1}}$，水的摩尔质量为 0.018 05 $\mathrm{kg\cdot mol^{-1}}$，试求半径为 10^{-7} m 的球形液滴和小气泡的相对蒸气压 p_r/p 分别为多少？

9. 在 101.325 kPa 压力下，需要多高温度才能使水中生成半径为 10^{-5} m 的小气泡？已知 373.15 K 时水的表面张力 $\sigma=58.9\times10^{-3}\ \mathrm{N\cdot m^{-1}}$，摩尔气化热 $\Delta H_{\mathrm{m}}=40.656\ \mathrm{kJ\cdot mol^{-1}}$，水面至气泡之间液柱静压力及气泡内蒸气压下降均忽略不计。

10. 水蒸气骤冷会发生过饱和现象。设人工降雨时通过喷洒干冰使气温速降至 293.15 K，此时过饱和水蒸气压为水正常蒸气压的 4 倍。已知 293.15 K 时水的表面张力为0.072 88 $\mathrm{N\cdot m^{-1}}$，密度为 997 $\mathrm{kg\cdot m^{3}}$，若此时开始形成雨滴，其半径为多少？每个雨滴中含有多少水分子？

11. 已知 773.15 K 时 $CaCO_3$ 的密度为 $3.9\times10^{3}\ \mathrm{kg\cdot m^{-3}}$，表面张力为 1.210 $\mathrm{N\cdot m^{-1}}$，分解压力为 101.325 kPa。若将 $CaCO_3$ 研磨为 100 nm 的粉末，求其在 773.15 K 时的分解压。

12. 293.15 K 时一滴油酸滴到洁净的水面上，已知 $\sigma_{水}=75\times10^{-3}\ \mathrm{N\cdot m^{-1}}$，$\sigma_{油}=32\times10^{-3}\ \mathrm{N\cdot m^{-1}}$，$\sigma_{油酸\text{-}水}=12\times10^{-3}\ \mathrm{N\cdot m^{-1}}$，当油酸与水相互饱和后，$\sigma'_{油酸}=\sigma_{油酸}$，$\sigma'_{水}=40\times10^{-3}\ \mathrm{N\cdot m^{-1}}$。油酸在水面上开始与最终呈何种形状？若把水滴在油酸表面上结果又如何？

13. 293.15 K 时，已知 $\sigma_{水-乙醚} = 0.010\,7\ N \cdot m^{-1}$，$\sigma_{汞-乙醚} = 0.379\ N \cdot m^{-1}$，$\sigma_{汞-水} = 0.375\ N \cdot m^{-1}$，若将一滴水滴入乙醚和汞的界面上，其接触角 θ 为多少？

14. 293.15 K 时，已知 $\sigma_{水} = 0.072\,8\ N \cdot m^{-1}$，$\sigma_{汞} = 0.485\ N \cdot m^{-1}$ 和 $\sigma_{汞-水} = 0.375\ N \cdot m^{-1}$，水能否在汞的表面上铺展？

15. 293.15 K 时，丁酸水溶液的表面张力可以表示为 $\sigma = \sigma_0 - a\ln(1+bc)$，式中，$\sigma_0$ 为纯水的表面张力，a 和 b 为常数。(1) 写出丁酸溶液在浓度极稀时表面吸附量 Γ 与 c 的关系。(2) 若已知 $a = 13.1\times10^{-3}\ N \cdot m^{-1}$，$b = 19.62\ dm^3 \cdot mol^{-1}$，试求丁酸在溶液表面的饱和吸附量 Γ_∞。(3) 假定饱和吸附时表面上丁酸成单分子层排列，计算每个丁酸分子的横截面积。

16. 298.15 K 时测得不同浓度氢化肉桂酸水溶液的表面张力数据如下：

$c/(kg \cdot kg^{-1})$	0.003 5	0.004 0	0.004 5
$\sigma\times10^3/(N \cdot m^{-1})$	56.0	54.0	52.0

求浓度为 0.004 3 $kg \cdot kg^{-1}$ 时溶液表面的吸附量。

17. 活性炭对 $CHCl_3$ 的吸附符合朗缪尔吸附等温式，在 298.15 K 时的饱和吸附量为 0.093 8 $m^3 \cdot kg^{-1}$。已知 $CHCl_3$ 的分压为 5.2 kPa 时平衡吸附量为 0.069 2 $m^3 \cdot kg^{-1}$，试计算(1) 朗缪尔吸附等温式中的常数 b。(2) $CHCl_3$ 的分压为 8.50 kPa 时的平衡吸附量。

18. 273.15 K 时，某催化剂吸附丁烷蒸气的数据如下：

$p\times10^{-4}/Pa$	0.752	1.193	1.669	2.088	2.350	2.499
$V\times10^6/m^3$	17.09	20.62	23.74	26.09	27.77	28.30

p 和 V 是吸附平衡时气体的压力和被吸附气体在标准状况下的体积。273.15 K 时，丁烷饱和蒸气压 $p^* = 1.032\times10^5$ Pa，催化剂质量为 1.876×10^{-5} kg，每个丁烷分子的截面积 $A = 44.6\times10^{-20}\ m^2$，试用 BET 公式求该催化剂的总表面积 $A_{总}$ 和比表面 a_m。

19. 500.15 K 时氧在某催化剂上的吸附符合朗缪尔吸附等温式，平衡时氧的压力为 233.05 kPa，吸附量 V 为 24.2 $L \cdot kg^{-1}$(已换算成标准状况)，此时氧的吸附和脱附速率常数分别为 0.475 $kPa \cdot s^{-1}$ 和 36.73 s^{-1}，求吸附平衡时催化剂表面的覆盖率及饱和吸附量。

20. 在 90.15 K 时云母吸附 CO 的数据如下(V 已换算成标准状况)：

p/Pa	0.755	1.400	6.040	7.266	10.55	14.12
$V\times10^7/m^3$	1.05	1.30	1.63	1.68	1.78	1.83

(1) 试用朗缪尔吸附等温式求饱和吸附量 V_m 和吸附系数 b。

(2) 若云母总表面积为 0.624 m^2，每个被吸附分子占有多少面积？

第8章 胶体分散系

内容提要 本章介绍了分散系的概念，溶胶的制备和净化，溶胶的动力学、光学、电学性质，溶胶的稳定性与聚沉，乳状液和泡沫。主要内容包括：布朗运动，扩散与渗透现象(爱因斯坦-布朗公式)，沉降平衡；丁达尔效应，瑞利公式；电泳，电渗，斯特恩吸附扩散双电层理论，ζ电势，胶团结构；聚沉值的概念，影响溶胶聚沉的几个重要因素，溶胶稳定性理论(ULVO理论)；简介了纳米粒子、乳状液、微乳状液及泡沫的相关知识。

胶体(colloidal)的概念由英国科学家格雷哈姆(Graham)于1861年提出，他在研究物质在水溶液中的扩散时将物质划分为两类，一类能透过半透膜，扩散速度很快，当把溶剂蒸干后析出晶体；还有一类物质不能透过半透膜，扩散速度很慢，把溶剂蒸干后得到黏稠的胶状物。由此他把物质分为晶体和胶体两大类。随着科学的发展，人们发现这种对物质的分类方法并不正确。只要选择适当的分散介质，任何一种晶体物质都可以被分散成胶体，如氯化钠溶在水中是真溶液，但分散在酒精中则成为胶体。胶体是物质以一定分散程度存在的一种状态，而不是某一类物质的固有特性。胶体的含义就是高度分散的意思。尽管胶体作为物质的分类方法并不科学，但具有上述特征的分散系统理解为胶体这一概念被延续下来。

胶体化学(colloidal chemistry)是研究胶体分散系物理化学性质的一门科学。胶体化学已广泛应用于气象学、环境学、地质学、农学、生物医药等领域，随着分子生物学、生物化学、超微、纳米材料制备等技术的迅速发展，胶体化学研究的内容更为广泛和深入。

胶体化学与生命科学的联系极为紧密。从胶体化学的观点出发，人体就是典型的胶体系统。血液、细胞液等是蛋白质及其他物质的胶体溶液，皮肤、肌肉、脏器乃至于毛发、指甲等也属胶体体系的范畴。人体的生理变化和病理变化与胶体也有密切联系，某些药物如胰岛素、催产素、增压素以及血浆代用液、疫苗等，本身就是胶体体系。

8.1 分散系概述

8.1.1 分散系的分类

一种或几种物质分散在另一种物质中所形成的系统称为**分散系(disperse system)**，被分散的物质称为**分散相(dispersed phase)**，容纳分散相的连续介质称为**分散介质(disperse**

medium)。例如矿物分散在岩石中生成矿石，水滴分散在空气中形成云雾，聚乙烯醇分散在水中形成乳胶，氯化钠分散在水中形成溶液。

分散相分散后按其形成的相态分为均相系统和多相系统。在均相系统中，按分散相分子的大小分为小分子溶液和大分子溶液；在多相系统中按分散相粒径大小分为超微分散系统(或称溶胶)和粗分散系统。小分子溶液中分散相的半径通常小于1 nm，溶胶(**sol**)和大分子溶液中分散相粒子均在1～100 nm之间，故常被归属于胶体分散系同一大类中，而粗分散系统中分散相的半径远大于100 nm。表8-1为按粒子大小分类的分散系统及它们的特性。

表8-1　分散系统和特性

分散系统	分散相半径/nm	特　　性
分子分散系	<1 nm	能透过滤纸和半透膜，扩散快，普通显微镜下观察不到
胶体分散系	1～100 nm	能透过滤纸，不能透过半透膜，扩散极慢，在高倍显微镜下可观察到
粗分散系	>100 nm	不能透过滤纸，也不能透过半透膜，无扩散能力，肉眼或普通显微镜下即可辨别

8.1.2　溶胶的分类

溶胶和大分子溶液都有胶体的共性，但在性质上又有很大的不同。

溶胶是由难溶物分散在分散介质中所形成的热力学不稳定多相分散系统，其分散相具有明显的憎水性，故又称为**憎液溶胶(lyophobic sol)**，简称溶胶，如Au、$Fe(OH)_3$溶胶。

大分子溶液是分子分散的真溶液，是热力学上稳定、可逆的系统。只是由于其分子的大小属于胶体的范围，因此具有胶体的一些性质[例如扩散慢、不透过半透膜，有丁达尔(Tyndall)效应等]，它们与水或其他溶剂有很强的亲和力，故又称**亲液溶胶(lyophilic sol)**。因大分子溶液与溶胶有着本质的差别，亲液溶胶一词已被大分子溶液所取代。

可见两种系统中分散相和分散介质之间的相互作用不同。只有典型的憎液溶胶才能全面地表现出胶体的特性。本章所阐述的内容主要是溶胶，有关大分子溶液的内容将在第九章中讲述。

根据分散相和分散介质的聚集状态不同，溶胶还可分为气溶胶、液溶胶和固溶胶。见表8-2。

表8-2　常见的胶体分散系

名　称	分散相	分散介质	实　例
液溶胶(hydro sols)	气	液	灭火泡沫
	液		牛奶，石油，血浆
	固		金溶胶，碘化银溶胶，牙膏
固溶胶(solid sols)	气	固	浮石，泡沫塑料
	液		珍珠
	固		合金，有色玻璃，照相胶片
气溶胶(aerosol)	气	气	—
	液		雾
	固		烟尘

8.1.3 溶胶的基本特性

典型的溶胶有三大基本特性：高分散性，多相不均匀性和聚结的不稳定性。

1. 高分散度

由于溶胶的粒子大小在1～100 nm之间，因此分散程度很高，没有明显的相界面，分散相用肉眼不可分辨。

2. 多相不均匀性

在溶胶分散系中，分散相粒子由众多分子或离子组成，分散相与分散介质之间实际存在着明显的相界面，属多相分散系统，具有不均匀性。因此，其许多物理化学性质与真溶液不同。例如，扩散慢和不能透过半透膜等。

3. 聚结的不稳定性

由于溶胶分散相粒子小，比表面大，表面能高，因此从热力学角度看胶粒有自发聚结在一起以降低表面能的趋势，具有聚结不稳定性。为了防止溶胶的聚结，在制备溶胶时，通常需要加入稳定剂，即适量的电解质。小分子溶液和大分子溶液不存在相界面，是热力学的稳定体系。

溶胶的许多性质与上述三个基本特性有关，确定一个分散系统是否为溶胶，也要从这三个基本特征综合考虑，仅考虑其中个别特征是不充分的。此外，溶胶分散相的结构和形状对溶胶的性质也有很大影响，例如溶胶粒子的荷电多少，形状是球状、椭球状、棒状还是线状，直接会影响溶胶的动力性质、光学性质、电学性质和流变性质。

8.2 溶胶的制备和净化

8.2.1 胶体的制备

形成溶胶的首要和必要条件是分散相粒子的大小需落在胶体粒子范围之内，同时制备所得溶胶还需具有足够的稳定性，即在制备过程中不仅应加入适量稳定剂，还要除去过量的电解质或杂质。溶胶的制备方法大致可以分为两类：即分散法和凝聚法，前者是使固体的粒子变小，后者是使分子或离子聚结成胶粒。

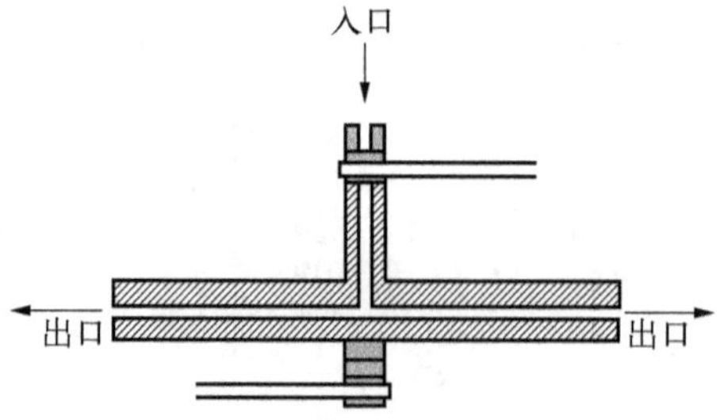

图8-1 盘式胶体磨

1. 分散法

常采用如下几种方法将大块物质在有稳定剂存在下分散成胶体粒子。

1) 研磨法　即机械粉碎法，通常适用于分散相脆而易碎的物质，对于柔韧性的物质必须先硬化后（例如用液态空气处理）再分散。常用的设备是胶体磨，见图8-1。盘式胶体磨是有两个用坚硬耐磨的合金钢或炭化硅制作的、靠得很近的磨盘。两磨盘以每分钟 10 000～20 000 $r \cdot min^{-1}$的速度反向转动。分散相、分散介质以及稳定剂同时经过两磨盘之间时，分散相被磨碎成为胶粒。一般工业上用的胶体石墨、颜料以及医药用硫溶胶等都是使用胶体磨制成的。

2) 胶溶法　又称解胶法，是将新生成并经过洗涤的沉淀，加入适当的电解质溶液作稳定剂，在适当搅拌下，沉淀会重新分散成溶胶。例如

$$Fe(OH)_3(\text{新鲜沉淀}) \xrightarrow{\text{加}FeCl_3} Fe(OH)_3(\text{溶胶})$$

$$AgCl(\text{新鲜沉淀}) \xrightarrow{\text{加}AgNO_3\ \text{加}\ KCl} AgCl(\text{溶胶})$$

$$SnCl_4 \xrightarrow{\text{水解}} SnO_2(\text{新鲜沉淀}) \xrightarrow{\text{加}K_2Sn(OH)_6} SnO_2(\text{溶胶})$$

该方法只适合于新生成的沉淀，沉淀老化后就很难发生胶溶作用了。

3) 超声波分散法　频率大于 16 000 Hz 的超声波所产生的高频机械波，在介质中会产生相同频率的疏密交替，使分散相受到很大撕碎力以及高压的作用发生破碎，从而均匀地分散在介质中而成为溶胶。这是一种清洁的分散方法，主要用于制备乳状液，见图 8-2。

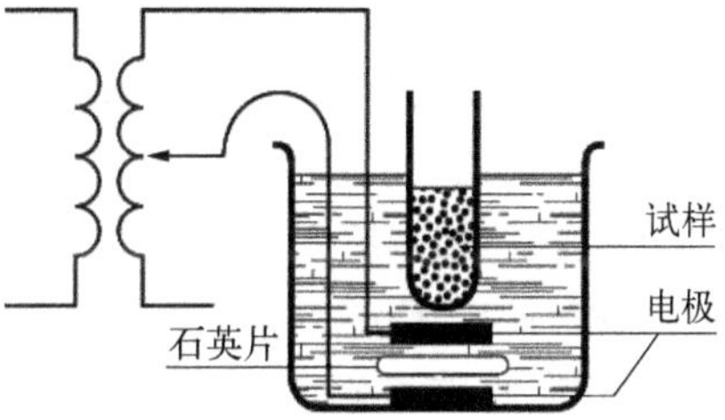

图 8-2　超声波分散法

4) 电弧法　将需分散的金属(如 Au、Pt、Ag 等)作为电极，连接 20～100 V 的直流电源，通过调节两电极的距离使金属电极产生电弧，金属原子因高温气化，随即又被溶液冷却而凝聚形成金属溶胶。为使溶胶稳定，常加少量 NaOH 作稳定剂。

2. 凝聚法

与分散法相反，凝聚法指使分散的分子(或原子、离子)在适当条件下凝聚而形成溶胶粒子的方法。通常有物理凝聚法和化学凝聚法两种。

1) 化学凝聚法　利用可以生成难溶性物质的化学反应，控制析晶过程，使其停留在胶核尺度的阶段，而得到溶胶的方法。一般常用较大的过饱和浓度和较低的操作温度，以利于晶核的大量形成而减缓晶体长大的速率，防止难溶性物质的聚沉。常用的反应有复分解反应、水解反应、氧化或还原反应等。例如，将 H_2S 气体缓慢地通入稀 As_2O_3溶液中，即可生成淡黄色 As_2S_3溶胶。其反应为

$$As_2O_3 + 3H_2S \longrightarrow As_2S_3(\text{溶胶}) + 3H_2O$$

HS^-为其稳定剂，胶粒带负电荷。

铁、铝、铬、铜等金属的氢氧化物溶胶，可通过其盐类的水解而制得。例如，在不断搅拌的条件下，把 $FeCl_3$溶液滴入沸腾的水中，即可生成棕红色的 $Fe(OH)_3$溶胶。其反应为

$$FeCl_3 + 3H_2O \longrightarrow Fe(OH)_3(\text{溶胶}) + 3HCl$$

$Fe(OH)_3$的微小晶体选择性地吸附 FeO^+为其稳定剂，使胶粒带正电荷。

一些贵金属溶胶可通过氧化还原反应制备。例如，生物医学研究中常用的金溶胶就

是在 $HAuCl_4$ 溶液中用 H_2O_2（或白磷、抗坏血酸等）作为还原剂制备得到的，反应式为

$$2HAuCl_4 + 3H_2O_2 \longrightarrow 2Au + 8HCl + 3O_2$$

制得的金溶胶（金胶粒约 5～15 nm）表面带负电荷，可与抗体蛋白结合并保持抗体不丧失活性，形成胶体金标记抗体，用于电子显微镜下观察抗原在组织细胞内的分布。

2）物理凝聚法　利用适当的物理过程（如蒸气骤冷、改换溶剂等）可以使某些物质凝聚成胶体粒子。例如将汞蒸气通入冷水中可以得到汞溶胶，此时高温下的汞蒸气与水接触时生成的少量氧化物起稳定剂的作用。又如将松香的酒精溶液滴入水中，由于松香在水中溶解度很低，溶质以胶粒大小析出，形成松香水溶胶。

8.2.2　溶胶的净化

在制得的溶胶中往往含有大量的电解质或其他杂质。适量的电解质可以使胶粒表面吸附离子而带电，起到稳定溶胶的作用；过量的电解质反而会影响溶胶的稳定性。因此，制得的溶胶后期需**净化（purification）**处理。常见的净化方法有渗析法和超滤法。

1. 渗析法

渗析法利用半透膜将胶粒与分子、离子隔开，达到分离的目的。常用的半透膜有羊皮纸、动物膀胱膜、硝酸纤维、醋酸纤维等。把溶胶放在装有半透膜的容器内，膜外放溶剂，则膜内的电解质和杂质会向膜外渗透，以达到使溶胶净化的目的，如图 8-3。为了加速渗析，可使用**电渗析（electrodialysis）**，在渗析器装置外面加上电场，促使离子向两极移动并更快地透过膜，从而达到净化的目的，如图 8-4。

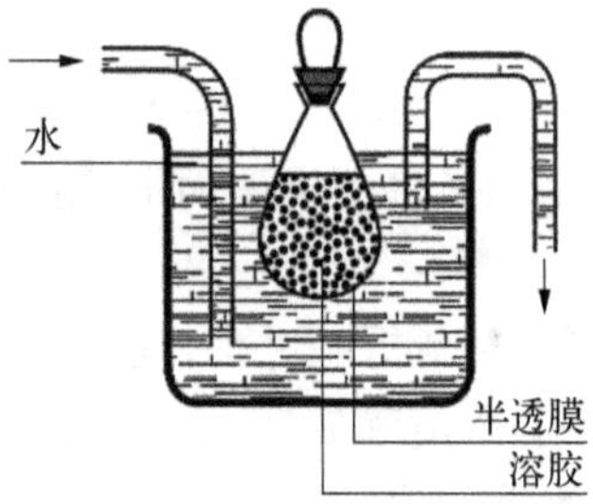

图 8-3　普通渗析装置

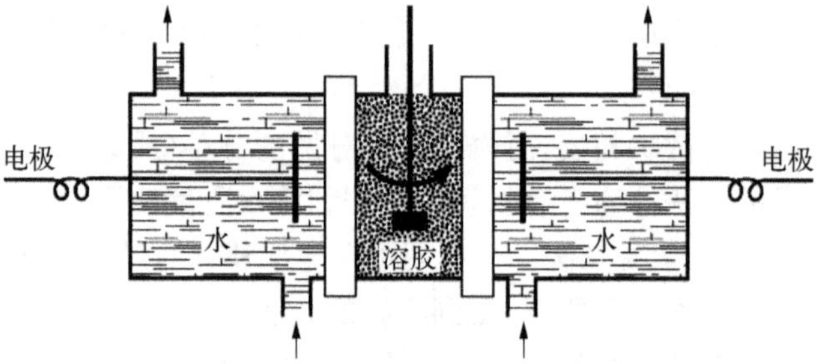

图 8-4　电渗析装置

图 8-5　电超滤装置

2. 超滤法

超滤法指用孔径细小的半透膜在加压或减压情况下进行过滤，使胶体与分散介质分开。有时可将胶体加到纯分散介质中再过滤，如此反复进行，可以达到净化的目的。最后所得的胶体，应立即分散在新的分散介质中，以免胶体凝结成块。如果超滤时在半透膜两边装置电极，加上一定的电压，就是电超滤法，见图 8-5。这样可以降低超滤的压力，还能较快地除去溶胶中多余的电解质，提高净化速率。

渗析法和超滤法可应用于分离和提取中草药有效成分，从中草药浸取液中除去淀粉、植物蛋白、树胶等杂质，也可用来过滤细菌。

案例 8-1

用还原法可以方便地由氯金酸制备各种不同粒径、不同颜色的胶体金颗粒。这种球形的粒子对蛋白质有很强的吸附功能，可以与葡萄球菌A蛋白、免疫球蛋白、毒素、糖蛋白、酶、抗生素、激素、牛血清白蛋白多肽缀合物等非共价结合。1971年福克(Faulk)和泰特(Taytor)将胶体金引入免疫化学，此后免疫胶体金技术作为一种新的免疫学方法，在生物医学各研究领域特别是在医学检验中得到了广泛的应用。

问题：

(1) 由氯金酸经还原法制备的胶体金是正溶胶还是负溶胶？

(2) 为什么胶体金粒子可以与各种不同蛋白质非共价结合？

8.2.3 纳米粒子

1. 基本概念

纳米是一种长度计量单位，指粒度在1～100 nm之间的超细微粒，属于胶体粒子大小的范畴。就大小而论处于原子簇和宏观物体之间的过渡区，它们既非典型的微观系统亦非典型的宏观系统，属于**介观系统(mesoscopic system)**。

当物质颗粒小至纳米量级后，物质的许多属性将发生很大的变化，并产生一些奇异的特性。对这些性质的研究和开发的技术领域称为纳米技术。

2. 纳米粒子的特性

1) 表面效应　处于纳米尺度的物质，其表面原子与总原子之比急剧增大。由于表面原子的力场不饱和，具有极高的表面能，因而表面原子有很高的化学活性，极不稳定，很容易与其他原子结合，这就是其活性产生的原因。表面原子的活性，不但引起纳米粒子表面输运和构型的变化，同时也引起表面原子自旋构象和电子能谱的变化，使纳米颗粒表现出高催化活性和高反应性。

2) 体积效应　体积效应又称做小尺寸效应。指当纳米粒子的尺寸与光波波长、德布罗意波长以及超导态的相干波长长度或透射深度等物理尺寸相当或更小时，材料的声、光、电、磁以及热力学等性质发生很大变化。

3) 量子效应　电子是一种费米子，费米子的能级间距与系统中原子的数量成反比。对宏观物体，原子数无穷大，能级间距趋于零，能级是连续的；而对纳米微粒，费米能级附近的电子能级发生分裂，由连续变为离散的不连续或变宽的现象，这就是纳米材料的量子尺寸效应。量子尺寸效应导致了纳米粒子的电、光、声、热等性质的很大变化。

4) 宏观量子隧道效应　微观粒子具有贯穿势垒的能力，称为隧道效应。微观粒子对磁化强度、磁通量等宏观量亦具有隧道效应，即可以穿越宏观系统的势垒而产生变化，称为宏观量子隧道效应。宏观量子隧道效应为现代电子器件的微型化和磁盘、磁带储存信息的大型化提供了依据。

正是纳米粒子具有的这些特异性，导致了纳米粒子的光、磁、电、热、力以及化学活性等与宏观性质有显著的差异。

3. 纳米材料的物理化学性质

1) 特殊的光学性质　当黄金被细分到小于光波波长的尺寸时，即失去了原有的光泽而呈黑色。事实上，所有的金属在超微颗粒状态都呈现为黑色。尺寸越小，颜色愈黑。由此可见，金属超微颗粒对光的反射率很低，通常可低于1%，大约几微米的厚度就能完全消光。利用这个特性可以作为高效率的光热、光电等转换材料，可以高效率地将太阳能转变为热能、电能。此外又有可能应用于红外敏感元件、红外隐身技术等。

2) 特殊的热学性质　固态物质在其形态为大尺寸时，其熔点是固定的，超细微化后却发现其熔点将显著降低。例如，银的常规熔点为960.8℃，而超微银颗粒的熔点可低于100℃。因此，超细银粉制成的导电浆料可以进行低温烧结，此时元件的基片不必采用耐高温的陶瓷材料，甚至可用塑料。

3) 特殊的力学性质　陶瓷材料在通常情况下呈脆性，然而由纳米超微颗粒压制成的纳米陶瓷材料却具有良好的韧性。因为纳米材料具有大的界面，界面的原子排列是相当混乱的，原子在外力变形的条件下很容易迁移，因此表现出甚佳的韧性与一定的延展性，使陶瓷材料具有新奇的力学性质。超微颗粒的小尺寸效应还表现在超导电性、介电性能、声学特性以及化学性能等方面。

4) 吸附能力和选择性催化性能　纳米微粒由于尺寸小，表面所占的体积百分数大，表面的键态和电子态与颗粒内部不同，表面原子配位不全等导致表面的活性位置增加，这就使它具有高的表面活性与催化性能。与同材料的大块材料比较，纳米微粒有较强的吸附能力和选择性催化性能。例如，在固体火箭燃烧中加入Ni纳米微粒催化剂，可使燃烧效率提高数倍。利用金属纳米微粒制成的纳米炸药，释放的能量是原有弹药爆炸能量的数十倍甚至上百倍。

5) 高磁化率　磁性纳米微粒具有单磁畴结构，用作磁记录材料可大大提高信噪比，改善其音质和图像质量，并具有对电磁波在较宽范围的强吸收特性，可用于战略轰炸机和导弹作隐身材料。

此外，纳米微粒在低温或超低温下几乎没有热阻，是优良的超导材料。

4. 纳米材料在医药和生物工程领域的应用

在药物制剂研究中，利用纳米粒径的药物溶解度大、吸收快的特点，可开发大剂量的难溶性药物的口服和注射制剂，如纳米乳酸钙的口服吸收从普通制剂的30%增加到98%；已成功开发了以纳米磁性材料为药物载体的靶向药物，称为“生物导弹”，即在磁性Fe_2O_3纳米微粒包敷的蛋白质表面携带药物，注射进入人体血管，通过磁场导航输送到病变部位释放药物，可减少肝、脾、肾等所受由于药物产生的副作用。在生物分析中，利用纳米传感器可获取各种生化反应的信息和电化学信息，利用荧光纳米粒可探测DNA分子的序列。在药物化学中，纳米结构的催化剂性能十分优越，催化效率显著提高。在药物分析中，纳米级微乳液滴显示出较大的分离优势，毛细管微乳电泳对疏水性的大环化合物和中药活性成分的分离和含量测定有极为广阔的发展前景。还可以利用纳米粒子研制成纳米机器人，注入人体血液中，对人体进行全身健康检查，疏通脑血管中血栓，清除心脏动脉脂肪沉积物，甚至还能吞噬病毒、杀死癌细胞等。可以预言，随着制备纳米材料技术的发展和功能开发，会有越来越多的新型纳米材料在众多的高科技领域中得到广泛的应用。

8.3 溶胶的动力性质

溶胶粒子在介质中总是不停地运动着,其运动状况与小分子溶液有明显差别。溶胶的动力学性质主要指溶胶粒子不规则的热运动以及由此产生的扩散作用、渗透现象,以及在外加力场下的沉降行为。

8.3.1 布朗运动

1827 年,英国植物学家布朗(Brown)在显微镜下,观察到悬浮在水面上的花粉不停地做不规则的折线运动。以后还发现其他微粒(如矿石、金属和碳等)也有同样的现象,微粒的这种不规则运动被称为**布朗运动(Brownian motion)**。

在分散系统中,周围的介质分子始终处于无规则的热运动之中,并不断地撞击比它们大得多的分散相粒子。每一瞬间粒子在各个方向受到的撞击力不能相互抵消,使得粒子向着合力所指的方向运动(图 8-6)。但在另一时刻,撞击所产生的合力又指向另一方向,粒子的运动方向随即也发生改变。所以,胶粒时时刻刻都在以不同的速度向着不同的方向作不规则的运动,这就是粒子布朗运动的本质所在。大粒子质量较大,在瞬间受到的撞击力相互抵消,没有布朗运动。

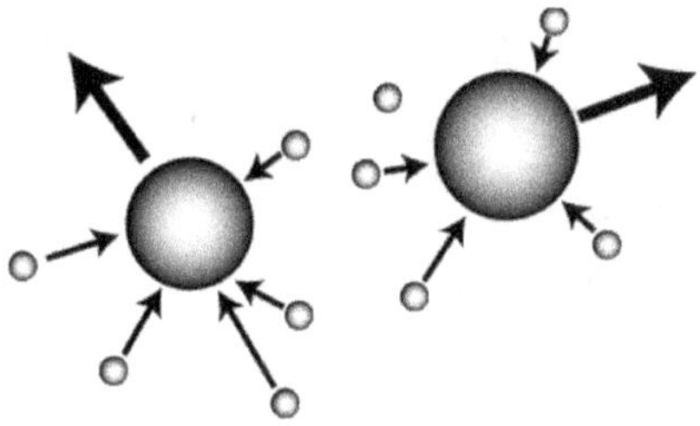

图 8-6 介质分子对胶粒的撞击

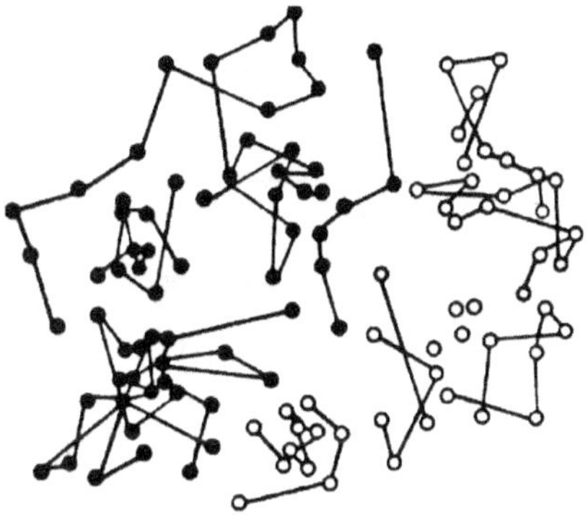

图 8-7 超显微镜下胶粒的布朗运动

1903 年,齐格蒙第(Zsigmongy)发明了超显微镜,用超显微镜可以观察到溶胶粒子不断地做不规则"之"字形的连续运动(图 8-7),即布朗运动。齐格蒙第观察了一系列溶胶,得出结论认为: ① 粒子愈小,布朗运动愈剧烈;② 布朗运动的剧烈程度随温度的升高而增加。

1905 年,爱因斯坦(Einstein)应用分子运动论,推导了布朗运动扩散方程式,即

$$\bar{x}=\sqrt{\frac{RT}{L}\frac{t}{3\pi\eta r}}=\sqrt{2Dt} \tag{8-1}$$

式中,$\bar{x}$ 为粒子沿 x 方向的平均位移;t 为观察时间;r 为粒子半径;η 为介质黏度;L 为阿伏伽德罗常数;D 为扩散系数。式(8-1)又叫爱因斯坦-布朗公式。该式对研究胶体分散

系统的动力性质、确定胶粒的大小与扩散系数等都具有重要应用意义。

佩林(Pirrin)用半径为0.212 μm的藤黄溶胶水溶液测定$\bar{x}$，求得$L=6.05\times10^{23}$；斯韦特伯格(Svedberg)用超显微镜测定270 nm和52 nm的两种溶胶的$\bar{x}$，并且和实验值进行比较，证明了爱因斯坦公式的正确性。由此可以看出，布朗运动的本质就是质点的热运动。

8.3.2 扩散与渗透

由于胶粒具有布朗运动的特征，因此也应该有扩散和渗透作用。但因为粒子的体积比一般真溶液的粒子的体积大得多，而浓度又比真溶液的小得多，所以与真溶液相比，溶胶的扩散和渗透作用很不明显。

1. 扩散

扩散现象是微粒的热运动(或布朗运动)在有浓度差时发生的物质迁移现象，它是微粒由浓度大的地方移向浓度小的地方，最后达到浓度均匀的自发过程。

费克(Fick)根据实验结果发现扩散速度$\mathrm{d}n/\mathrm{d}t$与粒子通过的截面积A及浓度梯度$\mathrm{d}c/\mathrm{d}x$成正比(见图8-8)，即

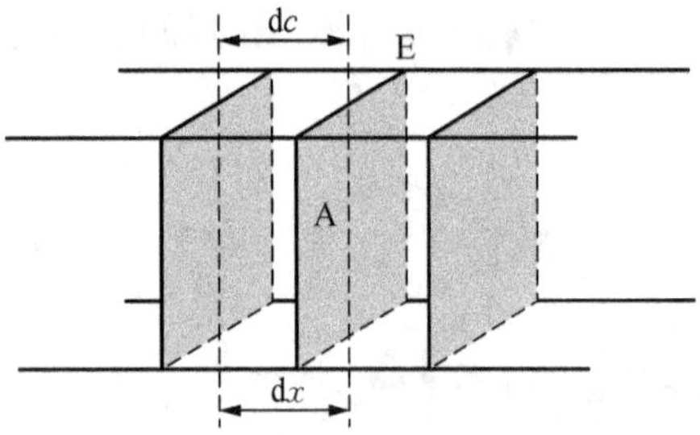

图8-8 扩散作用示意图

$$\frac{\mathrm{d}n}{\mathrm{d}t}=-DA\frac{\mathrm{d}c}{\mathrm{d}x} \tag{8-2}$$

式中，负号表示扩散向浓度降低方向进行；D称为扩散系数，表示单位浓度梯度，即单位时间内通过单位截面积的胶粒量，单位$\mathrm{m^2\cdot s^{-1}}$，它与粒子的半径r，介质黏度η及温度T有关。该式即为费克第一定律，它适用于路径上浓度梯度不变的场合。

由式(8-1)可得

$$D=\frac{RT}{L}\frac{1}{6\pi\eta r} \tag{8-3}$$

此式表明，粒子的扩散系数随温度上升而增大，在恒温条件下，粒子的扩散能力和粒子大小成反比。粒子的布朗运动位移值可从实验测得，由式(8-3)可求得溶胶粒子的扩散系数D，由D可求出粒子大小。

同时还可以根据粒子的密度ρ求出粒子的平均摩尔质量M，这是测定扩散的基本用途之一。

$$M=\frac{4}{3}\pi r^3\rho L \tag{8-4}$$

溶胶粒子比一般小分子大得多，这使得它的扩散能力远远小于小分子溶质。实验测定表明，一般分子或离子的扩散系数D的数量级为$10^{-9}\ \mathrm{m^2\cdot s^{-1}}$，而溶胶粒子为$10^{-11}\sim10^{-13}\ \mathrm{m^2\cdot s^{-1}}$，相差2～4个数量级。由于稳定性的缘故，溶胶的浓度一般都较低，因此扩

散作用不明显。

2. 渗透

用半透膜将溶液与纯溶剂分开，溶剂分子会透过半透膜向溶液扩散，这种现象称为**渗透(osmosis)**。渗透的结果，引起溶液一侧液面上升，平衡时两边液面间的静压差称为**渗透压(osmotic pressure)**。如果对溶液一方施加额外压力 p 以消除液面差，则 p 就是渗透压，用 Π 表示。渗透的驱动力与扩散一样，都是源于浓度差，只是扩散常用于描述溶质的移动，渗透用于溶剂的移动。由于胶粒不能透过半透膜，而介质分子或外加的电解质离子可以透过半透膜，所以有从化学势高的一方向化学势低的一方自发渗透的趋势。

溶胶的渗透压可以借用稀溶液渗透压公式计算：$\Pi = cRT$，式中 c 为胶粒的浓度。由于憎液溶胶不稳定，浓度不能太大，所以测出的渗透压及其他依数性质都很小。但是大分子溶液是热力学稳定体系，可以配制高浓度溶液，用渗透压法可以求它们的摩尔质量，具体讨论见第九章。

8.3.3　沉降与沉降平衡

分散体系中粒子在外力场作用下的定向移动称**沉降(sedimentation)**。沉降与扩散是结果相反的两个过程。沉降使粒子浓集，扩散使粒子分散。当粒子较小或外力场较弱时，主要表现为扩散；当粒子较大或外力场较强时，主要表现为沉降；当两种作用力相当时，构成沉降和扩散的平衡，称之**沉降平衡(sedimentation equilibrium)**。

1. 重力沉降

胶粒受到重力的作用而下沉的过程称为重力沉降。因分散介质对分散粒子产生浮力，其方向与沉降方向相反，故沉降力为

$$F_{沉} = F_{重} - F_{浮} = \frac{4}{3}\pi r^3(\rho - \rho_0) \tag{8-5}$$

上式，r 是假设为球体的粒子的半径；ρ 和 ρ_0 分别为粒子和介质的密度；g 为重力加速度。由于在沉降过程中粒子将与介质产生摩擦作用，对球形粒子，摩擦阻力 F 为

$$F_{阻} = fv = 6\pi\eta rv \tag{8-6}$$

式中，f 为阻力系数；η、v 分别表示介质的黏度和粒子的运动速度。当 $F_{沉} = F_{阻}$ 时，粒子匀速沉降，由式(8-5)和式(8-6)，得出沉降的速度为

$$v = \frac{2}{9}\frac{(\rho - \rho_0)g}{\eta}r^2 \tag{8-7}$$

式(8-7)指出，沉降速度与 r^2 成正比。因此，大粒子比小粒子沉降快。当粒子很小时，由于受扩散和对流影响，基本上已不沉降。

利用重力沉降的原理，可设计出测量和估算粗分散系统中粒子半径分布的仪器，沉降天平即为其中之一(图8-9)。这种天平的一个臂浸入正在沉降

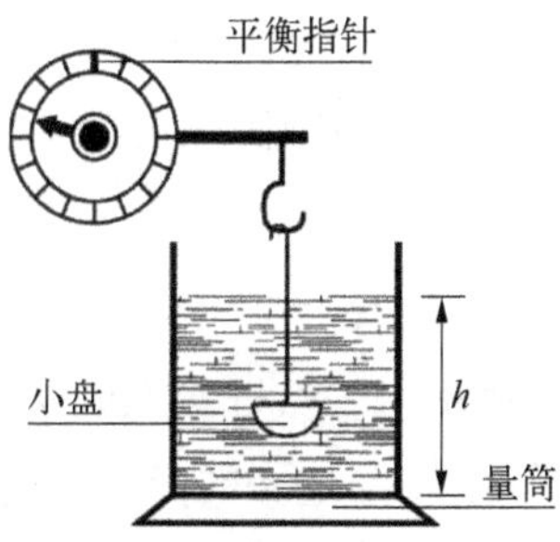

图8-9　扭力天平示意图

的粗分散体系中，通过测量浸入臂质量随时间增加的变化曲线，利用式(8-8)可得颗粒半径。如果是多分散体系，还可测定颗粒大小分布。这种测定方法称为沉降分析，已成功地应用于黏土等物质的粒度分布测定。

2. 重力沉降平衡

胶体粒子在重力作用下的沉降必然导致浓度差的出现，而浓度梯度又使得粒子朝着沉降的反方向扩散。当沉降与扩散速率相等时，则体系达到沉降平衡。这时溶胶粒子密度分布随高度变化关系与大气层中空气密度随高度分布情况类似，位置愈高处密度愈低(见图8-10)。

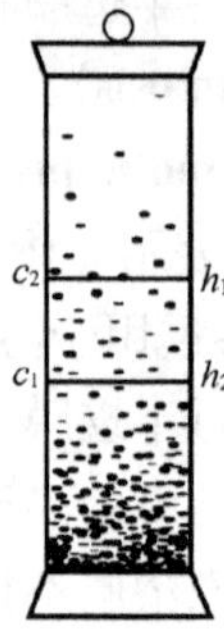

图8-10　沉降平衡

当体系达沉降平衡时，粒子的浓度 c 随高度 h 的分布情况可用高度分布定律来表示，即

$$\ln\frac{c_2}{c_1}=-\frac{L}{RT}\frac{4}{3}\pi r^3(\rho-\rho_0)(h_2-h_1)g \tag{8-8}$$

式中，r 为胶粒半径；L 为阿伏伽德罗常数；ρ 和 ρ_0 分别为粒子和介质的密度；$\frac{4}{3}\pi r^3\rho L$ 为胶粒的摩尔质量；g 为重力加速度。

由式(8-8)可知，粒子的质量愈大，则其平衡浓度随高度的降低程度愈大。表8-3列出了一些分散系统中粒子浓度降低二分之一时所需高度(简称半浓度高)的数据。可以看出，粒子半径愈大，半浓度高愈小。但藤黄溶胶的半浓度高反而比半径小的粗分散金溶胶的半浓度高大许多，这是其相对密度比金小得多所致。

表8-3　几种分散系中粒子浓度随高度的变化情况

分散系统	粒子直径 d/nm	粒子浓度降低一半时的高度 $h_{1/2}$/m
氧　气	0.27	5 000
高度分散的金溶胶	1.86	2.15
金溶胶	8.36	2.5×10^{-2}
粗分散金溶胶	1.86	2×10^{-7}
藤黄悬浮体	230	3×10^{-5}

应该指出，式(8-8)所表示的是在重力场中已达平衡时的分布情况，这对于粒子不太小的系统，能够较快地达到平衡。而对那些高分散系统，往往需要较长时间才能达到平衡，一些溶胶甚至可以维持几年仍然不会沉降。

例8-1　试计算298.15 K时粒子直径为 1.0×10^{-8} m的金溶胶浓度降低一半需要的高度差。已知金和水的密度分别为 $19.3\times10^{3}\ \mathrm{kg\cdot m^{-3}}$ 和 $1.0\times10^{3}\ \mathrm{kg\cdot m^{-3}}$。

解：　由式(8-8)得

$$\Delta h = h_2 - h_1 = \frac{RT\ln\dfrac{c_2}{c_1}}{-\dfrac{4}{3}\pi r^3(\rho-\rho_0)gL}$$

$$= \frac{8.314\times 298.2\times \ln\dfrac{1}{2}}{-\dfrac{4}{3}\times\pi\times(5.0\times10^{-9})^3(19.3-1.0)\times10^3\times6.022\times10^{23}}$$

$$= 0.03\ \text{m}$$

即金溶胶浓度下降一半时需要的高度差为 0.03 m。

3. 离心沉降

由于胶体粒子的粒径很小，在重力场中的沉降速度很慢，需要很长时间才能达到沉降平衡。1923 年，瑞典科学家斯维特伯格成功地创制了离心机，将离心力提高到地心引力的 5 000 倍，目前新型的超速离心机，其离心力可达地心引力的 100 万倍。在离心力场中，胶体分散粒子迅速沉降。超速离心技术在胶体分散系中颗粒的大小以及它们的相对分子质量的测定，以及生物医学研究中的分离手等方面都有重要的应用。

离心沉降法测定分散相的相对分子质量的计算公式为

$$M = \frac{2RT\ln c_1/c_2}{(1-\rho_0/\rho)\omega^2(x_2^2-x_1^2)} \tag{8-9}$$

式中，c_1 和 c_2 分别为从旋转轴到溶胶平面距离 x_1 和 x_2 处的粒子浓度；ω 为超离心机旋转的角速度。

8.4 溶胶的光学性质

溶胶在光学性质上既不同于小分子真溶液和粗分散系统，也不同于大分子溶液，其独特性质是其高分散度和不均匀性(多相)性质的反映。通过溶胶光学性质的研究，不仅可以解释溶胶的一些光学现象，而且在观察胶体粒子的运动，研究它们的大小和形状方面也具有重要的用途。

8.4.1 溶胶的光散射现象

1869 年丁达尔(Tyndall)发现，将一束光线通过溶胶，则从侧面(即与光束垂直的方向)可以看到一个光柱，这种现象称为**丁达尔现象(Tyndall phenomena)**或**丁达尔效应(Tyndall effect)**。其他分散系统虽也会产生这种现象，但远不如溶胶显著。因此，丁达尔现象实际上是判别溶胶与其他分散系统的最简便方法。

丁达尔现象是一种散射现象。当光线射入分散系统时除有光的吸收外，还可能发生两种情况：① 若分散相的粒子大于入射光的波长，则主要发生光的反射或折射现象，粗分散系统就属于这种情况；② 若分散相粒子小于入射光的波长，则会发生光的散射。因散射是光波绕过粒子而向各个方向射出，所以能从侧面看到乳光。可见光的波长约在 380～700 nm 之间，而溶胶粒子的半径在 1～100 mm 之间，小于可见光的波长，因此发生光散射作用而出现丁达尔现象。小分子分散系统的粒径太小，散射光不明显。

8.4.2 瑞利公式

1871 年，瑞利(Rayleigh)研究了大量的光散射现象，导出了散射光强度的计算公式，称为瑞利公式，即

$$I = \frac{24\pi A^2 \nu V^2}{\lambda^4} \left(\frac{n_1^2 - n_2^2}{n_1^2 + 2n_2^2} \right)^2 \tag{8-10}$$

式中，A 为入射光振幅；ν 为单位体积中粒子数；λ 为入射光波长；V 为每个粒子的体积；n_1 和 n_2 分别为分散相和分散介质的折射率。式(8－10)适用于不导电、且半径小于 $\lambda/20$ 的球形粒子。

从瑞利公式可得出如下结论：

1) 散射光强度与入射光波长的四次方成反比。入射光波长愈短，引起的散射光强度愈强。如果入射光为白光，散射光主要是蓝色和紫色光，而透射光中主要是红色或橙色光。因此，晴朗的天空呈现蓝色是由于空气中的尘埃和小水滴散射太阳光，看到的是侧面散射光的原因；而朝霞和落日的余晖呈现橙红色，则是观察到的透射光。

2) 分散相与分散介质的折射率相差愈显著，则散射光强度越大。溶胶的分散相与分散介质间存在明显的相界面，两者折射率相差较大，所以丁达尔现象特别明显。而大分子溶液是均相系统，溶质大分子被溶剂分子所裹住，无相界面存在，两者折射率无明显区别，丁达尔现象极为微弱。因此，观测丁达尔效应是鉴别溶胶、小分子真溶液、大分子溶液和粗分散系统悬浮液的简便而有效的方法。

3) 散射光强度与每个粒子体积的平方成正比，即与分散度有关。一般真溶液分子体积甚小，所以仅能产生微弱的散射光。由于散射光强度与粒子体积有关，因此可以通过测定散射光强度求算粒子半径。

4) 散射光强度与单位体积中的粒子数或浓度成正比。由此可通过散射光强度求算溶胶的浓度。对于同一光源、同一溶胶系统，当两份溶胶具有相同浓度时，由式(8－10)可以得到

$$\frac{I_1}{I_2} = \frac{r_1^3}{r_2^3}$$

若两份溶胶粒子大小相同，而浓度不同，则有

$$\frac{I_1}{I_2} = \frac{c_1}{c_2}$$

因此，在上述条件下，如果已知一种溶液的散射光强度和粒子半径(或浓度)，测定未

知溶液的散射光强度，就可以知道其粒径(或浓度)。这种测定可以在乳光计中进行。乳光计的原理类似于比色计。所不同的是乳光计的光源是从侧向照射溶胶，检测的是散射光的强度。

8.4.3 溶胶的颜色

许多溶胶都有颜色，这是由于溶胶对光的吸收和散射所致。

光的吸收与物质的化学结构有关，当入射光光量子的能量恰好等于粒子中元素电子从基态跃迁到激发态所需的能量时，光即被选择性吸收。当溶胶对光有吸收时，散射光由于较微弱而被掩盖，溶胶显示特有的被吸收光的互补色，且与观测方向无关。如金溶胶选择性吸收绿光后，显现的是红色。其他如 As_2S_3 溶胶为黄色，Sb_2S_3 溶胶为橘色，都是各自吸收了一定波长的光形成的。

当溶胶对光的吸收很弱时，则显现出散射光形成的颜色，并与观测方向有关，即侧面看呈淡蓝色，对着光源看呈淡橙色。AgCl、$BaSO_4$ 等溶胶在可见光区吸收很弱，只呈现乳光。

此外，粒子大小也会改变溶胶对光的吸收和散射的相对强弱。当粒子较小时散射光很弱，溶胶的颜色由其对光的吸收决定；随着粒子变大，散射光增强，溶胶的颜色发生变化。如金溶胶在高度分散时，以吸收为主，呈红色。放置一段时间后，粒子变大，散射作用增强，颜色由红色变为蓝色。

8.4.4 超显微镜与粒子大小的测定

超显微镜是用普通显微镜来观察丁达尔效应，它是根据分散系统的光散射现象设计而成，比普通高倍显微镜多一套产生强烈光束的光学系统，此强光束从侧面照射一个放在小暗室中盛有溶胶的小杯，然后在与入射光垂直的方向上，通过显微镜观察胶粒的数目和运动的情况。

普通显微镜只能看到半径大于 200 nm 的粒子，所以胶体粒子是看不到的。而超显微镜则可观察到半径为 5～150 nm 的粒子，其基本原理见图 8-11。

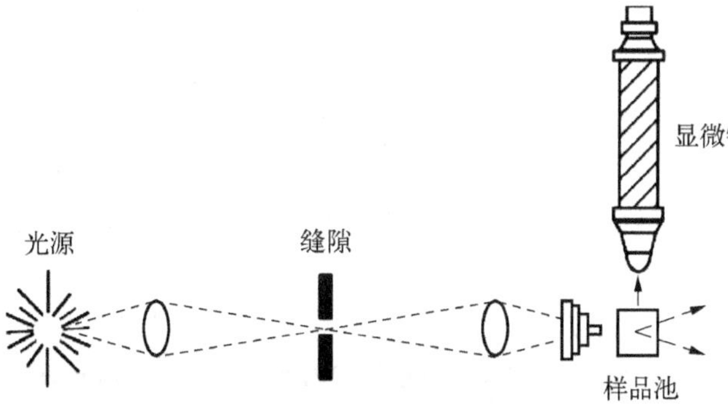

图 8-11 超显微镜基本原理

需要指出，用超显微镜看到的是胶粒散射后所成的光点而不是胶粒本身，这种光点通常要比粒子本身大好多倍。虽然它不代表胶粒真实的大小和形状,也没有直接提高光学显微镜的分辨率,但是利用所观测到的信息,在一些假定的基础上,也可以近似地来估算胶粒的大小和形状。

设某溶胶的质量浓度为 c,用超显微镜测出此溶胶在体积 V 中含有的粒子数为 n,则每个胶粒的质量为 cV/n;若粒子为球形,半径为 r,其密度为 ρ,则可得

$$r=\sqrt[3]{\frac{3}{4}\frac{cV}{n\pi\rho}} \tag{8-11}$$

此外,可以根据超显微镜视野中光点亮度的强弱差别,来估计溶胶粒子的大小是否均匀;观察一个小体积范围内粒子数的变化情况,了解溶胶的涨落现象,同时还可以大体判断胶粒的形状;利用超显微镜还可以观察胶粒的布朗运动、电泳、沉降和凝聚等现象。

虽然超显微镜只能看到粒子的光点,但设备简单、方法简便,在普通实验室内都可以进行。如果要观察胶粒的全貌,则需借助于电子显微镜。

8.5 溶胶的电学性质

溶胶是固体分散在液体中所形成的高度分散的多相系统。固体胶粒表面由于电离或吸附离子等原因而带电,从而使溶胶表现出各种电学性质。溶胶粒子表面带电是溶胶系统最重要的性质,它不仅直接影响粒子的外层结构,影响溶胶的动力性质、光学性质、流变性质,而且是保持溶胶稳定性最主要的原因。粒子表面带电的外在表现就是电动现象。

8.5.1 电动现象

电动现象(electrokinetic phenomenon)指带电的胶体粒子与液体介质之间发生相对移动所引起的现象的总称,包括电泳、电渗、电动电势和沉降电势。

1. 电泳

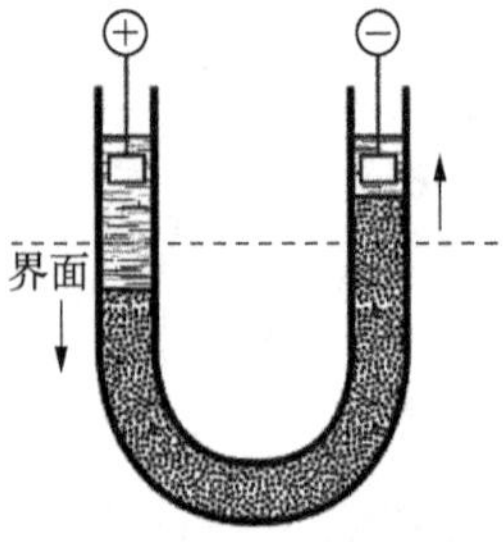

图 8-12　氢氧化铁溶胶的电泳示意图

在一 U 型管内注入棕红色的氢氧化铁溶胶,小心地在溶胶液面上注入无色氯化钠电解质溶液,使溶胶与电解质溶液间保持清晰的界面,并使溶胶液面在同一水平高度。然后插入电极,接通直流电,一段时间后,可看到负极一端有色溶胶的界面上升而正极一端界面下降(图 8-12)。该实验说明,氢氧化铁溶胶向负极发生了移动。这种在电场作用下,带电胶粒在介质中定向移动的现象称为**电泳(electrophoresis)**。从电泳的方向可以判断胶粒所带电荷的种类:大多数金属硫化物、硅酸、金、银等溶胶向正极迁移,胶粒带负电,称为负溶胶;而大多数金属氢氧化物溶胶向负极迁移,胶粒带正电,称为正溶胶。

2. 电渗

电泳是在介质不运动时观察胶粒的运动。反之，如果使胶粒不运动，则在外电场作用下，液体介质将通过多孔隔膜（如活性炭、素烧磁片等）向与介质电荷相反的电极方向移动（胶粒被吸附而固定），很容易从电渗仪毛细管中液面的升降观察到液体介质的移动方向。这种在外电场作用下，分散介质定向移动的现象称为**电渗(electroosmosis)**，如图 8-13。

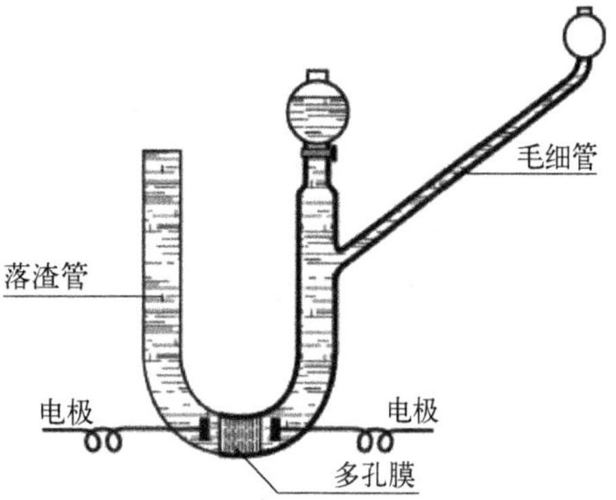

图 8-13 电渗示意图

电渗也可用以判断粒子所带电荷的正负号。

3. 流动电势

对液体介质施加压力，迫使其流经毛细管或多孔塞时，在多孔塞两侧产生的电势差，称为**流动电势(streaming potential)**。显然流动电势是电渗作用的逆过程。用输油管道输送油时，液体油沿管壁流动会产生很大的流动电势，这常常是引起火灾或发生爆炸的原因。故应采用相应防护措施，如油管接地，或加入油溶性电解质，增加介质的电导，以减小流动电势。

4. 沉降电势

当分散相粒子在分散介质中受重力场的作用力沉降时，在液体的表面与底层之间方向产生的电势差称为**沉降电势(sedimentation potential)**。沉降电势是电泳的逆过程。在生产实际中也要考虑到沉降电势的存在。储油罐中的油常含有水滴或其他悬浮粒子，它们的沉降常形成很高的沉降电势，甚至达到危险的程度。通常也是加入一些有机电解质，增加其导电性以便降低沉降电势。

电泳技术在生命活性物质如氨基酸、多肽、蛋白质及核酸等物质的分离和分析研究中有广泛的应用。用聚丙烯酰胺凝胶电泳分离血清样品可以得到二十余种不同的组分。20 世纪 80 年代发展起来的高效毛细管电泳具有高效、快速、进样体积小和溶剂消耗少等优点，在化学、生命科学和药学等领域得到了广泛应用。

8.5.2 胶粒表面带电的原因

电动现象表明，溶胶粒子是带电的，表面电荷的来源主要有以下几种原因。

1. 吸附

溶胶是高分散系统，表面积大，表面能高而不稳定，它将通过吸附介质中与溶胶粒子组成相同的离子降低界面能以趋稳定，这一选择性吸附规则称为法金斯(Fajans)规则。如用 $AgNO_3$ 和 KI 通过复分解反应制备 AgI 溶胶时，若 $AgNO_3$ 过量，胶粒表面将吸附与溶胶粒子组成相同的过量 Ag^+，使溶胶带正电。若 KI 过量，则吸附过量 I^-，使溶胶带负电。

如果介质中没有与溶胶粒子组成相同的离子存在时，则胶粒一般先吸附水化能力弱的离子，这种选择称为非选择性吸附。通常阳离子的水化能力比阴离子强得多，因此通过非选择性吸附机制带电的溶胶往往带负电，如一些悬浮于水中的固体颗粒容易带负电。

2. 电离

有些溶胶粒子本身就可解离，从而使溶胶带电。例如，蛋白质分子的羧基和氨基，在pH较高的溶液中，离解生成较多的$P-COO^-$离子而使整个蛋白质分子带负电；在pH较低的溶液中，生成较多的$P-NH_3^+$离子而带正电。在某一特定的pH条件下，正负电荷数量相等，蛋白质分子的净电荷为零，此pH称为蛋白质的等电点。

3. 同晶置换

黏土主要由铝氧四面体和硅氧四面体组成，其中的Al^{3+}容易被一些低价的Mg^{2+}或Ca^{2+}同晶置换，结果黏土晶格带负电。为了维持电中性，在黏土表面会吸附一些正离子，这些正离子在介质中会水化而离开表面，使得溶胶黏土微粒带负电。

4. 摩擦带电

分散相与分散介质之间可以通过摩擦产生电荷分离，比如非水介质中的溶胶带电，就是通过这一途径来实现的。但这只是一种猜测，没有直接的实验证据。

8.5.3 双电层理论与电动电势

双电层理论的建立为解释电动现象产生的原因奠定了理论基础。人们对双电层的认识经历了一百多年的漫长历程：1879年亥姆霍兹提出了类似于平行板电容器的“平板双电层模型”；1910年古埃(Gouy)、1913年查普曼(Chapman)建立了“扩散双电层模型”，认为液相中的反离子呈单纯的扩散分布；斯特恩(Stern)于1924年提出了兼有前两种模型特点的“吸附扩散双电层模型”；1947年格雷厄姆(D. C. Grahame)提出了紧密层中水化正离子的问题，使人们对双电层的结构有了更清楚的认识。下面介绍双电层的斯特恩模型。

1. 双电层模型

由于分散相固体表面吸附或电离使溶胶粒子表面带有电荷，但整个溶胶保持电中性，因此分散介质必然带电性相反的电荷。在溶液中，与固相粒子表面所带电荷相反的离子(称反离子)受到两方面的作用：一方面是粒子表面电荷的静电吸引力，力图把它们拉向胶核；另一方面由于热运动，反粒子将向外扩散远离粒子表面扩散到溶液中呈均匀分布。这两种作用的结果，只有一部分反离子与粒子表面吸附离子(定位离子)紧密地束缚在一起构成吸附层(紧密层或斯特恩层)，厚度δ约为一个分子的大小；另一部分反离子则松散地束缚在粒子的周围，随着与胶核距离的增加，反离子浓度逐渐减小，直至为零，形成扩散层。上述紧密层和扩散层构成了斯特恩双电层。由于离子的溶剂化作用，胶粒在移动时，紧密层会结合一定数量的溶剂分子一起移动，所以固-液两相发生移动时的滑动面在斯特恩平面之外。其模型如图8-14(左)所示。

2. 热力学电势与ζ电势

分散相固体表面与本体溶液之间的电势差称为热力学电势φ_0，见图8-14(右)。φ_δ为斯特恩平面与本体溶液之间的电势差，称为斯特恩电势；而滑动面与本体溶液之间的电势差称为ζ电势(zeta potential)。因为ζ电势只有当胶粒在介质中运动时才能表现出，故称为**电动电势(electrokinetic potential)**。

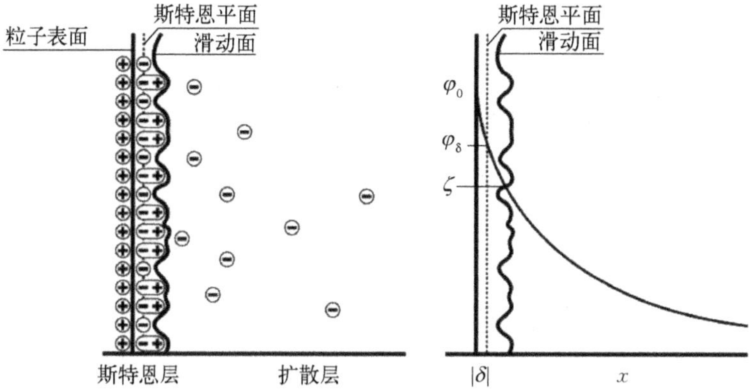

图 8-14　斯特恩吸附扩散双电层模型

ζ 电势与热力学电势 φ_0 不同，φ_0 的数值主要取决于溶液中与胶粒固体表面成平衡的离子浓度，少量外加电解质对 φ_0 不产生明显影响。而 ζ 电势则随着扩散层中离子的浓度而改变。

ζ 电势与斯特恩电势 φ_δ 的区别在于，ζ 电势是电势 φ_δ 的一部分，对浓度很低的溶液，由于扩散层分布范围较宽，两者可认为近似相等；但浓度很高时两者有明显的差别。

由于在吸附层中有部分异电离子抵消固体表面所带电荷，故 ζ 电势的绝对值小于 φ_0 的绝对值。ζ 电势对其他离子十分敏感，外加电解质浓度的变化会引起 ζ 电势的显著变化。如图 8-15(a)所示，随着电解质浓度的增加，会有更多的反离子进入溶剂化层，导致双电层的厚度变薄（从 d_1 变成 $d_2 \cdots d_\delta$），ζ 电势的数值降低。如果外加电解质中反离子的价数很高，或者其吸附能力特别强，在溶剂化层内可能吸附了过多的反离子，便会使 ζ 电势改变符号（图 8-15(b)）。

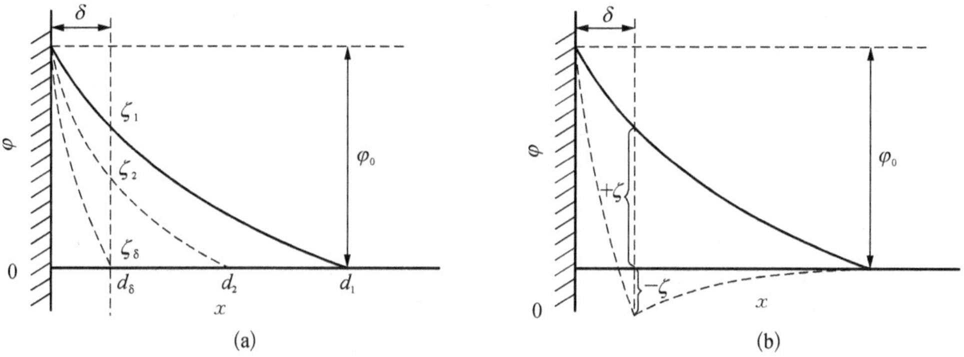

图 8-15　外加电解质浓度对双电层的影响

ζ 电势可以通过测定在一定外电场作用下的胶粒电泳速率而求得。

8.5.4　胶团结构

根据溶胶的电动现象和扩散双电层模型，可以推测胶团的结构并解释胶粒表面带电的现象。溶胶的结构由三部分组成：胶核、胶粒和胶团。组成胶粒核心部分的固态微粒称为**胶核(colloidal nucleus)**,如在 AgI 溶胶中每个被分散的粒子都由很多个(m 个)AgI 形成的晶粒为核心,形成胶核。胶核周围是吸附在核表面上的定位离子、部分反离子及溶剂分子组成的吸附层,胶核与吸附层组成**胶粒(colloidal particle)**。吸附层以外剩余的反离子为扩散层,胶粒与扩散层组成**胶团(colloidal micelle)**,胶团以外的介质称为胶体间液(本体溶液)。溶胶指所有胶团和胶团间液构成的整体。整个胶团保持电中性。在外电场作用下,胶团的紧密层和扩散层发生分离,胶粒向某一电极移动,扩散层中的反离子向另一电极移动。胶团结构可以用排列式表示,如 $Fe(OH)_3$的胶团结构为

$$\{[Fe(OH)_3]_m \cdot nFeO^+ \cdot (n-x)Cl^-\}^{x+} \cdot xCl^-$$

胶核　　吸附层　　扩散层

胶粒

胶团

吸附层包括吸附在胶核表面上的定位离子 $nFeO^+$ 和一部分反离子 Cl^-。因整个胶团是电中性的,FeO^+ 和 Cl^- 的数量是相等的,则扩散层中有 x 个 Cl^-,而吸附层中有$(n-x)$个 Cl^-。此外,$Fe(OH)_3$的胶团结构也可用如图 8-16 所示的示意图表示。

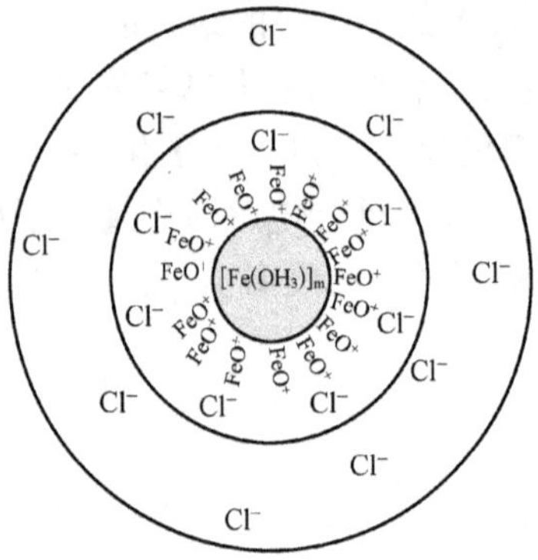

图 8-16　$Fe(OH)_3$胶团的结构示意图

应注意的是,溶胶的制备条件不同时,溶胶粒子可带正电,也可带负电。例如,AgI 溶胶一般用下列反应制备:

$$AgNO_3 + KI \longrightarrow AgI + KNO_3$$

若在制备时,$AgNO_3$过量,胶核将吸附 Ag^+ 而带正电,则胶团结构为

$$[(AgI)_m \cdot nAg^+ \cdot (n-x)NO_3^-]^{x+} \cdot xNO_3^-$$

反之,若制备时 KI 过量,胶核将吸附 I^- 而带负电,则胶团结构为

$$[(AgI)_m \cdot nI^- \cdot (n-x)K^+]^{x-} \cdot xK^+$$

还必须指出,同一溶胶的胶核大小并不相同,所以 m 不是一个定值,n, x 也各不相同。上述表示式只是依据双电层理论和 X 衍射、电子显微镜等实验结果对胶体结构的一种推测,上述对胶团的描述也没有考虑到溶剂化作用,真实的胶团结构是非常复杂的。

例 8-2　利用 $AgNO_3$溶液和 KI 溶液制备 AgI 溶胶的反应为

$$AgNO_3 + KI \longrightarrow AgI + KNO_3$$

若将 24.0 mL 0.020 0 $mol \cdot L^{-1}$的 KI 溶液和 200 mL 0.050 0 $mol \cdot L^{-1}$ $AgNO_3$ 溶液混合,制备 AgI 溶胶,写出该溶胶的胶团结构式,并判断其在电场中的电泳方向。

解：加入 KI 和 $AgNO_3$的物质的量分别为

$$n(KI) = 0.0200 \times 0.0240 = 4.80 \times 10^{-4}\ \text{mol}$$
$$n(AgNO_3) = 0.0500 \times 0.200 = 1.00 \times 10^{-2}\ \text{mol}$$

$AgNO_3$过量，故 AgI 胶核吸附过量的 Ag^+离子而带正电荷，其胶团结构式为

$$[(AgI)_m \cdot nAg^+ \cdot (n-x)NO_3^-]^{x+} \cdot xNO_3^-$$

胶体粒子带正电，电泳时胶粒向负极移动。

8.6 溶胶的稳定性

8.6.1 溶胶的稳定性

溶胶是热力学不稳定系统，有自动聚集而下沉的趋势。但是实际上许多溶胶能长期稳定存在，有的长达数年或几十年。使溶胶保持相对稳定的因素主要有以下几种。

1. 溶胶的动力稳定性

溶胶粒子很小，布朗运动剧烈，它所形成的扩散作用，不利于粒子的浓集和下沉，因此溶胶有动力稳定性。溶胶为热力学不稳定系统，有自发聚结的趋势，使系统表面能降低，一旦溶胶质点聚结变大，动力稳定性将丧失。所以，增加介质的黏度，增大溶胶粒子的分散度，提高溶胶粒子的扩散能力，有利于溶胶的稳定。

2. 溶胶的电学稳定性

20 世纪 40 年代，前苏联的德查金（Deijanuin）和朗道（Landan）与荷兰的维韦（Verwey）和费比克（Overkeek）在扩散双电层模型基础上建立了溶胶稳定性的定量理论，简称 DLVO 理论。该理论认为：胶粒之间存在着互相吸引力，即范德华力，同时也存在着互相排斥力，即双电层重叠时的静电排斥力，当粒子之间吸引力占主导时，溶胶发生聚沉，而当静电排斥力占优势时，胶体就处于稳定状态。

1）胶粒间的吸引势能 U_A　胶粒间的吸引力本质上是范德华力。由于胶粒是大量分子的聚合体，故胶粒间的引力是所有分子间引力的总和。对于半径为 r 的两个球形胶粒，当它们之间的最短距离为 h，且当 $h \ll r$ 时，则单位面积上相互作用吸引势能 U_A为

$$U_A = -\frac{ar}{12h} \tag{8-12}$$

式中，a 为哈梅克（Hamaker）常数，它与胶粒的性质、浓度及极化率有关，一般在 $10^{-20} \sim 10^{-19}$之间。吸引势能与粒子之间距离成反比。

2）胶粒间的排斥势能 U_R　根据双电层模型，胶粒是带电的，并为离子氛所包围。当胶粒相互接近到离子氛发生重叠时，排斥势能 U_R为

$$U_R = K\varepsilon r\varphi_0^2\exp(-\kappa h) \tag{8-13}$$

式中，K 为常数，ε 为介质的介电常数，φ_0 为胶粒表面的电势，κ 是离子氛的半径的倒数，R 和 h 的意义同前。式(8-13)表明排斥势能随胶粒表面的电势增大呈平方增加，随距离增大呈指数降低。

3）胶体粒子系统的势能曲线　两个胶粒之间的总势能 U 应是吸引势能 U_A 与排斥势能 U_R 之和，其数值随两胶粒间距离的变化如图 8-17 所示。当两胶粒相距较远时，双电层尚未重叠，只是吸引力起作用，总势能降低；随着相互接近，斥力开始起作用，当胶粒相互靠近以致双电层部分重叠时，在重叠部分中离子浓度比正常分布时大，过剩离子产生的渗透将阻碍粒子的进一步靠近而产生排斥势能，因此，排斥势能随粒子间距离减小逐渐升高。总势能开始逐渐上升，出现第二最小值。但是，粒子相互靠近的过程中，离子间的吸引力也在随距离缩短而增大，当距离缩短至一定程度后，吸引力又占优势，势能迅速降低至第一最小值。由图上可以看到，粒子要相互聚集在一起，必须克服一能垒。显然，能垒的高度是溶胶稳定性的一种标志。一般粒子的动能小于该能垒，不能逾越，被双电层重叠时产生的排斥力分开，因此溶胶能在一定时间内保持相对稳定。

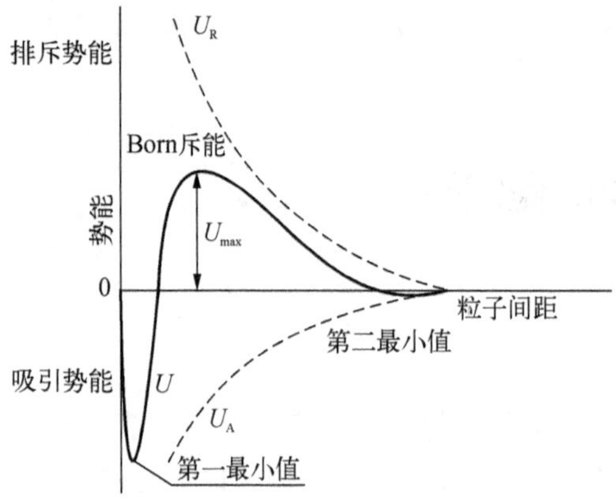

图 8-17　粒子间势能曲线

3. 溶剂化的稳定性

胶团中的离子都是溶剂化的，若以水为溶剂，胶团的双电层结构中的离子都是水化的，胶粒被水分子包裹形成的水合膜犹如一层弹性隔膜，可造成胶粒接近时的机械阻力，使胶粒隔开不易聚集，从而阻止溶胶聚沉。水化膜越厚，溶胶越稳定；反之，水化膜越薄，溶胶越不稳定。

8.6.2　溶胶的聚沉及影响因素

稳定的溶胶必须同时具备动力稳定性和不易聚结稳定性，这种不易聚结的稳定因素一旦受到破坏，胶粒碰撞时便会合并变大，从介质中析出而下沉，此种现象称为**聚沉**(**coagulation**)。影响溶胶稳定性的因素有电解质的作用、胶体的相互作用、溶胶的温度和浓度、大分子化合物等。其中以电解质的作用最为重要。下面就溶胶的聚沉现象作一讨论。

1. 外加电解质的聚沉作用

溶胶制备时，少量电解质的存在能帮助胶团双电层和胶粒 ζ 电势的形成，起到稳定溶胶的作用。若向已制备好的溶胶中再加入电解质，随着电解质浓度增加，将有更多的反离子进入紧密层内，ζ 电势降低，甚至可降为零。这样，双电层的斥力不足以抗衡胶粒之间的范德华引力而发生聚沉作用。不同电解质对溶胶的聚沉能力可以用**聚沉值**(**coagulation value**)来度量，即一定量的溶胶在一定时间内完全聚沉所需电解质的最小浓度。聚沉值也称**临界聚沉浓度(critical coagulation concentration)**。聚沉值越小，聚沉能力越大。表8-4列出了不同电解质对一些溶胶的聚沉值。

表8-4 不同电解质的聚沉值($mmol \cdot L^{-1}$)

As_2S_2(负溶胶)		AgI(负溶胶)		Al_2O_3(正溶胶)	
LiCl	58	$LiNO_3$	165	NaCl	43.5
NaCl	51	$NaNO_3$	140	KCl	46
KCl	49.5	KNO_3	136	KNO_3	60
KNO_3	50	$RbNO_3$	126		
$CaCl_2$	0.65	$Ca(NO_3)_2$	2.40	K_2SO_4	0.30
$MgCl_2$	0.72	$Mg(NO_3)_2$	2.60	$K_2Cr_2O_7$	0.63
$MgSO_4$	0.81	$Pb(NO_3)_2$	2.43	$K_2C_2O_4$	0.69
$AlCl_3$	0.093	$Al(NO_3)_3$	0.067	$K_3[Fe(CN)_6]$	0.08
$\frac{1}{2}Al_2(SO_4)_2$	0.096	$La(NO_3)_3$	0.069		
$Al(NO_3)_2$	0.095	$Ce(NO_3)_3$	0.069		

实验表明，电解质对溶胶的聚沉作用有以下几条规律：

1) 对同一溶胶，反离子为一、二、三价的不同电解质的聚沉值之比为

$$\left(\frac{1}{1}\right)^6 : \left(\frac{1}{2}\right)^6 : \left(\frac{1}{3}\right)^6 = 100 : 1.6 : 0.14$$

式中括号中的分母为反离子的价数。该规律称为舒尔兹-哈迪(Schulze-Hardy)规则。

2) 同价反离子的聚沉值相近，但有所不同。例如，不同一价阳离子的硝酸盐对负电性溶胶的聚沉能力可排成下列次序，即

$$Cs^+ > Rb^+ > K^+ > Na^+ > Li^+$$

对正电性溶胶，一价阴离子的钾盐对其的聚沉能力次序为

$$F^- > Cl^- > Br^- > NO_3^- > I^- > CNS^-$$

这种同价离子聚沉能力的次序称为**感胶离子序(lyotropic series)**。这种顺序和离子的水合半径的顺序相同，可能是离子半径越小其电荷密度越大，越容易靠近胶体粒子。

3) 有机化合物的离子都具有很强的聚沉能力，这可能与其具有很强的吸附能有关。表8-5列出了不同有机阳离子对As_2S_3负溶胶的聚沉值，可见有机盐的聚沉能力较无机盐的大得多。

表8-5 有机化合物对As_2S_3负溶胶的聚沉作用

电解质	聚沉值/($mol \cdot m^{-3}$)	电解质	聚沉值/($mol \cdot m^{-3}$)
氯化苯胺	2.5	$(C_2H_5)_3NH^+Cl^-$	2.79
氯化吗啡	0.4	$(C_2H_5)_4N^+Cl^-$	0.89
$(C_2H_5)NH_3^+Cl^-$	18.2	KCl	49.5
$(C_2H_5)_2NH_2^+Cl^-$	9.96		

4）电解质溶液中那些与胶粒带相同电荷的离子称为同号离子，一般情况下，它们对溶胶有一定的稳定作用。但有时它们也会影响聚沉值，通常价数愈高，聚沉能力愈低。这可能与这些同性离子的吸附作用有关。

如对带负电的亚铁氰化铜溶胶，不同价数负离子所成钾盐的聚沉能力次序为

$$KNO_3 > K_2SO_4 > K_4[Fe(CN)_6]$$

5）在溶胶中加入少量的电解质可以使溶胶聚沉，电解质浓度稍高，沉淀又重新分散成溶胶，并使胶粒改变符号。如果再增加电解质的浓度，可以使新生成的溶胶再次沉淀，这种现象称为不规则聚沉。不规则聚沉是溶胶粒子对高价异号离子强烈吸附的结果。

从上述讨论可以看出，电解质对溶胶的作用是相当复杂的。

例 8-3 在三个盛有 20 mL $Fe(OH)_3$溶胶的烧杯中，分别加入 1 $mol \cdot L^{-1}$ NaCl、0.005 $mol \cdot L^{-1}$ Na_2SO_4、0.003 3 $mol \cdot L^{-1}$ Na_3PO_4溶液使其发生明显聚沉，最少需加入电解质的数量为：(1) NaCl 溶液 21 mL；(2) Na_2SO_4溶液 125 mL；(3) Na_3PO_4溶液 7.4 mL。试计算上述电解质的聚沉值，聚沉能力之比，并指出溶胶带电的符号。

解：(1) 根据聚沉值的定义：使一定量的溶胶发生明显聚沉所需电解质的最小浓度，上述电解质的聚沉值分别为

$$c(NaCl) = \frac{1 \times 21}{20 + 21} \times 10^3 = 512.2\ mmol \cdot L^{-1}$$

$$c(Na_2SO_4) = \frac{0.005 \times 125}{20 + 125} \times 10^3 = 4.31\ mmol \cdot L^{-1}$$

$$c(Na_3PO_4) = \frac{0.003\ 3 \times 7.4}{20 + 7.4} \times 10^3 = 0.90\ mmol \cdot L^{-1}$$

聚沉值之比为

$$c(NaCl) : c(Na_2SO_4) : c(Na_3PO_4) = 512.2 : 4.31 : 0.90 \approx 569 : 4.8 : 1$$

(2) 已知聚沉能力与聚沉值成反比，所以聚沉能力之比为

$$NaCl : Na_2SO_4 : Na_3PO_4 = \frac{1}{512.2} : \frac{1}{4.31} : \frac{1}{0.90} = 1 : 118 : 569$$

由此可知聚沉能力顺序为：$Na_3PO_4 > Na_2SO_4 > NaCl$。因三者具有相同正离子，所以对溶胶聚沉起主要作用的是负离子，胶粒带有正电荷，为正溶胶。

2. 不同溶胶的相互作用

一般说来，电性相同的两种溶胶混合时，不会发生明显的变化。但是，将电性相反的两种溶胶以适当量混合，就会发生相互聚沉作用。与电解质的聚沉作用不同之处在于两种溶胶用量应恰能使其所带的总电量相等，才能完全聚沉，否则只能部分聚沉，甚至不聚沉。用明矾净化水的方法就是两种溶胶相互作用的一个例子。天然水是泥沙等硅酸盐形成的带负电的溶胶，而明矾 $KAl(SO_4)_2 \cdot 12H_2O$ 水解后生成带正电的 $Al(OH)_3$溶胶，两

者相互聚沉，使水得以净化。医学上利用血液相互聚沉判断血型。

3. 大分子化合物对溶胶聚沉的影响

在溶胶中，加入大分子化合物既可使溶胶稳定，也可使溶胶聚沉。

(1) 大分子化合物的保护作用

一定量的大分子化合物加入到溶胶中后，可以吸附在溶胶粒子的表面，将胶粒完全包围起来，同时将亲水基团伸向水中，形成一层水化高分子保护膜，由于大分子吸附有一定的厚度和黏度，削弱了溶胶粒子相互接近时的吸引力，阻止了胶粒之间或胶粒与电解质之间的直接接触，起到了稳定和保护溶胶的作用。应当注意，加入大分子化合物的量以能盖住溶胶粒子固体表面为宜。一旦大分子在溶胶表面形成了一个高分子薄层后，再过量的大分子也不能增加它的稳定性。由于大分子吸附在溶胶表面需要一定的时间，故加入的方法和混合次序对溶胶稳定性都有影响。例如，明胶对 $Fe(OH)_3$ 的保护作用：如果将明胶加入到 $Fe(OH)_3$ 溶胶中之后再加入氨水，则 $Fe(OH)_3$ 不会聚沉；若氨水先加入到明胶溶液中，再将该明胶溶液加入到 $Fe(OH)_3$ 溶胶中，则立即聚沉。保护胶体在生理上起着很重要的作用，如胆汁蛋白质可以维持微溶的胆固醇和胆红素钙盐处于悬浮的状态，如果胆汁蛋白质的量不足，就可能生成胆石。血浆中所含的难溶盐类，如碳酸钙、磷酸钙等，也是靠蛋白质的保护作用而存在的。

(2) 大分子化合物的敏化作用

当保护胶体的大分子所用的量不足时，反而会引起溶胶的聚沉，大分子化合物的这种作用称为敏化作用，溶胶因敏化作用而引起的聚沉称为絮凝。其原因可从三个方面说明：一是搭桥效应，即一个长碳链的大分子周围同时吸附有许多个溶胶粒子，大分子起到搭桥作用，使胶粒更易聚集在一起，变成较大的集合体而聚沉；二是脱水效应，即大分子化合物对水分子有更强的亲和力，由于它的溶解与水化作用，使胶体粒子脱水，失去水化外壳而聚沉；三是电中和效应，即离子型的大分水化合物吸附在带电的胶体粒子上，可以中和分散相粒子的表面电荷，使粒子间的静电斥力降低，而使溶胶聚沉。大分子化合物对溶胶的聚沉作用，广泛应用于工业污水的处理和净化、化工操作中的分离和沉淀以及有用矿泥的回收等。它比无机聚沉剂效率高，聚沉速度快，且沉淀物块大而疏松，便于过滤。

8.7 乳状液和泡沫

8.7.1 乳状液

1. 乳状液的类型

一种或几种液体以液珠分散在另一不相混溶的液体之中形成的分散体系称为**乳状液**(**emulsion**)。制备乳状液的过程称为**乳化**(**emulsify**)。其中分散相称为**内相**(**inner phase**)，分散介质称为**外相**(**outer phase**)。

乳状液的类型有：以油作为分散相，分散在介质水中形成水包油型(O/W)乳状液；以水作为分散相，分散在介质油中形成油包水型(W/O)乳状液，如图 8-18 所示。此处的油指极性较小的有机溶剂。除上述两类基本乳状液外,还有一种复合乳状液,它的分散相本身就是一种乳状液,如将一个 W/O 的乳状液分散到连续的水相中,而形成一种复合的 W/O/W 型乳状液。

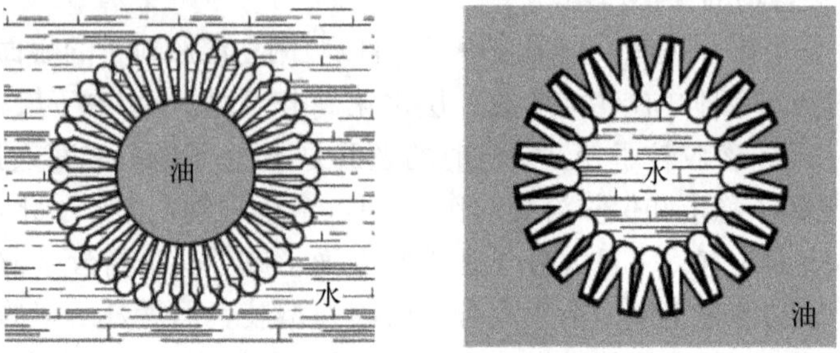

图 8-18 乳状液的类型

乳状液中分散相的粒子大小约在 100 nm 以上,用显微镜可以清楚地观察到,属于粗分散系统。但由于它具有多相和易聚结的不稳定性等特点,所以也作为胶体化学研究的对象。在自然界,工业生产以及日常生活中,经常接触到乳状液,如从油井喷出的原油、橡胶类植物的乳浆、杀虫剂的乳剂、牛奶等都是乳状液。

W/O 型和 O/W 型乳状液在外观上并无多大区别,一般可用下述方法鉴别:

1) 稀释法　乳状液能被外相所稀释。因此,能被水稀释的是 O/W 型,能被油稀释的是 W/O 型。

2) 染色法　取少量油溶性染料加到乳状液中,振荡后若整个乳状液都被染色,则外相为油相,即 W/O 型;若只是液珠呈现染料色,则内相为油,即 O/W 型。同理,也可用水溶性染料进行鉴别。

3) 电导法　一般油是电的不良导体,水是良导体。通过测定乳状液的导电情况可以鉴别其类型。能导电的是 O/W 型,不能导电的是 W/O 型。

2. 乳化剂的作用

乳状液是热力学的不稳定系统,存在着很大的界面和界面能,必须有乳化剂(emulsifying agent)存在的情况下才能形成。目前,绝大多数的乳化剂都是表面活性剂。

关于乳化剂的稳定作用有许多不同的解释,例如界面张力理论、界面膜稳定理论、电效应稳定理论、固体微粒稳定理论等。下面分别作简单介绍。

(1) 界面张力理论

该理论认为界面张力是影响乳状液稳定性的一个主要因素。因为乳状液的形成使系统具有很大的界面和界面能,导致系统不稳定。因此,有效降低系统的界面张力,可以增加乳状液的稳定性。因此,表面活性剂是良好的乳化剂。但是,许多研究证明,低的界面张力并不是决定乳状液稳定性的唯一因素。例如,有些低碳醇(如戊醇)能将油-水界面张力降至很低,但却不能形成稳定的乳状液;有些大分子(如明胶)的表面活性并不高,但却是很好的乳化剂。固体粉末作为乳化剂形成相当稳定的乳状液,则是更极端的例子。因此,降低界面张力虽使乳状液易于形成,但它并不是决定乳状液稳定的唯一因素。

（2）界面膜稳定理论

作为乳化剂的表面活性剂具有特殊的两亲性质，在界面发生吸附，形成一层界面膜。界面膜对分散相液滴具有保护作用，使其在布朗运动的相互碰撞中不易聚结，而分散相液滴的聚结以界面膜的破裂为前提，因此，界面膜的机械强度是决定乳状液稳定的主要因素。

（3）电效应稳定理论

用离子型的表面活性剂作为乳状液时，由于其在界面上的规则排列及自身电离、吸附等作用，会使乳状液的液滴带电荷，其电荷大小依电离强度而定；若乳化剂是非离子表面活性剂，也可能因吸附、摩擦等作用，使得液滴带有电荷，其电荷大小与外相离子浓度、介电常数和摩擦常数有关。带电的液滴靠近时，产生排斥力，难以聚结，因而提高了乳状液的稳定性。

（4）固体微粒稳定理论

许多固体微粒，如碳酸钙、黏土、炭黑、石英、金属氧化物以及硫化物等，可以作为乳化剂起到稳定乳状液的作用。显然，固体微粒只有存在于油-水界面上才能起到乳化剂的作用。而其存在于油相、水相还是在相界面上，则取决于油、水对固体微粒润湿性的相对大小。若固体微粒完全被水润湿，则在水中悬浮；微粒完全被油润湿，则在油中悬浮。只有当固体微粒既能被水、也能被油所润湿，才会停留在油-水界面上，形成牢固的界面膜，而起到稳定作用。这种膜愈牢固，乳状液愈稳定。这种界面膜具有与表面活性剂吸附于界面所形成的吸附膜类似的性质。

在选用乳化剂时，除了根据上述一般原理外，还要考虑所乳化的物质、形成的乳状液的类型来选取合适的表面活性剂。通常 O/W 型选用 HLB 值较大的表面活性剂（HLB 值 8～18），W/O 型则选用 HLB 值较小的表面活性剂（HLB 值 3.5～6）。

3. 乳状液的不稳定性

乳状液的不稳定性表现为分层、变型和破乳，这些只是表现方式和时间不同而已，有时它们可以交叉进行，互有关联。

1）分层　这往往是破乳的前导，如牛奶的分层是最常见的现象，它的上层是奶油，在上层中分散相乳脂约占 35%，而在下层只占 8%。

2）变型　指乳状液由 O/W 型变成 W/O 型（或反之）。影响变型的因素有改变乳化剂类型、变更两相的体积比、改变温度以及电解质的影响等。

在乳状液中加入一定量的电解质，会使乳状液变型。例如，用油酸钠为乳化剂的苯和水系统是 O/W 型乳状液，加入 0.5 mol · L^{-1} 的 NaCl 溶液后，则变为 W/O 型乳状液。

高价金属离子导致乳状液变型的作用可以用楔子理论来说明，离子的价数对变型所需要的电解质的浓度有很大有影响。电解质的变型能力可按如下的次序排列：

$$Al^{3+} > Cr^{3+} > Ni^{2+} > Pb^{2+} > Ba^{2+} > Sr^{2+} (Ca^{2+} Fe^{2+} Mg^{2+})$$

乳状液的变型可能与高价金属离子压缩液滴的双电层有关。

3）破乳　破乳与分层不同，分层还有两种乳状液存在，而破乳是使两液体完全分离。破乳的过程分两步实现，第一步是絮凝，分散相的液珠聚集成团。第二步是聚结，在团中各液滴相互合并成大液珠，最后聚沉分离。在乳状液的内相浓度较稀时以絮凝为主，浓度较高时则以聚沉为主。

破坏乳状液的方法很多，如加热破乳、高压电破乳、过滤破乳、化学破乳等。原油脱水就是采用高压电破乳的方法，在电场的作用下液珠质点排列成行，当电压升高到某一定值（约为 2 000 $V \cdot m^{-1}$的直流电），聚结过程瞬间完成。化学破乳是加入破乳剂，破坏乳化剂的吸附膜。例如，用皂作为乳化剂，则在乳状液中加酸，皂就变成脂和酸而析出，乳状液即分层被破坏。当前最主要的化学破乳方法是选择一种能强烈吸附于油-水界面的表面活性剂，用以顶替在乳状液中生成牢固膜的乳化剂，产生一种新膜，新膜的强度显著降低而导致破乳。

实际过程的破乳是几种方法的综合运用，如使原油破乳往往是加热、电场和破乳剂等几种方法同时并用，以提高破乳效果使油水分离。

8.7.2 微乳状液

将两种互不相溶的液体在表面活性剂作用下形成的热力学稳定的、各向同性、外观透明或半透明、粒径 10～100 nm 的分散体系称为**微乳状液(microemulsion)**，简称微乳液。制备微乳液的技术称为微乳化技术。

微乳液属宏观均匀而微观上不均匀的液体混合物，具有低黏度、各向同性等性质。微乳液将连续介质分散成为微小空间，这种微小空间粒度细小、大小均一、稳定性高，一般可以稳定存在几个月，它包括油包水型(W/O)、水包油型(O/W)以及双连续相三种。

制备微乳液一般需加较大量的表面活性剂，并需加入辅助表面活性剂。辅助表面活性剂通常为极性有机物（如短链醇类），它可以改善油水两相的性质，调节表面活性剂的HLB值，使表面活性剂在油-水界面上有较大的吸附量，提高表面活性。另外还能增强界面膜的流动性，使界面膜的弯曲更加容易，有利于微乳液的形成。

微乳液与普通乳状液有如下不同：

1) 微乳液是热力学稳定系统　由于制备时表面活性剂的用量大，在辅助表面活性剂共同作用下，可使油水界面张力趋于零，形成的乳滴粒径很小，如同表面活性剂的胶束，微乳液是热力学的稳定系统，其形成过程可以是自发的。稳定的微乳即使离心也不能使之分层。

2) 微乳液外观均匀透明　液滴粒径大小的不同，对光的吸收、反射和散射也不同，因而外观上有较大的差异，见表 8-6。常见的乳状液主要是对光的反射而呈现乳白色，乳状液由此而得名。若液滴逐步变小，散射光增强，呈现蓝色和半透明。微乳状液则是均匀透明的。

表 8-6　乳状液与微乳液的性质比较

	乳　状　液	微　乳　液
分散度	粗分散体系，质点>0.1 μm	质点 0.01～0.1 μm
	显微镜下可见，质点一般大小不均匀	显微镜下不可见，质点大小一般均匀
质点形状	一般为球状	球状
透光性	不透明	半透明或透明

续 表

	乳 状 液	微 乳 液
稳定性	不稳定,离心可分层	稳定,离心不分层
表面活性剂用量	少,不一定加辅助剂	多,需加辅助剂
与油、水的混融	O/W与油不能混溶 W/O与水不能混溶	与油、水在一定范围内可混溶

微乳液常规制备方法有两种:一种是把有机溶剂、水和乳化剂混合均匀,然后向该乳状液中滴加醇,在某一时刻体系会突然间变得透明,这样就制得了微乳液;另一种是把有机溶剂、醇和乳化剂混合为乳化系统,向该乳化液中加入水,体系也会在瞬间变成透明。微乳液的形成主要依靠系统中各组分的匹配,但会受油相、温度、pH和表面活性剂等因素的影响。

微乳液作为一种热力学稳定的系统,因其所具有的超低界面张力和表面活性剂所具有的乳化、增溶、分散、起泡、润滑和柔软性等性能,使它在石油工程、日用化工、材料科学、生物技术、医药学、环境科学和分析化学等领域的应用日趋广泛。

近年来,微乳技术被用于多种药物制剂的研究开发,其突出优点有增溶、促进吸收,提高生物利用度、减少过敏反应等。例如,抗肿瘤药喜树碱在微乳中的溶解度提高23倍,环孢素A的口服微乳生物利用度增加2～3倍,胰岛素微乳透皮给药的皮肤透过量明显提高,氟比洛芬微乳注射剂在病变部位的浓度提高7倍,因此微乳作为给药载体有着很好的开发前景。

微乳在化妆品中得到广泛应用,例如,微乳液可以包裹TiO_2和ZnO纳米粒子添加在化妆品中,具有增白、吸收紫外线和放射红外线等特性。

案例8-2

啤酒泡沫是啤酒的一项重要感观指标,有人称泡沫是啤酒之花,也有人将洁白细腻的啤酒泡沫誉为啤酒的“皇冠”。良好的泡沫性能是优质啤酒的一个显著标志,泡沫性能主要指啤酒的起泡性、泡沫的持久性及泡沫的附着力等。产生泡沫的根本原因是啤酒中含有一定量的处于过饱和状的CO_2气体,其次影响泡沫最主要的物质是啤酒中含有适量的蛋白质,它能保持泡沫的稳定。如果将CO_2通入纯水中只能产生气泡,不可能产生泡沫。

问题:

(1) 何谓泡沫?泡沫属于哪种类型的分散系?

(2) 为什么啤酒中含有适量蛋白质时能保持泡沫的稳定?

8.7.3 泡沫

气体分散在液体中的状态称为气泡。许多气泡相互结合在一起,彼此之间以很薄的液膜隔开,这种状态称为**泡沫(foam)**。所以泡沫是以不溶性气体为分散相的粗分散系统。

通常所指的是液体泡沫，若分散介质是固体，称固体泡沫（如泡沫塑料、泡沫玻璃、泡沫混凝土等）。

1. 泡沫产生的条件

1）气液接触　　因为泡沫是气体在液体中的分散体，所以只有当气体连续充分地接触时才有可能产生泡沫。

2）起泡剂　　一般纯水中产生的气泡其寿命大约在 0.5 秒之内，只能瞬间存在，当有少量的表面活性剂作为**起泡剂（foaming agent）**存在时，因其能稳定气液界面膜，可以得到稳定的泡沫。

气体的密度远小于液体，泡沫中的气泡总是自然集中到系统的上部，相互紧贴，形成多面体的堆积层。

2. 泡沫的稳定性

泡沫是气体分散在液体中的粗分散体系，由于体系存在着巨大的气-液界面，是热力学上的不稳定体系，气泡的破裂可自动发生。

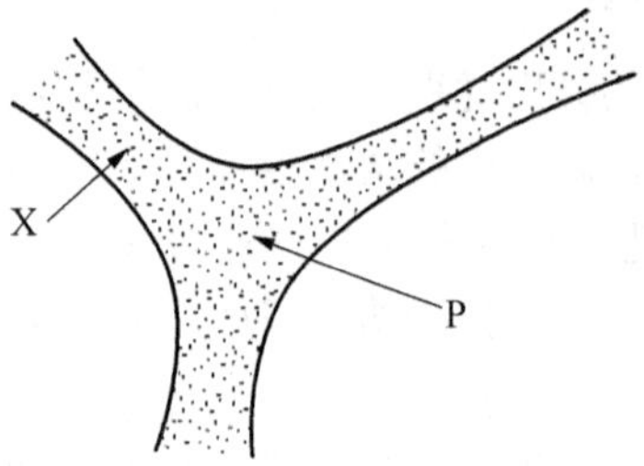

图 8-19　气泡的 Plateau 交界

（1）泡沫破坏的机制

泡沫的存在是因为气泡有一层液膜相隔。由于气液两相密度存在很大差异，气泡间的液膜在重力作用下产生向下的排液现象，使液膜变薄，同时强度也随之下降，在外界扰动下容易破裂，造成气泡聚并。除此之外，表面张力的作用也会促使排液现象的发生。一般相互紧贴的三个气泡，形成 120°夹角时最稳定，如图 8-19 所示。P 为三个气泡的交界处，X 为两个气泡的交界处。由于曲率半径不同以及表面张力的存在，P 处的曲面压力小于 X 处，液体从 X 处流向 P 处，再经管道排出，其结果使界面液膜变薄。

除了上述两种排液现象，泡内气体的扩散作用也是导致气泡破裂的原因之一。泡沫中的气泡大小不一，小气泡受到较大的曲面压力，其内压大于大气泡的内压，两者又都大于外压，因此小气泡通过液膜向大气泡里排气，使小气泡变小以至于消失，大气泡变大且液膜更加变薄，最后破裂。另外液面上的气泡也会因泡内的压力比大气压力大而通过液膜直接向大气排气，最后气泡破灭。制泡时应尽量均匀一致，泡沫越均匀稳定性就越好。所以在发泡时要尽量做到均匀一致。因此凡能阻止排液和气体扩散的因素，都有利于泡沫的稳定。

（2）泡沫稳定的主要影响因素

1）适度降低表面张力　　泡沫排液的速度和气泡液膜的交界处与平面液膜之间的压力差有关，表面张力低则压差小，因而排液速度较慢，液膜变薄也较慢，这有利于泡沫的稳定。但表面张力不宜过低，否则会导致液膜机械强度减弱。表面张力不是决定泡沫稳定的主要因素。

2）增加表面黏度　　表面黏度是泡沫稳定性的关键因素。表面黏度大，可增强膜抗御外界扰动的能力，减缓液膜排液和气体跨膜扩散的速度，增加表面膜的机械强度，维持泡沫的稳定。

3）表面张力的"复原"作用和表面弹性　　泡沫受外界扰动时，液膜会发生局部变薄的现象。变薄之处的液膜表面积增大，表面吸附的表面活性剂分子密度较前减少，表面张力增大，导致与邻近区域产生表面压。在此压力下，邻近区域的表面分子会带动邻近的液体一起向变薄处迁移，使变薄处区域又重新变厚，表面张力恢复原来的数值。表面张力和液膜厚度的复原均导致液膜强度的恢复，使泡沫具有一定的稳定性而不易破坏。此种复原作用也称作表面弹性。纯液体没有表面弹性，其表面张力不会随表面积的变化而变化，因而不能形成稳定的泡沫。

除上述因素外，影响泡沫稳定性的还有表面电荷的斥力、温度等因素。

3. 消泡和消泡剂

在减压蒸馏、过滤、制糖、中草药有效成分提取、印染等工艺中，常会产生泡沫，引起操作不便，甚至影响产品质量。因此，防止泡沫产生和有效消除泡沫成为另一个重要问题。泡沫的消除有物理法和化学法。物理法包括机械搅动、交替升温降温、加压减压、射线照射、气流喷射、超声波振荡、离心分离、过滤去除等；化学法是加入抑止剂防止泡沫产生和加人消泡剂破坏泡沫。比如，利用吸附、溶解、稀释、化学反应等除去起泡性物质，利用加入酸、碱调节 pH 及 HLB 值，利用消泡剂除去分散性的气泡，加入电解质或电解以减弱双电层的相斥，加入排液性的物质，盐析等。

消泡剂主要是通过降低泡沫局部表面张力、降低液膜的表面黏度、削弱膜弹性、促使液膜排液及破坏表面活性剂双电层等机制导致泡沫破灭。

（刘坤）

思　考　题

1. 为什么说溶胶是不稳定系统，而实际上又常能相对稳定存在？
2. 什么叫表面活性剂？从其结构特点说明它能降低溶液比表面能的原因。
3. 丁达尔现象的本质是什么？为什么真溶液和粗分散系没有明显的丁达尔现象？
4. 为什么晴朗的天空呈蓝色？为什么雾天行驶的车辆必须用黄色灯？
5. 什么是布朗运动？为什么粗分散系统和真溶液观察不到布朗运动？
6. 为什么在江海的交界处易形成小岛和沙洲？
7. 简述扩散双电层理论的要点，并区分何为热力学电势，何为斯特恩电势，何为 ζ 电势？
8. 影响溶胶稳定性的因素有哪些？它们的作用规律如何？

习　　题

1. 估算在 298.15 K 时，大气层中氧气的浓度降低一半所需的高度差。
2. 293.15 K 时实验测得某胶粒的布朗运动的数据。

时间 t/s	20.0	40.0	60.0	80.0	100
$\bar{x}^2\times10^{-10}$/s	2.56	5.664	8.644	11.42	13.69

已知介质的黏度：$\eta=1.00\times10^{-3}$ Pa·s，试计算：(1) 该温度下胶粒的扩散系数。(2) 胶粒的直径。

3. 有离子半径为 30×10^{-9} m 的金溶胶，在高度差 0.1 mm 的某指定体积中，离子数分别为 277 和 166，计算阿伏伽德罗常数 L。已知 293.15 金的密度为 19.38×10^3 kg·m^{-3}，分散介质的密度为 1.0×10^3 kg·m^{-3}。

4. ζ电势是________与________的电势差。

5. 对有过量 KI 存在的 AgI 溶胶，下列何种电解质的聚沉能力最大。

A. $K_3[Fe(CN)_6]$　B. $MgSO_4$　C. $FeCl_3$　D. NaCl

6. 欲制备 AgI 负溶液，在 20 mL 的 0.005 mol·L^{-1} KI 溶液中，最多应加入多少毫升的 0.01 mol·L^{-1} $AgNO_3$，并写出其胶团结构。若分别加入等体积、等浓度的 KNO_3、$Mg(NO_3)_2$、$Al(NO_3)_3$，哪种电解质对溶胶的聚沉能力最大？

7. 用氧化法制备硫溶胶，在水中通入 H_2S 和 O_2 的气体，发生如下反应，$2H_2S+O_2 \longrightarrow 2S(溶液)+2H_2O$。(1) 写出胶团结构。(2) 判断$\zeta$电势是正还是负，或是零？电泳时胶粒向哪个电极移动？(3) 分别用 KCl、NaCl、LiCl 使之聚沉，指出聚沉能力最大和最小的电解质各为何种？

8. 某 AgCl 溶胶，稳定剂为 0.01 mol·L^{-1}的 KCl 溶液，试判断ζ电势的正负，并写出胶团结构。电泳时，胶粒向哪个电极移动；若稳定剂改为 1 mol·L^{-1}的 KCl 溶液，加相同电压，则电泳速度发生何种变化？当稳定剂为 $AgNO_3$时，判断ζ电势的正负。

9. 将 0.08 mol·L^{-1}的 KBr 溶液慢慢滴加到同体积的 0.1 mol·L^{-1}的 $AgNO_3$溶液中得到溶胶。(1) 请写出胶团结构。(2) 电泳时胶粒向哪个电极移动。(3) 用 NaCl，NaI，Na_2SO_4溶液使溶胶聚沉，指出聚沉能力最大和最小的电解质各为何种？

10. 某 $Al(OH)_3$溶胶，在加入 KCl 使其最终浓度为 80 mmol·L^{-1}时恰能聚沉，加入 $K_2C_2O_4$浓度为 0.4 mmol·L^{-1}时恰能聚沉，问 $Al(OH)_3$溶胶胶粒带什么电荷？(2) 若改加 $CaCl_2$使该溶胶聚沉，所需的浓度约为多少？

11. 制备乳状液时，油多水少的情况下形成哪种类型的乳状液，此时所用的乳化剂是什么？

12. 试讨论憎液溶胶中加入适当或多量大分子化合物后，对溶胶稳定性的影响。

第9章　大分子化合物

内容提要　本章内容包括大分子的结构、大分子平均摩尔质量、大分子化合物的溶解特征、大分子溶液的流变性、大分子电解质溶液和凝胶。

本章以大分子化合物结构特性为基础，简单介绍了大分子化合物的溶解特征；详细阐述了大分子溶液的流变性、大分子电解质溶液中唐南平衡对渗透压的影响；最后介绍了一种重要的分散体系——凝胶，并简单列举了药物制剂中常见的大分子化合物。

人类活动离不开大分子化合物，如饮食中的淀粉和蛋白质、衣着中的棉、麻、丝、毛和皮革等，生命的维持更是依赖于蛋白质、核酸和糖类等生物大分子。目前随着人工合成大分子技术的飞速发展，大分子化合物不仅广泛应用于材料、化工、环境、印染和农业等领域，而且在生命科学领域也扮演着极其重要的角色。

9.1　大分子化合物的结构特点

大分子(macromolecule)化合物也称为高分子化合物，它指平均摩尔质量大于10 000 $g \cdot mol^{-1}$的化合物。由于分子很大，单个大分子即已达到胶粒大小的范围($10^{-7} \sim 10^{-9}$m)，因此大分子溶液的一些性质与小分子溶液不同，却与胶体类似，如扩散速率慢、不能通过半透膜等，大分子化合物的结构特点决定了其特殊的性质。

9.1.1　大分子的结构

大分子化合物的结构指由共价键连接而成的大分子的结构单元、原子或基团在空间的排布状态。这种结构可分为两个层次：链结构和聚集态结构，本章主要介绍链结构。

大分子的链结构指大分子的化学构造、立体结构及大分子的大小和形态，它可细分为近程结构和远程结构。“近程”和“远程”指沿大分子链走向考察距离的远近。

近程结构亦称一级结构，指分子链中较小范围的结构状态。它包括大分子结构单元的化学组成和键接方式、空间排列以及链的交联和支化，是大分子最基础的微观结构，能直接影响大分子的某些性能，如熔点、密度、黏度、溶解性、粘附性等。

远程结构指整个分子链在整体范围内的结构状态，又称为二级结构。它包括分子链的长短(即相对分子量的大小及分布)和分子链的构象。

9.1.2 大分子链的构象和柔顺性

碳链大分子是由无数个碳原子通过共价单键连接的长链结构，这些单键可以绕键轴旋转，这种现象称为单键内旋转。单键内旋转使大分子链在空间产生的不同形态，称为**构象(conformation)**。由于分子热运动，使得大分子各种构象之间转换速度极快，在没有外力情况下，各种内旋异构体的相对含量达到平衡，大分子链呈现出无规线团、折叠链、螺旋链等构象。

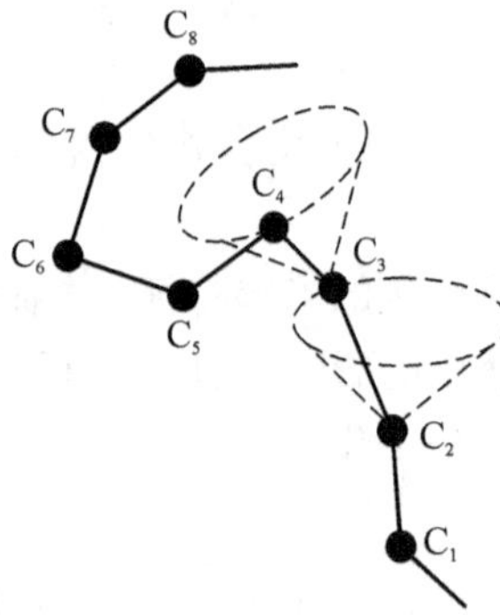

图 9-1 大分子链中 C—C 单键内旋转

大分子的**柔顺性(flexibility)**指由于单键内旋转而使大分子链表现出不同程度卷曲的特性。以碳链为例，C—C 单键是σ键，σ键的特点是电子云呈圆筒状轴对称分布，键角为 109°28′，键两端的原子可以相互旋转而不影响电子云分布。但一个键的自转会引起相邻键绕其公转，如图 9-1 所示。当 C_1—C_2 单键以自身为轴进行旋转时，C_2—C_3 键在固定的键角下绕 C_1—C_2 键旋转，运动轨迹是一个圆锥面。依此类推，由于 C_2—C_3 的自转，C_4 可在以 C_2—C_3 为轴的圆锥底边的任何位置。由此可见，大分子链中任何一个单键内旋转必然牵扯其毗邻的链节。这些受牵扯的链节可看作是大分子长链上能够独立运动的最小单元，称之为**链段(chain segment)**。大分子柔顺性可用链段长短表征，链段长度越短，大分子中所含的链段数目越多，分子柔顺性越强；反之，大分子的刚性越强。

9.1.3 影响大分子柔顺性的因素

大分子的柔顺性主要取决于结构因素(主链结构、取代基等)，但分子间作用力、温度和溶剂也会对其产生影响。

1) 主链结构的影响　由单键或孤立双键组成的大分子链，以及主链由 C—O、C—N、Si—O 等杂原子组成的大分子有较大的柔顺性。主链若含有苯环、杂环或共轭双键，内旋转困难，这样的分子柔顺性差，刚性较强。

2) 取代基　取代基的数量和极性影响分子的柔顺性。分子链上取代基的极性越大，链段间相互作用越强，链段运动受阻，分子链的柔顺性变差；同样，取代基沿大分子链排布越紧密，它们之间的作用越强，柔顺性越低。对称性的取代基比不对称的取代基使大分子链有更大的柔顺性。对非极性取代基，取代基的体积越大，空间位阻越大，内旋转不易，柔顺性降低。

3) 氢键、温度作用　氢键和温度对大分子链的柔顺性有重要影响。分子间或分子内的氢键使得大分子链的内旋转受限制，降低了分子链的柔顺性。温度越高，分子热运动能量越大，分子链的内旋转越自由，链的柔性越大。

4) 溶剂的影响　溶剂也会影响大分子链的柔顺性。若溶剂对大分子链单元有很大的溶剂化作用，“大分子线团”松弛柔顺，呈扩张形态，则该溶剂为**良溶剂(good solvent)**。反之，溶剂对大分子链单元的溶剂化作用较小，大分子线团较为紧缩，难以表现出柔顺性，则该溶剂为**不良溶剂(poor solvent)**,如图 9-2 所示。

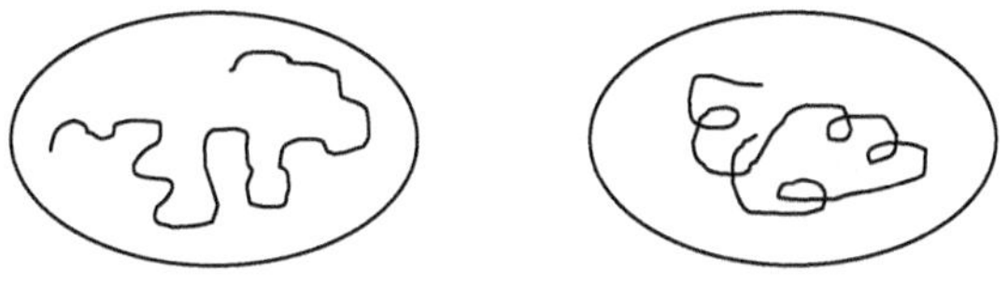

图 9-2 同种大分子在不同溶剂中的情况

9.2 大分子的平均摩尔质量

大分子化合物是由一系列组成相同而聚合度不同的同系物组成的,相对分子质量较大(一般在 10^3~10^7数量级),且分子量具有多分散性的特点,它们的摩尔质量只能用统计平均值表示。对于同一大分子化合物,不同的测定方法,得到的平均摩尔质量的大小不同,其平均值也具有不同的统计学意义。常有下列几种平均摩尔质量表示方法。

1. 数均摩尔质量

数字平均摩尔质量 $\overline{M}_\mathrm{n}$ 简称**数均摩尔质量(number average molar weight)**。假定大分子样品中含有各组分的分子数(摩尔数)分别为 N_1、N_2、…、N_i,相对应的摩尔质量为 M_1、M_2、…、M_i,样品的摩尔质量按照分子数(摩尔数)进行统计平均,得到数均摩尔质量 $\overline{M}_\mathrm{n}$ 为

$$\overline{M}_\mathrm{n}=\frac{N_1M_1+N_2M_2+\cdots+N_iM_i}{N_1+N_2+\cdots+N_i}=\frac{\sum_i N_iM_i}{\sum_i N_i} \tag{9-1}$$

数均摩尔质量可用端基分析法或膜渗透压法测得。

2. 质均摩尔质量

质量平均摩尔质量 $\overline{M}_\mathrm{m}$ 简称为**质均摩尔质量(mass average molar weight)**。分子数(摩尔数)为 N_i、单个分子质量(摩尔质量)为 M_i的 i 组分的质量 $W_i=N_iM_i$,对分子的质量进行统计平均,得到质均摩尔质量 $\overline{M}_\mathrm{m}$ 为

$$\overline{M}_\mathrm{m}=\frac{M_1W_1+M_2W_2+\cdots+M_iW_i}{W_1+W_2+\cdots+W_i}=\frac{\sum_i M_iW_i}{\sum_i W_i}=\frac{\sum_i N_iM_i^2}{\sum_i N_iM_i} \tag{9-2}$$

质均摩尔质量可用光散射法测得。

3. Z 均摩尔质量

Z 平均摩尔质量 $\overline{M}_Z$ 简称为 **Z 均摩尔质量(Z-average molar weight)**。

Z 量的定义为 $Z_i=M_iW_i$,对 Z 量进行统计平均,则 Z 均摩尔质量 $\overline{M}_Z$ 为

$$\overline{M}_Z=\frac{\sum_i Z_iM_i}{\sum_i Z_i}=\frac{\sum_i W_iM_i^2}{\sum_i W_iM_i}=\frac{\sum_i N_iM_i^3}{\sum_i N_iM_i^2} \tag{9-3}$$

Z 均摩尔质量可用超离心沉降法测得。

4. 黏均摩尔质量

用黏度法测得的平均摩尔质量为**黏均摩尔质量(viscosity average molar weight)** $\overline{M}_\eta$，具体定义为

$$\overline{M}_\eta=\left(\frac{\sum_i W_iM_i^\alpha}{\sum_i W_i}\right)^{\frac{1}{\alpha}}=\left(\frac{\sum_i N_iM_i^{(\alpha+1)}}{\sum_i N_iM_i}\right)^{\frac{1}{\alpha}} \tag{9-4}$$

式中，α 为常数，通常在 0.5～1.0 之间。黏均摩尔质量没有明确的统计学意义，但由于黏度法用于测定的平均摩尔质量范围广，仪器设备简单及实验准确，因此黏均摩尔质量在大分子科学领域被广泛使用。

对同一种大分子样品，用不同方法测定的平均摩尔质量大小顺序为 $\overline{M}_Z>\overline{M}_m>\overline{M}_\eta>\overline{M}_n$。下面举例说明几种平均摩尔质量之间的关系。

例 9-1 果胶样品中含摩尔质量 $M_1=4.0\times10^4\ g\cdot mol^{-1}$ 者有 5 mol，$M_2=6.0\times10^4\ g\cdot mol^{-1}$ 者有 3 mol，试计算三种平均摩尔质量 $\overline{M}_n$、$\overline{M}_m$ 和 $\overline{M}_Z$ 的值并进行比较。

解：由式(9-1)、式(9-2)和式(9-3)可以得到

$$\overline{M}_n=\frac{\sum_i N_iM_i}{\sum_i N_i}=\frac{5\times4.0\times10^4+3\times6.0\times10^4}{5+3}\approx4.8\times10^4\ g\cdot mol^{-1}$$

$$\overline{M}_m=\frac{\sum_i N_iM_i^2}{\sum_i N_iM_i}=\frac{5\times(4.0\times10^4)^2+3\times(6.0\times10^4)^2}{5\times4.0\times10^4+3\times6.0\times10^4}\approx4.9\times10^4\ g\cdot mol^{-1}$$

$$\overline{M}_Z=\frac{\sum_i N_iM_i^3}{\sum_i N_iM_i^2}=\frac{5\times(4.0\times10^4)^3+3\times(6.0\times10^4)^3}{5\times(4.0\times10^4)^2+3\times(6.0\times10^4)^2}\approx5.1\times10^4\ g\cdot mol^{-1}$$

由计算结果可知，3 种平均摩尔质量的大小顺序为

$$\overline{M}_Z>\overline{M}_m>\overline{M}_n$$

大分子化合物的平均摩尔质量是大分子化合物的一个重要物理参数，在一定程度上影响着大分子的理化性质，大分子药物在体内的排泄代谢和平均摩尔质量密切相关，摩尔质量大于 $7.0\times10^4\ g\cdot mol^{-1}$ 的大分子药物不易从体内排出。

案例 9-1

渗透泵技术是缓控释制剂目前常用的技术之一，是以渗透压为释药动力，以零级释放动力学为特征的一种制剂技术。利用该方法制得的渗透泵片由药物、渗透压活性物质和推动剂等组成，并用半透膜材料进行包衣。渗透压活性物质常用盐类、糖类，如氯化钠、蔗糖等。推动剂常为可溶胀大分子化合物，能吸水溶胀，产生推动力，如聚氧乙烯、羟丙甲纤维素等。半透膜材料常用醋酸纤维素类、乙基纤维素等。已上市的此类药物有沙丁胺醇(舒喘灵)渗透泵片、格列吡嗪渗透泵片、伪麻黄碱渗透泵片、盐酸维拉帕米渗透泵片和硝苯地平透泵片等。

问题：

(1) 什么是大分子化合物的溶胀?

(2) 该技术怎样实现半透膜内外的渗透压差，使之成为驱动力?

9.3　大分子化合物的溶解

9.3.1　大分子的溶解特征

大分子化合物由于结构复杂，平均摩尔质量大，形状多样，极性不同，影响其溶解的因素很多，溶解过程远比小分子化合物复杂。

大分子化合物在形成溶液时，要经过溶胀(swelling)和溶解两个阶段(图 9-3)。大分子首先与溶剂分子发生溶剂化作用，溶剂分子慢慢进入到卷曲的大分子的分子链空隙中，使大分子舒展开来，体积逐渐胀大，该过程为溶胀过程，是大分子溶解的前奏，这时大分子链还不能摆脱相互之间的作用而向溶剂中扩散。但随着溶胀的进行，链间距离不断增大，相互作用力逐渐减弱，大分子和溶剂分子相混合，大分子链能在溶剂中自由运动并充分伸展，形成均一的大分子溶液，此为大分子的溶解过程。大分子化合物先溶胀后溶解的特性使得大分子的溶解过程需要很长时间。

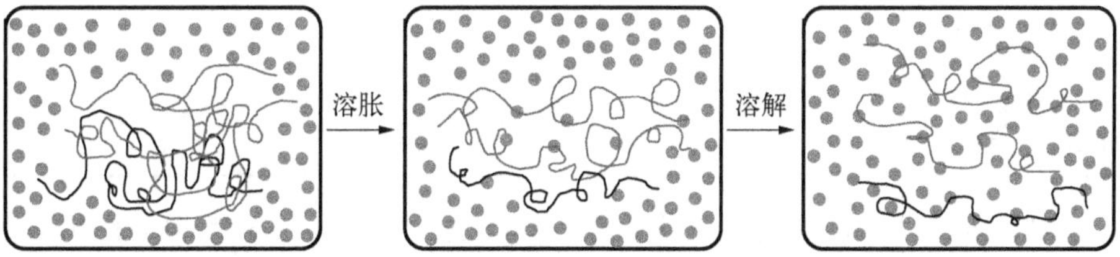

图 9-3　大分子溶解过程的两个阶段

大分子化合物的溶解有很强的平均摩尔质量依赖性。平均摩尔质量越小，溶解度越大；相反，平均摩尔质量越大，溶解度越小。线型大分子和有交联的大分子，它们的溶解状况也不一样，前者可以完全溶解为均一溶液，而后者仅能溶胀，不能溶解。

9.3.2 溶剂的选择

大分子溶解过程是大分子和溶剂分子均匀混合形成溶液的过程，其溶剂的选择可参考以下几种原则。

1) 极性相近原则　即要求大分子的极性和其溶剂极性相近。根据相似相溶的原理，大分子和溶剂的极性大小越接近，其溶解性越好。例如，极性的聚乙烯醇能溶于水，不溶于汽油；非极性的天然橡胶溶于汽油而不溶于甲醇或乙醇。

2) 溶度参数近似原则　内聚能密度的平方根称为**溶度参数(solubility parameter)** δ，它是纯物质分子溶解过程中必须克服本身分子间引力所做的功。通常大分子与溶剂的溶度参数越相近，越易溶解，一般 $|\delta_{溶剂}-\delta_{大分子}|>3.5$，大分子就难以溶解；若大分子与溶剂的溶度参数相等，则可互溶形成理想液态混合物。溶度参数可作为选择溶剂的重要依据，但当大分子和溶剂之间有氢键形成时，不能仅凭溶度参数预测其溶解性。一些常用溶剂和大分子化合物的溶度参数见表 9-1 和表 9-2。

表 9-1　常用溶剂的溶度参数

溶　剂	$\delta_m/(J^{1/2}\cdot cm^{-3/2})$	溶　剂	$\delta_m/(J^{1/2}\cdot cm^{-3/2})$	溶　剂	$\delta_m/(J^{1/2}\cdot cm^{-3/2})$
正丁烷	13.5	氯　仿	19.0	乙　酸	25.8
正己烷	14.9	二氯甲烷	19.8	乙　醇	26.0
正庚烷	15.2	丙　酮	20.0	二甲基亚砜	27.4
乙　醚	15.7	四氢呋喃	20.3	甲　酸	27.6
环己烷	16.8	吡　啶	21.9	甲　醇	29.7
乙酸戊酯	17.4	苯　胺	22.1	1,2-丙二醇	30.3
四氯化碳	17.8	异丁醇	22.4	乙二醇	32.1
乙酸乙酯	18.2	正丁醇	23.1	甘　油	36.2
苯	18.7	乙　腈	24.3	水	47.3

表 9-2　一些大分子化合物的溶度参数

大分子	$\delta_m/(J^{1/2}\cdot cm^{-3/2})$	大分子	$\delta_m/(J^{1/2}\cdot cm^{-3/2})$
聚乙烯	16.2	聚醋酸乙烯酯	19.6
聚丙烯	16.6	聚氯乙烯	19.8
聚甲基丙烯酸月桂酯	16.7	二醋酸纤维素	22.3
生物膜	17.8±2.1	红细胞膜	21.1±0.8
聚甲基丙烯酸甲酯	19.4	纤维素	32.1
聚碳酸酯	19.4	聚乙烯醇	47.8

3) 溶剂化原则　溶剂化原则就是溶剂分子通过与大分子链的相互作用即溶剂化作用把大分子链分开，发生溶胀直至溶解。该原则可解释某些溶度参数相近的大分子-溶剂体系不能很好地互溶的现象。如聚氯乙烯和二氯甲烷，二者溶度参数相等，但却不能互溶，因为溶剂(二氯甲烷)和溶质大分子(聚氯乙烯)之间不能形成氢键，二者间的溶剂化作用不足以使溶质大分子溶胀溶解。

选择大分子溶剂时，除了考虑上述原则，使大分子“能溶”外，还要考虑目的和用途。

如应用于医药方面，溶剂的毒性、溶剂和药物的相互作用及进入肌体后的吸收排泄等因素也必须考虑。

9.3.3　大分子溶液的性质

大分子化合物溶解形成的真溶液，许多性质和溶胶相似，如分散相粒子质量不均一、光散射、不能通过半透膜，在超速离心场中的沉降现象等。但大分子溶液又不同于溶胶，它可用热力学方法来研究，而溶胶只能用动力学方法进行研究。将大分子溶液和小分子溶液比较，两者也有相似之处，两者的性质都可用热力学函数进行描述，但由于大分子自身结构的特点，大分子溶液又有其独特性质，三者的性质比较见表9-3。

表9-3　大分子溶液、溶胶和小分子溶液的性质比较

性　质	小分子溶液	溶　胶	大分子溶液
分散相大小	$<10^{-9}$	$10^{-7}\sim10^{-9}$	$10^{-7}\sim10^{-9}$
扩散速率	快	慢	慢
稳定性	稳定	不稳定	稳定
溶液体系	单相体系	多相体系	单相体系
热力学特性	热力学稳定体系	热力学不稳定体系	热力学稳定体系
	符合相律	不符合相律	符合相律
能否通过半透膜	能透过	不能透过	不能透过
渗透压	小	小	大
黏度	小	小	大
对电解质	不敏感	很敏感	不很敏感

案例9-2

生物体内存在很多流体，包括细胞内液和细胞外液。前者如细胞原生质溶液，后者如血浆或血清、淋巴液、组织液（胃肠液、脑脊液、关节囊液、子宫颈液、眼前房液、精液、乳汁、表皮的分泌液、胆汁、痰和唾液）等，它们大多属于非牛顿流体。通过对这些流体流变性检测可以帮助人们对疾病的诊断、治疗、预后判断及预防。全血黏度、血浆比黏度就是临床上检测血液流变学的两个重要常规指标。

问题：

(1) 什么是牛顿流体和非牛顿流体？

(2) 为什么血液黏度指标在疾病的诊断、治疗和预防中有重要价值？

9.4　大分子溶液的流变性

大分子溶液的**流变性**(**rheological property**)指在外力作用下大分子发生黏性流动和变形的性质。生物体中许多重要生命过程都涉及流变现象，如血液和淋巴液的循环、胃肠液、乳汁、胆汁的分泌等。药物制剂中，乳剂、膏剂、混悬剂、凝胶剂等剂型的设计、生产和质量评定均需考虑到流变性。

9.4.1 流体的黏度

流体流动时产生内摩擦力的性质，称为流体的黏性。一般流体的流动可看作是层状流动，运动着的流体内部各液层移动速度不同。相邻两液层中，流速慢的液层对流速快的液层会产生阻碍，这种相邻两液层间的相互作用力叫做流体的内摩擦力，可用**黏度**(**viscosity**)来度量。

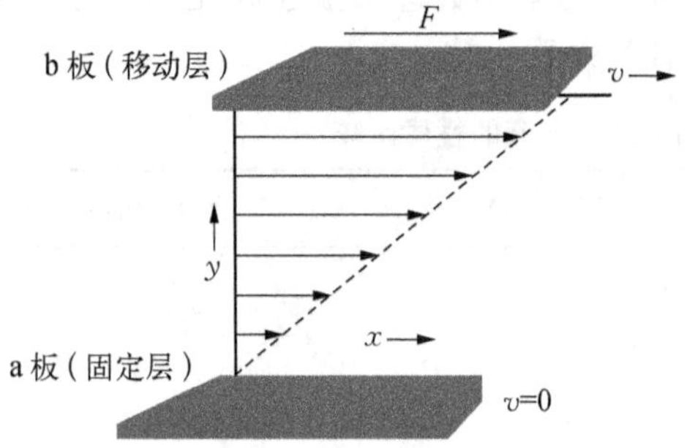

图 9-4 液体的流动

如图 9-4 所示，在平行着的 a、b 两板间盛满某种液体，a 板(固定层)是静止的，b 板(移动层)在外力 F 作用下以速度 v 向 x 方向匀速直线运动。若将两板间的液体沿 y 方向分成无数平行的薄层，则相邻的薄层之间存在速度差，向 x 方向流速大的液层和相邻的流速慢的液层之间存在着内摩擦力。设相距为 $\mathrm{d}y$ 的两液层之间的接触面积为 A，液层的速度差为 $\mathrm{d}v$，则有

$$F = \eta A \frac{\mathrm{d}v}{\mathrm{d}y} \tag{9-5}$$

式中，η 为该液体的黏度，单位是 $\mathrm{Pa \cdot s}$ 或 $\mathrm{N \cdot m^{-2} \cdot s}$，其物理意义为：单位面积的液层保持速度梯度为 1 时所施加的外力，也叫**切力**(**shearing force**)；$\mathrm{d}v/\mathrm{d}y$ 为速度梯度，也叫切速率。流体的黏度并不随切力和切速率的变化而改变，温度确定后，黏度为一常数。

单位面积上的切力 F/A 叫作**切应力**(**shearing stress**)，可用 τ 表示，则有

$$\tau = \frac{F}{A} = \eta \frac{\mathrm{d}v}{\mathrm{d}y} \tag{9-6}$$

式(9-5)和式(9-6)称为牛顿(Newton)黏度公式。凡是符合牛顿黏度公式的流体称为**牛顿流体**(**Newtonian fluid**)。不符合牛顿黏度公式的流体称为**非牛顿流体**(**non-Newtonian fluid**)。常见的水、酒精等大多数纯液体、轻质油、低分子化合物溶液及正常人的血清或血浆等均为牛顿流体；大分子化合物的浓溶液和悬浮液、血液、淋巴液等一般为非牛顿流体。

9.4.2 高分子溶液的黏度

大分子溶液中，分散相粒子对流体的流动会产生干扰，需要消耗额外的能量，使得高分子溶液的黏度较普通溶液的黏度大得多，这也是高分子溶液的一个重要特征。通常高分子溶液的黏度有以下几种表示方法。

1) 相对黏度　**相对黏度**(**relative viscosity**)η_r 为溶液黏度 η 与纯溶剂黏度 η_0 的比值，可表示为

$$\eta_r = \frac{\eta}{\eta_0} \tag{9-7}$$

2）增比黏度 η_{sp}　**增比黏度(specific viscosity)** η_{sp} 指溶液黏度比纯溶剂黏度增加的相对值，表示为

$$\eta_{sp} = \frac{\eta - \eta_0}{\eta_0} = \eta_r - 1 \tag{9-8}$$

3）比浓黏度　**比浓黏度(reduced viscosity)** η_c 是单位浓度的增比黏度，可表示为

$$\eta_c = \frac{\eta_{sp}}{c} \tag{9-9}$$

4）特性黏度　**特性黏度(intrinsic viscosity)** $[\eta]$ 又称结构黏度，是溶液无限稀释时的比浓黏度。反映单个大分子对溶液黏度的贡献，其数值与浓度无关，只与大分子在溶液中的结构、形态及分子质量大小有关，其定义为

$$[\eta] = \lim_{c\to 0}\frac{\eta_{sp}}{c} = \lim_{c\to 0}\frac{\ln \eta_r}{c} \tag{9-10}$$

应用黏度法测定大分子的平均摩尔质量即是利用公式(9-10)，以 $\frac{\ln \eta_r}{c}$ 或 $\frac{\eta_{sp}}{c}$ 对 c 作图外推到 $c \to 0$ 时得到 $[\eta]$（图 9-5）。

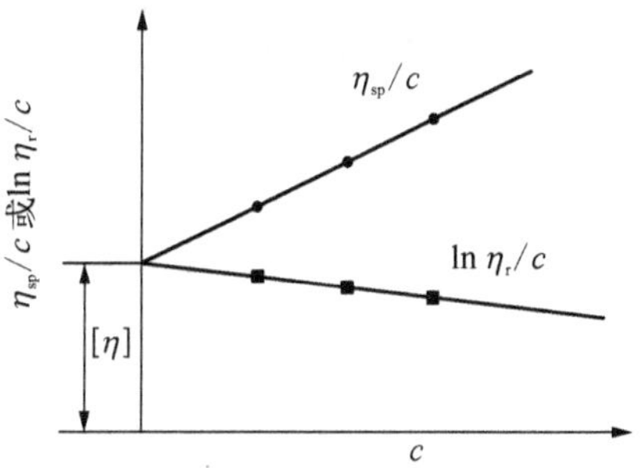

图 9-5　外推法求$[\eta]$示意图

在一定的温度下，特性黏度与大分子的平均摩尔质量间的关系为

$$[\eta] = K\,(\bar{M}_\eta)^\alpha \tag{9-11}$$

式中，K 和 α 为常数，与大分子和溶剂的性质有关，一般 α 在 0.5～1 之间。式(9-11)称为马克-豪温克(Mark-Houwink)公式，在 K 和 α 已知的情况下，由实验求得 $[\eta]$ 后，即可用该式得到大分子化合物的黏均摩尔质量。

9.4.3　流变曲线与流型

通常以切速率 dv/dy 为横坐标，切应力 τ 为纵坐标作图，所得的曲线称为流变曲线。不同流体有不同的流变曲线，根据流变曲线的性质，流体可分成以下几种。

1. 牛顿流体

牛顿流体的切应力 τ 与切速率 dv/dy 的关系符合式(9-6)，流变曲线是一条通过原点的直线，见图 9-6。其斜率是黏度 η，为一常数，表明该流体在很小的外力作用下就可流动。对于牛顿流体，用黏度就足以表征其流变特性。大多数纯液体、小分子溶液和稀胶体分散系统是牛顿流体。

2. 塑性流体

塑性流体(plastic fluid)是一种非牛顿流体，其特点是切应力 τ 小于某定值时切速率

为 0,系统只发生可逆的弹性形变而不流动。只有当 τ 大于某一临界值时才产生牛顿流动,一旦开始流动,系统的变形就是永久的,表现出可塑性,因此称为塑性流体。塑性流体的流变曲线为一条不通过原点的曲线,见图 9-7。τ_y 是塑性流体开始流动时所需的临界切应力,称为**塑变值(yield value)**或屈服值。当切应力超过塑变值后,如同牛顿流体,切应力与切速率便呈线性关系。塑性流体是非牛顿流体中最简单的一种,泥浆、油漆、牙膏及某些药用硫酸钡胶浆等都属于这种流体。

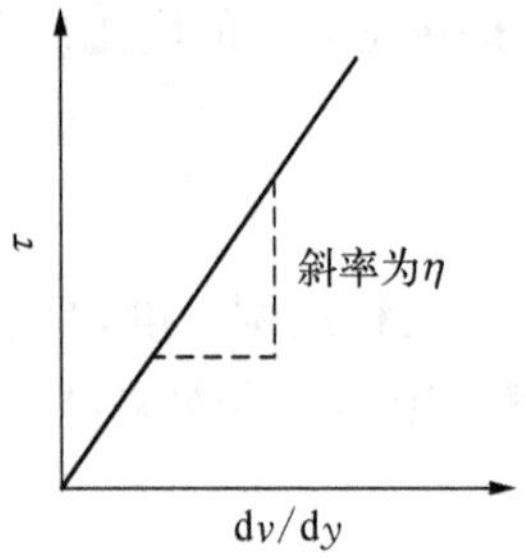

图 9-6 牛顿流体的流变曲线

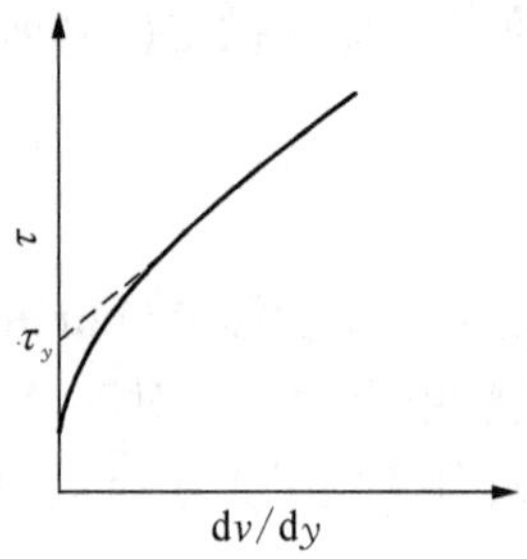

图 9-7 塑性流体的流变曲线

3. 假塑性流体

假塑性流体(pseudoplastic fluid)的流动随着切速率的增加,切应力的增加变慢,流变曲线是一条通过原点的凸形曲线,见图 9-8。该流体的特点是没有塑变值,黏度随切速率的增加减小,即流动越快流体显得越稀。大分子溶液如甲基纤维素、明胶、聚丙烯酰胺类、淀粉、西黄蓍胶、海藻酸钠溶液以及某些乳剂多属于假塑性流体。

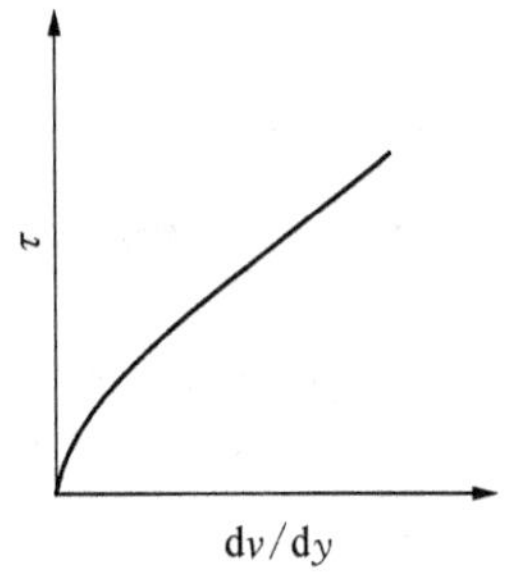

图 9-8 假塑性流体的流变曲线

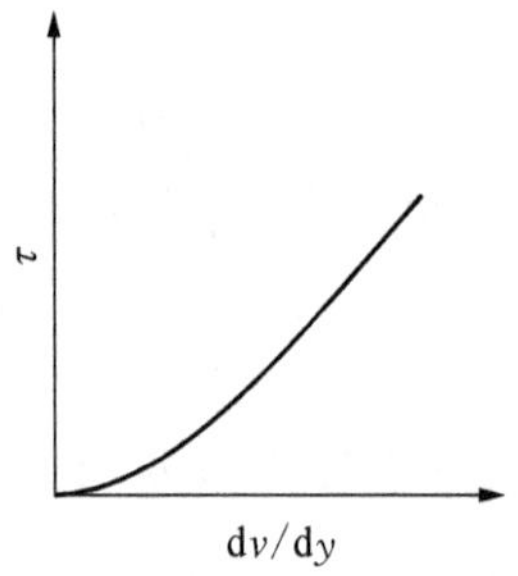

图 9-9 胀性流体的流变曲线

4. 胀性流体

胀性流体(dilatancy fluid)的流变曲线见图 9-9,切应力随切速率的变化呈凹型,黏度随着切速率的增加而增大,即流动越快显得越稠,这和假塑性流体完全相反,胀流型流体也没有塑变值。一些高浓度的粉末浆状物,如药物制剂中的糊剂、栓剂、钻井泥浆、SiO_2 浆、11%～12%氧化铁溶液都属胀性流体。

5. 触变型流体

触变型流体(thixotropic fluid)的特征是静置时呈半固体状态,在切应力作用下又能变成流体,保持一定的切速率时,其黏度随时间的增长而减小,其流变曲线为一封闭的弓形环状曲线，见图 9－10。开始时切速率增加，切应力由 A 经 B 到 C；降低切速率，并不会重复原来路径，而是经 D 恢复到原来状态。产生这种触变性的原因被认为是流体静止时，流体中质点相互形成网架结构，系统呈半固体状态；在切应力作用下，流体流动，立体网状结构被破坏；消除切应力，流动停止时，网架结构被恢复，而结构的破坏与恢复都不能立即完成的，需要一定的时间，即存在时间滞后，这种滞后现象造成流变曲线的特殊性。凝胶、高浓度 $Fe(OH)_3$ 溶胶、油制青霉素普鲁卡因注射液及一些凡士林软膏都属于触变性流体。

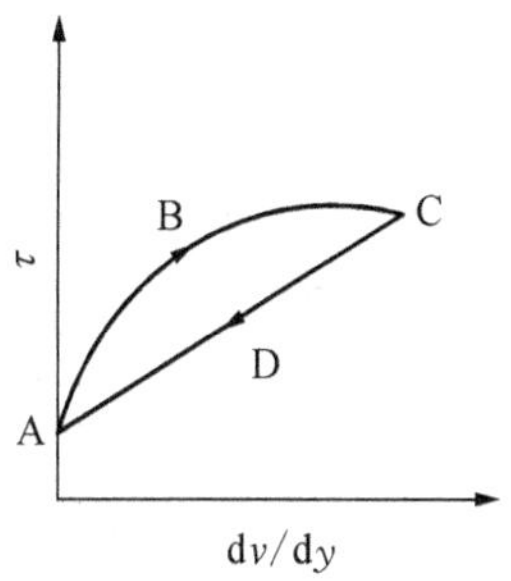

图 9－10　触变性流体的流变曲线

9.5　大分子电解质溶液

大分子电解质(macromolecular electrolyte)是分子链上带有可电离基团，溶于水中会解离成大分子离子和小分子离子的大分子化合物。根据大分子解离后的带电情况，大分子电解质可分为三种类型：① 阳离子型电解质，解离后大分子离子带正电荷；② 阴离子型电解质，解离后大分子离子带负电荷；③ 两性型电解质，解离后的大分子链上同时具有阴离子和阳离子，同时带有正电荷和负电荷。常见的三种类型的大分子电解质如表9－4。

表 9－4　常见三种类型的大分子电解质

阳离子型电解质	阴离子型电解质	两性型电解质
血红素	肝　素	明　胶
聚乙烯胺	果　胶	卵清蛋白
聚乙烯吡咯	阿拉伯胶	乳清蛋白
聚氨烷基丙烯酸甲酯	西黄蓍胶	γ-球蛋白
聚乙烯-N-溴丁基吡啶	褐藻糖硫酸酯	胃蛋白酶
	聚丙烯酸钠	鱼精蛋白
	羧甲基纤维素钠	

9.5.1　大分子电解质溶液的特性

大分子电解质溶液除了具有一般大分子溶液的通性外，还表现出一些特殊的物理化学性能。

1) 高电荷密度和高度水化　　在水溶液中，一方面，解离的大分子同一条分子长链上带有很多相同电荷的基团，电荷密度很高，使大分子具有高电荷密度的特性。另一方面，大分子的分子链上带电荷的极性基团能通过静电作用吸引水分子，使水分子在该基团周围紧密排列形成水化层。不仅极性基团可以水化，而且部分被极化的疏水链也能形成水化层，使大分子具有高度水化的特性。大分子电解质的这两种特性，使大分子链在水溶液中易于伸展,且对溶液 pH 变化敏感。

2) 电黏效应　　大分子电解质的黏度特性有别于非电解质大分子溶液。由于大分子电解质解离后分子链上的高电荷密度及高度水化作用,使溶液的黏度明显增大,这种现象称为电黏效应(electric-viscous effect)。

3) 电泳现象　　有外加电场存在下,大分子电解质溶液会产生电泳现象。电泳速率与大分子本身所带电荷多少、分子大小和形状结构等有关。电泳现象常被用在蛋白质分离、临床疾病诊断、临床蛋白质分析、DNA 片段及序列分析上。

9.5.2　唐南平衡和渗透压

大分子电解质溶液的渗透压和大分子非电解质溶液的渗透压相比有很大差异,在测定前者的渗透压时,发现其值往往偏高。大分子电解质溶液中除了有不能透过半透膜的大分子离子外,还常常有能自由通过半透膜的少量小离子,但当达到平衡时,这些小离子在半透膜两边的浓度不相等。这种因大分子电解质的存在而导致小离子电解质在半透膜两边浓度不等的现象叫**唐南平衡(Donnan equilibrium)**。唐南平衡对于控制生物体内的离子分布和信息传递发挥着重要作用,下面讨论唐南平衡对大分子电解质溶液渗透压的影响。

1. 不带电荷的大分子溶液的渗透压

用半透膜把容器隔成两部分(如图 9-11a),左侧放不带电荷的大分子 P 水溶液(如蛋白质分子在等电点时),右侧放纯水。开始时,两侧化学势存在差异,但大分子 P 不能透过半透膜,水分子可以自由通过,水将自右向左渗透,直到水在半透膜两侧的化学势相等时达平衡。渗透压可用范特霍夫渗透压公式计算,即

$$\Pi_1 = c_1RT \tag{9-12}$$

式中,c_1 是大分子 P 的浓度。

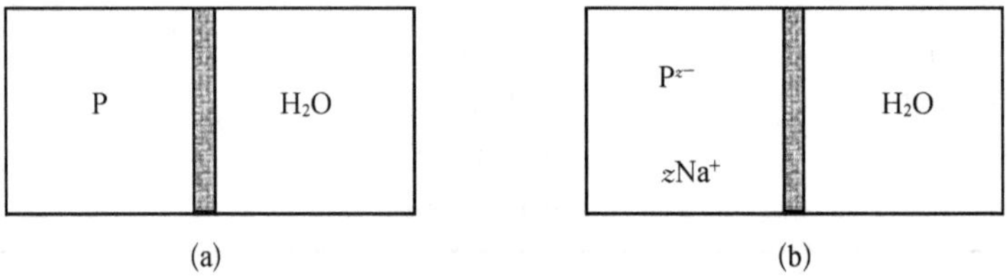

图 9-11　测定大分子渗透液压的两种不同情况

2. 带电荷的大分子电解质溶液(不含小离子)的渗透压

在图 9-11 所示容器的左侧放蛋白质的钠盐 Na_zP,右侧放纯水,见图 9-11b。该大分子电解质 Na_zP 在水中按下式完全解离:

$$Na_zP \longrightarrow zNa^+ + P^{z-}$$

开始时左侧 Na_zP 浓度为 c_1,由于蛋白质离子 P^{z-} 不能透过半透膜,而 Na^+ 可以自由通过半透膜,溶液中没有其他电解质,但为了保持溶液的电中性,Na^+ 和 P^{z-} 必须在同一侧,每个大分子在左侧溶液中的粒子数目有$(z+1)$个,则渗透压 Π_2 为

$$\Pi_2 = (z+1)c_1RT \tag{9-13}$$

此时溶质粒子总数不仅包括蛋白质离子 P^{z-} 数目，还包括 Na^+ 总数，这样通过测定渗透压求得的摩尔质量较小，仅是蛋白质离子应有值的 $\dfrac{1}{z+1}$。

3. 带电荷的大分子电解质溶液(含小离子)的渗透压

在图 9-11 所示容器中半透膜左侧放 Na_zP 水溶液，右侧放 NaCl 稀溶液。开始时左侧 Na_zP 浓度为 c_1，右侧 NaCl 的浓度为 c_2(图 9-12a)。由于左边没有 Cl^-，所以右侧 Cl^- 透过半透膜进入左侧，为了维持溶液的电中性，必须要有相等数量的 Na^+ 也扩散到左边，即 Cl^-、Na^+ 成对地从右边扩散到左边，当 NaCl 在膜两边的透过速率相等时，扩散达到平衡。与起始状态相比，设共有浓度 x 的 NaCl 从右至左扩散，平衡时浓度分布见图 9-12b，此时 NaCl 在膜两边的化学势相等，即

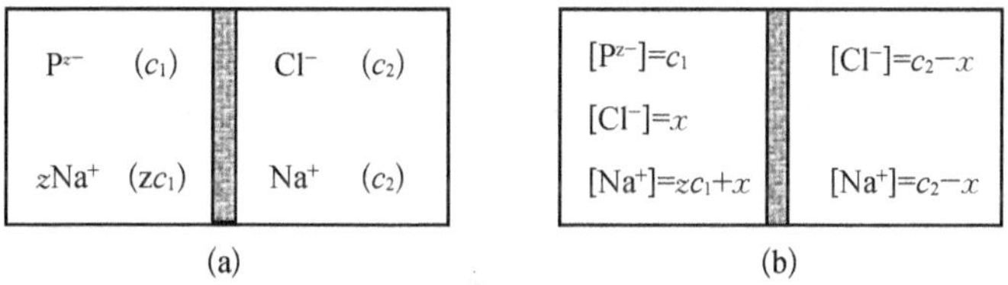

图 9-12　唐南平衡示意图

$$[\mu(\text{NaCl})]_{左} = [\mu(\text{NaCl})]_{右}$$

$$RT\ln[a(\text{NaCl})]_{左} = RT\ln[a(\text{NaCl})]_{右}$$

因此

$$[a(\text{Na}^+)\cdot a(\text{Cl}^-)]_{左} = [a(\text{Na}^+)\cdot a(\text{Cl}^-)]_{右}$$

在稀溶液中，可用浓度代替活度，有

$$[c(\text{Na}^+)\cdot c(\text{Cl}^-)]_{左} = [c(\text{Na}^+)\cdot c(\text{Cl}^-)]_{右}$$

$$(zc_1 + x)x = (c_2 - x)^2$$

解之得

$$x = \frac{c_2^2}{zc_1 + 2c_2} \tag{9-14}$$

平衡时，膜两边 NaCl 浓度之比为

$$\frac{[c(\text{NaCl})]_{右}}{[c(\text{NaCl})]_{左}} = \frac{c_2 - x}{x} = \frac{c_2 + zc_1}{c_2} = 1 + \frac{zc_1}{c_2} \tag{9-15}$$

由此可见，唐南平衡时 NaCl 在膜两侧的浓度是不等的，会产生额外的渗透压。系统的渗透压为

$$\begin{aligned}\Pi_3 = \Pi_{左} - \Pi_{右} &= [c(\text{P}^{z-}) + c(\text{Na}^+) + c(\text{Cl}^-)]_{左}RT - [c(\text{Na}^+) + c(\text{Cl}^-)]_{右}RT \\ &= (c_1 + zc_1 + x + x)RT - (c_2 - x + c_2 - x)RT\end{aligned}$$

$$= (c_1 + zc_1 - 2c_2 + 4x)RT \tag{9-16}$$

将式(9－14)代入式(9－16)，得

$$\Pi_3 = \frac{zc_1^2 + 2c_1c_2 + z^2c_1^2}{zc_1 + 2c_2}RT \tag{9-17}$$

如果 $zc_1 \gg c_2$，即右侧所放的 NaCl 浓度很低，则上式可近似为

$$\Pi_3 \approx (c_1 + zc_1)RT = (1+z)c_1RT \tag{9-18}$$

此时测得的溶液渗透压比大分子物质本身产生的渗透压大。

如果 $c_2 \gg c_1$，即右侧电解质溶液浓度远远大于左侧大分子的浓度，(9－17)可近似为

$$\Pi_3 \approx c_1RT \tag{9-19}$$

此时测得的渗透压相当于大分子电解质未解离时的渗透压值，这样计算的摩尔质量较为准确。因此在测定大分子电解质的渗透压时，半透膜外不应放入纯水，而应放置一定浓度的 NaCl 溶液，使得 NaCl 在半透膜两侧均匀分布，减小唐南平衡的影响。

例 9－2　298.15 K 时，半透膜内左侧放置浓度为 $c_1=0.1\ \text{mol}\cdot\text{L}^{-1}$ 大分子 R^+Cl^- 水溶液，其膜右侧放置浓度为 $c_2=0.2\ \text{mol}\cdot\text{L}^{-1}$ 的氯化钠溶液。计算唐南平衡后膜两边各离子的浓度和渗透压 Π。

解：(1) 设唐南平衡后，通过半透膜的 Na^+、Cl^- 浓度均为 $x\ \text{mol}\cdot\text{L}^{-1}$，根据式(9－14)，将已知浓度数值代入，有

$$x = \frac{c_2^2}{zc_1 + 2c_2} = \frac{c_2^2}{c_1 + 2c_2} = \frac{0.2^2}{0.1 + 2\times 0.2} = 0.08\ \text{mol}\cdot\text{L}^{-1}$$

而膜两边各种离子的浓度为

$$[Cl^-]_{左} = c_1 + x = 0.1 + 0.08 = 0.18\ \text{mol}\cdot\text{L}^{-1}$$

$$[R^-]_{左} = c_1 = 0.1\ \text{mol}\cdot\text{L}^{-1}$$

$$[Na^-]_{左} = x = 0.08\ \text{mol}\cdot\text{L}^{-1}$$

$$[Na^-]_{右} = [Cl^-]_{右} = c_2 - x = 0.2 - 0.08 = 0.12\ \text{mol}\cdot\text{L}^{-1}$$

(2) 根据式(9－16)，得

$$\begin{aligned}\Pi &= (c_1 + zc_1 - 2c_2 + 4x)RT = (2c_1 - 2c_2 + 4x)RT \\ &= 2\times 8.314\times 298.15\times(0.1 - 0.2 + 2\times 0.08)\times 10^3 \\ &= 2\times 8.314\times 298.15\times 0.06\times 10^3 \\ &= 2.97\times 10^5\ \text{Pa}\end{aligned}$$

9.6 凝 胶

在一定条件下，大分子溶液或溶胶的分散相粒子互相交联成立体网状结构，分散介质充满网状结构的空隙，形成半固体、没有流动性的特殊分散体系，把这种分散体系称为**凝胶(gel)**，这一过程称为**胶凝(gelation)**。常见的橡胶、离子交换树脂、水玻璃及日常生活中的棉花纤维、豆腐、肌肉、毛发和细胞膜等都是凝胶。一些药物剂型如缓释制剂，就是利用药用大分子辅料包裹药物，用药后，在体内形成特定凝胶，按设定的速度释放药物。

9.6.1 凝胶的形成和分类

可以通过分散法和凝聚法两种途径来制备凝胶。干凝胶吸收适宜的溶剂后，体积膨胀，粒子分散而形成凝胶，叫分散法；凝聚法则是使大分子溶液或溶胶在适当条件下，分散相粒子相连成网状结构而形成凝胶，即发生胶凝。凝聚法制备凝胶的主要方法有以下几种：

1) 改变温度　温度对胶凝有显著影响。取大分子化合物加入适当溶剂加热溶解，然后降低温度。由于溶解度降低，大分子粒子析出后相互连接而成凝胶。一般情况下，温度降低有利于胶凝，但也有例外，如羟丙甲基纤维素、泊洛沙姆等加热后胶凝，低温反而变成溶液。

2) 转换溶剂　用分散相溶解度小的溶剂替换大分子溶液或溶胶中原有的溶剂，可使系统发生胶凝。如在果胶水溶液中加入酒精就可形成凝胶。

3) 加入盐类　对于质点性状不对称和亲液性较强的胶体质点，加入适量电解质(盐类)也可引起胶凝。例如，浓度足够高的硅酸溶胶中加入电解质可聚沉为胶冻状。一般阴离子对胶凝起主要作用，盐的浓度较大时，通常 SO_4^{2-} 和 Cl^- 加速胶凝，但 I^- 和 SCN^- 阻滞胶凝。

4) 化学反应　利用化学反应生成不溶物的凝胶。例如，血纤维蛋白在酶的作用下使血液凝结就是典型的胶凝过程，浓的铝盐溶液和稀氨溶液反应可得到 $Al(OH)_3$ 凝胶。

形成的凝胶根据形态可以分为**刚性凝胶(rigid gel)**和**弹性凝胶(elastic gel)**两类。刚性凝胶是由刚性分散相粒子相互连接成网状结构的凝胶，这些分散相粒子多为 SiO_2、TiO_2、V_2O_3、Fe_2O_3 和 Al_2O_3 等无机物颗粒。在吸收或脱除溶剂后，刚性凝胶的体积无明显变化。刚性凝胶在变成干凝胶后，一般不能再吸收溶剂重新变为凝胶，故刚性凝胶也叫不可逆凝胶。刚性凝胶对溶剂的吸收一般无选择性，只要能润湿凝胶骨架的液体都能被吸收。

由柔性的线型大分子形成的凝胶，称为弹性凝胶。顾名思义，这类凝胶具有弹性，如明胶、琼脂、橡胶等，它们也称为可逆凝胶，溶剂的吸收或脱除具有可逆性。这类凝胶在脱除溶剂后，外表完全成为固体，此时称为**干凝胶(xerogel)**。干凝胶吸收溶剂，体积胀大，可重新变回凝胶，该过程可反复进行。干凝胶对溶剂的吸收具有选择性，如橡胶能吸收苯而不能吸收水，明胶只能吸收水而不能吸收苯。

9.6.2 凝胶的结构和性质

凝胶的三维网状结构可分为四种类型。球形粒子相互连接构成立体网状结构，如 TiO_2、SiO_2 凝胶，见图 9－13a。棒状或片状粒子相互支撑构成网状结构，常见的有 V_2O_5、白土凝胶，见图 9－13b。柔性线型大分子交联构成网状骨架，网架中局部区域的分子间形成有序排列的微晶区，整个网架是微晶区与无定形区相互间隔，常见有明胶、纤维素凝胶，见图 9－13c。大分子通过化学键联结而形成的网状结构，见图 9－13d。

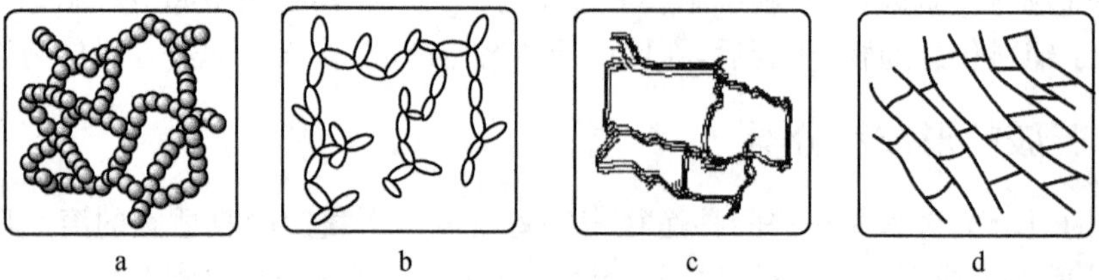

图 9－13　四种凝胶结构示意图

凝胶中分散相和分散介质都是连续相，是一种贯穿型网络，特殊结构使它具有以下特性。

1）膨胀作用　　**膨胀作用(swelling)**也称溶胀作用，指凝胶吸收液体或蒸气后使自身体积或质量明显增加的现象，它是弹性凝胶特有的性质。

凝胶膨胀可分为无限膨胀和有限膨胀。若凝胶可无限量吸收分散介质使体积胀大，最终使网状结构解体，完全溶解成溶液，这种膨胀叫无限膨胀。若凝胶只吸收有限量的分散介质，网状结构并不解体，则称为有限膨胀。改变温度或溶剂等条件，凝胶可以从有限膨胀变为无限膨胀。

凝胶的膨胀过程通常分为两个阶段。第一阶段是溶剂化过程，即溶剂分子迅速进入凝胶中，与凝胶大分子紧密结合形成溶剂化层，使总体积变小，并放出膨胀热。这一阶段时间很短。第二阶段是液体的渗透作用，溶剂分子向凝胶网状结构内部渗透，溶剂化层中的溶剂分子和其外部的溶剂分子之间存在浓度差，促使外部溶剂分子大量渗入凝胶网状结构中。这一阶段体积大大增加，几乎没有热效应。

凝胶膨胀时可产生很大的膨胀压。例如，浓度为 50％的明胶可产生 1.28×10^6 Pa 的膨胀压。植物种子遇水膨胀产生的膨胀压，能够顶开坚硬的泥土，破土发芽、生长。

2）触变作用　　凝胶在外力作用下网状结构发生解体而成为流体，去掉外力静置一定时间后又逐渐恢复成凝胶，这种现象称为**触变现象(thixotropy phenomena)**。这种凝胶网状结构的解体与恢复是可逆的，可反复进行。

3）离浆作用　　随着时间的延长，凝胶在放置过程中自动分离出部分液体，脱水收缩，这种现象称为**离浆(syneresis)**。离浆的原因是组成骨架的粒子由于热运动和分子间的吸引而相互靠近，促使凝胶骨架结构收缩并排出部分液体。离浆和物质干燥失水不同，离浆分离出的液体非单纯溶剂，而是含有某些溶质的稀溶液。

无论是弹性凝胶还是刚性凝胶都有离浆现象。弹性凝胶的离浆是可逆的，但刚性凝胶的离浆是不可逆的，因为凝胶骨架粒子间相互作用力远远大于与液体分子间的作用力，不能吸收液体返回原状。

4) 凝胶中的扩散与化学反应　凝胶具有固体的性质,同时又具有液体的性质,如小分子、小离子可在凝胶中扩散。当凝胶浓度很低时,小分子在其中的扩散速度和在纯液体中基本相同。但大分子在凝胶中的扩散较之在液体的扩散速率明显减慢,因为凝胶网状结构空隙对大分子具有筛分作用,分子越大,扩散速率越慢。如孔径为 5 nm、浓度为 7.5%的聚丙烯酰胺凝胶,直径为 3.8 nm 的血清蛋白较直径为 18.5 nm 的球形 β-脂蛋白易通过。人们利用大分子在凝胶中扩散的这种性质,对大分子进行提纯、分离。凝胶色谱和凝胶电泳技术就是根据这一原理建立起来的,已广泛应用于蛋白质、维生素、多糖、核酸、激素、酶等生物物质的分离。

在凝胶中的物质还可以发生化学反应,若反应生成沉淀物,则沉淀物基本留在原位而难以移动。原因在于凝胶内部的液体被立体网架相对固定,使对流与混合作用难以发生。例如,将 0.1% $K_2Cr_2O_7$ 明胶凝胶放于试管中,在表面上滴上一层 0.5% $AgNO_3$ 溶液,几天后可看到橙红色的 $Ag_2Cr_2O_7$ 沉淀沿试管呈间歇性分布,这种现象称为 Lesegang(李塞根)环(图 9-14)。过饱和与扩散是李塞根环形成的关键,高浓度的 $AgNO_3$ 向下扩散时,和 $K_2Cr_2O_7$ 相遇后反应生成难溶的 $Ag_2Cr_2O_7$ 橙红色沉淀,这样周围区域的 $K_2Cr_2O_7$ 浓度减少,不足以再生成沉淀,出现无沉淀的空白区。因此 $AgNO_3$ 继续向下扩散,直到遇到的 $K_2Cr_2O_7$ 浓度达到足以与其生成沉淀时,即产生第二个沉淀环。依此类推,但随着反应物的消耗,环间距增大,环也逐渐变宽、颜色变浅。自然界中有许多层状或环状结构都与李塞根环有关,如雨花石、玛瑙。李塞根环现象还可用于制备大尺寸的单晶。

图 9-14
李塞根环示意图

9.7 大分子化合物在药物制剂中的应用

在药物制剂中,一些大分子化合物具有生理活性可直接作为药物应用,而大多数大分子化合物则被广泛用作制剂的辅料,下面简单介绍一下大分子化合物在药物制剂中的应用。

9.7.1 具有药理活性的大分子化合物

1. 大分子血浆代用品

明胶、葡萄糖聚合物和羟乙基淀粉等大分子溶液,它们可维持血管内胶体渗透压及血容量,常作为**血浆代用品(Plasma substitute)**。

明胶类大分子是简单的蛋白质,平均分子量 3.5 万,属于第一代血浆代用品,现在常用尿素交联明胶(如 haemaccel)和琥珀酰明胶(如 gelofusine)作为等渗性血浆代用品。通过 α-1,6 糖苷键结合线形大分子而形成的高分子量的葡萄糖大分子化合物——右旋糖酐属第二代血浆代用品,目前常用的右旋糖酐血浆代用品是中分子量右旋糖酐(分子量 70 000)和低分子量右旋糖酐(分子量 40 000)。羟乙基淀粉类血浆代用品是第三代血浆代用品,目前常用的是贺斯(HAES)和万汶(Voluve)。还有其他大分子化合物如聚乙烯吡咯烷酮也可作为血浆代用品,但现已逐渐退出市场。

2. 消毒杀菌剂

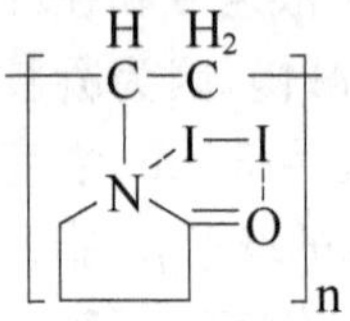

图 9-15 聚维酮-碘结构式

聚维酮-碘(碘伏,聚乙烯吡咯烷酮碘)对致病菌、真菌和病毒都有良好的杀灭能力,它的结构式见图 9-15。

聚维酮-碘性能稳定,使用方便,能缓慢持久释放有效碘,达到持续较长时间的杀菌作用,目前已被广泛应用于手术人员手臂消毒、创面消毒、换药,甚至深部创面的消毒。

3. 大分子抗肿瘤药物

许多肿瘤表面带有比正常细胞更多的负电荷,阳离子型大分子化合物如聚乙亚胺、聚-L-赖氨酸能直接中和肿瘤表面的负电荷,导致细胞凝集从而显示细胞毒性,这类大分子为直接抗肿瘤活性药物。而阿拉伯乳糖、肝素则是抑制肿瘤细胞的转移,它们为抗转移活性的大分子药物。阳离子型大分子化合物(如聚乙亚胺、聚-L-赖氨酸和聚-L-精氨酸)和阴离子型大分子化合物(如聚马来酸、聚丙烯酸、聚核酸、聚联苯酸酯)还能活化免疫系统,使机体自身发挥抗肿瘤作用。

9.7.2 大分子化合物作为药物载体

将大分子化合物作为药物载体是改善药物性质的最有效的方法之一。大分子药物载体本身没有药理作用,也不与药物发生化学反应,但与药物连接后能改善药物的性质。通常载体有以下作用:增加药物的作用时间、提高药物的选择性、降低小分子药物的毒性、克服药剂构型中所遇到的困难问题和将药物输送到体内确定的部位(靶位)。药物释放后,大分子载体不会在体内长时间积累,可排出或水解后被吸收。

用于药物载体的大分子化合物很多,常用的大分子药物载体主要包括胶原、阿拉伯树胶、海藻酸盐、蛋白类、淀粉衍生物、壳聚糖和源于蚕丝的丝素蛋白,它们都是天然的大分子化合物,具有稳定、无毒的特点。作为药物载体的半合成大分子化合物有羧甲基纤维素、邻苯二甲酸纤维素、甲基纤维素、乙基纤维素、羟丙甲纤维素、丁酸醋酸纤维素、琥珀酸醋酸纤维素等,其特点是毒性小、黏度大。合成的大分子材料如聚乙二醇、N-(2-羟丙基)甲基丙烯酰胺(HPMA)、乳酸-羟基乙酸聚合物(PLGA)也被广泛应用于药物修饰,特别是在抗癌药物中得到了很好的应用。

9.7.3 缓控释制剂中常用的大分子化合物

以大分子化合物作为阻滞剂可以控制药物释放速度,达到药物在体内发挥长效作用或在预定时间内自动以预定速率释放的目的。常用的大分子阻滞材料有:① 溶蚀性骨架材料,如蜂蜡、巴西棕榈蜡、聚合磷酸酯、单硬脂酸甘油酯等;② 亲水性骨架材料,如甲基纤维素、羧甲基纤维素钠、羟丙基纤维素、聚维酮、卡波普、海藻酸盐、壳聚糖等;③ 不溶性骨架材料,如无毒聚氯乙烯、聚乙烯、甲基丙烯酸树脂。常用的包衣膜阻滞材料有乙基纤维素、纤维醋法酯、羟丙甲纤维素肽酸酯等;常用的增黏阻滞材料有羧甲基纤维素、聚维酮、明胶、右旋糖酐等。

大分子化合物除了上述应用，还有很多用途，如磁性聚丁腈丙烯酯（PIBCA）可使抗癌药物实现定向给药、离子交换树脂可掩盖药物的不良味道等。药物制剂中常见的大分子化合物见表 9－5。

表 9－5　药物制剂中常见的大分子化合物

大分子化合物	用　　途
聚乙二醇（PEG）	溶剂、基质骨架、致孔剂、黏合剂、渗透促进剂、包装材料
聚乙烯醇（PVA）	致孔剂、成膜剂、增稠增黏剂
聚维酮（PVP）	基质骨架、致孔剂、黏合剂、崩解剂、增黏增稠剂、成膜剂
甲基纤维素（MC）	助悬剂、基质骨架、黏合剂、增黏增稠剂、成膜剂
乙基纤维素（EC）	溶剂、基质骨架、黏合剂、阻滞剂、成膜剂、包装材料
羧甲基纤维素钠（CMC－Na）	助悬剂、基质骨架、黏合剂、增黏增稠剂、崩解剂
羟丙基甲基纤维素（HPMC）	助悬剂、基质骨架、黏合剂、增塑剂
卡波姆（CBM）	助悬剂、基质骨架、成膜剂、增黏增稠剂
聚乙烯（PE）	基质骨架、成膜剂、增黏增稠剂、防黏剂、包装材料
聚氯乙烯（PVC）	基质骨架、成膜剂

（王巧峰）

思　考　题

1. 什么是大分子柔顺性？大分子的柔顺性受哪些因素影响？
2. 大分子平均摩尔质量的表示方法有哪些？这些量之间有何关系？
3. 大分子的溶解特征是什么？如何选择溶解大分子化合物的溶剂？
4. 什么是大分子溶液的流变性？什么是流体的黏度？
5. 牛顿流体和非牛顿流体有何区别？
6. 唐南平衡对测定大分子电解质溶液的渗透压有何影响？产生该平衡的根本原因是什么？
7. 蛋白质溶液不在等电点时，如何用渗透压法较准确测定它的平均摩尔质量？
8. 大分子电解质溶液的电泳现象有何实际意义？
9. 试述唐南平衡在生物学上的意义。
10. 凝胶的网状结构有哪几种类型？凝胶有哪些重要性质？

习　　题

1. 黏度的几种表示方法中特性黏度最能反映溶质的本性，它的定义式为（　　）

A. $\eta_c = \dfrac{\eta_{sp}}{c}$　　B. $\eta_{sp} = \eta_r - 1$　　C. $\eta = \dfrac{F}{A} \cdot \dfrac{d\nu}{dy}$　　D. $[\eta] = \lim\limits_{c \to 0} \dfrac{\eta_{sp}}{c}$

2. 下列性质之中，大分子溶液不具备的是(　　)

A. 对电解质不很敏感　　B. 扩散慢

C. 不能透过半透膜　　D. 热力学不稳定体系

3. 大分子电解质溶液和小分子电解质溶液的主要区别是(　　)

A. 不能透过半透膜　　B. 丁达尔效应显著

C. 存在渗透压　　D. 前者不稳定，后者稳定

4. 膜内放入大分子电解质 NaR 的水溶液，膜外放入纯水，两者用半透膜隔开，达到唐南平衡后，膜外水的 pH 会(　　)

A. 等于 7　　B. 小于 7　　C. 大于 7　　D. 不能确定

5. 关于唐南平衡，下列说法正确的是(　　)

A. 半透膜两边同一电解质的化学势相等

B. 半透膜两边带电粒子的总数相同

C. 半透膜两边同一电解质的浓度相等

D. 半透膜两边的离子强度相同

6. 消除唐南平衡的主要方法是(　　)

A. 降低小分子电解质浓度

B. 降低大分子电解质浓度

C. 在半透膜的另一侧，加入过量中性盐

D. 调节 pH 使大分子溶液处于等电状态

7. 下面关于弹性凝胶描述不正确的是(　　)

A. 柔性的线型大分子形成的凝胶

B. 为可逆凝胶，溶剂的吸收或脱除具有可逆性

C. 干凝胶对溶剂的吸收没有选择性

D. 脱除溶剂后，变为干凝胶

8. 某高分子化合物样品，其摩尔质量为 10.0 $kg \cdot mol^{-1}$的组分 0.3 mol，摩尔质量为 12.0 $kg \cdot mol^{-1}$的组分 0.3 mol，摩尔质量为 14.0 $kg \cdot mol^{-1}$的组分 0.4 mol，试计算该样品的数均摩尔质量、质均摩尔质量和 z 均摩尔质量。

9. 某大分子化合物样品物质的量为 12 mol，是由相对分子质量 1×10^4 和 1×10^5 两种分子组成，它们的物质的量的比为 1 ∶ 2，试计算该样品的质均摩尔质量和数均摩尔质量比。

10. 298.15 K 时，在半透膜内某蛋白质的钠盐 NaP 水溶液浓度为 0.02 $mol \cdot L^{-1}$，膜外加入浓度为 0.1 $mol \cdot L^{-1}$ 的 NaCl 溶液，试问平衡后膜两侧的溶液中离子浓度和渗透压。

11. 半透膜内左侧放置浓度为 $c_1=0.1\ mmol \cdot L^{-1}$ 大分子 Na_3P 水溶液，其膜右侧放置浓度为 $c_2=1.0\ mmol \cdot L^{-1}$ 的氯化钠溶液。(1) 计算 300 K 时产生的渗透压 Π。(2) 若用该渗透压计算大分子的 M 是否会产生误差？怎样消除该误差？

附录 1　部分物质的摩尔恒压热容及与温度的关系

1. 无机物

物　质	$C_{p,m}=a+bT+c'T^{-2}$ 或 $C_{p,m}=a+bT+cT^2$ 中的系数				可用的温度范围/K	$C_{p,m}(298.15\ K)$/ $(J\cdot K^{-1}\cdot mol^{-1})$
	a $/(J\cdot K^{-1}\cdot mol^{-1})$	10^3b $/(J\cdot K^{-2}\cdot mol^{-1})$	$10^{-5}c'$ $/(J\cdot K\cdot mol^{-1})$	10^6c $/(J\cdot K^{-3}\cdot mol^{-1})$		
Ag(s)	23.98	5.284	−0.251	/	273～1 234	25.49
Au(s)	23.68	5.19	/	/	298～1 336	25.23
Br_2(g)	35.24	4.074	/	−1.487	300～1 500	35.98
Br_2(l)	/	/	/	/	/	35.6
C,金刚石	9.12	13.22	−6.19	/	298～1 200	6.063
C,石墨	17.15	4.27	−8.79	/	298～2 300	8.644
Cl_2(g)	36.90	0.25	−2.845	/	298～3 000	33.93
F_2(g)	34.69	1.84	−3.35	/	273～2 000	31.46
H_2(g)	29.07	0.836 4	/	2.012	300～1 500	28.84
Hg(l)	27.66	/	/	/	273～634	27.82
I_2(s)	40.12	49.79	/	/	298～387	54.98
I_2(g)	37.20	/	/	/	456～1 500	36.86
N_2(g)	27.87	4.27	/	/	298～2 500	29.12
O_2(g)	36.16	0.845	−4.310	/	298～1 500	29.36
O_3(g)	41.25	10.29	5.52	/	298～2 000	38.20
P(s),黄磷	23.22	/	/	/	273～317	23.22
P(s),赤磷	19.83	16.32	/	/	298～800	23.22
S(s),单斜	14.90	29.12	/	/	368.6～392	23.64
S(s),正交	14.98	26.11	/	/	298～368.6	22.59
S(g)	35.73	1.17	−3.31	/	298～2 000	23.68
AgBr(s)	33.18	64.43	/	/	298～703	52.38
AgCl(s)	62.26	4.18	−11.30	/	298～728	50.79
AgI(s)	24.35	100.83	/	/	298～423	54.43
Al_2O_3(s)-α,刚玉	114.8	12.80	−35.44	/	298～1 800	78.99
$BaSO_4$(s)	141.4	/	−35.27	/	298～1 300	101.75
CO(g)	26.54	7.683	−0.46	/	290～2 500	29.14
CO_2(g)	28.66	35.70	/	/	300～2 000	37.13
$COCl_2$(g)	67.18	12.11	−9.033	/	298～1 000	60.71

续 表

物 质	$C_{p,m}=a+bT+c'T^{-2}$ 或 $C_{p,m}=a+bT+cT^2$ 中的系数				可用的温度范围/K	$C_{p,m}$(298.15 K)/($J\cdot K^{-1}\cdot mol^{-1}$)
	a/($J\cdot K^{-1}\cdot mol^{-1}$)	10^3b/($J\cdot K^{-2}\cdot mol^{-1}$)	$10^{-5}c'$/($J\cdot K\cdot mol^{-1}$)	10^6c/($J\cdot K^{-3}\cdot mol^{-1}$)		
CS_2(g)	52.09	6.69	−7.53	/	298～1 800	45.65
$CaCO_3$(s),方解石	104.5	21.92	−25.94	/	298～1 200	81.88
$CaCl_2$(s)	71.88	12.72	−2.51	/	298～1 055	72.63
CaO(s)	48.83	4.52	6.53	/	298～1 800	42.80
CuO(s)	38.79	20.08	/	/	298～1 250	42.30
$CuSO_4$(s)	107.53	17.99	−9.00		273～873	100.8
HBr(g)	26.15	5.86	1.09	/	298～1 600	29.12
HCN(g)	37.32	12.97	−4.69	/	298～2 000	35.90
HCl(g)	26.03	4.6	1.09	/	298～2 000	29.12
HF(g)	26.15	3.43		/	273～2 000	29.08
HI(g)	26.32	5.94	0.92	/	298～2 000	29.16
HNO_3(l)	−53	/	/	/	/	109.87
H_2O(g)	30.00	10.71	0.33	/	298～2 500	33.58
H_2O(l)	/	/	/	/	/	75.30
H_2O_2(l)	/	/	/	/	/	82.30
H_2S(g)	29.37	15.40	/	/	298～1 800	33.97
H_2SO_4(l)	/	/	/	/	/	82.30
$HgCl_2$(s)	64.0	43.1	/	/	273～553	73.81
HgO(s),红色	/	/	/	/	/	45.73
HgS(s),红色	/	/	/	/	/	50.2
Hg_2SO_4(s)	/	/	/	/	/	132.01
Hg_2Cl_2(s)	/	/	/	/	/	101.7
KCl(s)	41.38	21.76	3.22	/	298～1 043	51.51
KI(s)	/	/	/	/	/	55.06
NH_3(g)	25.9	33.00	/	−3.046	291～1 000	35.66
NH_4Cl(s)	49.37	133.9	/	/	298～457.7	84.10
NH_4NO_3(s)	/	/	/	/	/	172
$(NH_4)_2SO_4$(s)	103.64	281.16	/	/	298～600	187.49
NO(g)	29.41	3.85	−0.59	/	298～2 500	29.86
NO_2(g)	42.93	8.54	−6.74	/	298～2 000	37.91
NaCl(s)	45.94	16.32	/	/	298～1 073	49.71
$NaNO_3$(s)	25.69	225.94	/	/	298～583	93.05
PCl_3(g)	83.44	1.209	−11.32	/	298～1 000	71.8
PCl_5(g)	19.83	449.1	/	−498.7	298～500	109.6
SO_2(g)	43.43	10.63	−5.94	/	298～1 800	39.79
SO_3(g)	57.32	26.86	−13.05	/	298～1 200	50.63
SiO_2(s)-α,石英	46.94	34.31	−11.30	/	298～848	44.43
$ZnSO_4$(s)	71.42	87.03	/	/	298～1 000	117

2. 有机物

物质	$C_{p,m}=a+bT+c'T^{-2}$ 或 $C_{p,m}=a+bT+cT^2$ 中的系数				可用的温度范围/K	$C_{p,m}$(298.15 K)/ $(J\cdot K^{-1}\cdot mol^{-1})$
	a $/(J\cdot K^{-1}\cdot mol^{-1})$	10^3b $/(J\cdot K^{-2}\cdot mol^{-1})$	$10^{-5}c$ $/(J\cdot K\cdot mol^{-1})$	10^6c $/(J\cdot K^{-3}\cdot mol^{-1})$		
CH_4(g),甲烷	14.32	74.66	/	−117.43	291～1 500	35.72
C_2H_6(g),乙烷	5.753	175.1	/	−137.85	291～1 000	52.68
C_3H_8(g),丙烷	1.715	270.8	/	−194.48	298～1 500	73.51
C_4H_{10}(g),正丁烷	18.23	303.6	/	−192.65	298～1 500	98.78
C_6H_{12}(g),环己烷	−32.22	525.8	/	−174.0	298～1 500	106.3
C_6H_{12}(l),环己烷	/	/	/	/	/	156.5
$CHCl_3$(g),三氯甲烷	29.51	148.9	/	90.73	273～773	65.40
CH_3Cl(g),氯甲烷	14.90	96.22	/	−131.55	273～773	40.79
C_2H_5Cl(g),氯乙烷	/	/	/	/	/	62.76
C_2H_4(g),乙烯	11.32	122.00	/	−137.90	291～1 500	43.56
C_3H_6(g),乙烯	12.44	188.38	/	−147.60	270～510	63.89
C_4H_6(g),1,3-丁二烯	9.67	243.84	/	87.65	/	79.83
C_2H_2(g),乙炔	50.75	16.07	−110.29	/	298～2 000	43.93
C_6H_6(g),苯	−21.09	400.12	/	−1 169.9	/	81.76
C_6H_6(l),苯	/	/	/	/	/	135.1
C_7H_8(g),甲苯	19.83	474.7	/	−1 195.4	/	103.8
C_8H_{10}(g),乙苯	/	/	/	/	/	186.44
C_8H_{10}(g),苯乙烯	13.10	545.6	/	−1 221.3	/	122.09
$C_{10}H_8$(s),萘	/	/	/	/	/	165.3
CH_4O(g),甲醇	20.42	103.7	/	−124.64	300～700	45.2
CH_4O(l),甲醇	/	/	/	/	/	81.6
C_2H_6O(g),乙醇	14.97	208.56	/	71.09	300～1 000	73.60
C_2H_6O(l),乙醇	/	/	/	/	/	111.460
C_3H_8O(g),丙醇	−12.59	312.4	/	105.5	/	146.0
C_3H_8O(l),异丙醇	/	/	/	/	/	163.2
$C_2H_5O_2$(l),乙二醇	/	/	/	/	/	78.7
$C_4H_{10}O$(l),乙醚	/	/	/	/	/	168.2
CH_2O(g),甲醛	18.82	58.38	/	−115.61	291～1 500	35.35
C_2H_4O(g),乙醛	31.05	121.5	/	−136.58	298～1 500	62.8
C_7H_6O(l),苯甲醛	/	/	/	/	/	169.5
C_3H_6O(g),丙酮	22.47	201.8	/	−163.52	298～1 500	76.9
CH_2O_2(g),甲酸	30.67	89.20	/	−134.54	300～700	54.22
CH_2O_2(l),甲酸	/	/	/	/	/	99.04
$C_2H_4O_2$(g),乙酸	21.76	193.1	/	−176.78	300～700	72.4
$C_2H_4O_2$(l),乙酸	/	/	/	/	/	123.4
$C_2H_2O_4$(s),草酸	/	/	/	/	/	108.8
$C_7H_6O_2$(s),苯甲酸	/	/	/	/	/	145.2
C_6H_6O(s),苯酚	/	/	/	/	/	134.7

附录 2　部分物质的热力学数据表值

1. 无机物(标准摩尔生成焓、标准熵、标准摩尔生成吉布斯能,使用条件 100 kPa, 298.15 K)

物　质	$\Delta_f H_m^\ominus$ /(kJ・mol^{-1})	$S_m^\ominus$ /(J・K^{-1}・mol^{-1})	$\Delta_f G_m^\ominus$ /(kJ・mol^{-1})
Ag(s)	0	42.7	0
Au(s)	0	47.4	0
Br_2(g)	30.7	245.3	3.1
Br_2(l)	0	152.4	0
C,金刚石	1.9	2.4	2.9
C,石墨	0	5.7	0
Cl_2(g)	0	222.9	0
F_2(g)	0	203.3	0
H_2(g)	0	130.6	0
Hg(l)	0	77.4	0
I_2(s)	0	116.7	0
I_2(g)	62.3	260.6	19.4
N_2(g)	0	191.5	0
O_2(g)	0	205.0	0
O_3(g)	142.3	238.8	163.4
P(s),黄磷	0	44.4	0
P(s),赤磷	−18.4	63.2	8.37
S(s),单斜	0.30	32.6	0.096
S(s),正交	0	31.9	0
S(g)	222.8	167.7	182.3
AgBr(s)	−99.5	107.1	−95.9
AgCl(s)	−127.0	96.1	−109.7
AgI(s)	−62.4	114.2	−66.3
Ag_2O(s)	−30.6	121.7	−10.8
Al_2O_3(s)-α,刚玉	−1 669.8	51.0	−1 576.4
$BaSO_4$	−1 465.2	132.2	−1 353.1
CO(g)	−110.5	197.9	−137.3
CO_2(g)	−393.5	213.8	−394.4
$COCl_2$(g)	−223.0	289.2	−210.5

续 表

物 质	$\Delta_f H_m^\ominus$ /(kJ·mol^{-1})	$S_m^\ominus$ /(J·K^{-1}·mol^{-1})	$\Delta_f G_m^\ominus$ /(kJ·mol^{-1})
CS_2(g)	115.3	237.8	65.1
CaC_2(s)	−62.8	70.3	−67.8
$CaCO_3$(s),方解石	−1 206.9	92.9	−1 128.8
$CaCl_2$(s)	−795.0	113.8	−750.2
CaO(s)	−635.5	39.7	−604.2
CuO(s)	−155.2	42.7	−127.2
$CuSO_4$(s)	−769.8	113.4	−662.0
HBr(g)	−36.2	198.2	−53.2
HCN(g)	130.5	201.8	120.1
HCl(g)	−92.1	184.8	−95.3
HF(g)	−270.7	173.5	−270.7
HI(g)	25.9	205.6	1.3
HNO_3(l)	−174.1	155.6	−80.7
H_2O(g)	−241.8	188.7	−228.6
H_2O(l)	−285.8	70.0	−237.2
H_2O_2(l)	−189.1	102.3	−118.11
H_2S(g)	−20.1	205.6	−33.0
H_2SO_4(l)	−800.8	156.9	(−687.0)
$HgCl_2$(s)	−223.4	146.0	−178.6
HgO(s),红色	−90.8	70.3	−58.5
HgS(s),红色	−58.2	82.4	−50.6
Hg_2SO_4(s)	−743.1	200.7	−625.8
Hg_2Cl_2(s)	−265.4	191.6	−210.7
KCl(s)	−435.9	82.7	−408.3
KI(s)	−327.7	104.4	−322.3
NH_3(g)	−46.2	192.5	−16.6
NH_4Cl(s)	−315.4	94.6	−203.9
$(NH_4)_2SO_4$(s)	−1 191.9	220.3	−900.4
NO(g)	90.4	210.7	86.7
NO_2(g)	33.9	240.4	51.8
NaCl(s)	−411.0	72.4	−384.0
$NaNO_3$(s)	−466.7	116.3	−365.9
NaOH(s)	−426.8	64.2	−380.7
PCl_3(g)	−306.4	312.9	−286.3
PCl_5(g)	−398.9	352.7	−324.6
PbO(s)	−219.2	67.8	−189.3
PbO_2(s)	−276.7	76.6	−219.0
$PbSO_4$(s)	−918.4	147.3	−811.2
SO_2(g)	−296.9	248.5	−300.4
SO_3(g)	−395.2	256.2	−370.4
ZnO(s)	−348.0	43.9	−318.2
SiO_2(s)-α,石英	−859.4	41.8	−805.0
$ZnSO_4$(s)	−978.6	124.7	−871.6

2. 有机物(标准摩尔生成焓、标准摩尔燃烧焓、标准熵、标准摩尔生成吉布斯能,使用条件 100 kPa,298.15 K)

物　质	$\Delta_f H_m^\ominus$ /(kJ·mol^{-1})	$\Delta_c H_m^\ominus$ /(kJ·mol^{-1})	$S_m^\ominus$ /(J·K^{-1}·mol^{-1})	$\Delta_f G_m^\ominus$ /(kJ·mol^{-1})
CH_4(g),甲烷	−74.6	−890.3	186.3	−50.5
C_2H_6(g),乙烷	−84.0	−1 559.9	229.2	−32.0
C_3H_8(g),丙烷	−103.8	−2 220.0	270.3	−23.4
C_4H_{10}(g),正丁烷	−124.7	−2 878.51	310.0	−15.69
C_6H_{12}(g),环己烷	−123.1		298.4	31.9
C_6H_{12}(l),环己烷	−156.4	−3 919.9	204.4	24.7
C_2H_4(g),乙烯	52.4	−1 411.0	219.3	68.4
C_3H_6(g),丙烯	20.4	−2 058.8	267	62.8
C_4H_6(g),1,3-丁二烯	110.2		278.8	150.7
C_2H_2(g),乙炔	227.4	−1 299.6	200.9	209.9
C_6H_6(g),苯	82.9		269.7	129.1
C_6H_6(l),苯	49.0	−3 267.7	173.3	124.1
C_7H_8(g),甲苯	50.0		319.7	122.3
C_7H_8(l),甲苯	12.0	−3 909.9	219.2	114.3
C_8H_{10}(g),苯乙烯	146.9		345.1	213.8
C_8H_{10}(g),乙苯	−12.5		255.0	119.8
$C_{10}H_8$(s),萘	75.4	−5 153.9	167.0	198.7
CH_4O(l),甲醇	−238.6	−726.6	126.8	−166.3
CH_4O(g),甲醇	−201.2		237.7	−161.9
C_2H_6O(l),乙醇	−277.6	−1 366.8	160.7	−174.8
C_2H_6O(g),乙醇	−235.3		282.0	−168.6
$C_2H_5O_2$(l),乙二醇	−388.3	−1 192.9	323.6	−299.2
C_3H_8O(l),丙醇	−257.53	−2 019.8	324.91	−162.86
C_3H_8O(l),异丙醇	−319.7		179.9	−184.1
$C_4H_{10}O$(l),乙醚	−272.5	−2 730.9	253.1	−118.4
$C_4H_{10}O$(g),乙醚	−190.8		—	−117.6
CH_2O(g),甲醛	−115.9	−563.6	220.1	−110.0
C_2H_4O(g),乙醛	−166.4	−1 192.4	265.7	−133.7
C_7H_6O(l),苯甲醛	−82.0		206.7	—
C_3H_6O(l),丙酮	−248.1	−1 790.4	200.4	−133.3
CH_2O_2(l),甲酸	−409.2	−269.9	129.0	−346.0
CH_2O_2(g),甲酸	−362.6		246.1	−335.7
$C_2H_4O_2$(l),乙酸	−487.0	−871.5	159.8	−392.5
$C_2H_4O_2$(g),乙酸	−436.4		282.5	−381.6
$C_7H_6O_2$(s),苯甲酸	−384.6	−3 227.5	170.7	−245.6
$C_6H_4(COOH)_2$(s),邻苯二甲酸		−3 223.5		
C_6H_6O(s),苯酚	−165.0	−3 063	142.2	−40.8
C_6H_7N(l),苯胺	35.3	−3 397.0	191.2	153.2
$C_6H_5NO_2$(l),硝基苯	22.2	−3 092.8	224.3	146.2

续 表

物 质	$\Delta_f H_m^\ominus$ /(kJ · mol^{-1})	$\Delta_c H_m^\ominus$ /(kJ · mol^{-1})	$S_m^\ominus$ /(J · K^{-1} · mol^{-1})	$\Delta_f G_m^\ominus$ /(kJ · mol^{-1})
$CHCl_3$(g),三氯甲烷	−100.4	−373.2	295.5	−67
CH_3Cl(g),氯甲烷	−82.0	−689.1	234.6	−58.6
CH_4ON_2(s),尿素	−333.2	−632.0	104.6	−197.2
C_2H_6Cl(g),氯乙烷	−105.0		275.7	−53.1
C_6H_5Cl(l),氯苯	116.3	−3 140.9	197.5	203.8
$C_6H_{12}O_6$(s),葡萄糖	—	−2 815.8	212.1	—
$C_{12}H_{22}O_{11}$(s),蔗糖		−5 643		

附录 3　一些电极的标准电极电势 (298.15 K，200 kPa)

电　　极	电 极 反 应	$\varphi^{\ominus}$/V
Li^+/Li	$Li^+ + e^- \rightleftharpoons Li$	−3.045
Rb^+/Rb	$Rb^+ + e^- \rightleftharpoons Rb$	−2.93
K^+/K	$K^+ + e^- \rightleftharpoons K$	−2.924
Ba^{2+}/Ba	$Ba^{2+} + 2e^- \rightleftharpoons Ba$	−2.906
Sr^{2+}/Sr	$Sr^{2+} + 2e^- \rightleftharpoons Sr$	−2.892
Ca^{2+}/Ca	$Ca^{2+} + 2e^- \rightleftharpoons Ca$	−2.866
Na^+/Na	$Na^+ + e^- \rightleftharpoons Na$	−2.714
Mg^{2+}/Mg	$Mg^{2+} + 2e^- \rightleftharpoons Mg$	−2.363
Al^{3+}/Al	$Al^{3+} + 3e^- \rightleftharpoons Al$	−1.66
Mn^{2+}/Mn	$Mn^{2+} + 2e^- \rightleftharpoons Mn$	−1.180
OH^-/H_2，Pt	$2H_2O + 2e^- \rightleftharpoons H_2 + 2OH^-$	−0.828
Zn^{2+}/Zn	$Zn^{2+} + 2e^- \rightleftharpoons Zn$	−0.762 8
Cr^{3+}/Cr	$Cr^{3+} + 3e^- \rightleftharpoons Cr$	−0.744
SbO_2^-/Sb	$SbO_2^- + 2H_2O + 3e^- \rightleftharpoons Sb + 4OH^-$	−0.67
Fe^{2+}/Fe	$Fe^{2+} + 2e^- \rightleftharpoons Fe$	−0.440 2
Cr^{3+}，Cr^{2+}/Pt	$Cr^{3+} + e^- \rightleftharpoons Cr^{2+}$	−0.408
Cd^{2+}/Cd	$Cd^{2+} + 2e^- \rightleftharpoons Cd$	−0.402 9
$SO_4^{2-}/PbSO_4$，Pb	$PbSO_4 + 2e^- \rightleftharpoons Pb + SO_4^{2-}$	−0.358 8
Cd^{2+}/Cd(Hg)	$Cd^{2+} + 2e^- \rightleftharpoons Cd(Hg)$	−0.352 1
Co^{2+}/Co	$Co^{2+} + 2e^- \rightleftharpoons Co$	−0.277
Ni^{2+}/Ni	$Ni^{2+} + 2e^- \rightleftharpoons Ni$	−0.250
I^-/AgI，Ag	$AgI + e^- \rightleftharpoons Ag + I^-$	−0.152
Sn^{2+}/Sn	$Sn^{2+} + 2e^- \rightleftharpoons Sn$	−0.136
Pb^{2+}/Pb	$Pb^{2+} + 2e^- \rightleftharpoons Pb$	−0.126
Fe^{3+}/Fe	$Fe^{3+} + 3e^- \rightleftharpoons Fe$	−0.036
H^+/H_2，Pt	$2H^+ + 2e^- \rightleftharpoons H_2$	±0.000
Br^-/AgBr，Ag	$AgBr + e^- \rightleftharpoons Ag + Br^-$	+0.071 03
Sn^{4+}，Sn^{2+}/Pt	$Sn^{4+} + 2e^- \rightleftharpoons Sn^{2+}$	+0.15
Cu^{2+}，Cu^+/Pt	$Cu^{2+} + e^- \rightleftharpoons Cu^+$	+0.153
Cl^-/AgCl，Ag	$AgCl + e^- \rightleftharpoons Ag + Cl^-$	+0.222 4
Cl^-/Hg_2Cl_2，Hg	$Hg_2Cl_2 + 2e^- \rightleftharpoons 2Hg + 2Cl^-$	+0.268 2

续　表

电　　极	电 极 反 应	$\varphi^\ominus$/V
Cu^{2+}/Cu	$Cu^{2+}+2e^- \rightleftharpoons Cu$	+0.337
OH^-/Ag_2O, Ag	$Ag_2O+H_2O+2e^- \rightleftharpoons 2Ag+2OH^-$	+0.344
OH^-/O_2, Pt	$1/2O_2+H_2O+2e^- \rightleftharpoons 2OH^-$	+0.401
Cu^+/Cu	$Cu^++e^- \rightleftharpoons Cu$	+0.521
I^-/I_2, Pt	$I_2+2e^- \rightleftharpoons 2I^-$	+0.535 5
MnO_4^-, MnO_4^{2-}/Pt	$MnO_4^-+e^- \rightleftharpoons MnO_4^{2-}$	+0.564
MnO_4^-, MnO_2, OH^-/Pt	$MnO_4^-+2H_2O+3e^- \rightleftharpoons MnO_2+4OH^-$	+0.60
H^+，醌，氢醌/Pt	$C_6H_4O_2+2H^++2e^- \rightleftharpoons C_6H_4(OH)_2$	+0.699 3
Fe^{3+}/Fe^{2+}	$Fe^{3+}+e^- \rightleftharpoons Fe^{2+}$	+0.771
Hg_2^{2+}/Hg	$Hg_2^{2+}+2e^- \rightleftharpoons 2Hg$	+0.788
Ag^+/Ag	$Ag^++e^- \rightleftharpoons Ag$	+0.799 1
Hg^{2+}/Hg	$Hg^{2+}+2e^- \rightleftharpoons Hg$	+0.854
Hg^{2+}, Hg^+/Pt	$Hg^{2+}+e^- \rightleftharpoons Hg^+$	+0.91
Pd^{2+}/Pd	$Pd^{2+}+2e^- \rightleftharpoons Pd$	+0.987
Br^-, Br_2/Pt	$Br_2+2e^- \rightleftharpoons 2Br^-$	+1.065 2
Pt^{2+}/Pt	$Pt^{2+}+2e^- \rightleftharpoons Pt$	+1.2
H^+/O_2, Pt	$O_2+4H^++4e^- \rightleftharpoons 2H_2O$	+1.229
Mn^{2+}, H^+/MnO_2, Pt	$MnO_2+4H^++2e^- \rightleftharpoons Mn^{2+}+2H_2O$	+1.23
Cr^{3+}, $Cr_2O_7^{2-}$, H^+/Pt	$Cr_2O_7^{2-}+14H^++6e^- \rightleftharpoons 2Cr^{3+}+7H_2O$	+1.33
Cl^-/Cl_2, Pt	$Cl_2+2e^- \rightleftharpoons 2Cl^-$	+1.359 5
Pb^{2+}, H^+/PbO_2, Pt	$PbO_2+4H^++2e^- \rightleftharpoons Pb^{2+}+H_2O$	+1.455
Au^{3+}/Au	$Au^{3+}+3e^- \rightleftharpoons Au$	+1.498
MnO_4^-, H^+/MnO_2, Pt	$MnO_4^-+4H^++3e^- \rightleftharpoons MnO_2+2H_2O$	+1.695
Ce^{4+}, Ce^{3+}/Pt	$Ce^{4+}+e^- \rightleftharpoons Ce^{3+}$	+1.61
SO_4^{2-}, $H^+/PbSO_4 \cdot PbO_2$	$PbO_2+SO_4^{2-}+4H^++2e^- \rightleftharpoons PbSO_4+2H_2O$	+1.682
Au^+/Au	$Au^++e^- \rightleftharpoons Au$	+1.691
$S_2O_8^{2-}$, $S_2O_4^{2-}/Pt$	$S_2O_8^{2-}+2e^- \rightleftharpoons 2S_2O_4^{2-}$	+2.05
F^-/F_2, Pt	$F_2+2e^- \rightleftharpoons 2F^-$	+2.87

附录 4　一些生物系统的标准电极电势 (298.15 K, pH=7)

氧 化 态	还 原 态	$\varphi^{\ominus}$/V
琥珀酸	α-酮戊二酸	−0.68
乙酸	乙醛	−0.60
铁氧还蛋白-Fe^{3+}	铁氧还蛋白-Fe^{2+}	−0.42
H^+	H_2	−0.414
$NADP^+$	NADPH	−0.324
NAD^+	NADH	−0.32
FAD	$FADH_2$	−0.22
核黄素	氢化核黄素	−0.219
丙酮酸	乳酸	−0.19
草酰乙酸盐	苹果酸盐	−0.166
延胡索酸盐	琥珀酸盐	+0.03
去氢抗坏血酸	抗坏血酸	+0.08
肌红蛋白-Fe^{3+}	肌红蛋白-Fe^{2+}	+0.046
血红蛋白-Fe^{3+}	血红蛋白-Fe^{2+}	+0.17
氧化细胞色素 C	细胞色素 C	+0.26

参 考 文 献

梁文平，杨俊林，陈拥军等. 2004. 新世纪的物理化学——学科前沿与展望. 北京：科学出版社

侯新朴. 2007. 物理化学. 第六版. 北京：人民卫生出版社

傅献彩. 沈文霞，姚天扬等. 2006. 物理化学. 第五版. 北京：高等教育出版社

卢雁，李向荣. 2005. 蛋白质变性机理与变性时的热力学参数研究进展. 化学进展，17(5)：905 - 909

张岱. 2008. 生物熵在医学研究中的应用. 数理医药学杂志，(1)：86 - 87

王开发. 2001. 年龄与生物熵. 四川师范大学学报(自然科学版)，(5)：320 - 322

张鹏程，罗红. 2009. 医学物理学中熵教学的探讨. 中国医学物理学杂志，(2)：1141 - 1143

朱传征，褚莹，许海涵等. 2008. 物理化学. 第二版. 北京：科学出版社

屈景年. 2009. 物理化学. 北京：中国人民大学出版社

邓景发，范康年. 1993. 物理化学. 北京：高等教育出版社

许金焜，刘艳. 2005. 物理化学. 北京：北京大学医学出版社

高月英，戴乐蓉，程虎民等. 2007. 物理化学. 第二版. 北京：北京大学出版社

董国君，苏玉，王桂香. 2009. 表面活性剂化学. 北京：北京理工大学出版社

濮良忠. 1999. 医用物理化学. 修订版. 大连：大连理工大学出版社

滕新荣. 2009. 表面物理化学. 北京：化学工业出版社

刘国杰，黑恩成. 2007. 物理化学导读. 北京：科学出版社

李文斌. 1998. 物理化学例题和习题. 天津：天津大学出版社

朱传征. 1998. 物理化学习题精解. 北京：科学出版社

北京化工大学. 2001. 物理化学例题与习题. 北京：化学工业出版社

范崇正，杭瑚，蒋淮渭. 2003. 物理化学——概念辨析·解题方法. 合肥：中国科学技术大学出版社

孙德坤，沈文霞，姚天扬. 2001. 物理化学解题指导. 南京：江苏教育出版社

Rober G M. 2008. Physical Chemistry. Third Edition. Canada：Elsevier Academic Press

Perter A，Julio de P. 2002. Atkins' Physical Chemistry. Senevth Edition：Oxford University Press

Cathrine E H，Alan G S. 2005. Inorganic Chemistry：Second Edition：Ashford Colour Press

Brady J E,Russell J W and Holum J R. 2000. Chemistry Matter and Its Changes. New York：John Wiley & Sons，Inc